化学制药技术专业系列教材编委会

高职高专“十二五”
规划教材

化工单元操作技术

刘　兵　陈效毅　主编
周立雪　　主审

化学工业出版社
·北京·

内容提要

本书主要介绍了制药化工生产过程中常见单元操作的基本原理、设备结构及性能、设计方法及操作技术等。内容包括：流体输送、非均相物系分离、换热、蒸发、蒸馏、吸收、干燥、萃取、结晶等。每章均有复习题、例题。书末有附录。本书在编写过程中力求结合制药化工相关的单元操作技术的流程论证、设备选型、设计计算、操作训练和操作分析等工作任务，侧重单元操作基础知识、单元操作的工程应用、单元设备的操作。贴近实际，方便自学。

本书可供化工类、机械类及分析检测类专业的高职高专学生使用，也可作为化工类高级工培训教材。

图书在版编目（CIP）数据

化工单元操作技术/刘兵，陈效毅主编．—北京：化学工业出版社，2014.7（2021.2重印）
高职高专“十二五”规划教材
ISBN 978-7-122-20784-5

Ⅰ．①化… Ⅱ．①刘…②陈… Ⅲ．①化工单元操作-高等学校-教材 Ⅳ．①TQ02

中国版本图书馆CIP数据核字（2014）第108783号

责任编辑：旷英姿　窦　臻　　文字编辑：向　东
责任校对：王素芹　　装帧设计：王晓宇

出版发行：化学工业出版社（北京市东城区青年湖南街13号　邮政编码100011）
印　　装：北京七彩京通数码快印有限公司
787mm×1092mm　1/16　印张19　字数468千字　2021年2月北京第1版第4次印刷

购书咨询：010-64518888　　售后服务：010-64518899
网　　址：http://www.cip.com.cn
凡购买本书，如有缺损质量问题，本社销售中心负责调换。

定　　价：40.00元

前　　言

根据中央财政支持的教育部“提升专业服务产业能力”化学制药技术专业建设方案要求，编者所在院校科学合理地构建并完善工作过程系统化的专业课程体系，按照国家、省精品课程建设标准，校企共同开发工学结合的专业课程，在此基础上计划完成共八种专业课和专业基础课的教材。

在课程建设过程中，依托制药及化工共建单位的行业优势、技术优势和资源优势，结合岗位职业能力培养的要求，课程建设突出职业核心能力和素质培养，校企共同分析高职化学制药人才的职业岗位群和工作任务，确定岗位职业能力的要求，将职业标准、行业企业规范融入其中，校企合作开发基于工作过程导向的工学结合的课程。

本书由企业专家收集了制药及化工的工艺技术、流程装置、控制指标、生产数据和操作规范等资料。结合几个典型生产流程，将各单元操作技术整合成流程论证、设备选型、设计计算、操作训练和操作分析等典型案例。着重培养学生化学工程基础、单元过程及设备、操作及分析等方面的工程应用能力。

本书由徐州工业职业技术学院刘兵和陈效毅主编，刘兵负责全书的统稿，徐州工业职业技术学院周立雪主审。具体编写分工如下：刘兵编写绪论、第1章、第5章、第6章；徐州工业职业技术学院田华编写第2～4章；徐州化工研究所的陈效毅编写第7章；徐州工业职业技术学院张晓东编写第8章、第9章。江苏恩华药业股份有限公司的韩正国收集相关生产案例、操作数据、操作规范等资料。

本教材编写过程中，得到了相关行业、企业领导和同行及徐州工业职业技术学院教师的大力支持。

由于编者水平所限、时间仓促，书中难免存在不妥之处，欢迎读者批评指正。

编者

目　　录

0 绪论

0.1 课程概况

化学工业及其产品在国民经济和日常生活中占有重要的地位。化学工业是将自然界中的各种物质经过化学和物理方法，制成工业产品。化学工业产品种类繁多，加工过程复杂，每种产品的生产过程都有各自的工艺特点，加工过程形态各异，其中，除了化学反应过程之外，还有大量的物理加工过程。

化工生产过程是按照一定的生产目的，从原料开始，由一系列的化学变化和物理变化的过程串接而成的工业过程构成，最终获得产品。例如青霉素生产过程如下：

菌种 → 发酵 → 过滤 → 萃取 → 结晶 → 干燥 → 青霉素
（原料）（反应）（后 处 理）（产品）

聚氯乙烯树脂的生产过程如下：

电石 → 乙炔发生 → 清洗 → 转化 → 吸收 → 压缩 → 精馏 →
（原料）（反应）（预处理）（反应）（中 间 处 理）

聚合 → 离心分离 → 干燥 → 聚氯乙烯
（反应）（后 处 理）（产品）

一般化工生产过程可以表示成：

原料→预处理→化学反应→后处理→产品

在化学工业的发展过程中，人们最初以具体产品为对象，分别进行各种产品的生产过程和设备的研究。随着化工生产的发展，人们逐渐认识到，各种不同产品的生产过程是由为数不多的基本操作和各种化学反应过程所组成的。

在化工生产过程中，原料通过化学变化而生成新的物质，化学反应过程是化工生产过程的核心步骤。预处理过程需在形态、状态和纯度等方面为反应过程做好预处理准备，预处理过程是物理变化过程。后处理过程要把反应过程的产物进行分离、提纯、精制等处理而得到产品，也是物理变化过程。

化工生产过程中的一些类型相同、原理相近、具有共同特点的基本过程和设备，例如流体输送、过滤、换热、蒸发、精馏、吸收和干燥等，都是化工生产过程所共有的，例如上面实例中的青霉素晶体和聚氯乙烯树脂颗粒都需要进行干燥过程去除水分而得到产品。这些具有共同的物理变化的化工基本过程称为单元操作。只有将各种不同的化工过程分解为单元操作来进行研究，才能揭示其共性的本质、原理和规律。

本书针对青霉素精制和聚氯乙烯树脂生产两个实际化工生产流程中所涉及的单元操作过程及设备，通过流程论证、设备选择、工艺设计、操作分析等实际工作任务，重点介绍单元操作过程的流程、单元设备的结构及特点、单元操作过程原理、各单元操作过程的设计和选用及分析的方法、单元操作过程物料及热量衡算的方法、分析处理生产事故的方法。运用工程方法，分析和解决实际化工生产问题，培养工程创新能力和工程实践能力。

0.2 单元操作的特点及分类

单元操作的特点如下：

① 所有的单元操作都是物理性操作，只改变物料的状态或物理性质，并不改变化学性质。

② 单元操作是化工生产过程中共有的操作，只是不同的化工生产中所包含的单元操作数目、名称与排列顺序不同。

③ 单元操作作用于不同的化工过程时，基本原理相同，所用的设备也是通用的。

随着化工生产的发展，单元操作的研究和开发相当活跃，新的单元操作不断形成。现在化工生产中常用的单元操作已达 20 余种。单元操作按照所依据的基本原理分为：

① 流体动力过程　这是一类遵循流体力学基本规律的单元操作，有流体输送、沉降、过滤、离心分离等。

② 传热过程　这是一类遵循热量交换基本规律的单元操作，有换热、蒸发等。

③ 传质分离过程　这是一类遵循质量传递基本规律的单元操作，用于各种均相混合物的分离，有蒸馏、吸收、萃取等。

④ 热质传递过程　这是一类由热量传递和质量传递两种规律共同决定的单元操作。此过程包括增湿、减湿、干燥、结晶等单元操作。

⑤ 热力过程　这是一类遵循热力学基本规律的单元操作，如制冷。

⑥ 粉体工程　这是与固体颗粒加工、运动等有关的操作，有粉碎、流态化、颗粒分级等。

随着化学工业的发展，单元操作一直处在不断的发展之中。近年来单元操作的研究开发所取得的主要成果有以下几方面：

① 新的分离技术不断得到开发和应用，如膜分离、电磁分离、泡沫分离、超临界流体萃取和超离心分离等。

② 在原有分离技术方面，处理能力加大、效率提高的新型设备不断出现；设备的放大效应逐步得到解决；研究成功许多合理利用能量的操作流程；一些高效的吸收剂、萃取剂等不断出现并在生产中应用。

③ 计算机模拟和辅助设计不断取得成果，缩短了新过程的开发周期；使设备的设计和操作更趋合理，从而提高了产品质量、降低了能量消耗。

生产的发展对于单元操作不断提出新的课题。这些新课题的解决既促进了化工生产的发展，又推动了单元操作学科的发展。

0.3 几个基本概念

在开发设计一个单元过程，或者了解单元设备内部操作关系时，需要考察各物料的量及组成之间的关系，须进行物料衡算（或称为质量衡算）。为了弄清楚单元过程需要或释放能量及单元操作过程所需能量之间的关系，须做能量衡算。另外，需要借助平衡关系，了解一个过程进行的方向和极限。需要借助速率关系，了解过程进行的快慢及强化过程。这些基本概念是从工程观点出发，分析单元过程的技术可行性和经济合理性的基本依据。

(1) 物料衡算 物料衡算是质量守恒定律的应用，是化工计算的基础。进行物料衡算时，必须首先划定衡算系统的范围，其次要确定衡算的对象和衡算的基准。对所考察的系统，根据质量守恒定律，对系统进、出物料及过程内物料的变化进行考察。

对于不稳定的过程，有关系：

输入的量＝输出的量＋系统积累量

对于连续稳定的过程，有关系：

输入的量＝输出的量

(2) 能量衡算 能量衡算是能量守恒定律的应用，也是化工计算中的一种基本计算。

对于连续稳定的流动过程，需要考察流动系统的机械能变化，有关系：

输入机械能＋外加能量＝输出机械能＋损失能量

对于大多数情况，化工过程涉及的能量主要是热量，热量是能量的一种形式。对于连续稳定的过程，有关系：

输入热量＝输出热量＋损失热量

进行热量衡算时，要选定热量的计算基准。

(3) 平衡关系 物理和化学变化过程都有一定的方向和极限。在一定条件下，过程的变化达到了极限，即达到了平衡状态。任何一种平衡状态的建立都是有条件的，当条件发生变化时，原有的平衡状态被破坏，并发生移动，直至在新的条件下建立新的平衡。

平衡关系常用于判定过程能否进行以及过程进行的方向和限度。平衡关系的分析能帮助确定过程方案、选择单元设备、确定操作参数等。

(4) 过程速率 过程速率是过程进行的快慢，单位时间内过程的变化称为过程速率。过程速率与过程推动力成正比，与过程的阻力成反比。

过程推动力是偏离平衡状态的程度，对于传热来说，推动力就是温度差；对于传质来说，推动力是浓度差。

为提高生产强度，要强化过程速率，可通过提高过程推动力和降低过程阻力来实现。

0.4 单位制和单位换算

(1) 基本量和导出量 化工生产过程涉及许多物理性质（如密度、黏度、比热容、热导率等）和过程参数（如温度、压力、流速、流量等），通常称为物理量，需要测量和控制。

物理量的种类繁多、不尽相同，但都可以通过几个相互独立的基本量来表示。其他物理量可以通过既定的物理关系与基本量联系起来，这种由基本量导出的物理量称为导出量。

基本量所用的单位称为基本单位，由基本单位导出的单位称为导出单位。单位制是基本单位与导出单位的总和。

(2) 单位制 按照使用习惯，选择了不同的基本量，也就产生了不同的单位制度。目前较常用的有以下三种单位制。

① 厘米克秒制 也叫 CGS 制。在此单位制中，长度单位是 cm、质量单位是 g、时间单位是 s。其他物理量的单位可以通过这些基本量导出。如：力的单位由牛顿第二定律 $F=ma$ 导出，其单位为 $g \cdot cm/s^2$，称为达因 (dyn)。在科学实验和物化数据手册中常用此单位制。

② 工程单位制　在工程单位制中，长度单位是 m、力的单位是 kgf、时间单位是 s。这样，质量是导出量。

③ 国际单位制　代号 SI。以长度（m）、质量（kg）、时间（s）、电流（A）、热力学温度（K）、物质的量（mol）、光强度（cd）的单位为基本单位。

本教材采用国际单位制。

1　流体输送方案

通过制定流体输送方案和进行流体输送操作分析两个工作任务，学习流体相关特性和输送参数及其测定、物料衡算、机械能衡算、流体输送机械等知识，学会按照具体输送目的和要求，制定流体输送方案，选择流体输送过程及设备。

制定流体输送方案的原则：高效节能。

制定流体输送方案的方法：按照输送目的和要求，选择合理的输送流程、合适的输送管路和输送设备、最佳的输送工艺参数，使流体输送过程运行在最佳工况。

制定流体输送方案的步骤：获取输送流体的相关物理性质，确定输送过程能量损耗和所需能量，选择输送管子、管件、阀件，选择输送机械，确定输送过程控制参数，选择压力、流量等检测方法及装置。

青霉素生产过程中流体输送方案、设备选型和操作方法等任务

输送问题：青霉素生产工艺中发酵液的过滤、萃取、脱色、结晶等过程中需要输送青霉素发酵液；青霉素发酵工艺中的过滤、冷凝、加热等过程中需要输送空气。

解决这两个输送问题，需完成的工作任务是：

① 制定青霉素发酵液和空气的输送方案；

② 确定输送过程所需补充的能量；

③ 选择输送管子、管件和阀件；

④ 确定输送过程的压力和流量的检测方法和装置；

⑤ 选择合适的输送泵和风机；

⑥ 掌握输送过程的操作方法和规程。

1.1　获取流体的物理性质

学习常用的流体物理性质的基本知识，了解流体物理性质的工程应用，学会查取流体的物理性质的数据，学会测量物理性质的方法。

1.1.1　流体的密度

单位体积流体具有的质量是密度，单位为 kg/m^3。

$$\rho=\frac{m}{V} \tag{1-1}$$

1.1.1.1　气体的密度

对于气体，当压强不太高、温度不太低时，可按理想气体状态方程计算

$$\rho=\frac{pM}{RT} \tag{1-2}$$

当已知某气体在指定条件（T_0）下的密度后，可以使用下式换算成操作条件或特定压力和温度（p、T）下的气体密度 ρ。

$$\rho=\rho_0\frac{pT_0}{p_0T} \tag{1-3}$$

气体密度随温度升高而减小，随压力升高而增大。

气体混合物的密度：以 $1m^3$ 混合气体为基准，若各组分在混合前后质量不变，混合气体的平均密度可近似用下式计算：

$$\rho_m=\rho_1\varphi_1+\rho_1\varphi_2+\cdots+\rho_n\varphi_n \tag{1-4}$$

式中 φ_1，φ_2，…，φ_n——气体混合物中各组分的体积分数。

气体混合物的平均密度：利用混合气体的平均摩尔质量 M_m 进行计算，即

$$\rho_m=\frac{pM_m}{RT} \tag{1-5}$$

$$M_m=M_1y_1+M_2y_2+\cdots+M_ny_n$$

式中 M_1，M_2，…，M_n——各纯组分的摩尔质量，kg/kmol；

y_1，y_2，…，y_n——气体混合物中各组分的摩尔分数。

对于理想气体，其摩尔分数 y 与体积分数 φ 相同。

1.1.1.2 液体的密度

通常液体可视为不可压缩流体，液体密度不随压力变化而改变；液体密度仅随温度升高而略有降低（极高压强除外）。

液体的密度一般用实验方法测定。各种液体的密度数据，可从有关手册中查到。

对于液体混合物，其组成通常用质量分数表示。假设各组分在混合前后其体积不变，以 1kg 混合液为基准，则有：

$$\frac{1}{\rho_m}=\frac{a_1}{\rho_1}+\frac{a_2}{\rho_2}+\cdots+\frac{a_n}{\rho_n} \tag{1-6}$$

式中 a_1，a_2，…，a_n——液体混合物中各组分的质量分数；

ρ_1，ρ_2，…，ρ_n——各纯组分的密度，kg/m^3。

1.1.1.3 相对密度

相对密度是流体密度与4℃时水的密度之比，用 d_4^{20} 表示。

$$d_4^{20}=\frac{\rho}{\rho_水} \tag{1-7}$$

相对密度是一个比值，没有单位。

因为水在4℃时的密度为 $1000kg/m^3$，所以流体密度 $\rho=1000d_4^{20}$，即将相对密度乘以1000得该液体的密度。

1.1.1.4 比容（比体积）

比容是单位质量流体具有的体积，是密度的倒数，单位为 m^3/kg。

$$v=\frac{V}{m}=\frac{1}{\rho} \tag{1-8}$$

1.1.2 流体的黏度

1.1.2.1 流体的黏性

当流体沿固体壁面缓缓流过时，截面上各点的流速并不相等。如果是圆管内，流速在管壁

处为零，而沿半径方向往中心增大，至管中心达到最大值，如图1-1所示。因此，在圆管内流动的流体，在一定条件下可视为被分割成无数极薄的圆筒，一层套着一层，称为流体层，每一层上各质点的流速相等。而各层以不同的速度向前运动。对任何相邻的两层来说，靠中心的速度较大，靠外围的速度稍小，前者对后者起带动作用，后者对前者起拖拽作用。流体层之间的这种相互作用形成了流体的内摩擦，流体流动时为克服这种内摩擦需消耗机械能。

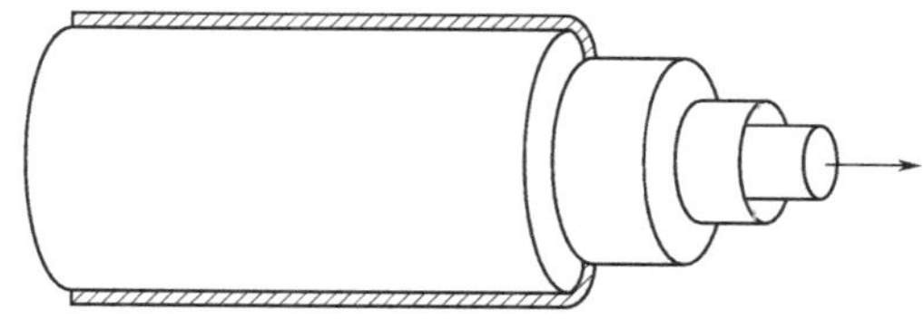
图1-1 圆管内流体层的示意图

流体在流动时的内摩擦，是流动阻力产生的原因，流体流动时必须克服内摩擦力而做功，从而将流体的一部分机械能转变为热而损失掉。影响流体流动时内摩擦大小的因素较多，其中一个是流体的黏性。

1.1.2.2 流体的黏度

常用“黏度”这个物理量衡量流体黏性的大小，其符号为μ，黏度数值的大小表示了流体黏性的大小。在SI制中黏度的单位是N·s/m^{2}或Pa·s，黏度的单位还可用P、cP，它们之间的换算关系是：

$$1\text{Pa}\cdot\text{s}=10\text{P}=1000\text{cP}$$

黏度也是流体的物性数据之一，其值由实验测定。液体的黏度随温度的升高而降低，压强对其影响可忽略不计。气体的黏度随温度的升高而增大，一般情况下也可忽略压强的影响。

1.1.2.3 运动黏度 ν

流体的运动黏度可用黏度μ与密度ρ的比来表示

$$\nu=\frac{\mu}{\rho} \tag{1-9}$$

SI制中运动黏度的单位为m^2/s，CGS制中运动黏度的单位为cm^2/s，称为斯托克斯，以St（斯托克斯）表示。它们之间的换算关系为：

$$1\text{st}=100\text{cst(厘斯)}=1\times10^{-4}\text{m}^2/\text{s}$$

青霉素生产中各流体的流动相关的性质

从文献上查得青霉素发酵液的密度为1050kg/m^3，黏度为0.1Pa·s。

从附录中可以查得25℃时空气的密度为1.185kg/m^3，黏度为1.84×10^{-5}Pa·s。

1.2 测量压差

压强是流体流动过程的一个重要参数。

1.2.1 流体的静压强

1.2.1.1 静压强

流体垂直作用在单位面积上的力称为流体的静压强，简称压强（习惯上也将压强称为压力），单位为N/m^2，或Pa。

其他压强的单位还有：物理大气压，atm；工程大气压，at 或 kgf/cm^2；米水柱，mH_2O；毫米汞柱，mmHg；各压强单位的换算关系如下：

$$1atm=101.3kPa=1.033kgf/cm^2=760mmHg=10.33mH_2O$$

$$1at=98.1kPa=1kgf/cm^2=735.6mmHg=10mH_2O$$

静压强的特征：

① 流体静压强的方向总是和所作用的面垂直，并指向所考虑的那部分流体的内部。

② 静止流体内部任何一点处的流体的压强，在各个方向上都是相等的。

1.2.1.2 静压强的表示

压强在工程应用中有三种表达方式：绝对压强、表压强和真空度（图 1-2）。

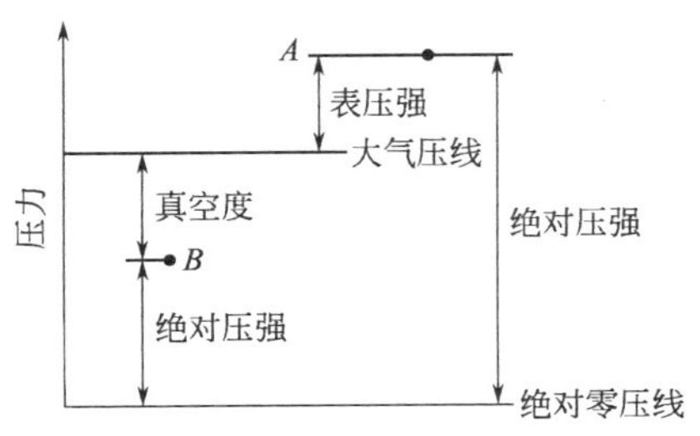

图 1-2 绝对压强、表压强和真空度之间的关系

① 绝对压强（简称绝压）是指流体的真实压强。是以绝对真空为基准的流体压强。

② 表压强（简称表压）是指工程上用测压仪表以大气压强为基准测得的流体压强值。表压强是流体的真实压强与外界大气压强的差值。

$$表压=绝压-大气压 \tag{1-10}$$

③ 真空度是当被测流体内的绝对压强小于外界大气压强时，使用真空度进行测量的真空表上的读数。真空度是大气压强与绝对压强的差值。

$$真空度=大气压-绝压 \tag{1-11}$$

1.2.2 测量静压差

流体静力学常应用于测量流体的压力差、液体的液位高度等。

1.2.2.1 静力学方程

在如图 1-3 所示的敞口窗口内有密度为 ρ 的静止流体（重力 $G=mg$），液面上方受外压力 p_0 的作用。任意一垂直流体液柱，上下底面积均为 A，在 z_1、z_2 高度上的压力分别为 p_1、p_2。有静力学方程：

$$p_2=p_1+(z_1-z_2)\rho g \tag{1-12}$$

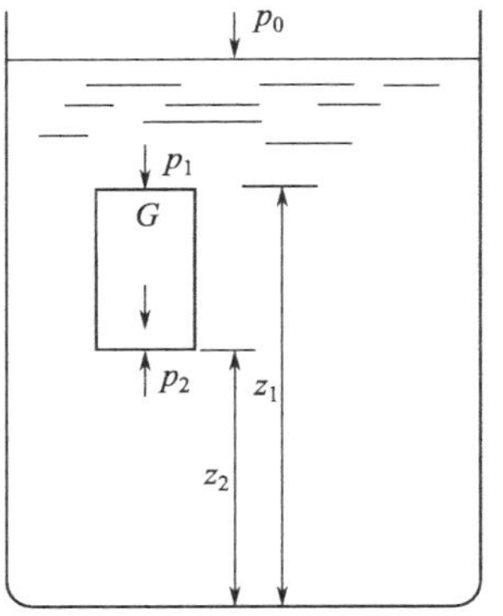

图 1-3 静止流体受力情况

静力学方程的讨论：

① 在静止的液体中，液体任一点的压力与液体密度和其深度有关，液体的密度越大，深度越大，则该点的压力越大。

② 在静止的、连续的同一液体内，处于同一水平面上各点的压力均相等，此截面称为等压面。这就是连通器原理。

③ 当液体上方的压力 p_0 或液体内部任一点的压力 p_1 有变化时，液体内部各点的压力 p_2 也发生同样大小的变化。

④ 若将静力学方程式各项除以 ρg，则方程变为：

$$\frac{p_2-p_1}{\rho g}=h \tag{1-13}$$

上式说明，压力差的大小可以用一定高度的流体柱来表示。

1.2.2.2 各种 U 形管差压计

U 形管差压计由两端开口的 U 形玻璃管、中间配有读数的标尺所构成。管内装有指示液，指示液与被测流体不互溶，不起化学作用，常用的指示液有水、油、四氯化碳或汞等。

(1) U形管差压计　如图1-4所示的U形管差压计，指示剂密度为ρ_0，流体的密度为ρ，读数为R。首先找到等压面$A-B$，则可建立力平衡式

$$p_1+m\rho g+R\rho g=p_2+m\rho g+R\rho_0 g$$

整理得

$$p_1-p_2=(\rho_0-\rho)Rg$$

(2) 倒U形管差压计　倒U形管差压计指示剂为空气，常用于液体压差较小的场合，如图1-5所示。此时

$$\Delta p=p_1-p_2=R\rho g$$

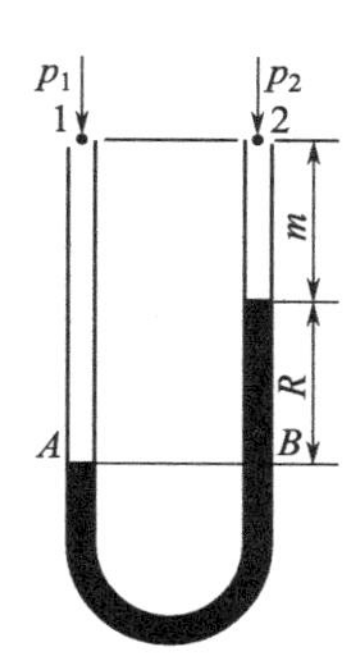

图1-4　U形管差压计

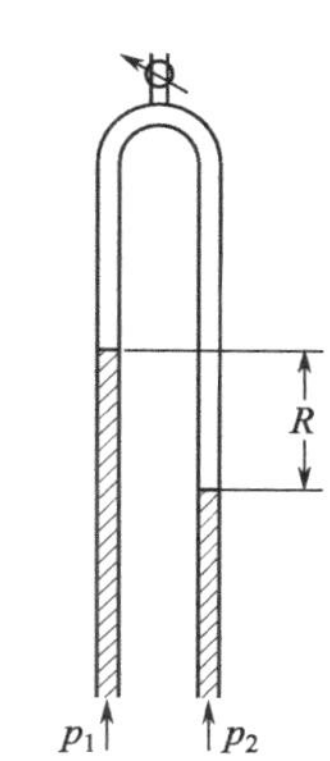

图1-5　倒U形管差压计

(3) 斜管差压计　斜管差压计是将单管差压计或U形管差压计的玻璃管与水平方向倾斜α角度，如图1-6所示。它的读数放大了，斜管差压计常用于压差较小场合。

R与R'的关系为：

$$R'=\frac{R}{\sin\alpha}$$

式中，α为倾斜角，其值越小，则读数放大倍数越大。

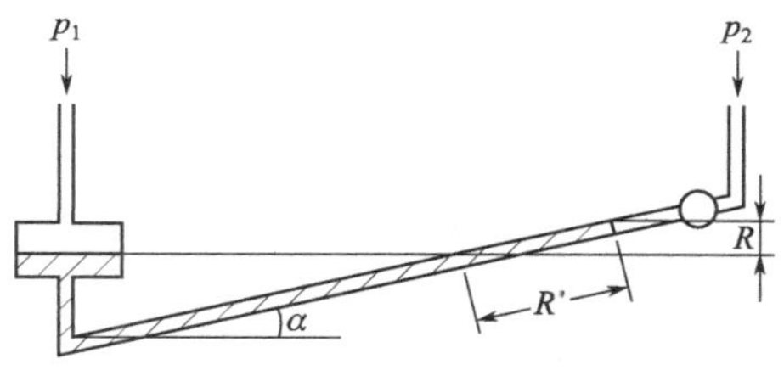

图1-6　斜管差压计

(4) 双液U形管微差计　双液U形管微差计装有两种密度相近且互不相溶的指示液A和B，而指示液B与被测流体亦不互溶。在U形管的两侧顶端各装有扩大室，扩大室面积比U形管的截面积大很多，即使U形管内指示液A的液面差R很大，仍可认为两扩大室内的指示液B的液面维持等高。如图1-7所示。压力差可用下式计算

$$p_1-p_2\approx(\rho_A-\rho_B)gR$$

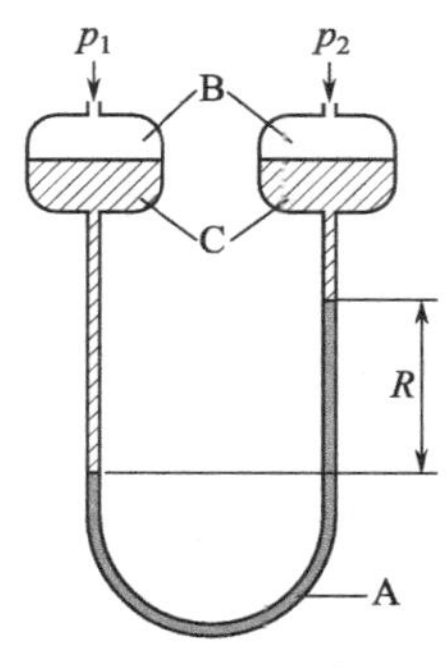

图1-7　双液U形管微差计

(5) 液位测量　连通管中放入的指示液，其密度远大于容器内液体密度。这样可利用较小的指示液液位读数R来计量大型容器内贮藏的液体高度（图1-8）。

(6) 液封装置　U形管型液封装置是利用U形管内充满液体，依靠U形管的液封高度阻止设备系统内物料排放时不带出气体，并维持系统内一定压力。液封介质通常是系统本身的物料液体。此类型液封装置应用场合较多（图1-9）。

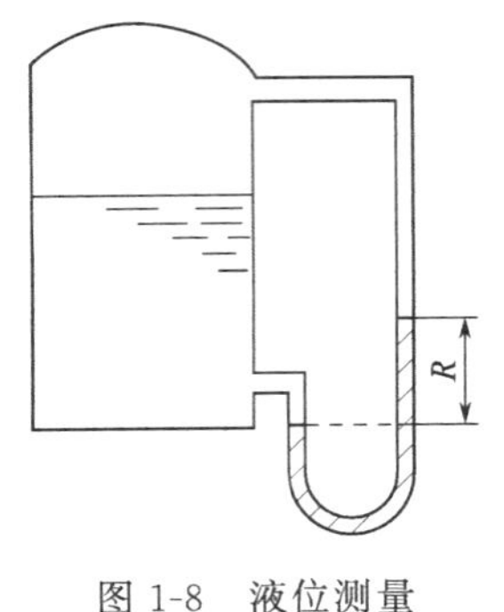

图 1-8 液位测量

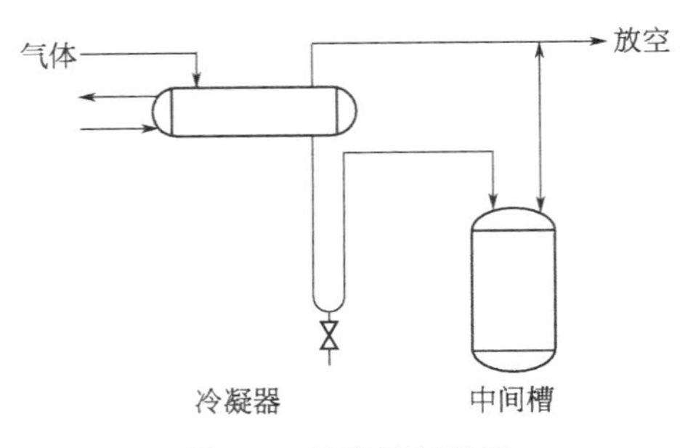

图 1-9 排液液封装置

青霉素提取工艺流程中测压点设置

发酵液过滤器前设现场压力表；

共沸结晶抽气管上设置现场真空表，并设压力信号变送器，压力数据用于自控；

结晶后的过滤器前设现场压力表。

1.3 确定输送的方案

制定流体输送方案，需要确定流体的各种能量之间的关系，需要考察流体流动时的能量衡算。

1.3.1 输送的流量

1.3.1.1 流量

单位时间内流经管道任一截面的流体量，称为流量。通常有两种表示方法。

（1）体积流量 单位时间内流经管道任一截面的流体体积，称为体积流量，以符号 q_v 表示，单位为 m^3/s 或 m^3/h。

（2）质量流量 单位时间内流经管道任一截面的流体质量，称为质量流量，以符号 q_m 表示，单位为 kg/s 或 kg/h。

体积流量与质量流量之间的关系：

$$q_m = q_v \rho \tag{1-14}$$

由于气体的体积随压力和温度的变化而变化，故当气体流量以体积流量表示时，应注明温度和压力。

1.3.1.2 流速

流速是指流体在单位时间内、在流动方向上所流经的距离。实验证明，由于流体具有黏性，流体流经管道任一截面上各点的速度是沿半径而变化。工程上为计算方便，通常用整个管道截面上的平均流速来表示流体在管道中的流速。

（1）平均流速 平均流速是所有流体质点在单位时间内、在流动方向上所流经的平均距离，其数值等于流体的体积流量除以管道截面积。用符号 u 表示，单位为 m/s。

$$u = \frac{q_v}{A} \tag{1-15}$$

式中 u——流体的平均流速，m/s；

A——管道的截面积，m^2。

质量流量、体积流量与流速（即平均流速）之间的关系为：

$$q_m = q_v\rho = uA\rho \tag{1-16}$$

（2）质量流速 单位时间内流经管道单位截面积的流体质量，称为质量流速，以符号 G 表示，单位为 $kg/(m^2 \cdot s)$。

质量流速与质量流量及流速之间的关系为

$$G = q_m/A = q_v\rho/A = u\rho \tag{1-17}$$

由于气体的体积流量随压力和温度的变化而变化，其流速亦将随之变化，但流体的质量流量和质量流速是不变的，可见，采用质量流速计算较为方便。

【例 1-1】 在一 ϕ108mm×4mm 的钢管中输送压力为 202.66kPa（绝对），温度为 100℃ 的空气。已知空气在标准状况下的体积流量为 650m^3/h。试求空气在管内的流速、质量流速、体积流量和质量流量。

解 依题意，应将空气在标准状况下的流量换算为操作状态下的流量。又因压力不高，故可用理想气体状态方程式进行计算。

体积流量：$q_v = q_{v0}\left(\dfrac{T}{T_0}\right)\times\left(\dfrac{p_0}{p}\right) = \dfrac{650}{3600}\times\dfrac{273+100}{273}\times\dfrac{101.33}{202.66} = 0.123\ (m^3/s)$

流速：$$u = \frac{q_v}{A} = \frac{q_v}{\frac{\pi}{4}d^2} = \frac{0.123}{0.785\times 0.1^2} = 15.7\ (m/s)$$

取空气的平均摩尔质量为 29kg/kmol。

实际操作状态下空气的密度为：

$$\rho = \frac{29}{22.4}\times\frac{273}{273+100}\times\frac{202.6}{101.3} = 1.895(kg/m^3)$$

或 $$\rho = \frac{pM}{RT} = \frac{202.6\times 29}{8.314\times(273+100)} = 1.895(kg/m^3)$$

质量流量： $q_m = q_v\rho = 0.123\times 1.895 = 0.233(kg/s) = 839(kg/h)$

质量流速： $G = u\rho = 1.895\times 15.7 = 29.8[kg/(m^2\cdot s)]$

或 $$G = \frac{q_m}{A} = \frac{q_v\rho}{A} = \frac{0.123\times 1.895}{0.785\times 0.1^2} = 29.7[kg/(m^2\cdot s)]$$

1.3.1.3 流量方程式

流体流量、流速和流通截面之间的关系称为流量方程式，利用流量方程式可以计算管道中的流量、流速或管道的直径。

一般管道的截面是圆形的，若 d 为管子的内径，则管子截面积为 $A=(\pi/4)d^2$，带入流量方程式，可得

$$d = \sqrt{\frac{4q_v}{\pi u}} = \sqrt{\frac{q_v}{0.785u}} \tag{1-18}$$

确定输送方案时，流量为定值，须选定流速才能确定管径。

流速越大，管径越小，这样可节省设备费用，但流体流动阻力变大，消耗更多动力，日常操作费用增加；反之，流速小，则设备费用大而操作费用小。最优的流速是输送过程的总费用（设备费用与操作费用之和）最小时所对应的流速。设计管路时，可根据经验，在最优流速附近的适

宜流速范围内，选择流速。通常液体的流速可取 0.5～3m/s，气体的流速可取 10～30m/s。

管径选取的步骤：

① 选取的适宜流速 $u_{计}$；

② 初算管子内径 $d_{计}$；

③ 按标准选定管子内径 d；

④ 校核实际流速 u。

【例 1-2】 某车间要求安装一根输水量为 $40m^3/h$ 的管道，试选择合适的管径。

解 依题意根据式（1-18），$d=\sqrt{\frac{4q_v}{\pi u}}$

取水在管内的流速 $u=1.8m/s$

则 $$d=\sqrt{\frac{4q_v}{\pi u}}=\sqrt{\frac{4\times 40/3600}{3.1416\times 1.8}}=0.089(m)\approx 90mm$$

根据附录十五管子规格表确定选用 $\phi 108mm\times 4mm$（即管外径为 108mm，壁厚为 4mm）的无缝钢管，其内径为 $d=108-2\times 4=100(mm)=0.1m$

水在管内的实际流速为：$u'=\frac{q_v}{A}=\frac{40/3600}{0.785\times 0.1^2}=1.42(m/s)$

年产 1000t 青霉素产品的流量分析

发酵周期为 180h，辅助时间需 12h，则生产周期为 192h。

取一年的工作日为 320d，则一年生产周期数为 320×24/192=40。

平均每个周期得到产品量为 1000/40=25（t）。共需要 12 个发酵罐。

折合每周期所需发酵液量为 $1049.9m^3$。

单罐发酵液要 1h 处理完，其流量为（1049.9/12）/3600=$0.0243(m^3/s)$

取发酵液管内流速为 1m/s，则管路直径为 $d=\sqrt{\frac{4q_v}{\pi u}}=\sqrt{\frac{4\times 0.0243}{3.1416\times 1}}=0.176(m)$

选择 $\phi 194mm\times 6mm$ 的无缝钢管，其内径为 182mm，适用。

发酵所需空气流量为 $1176m^3/min$。

12 个发酵罐的每一路无菌空气流量为（1176/60）/12=$1.633(m^3/s)$

取空气管内流速为 20m/s，则管路直径为 $d=\sqrt{\frac{4q_v}{\pi u}}=\sqrt{\frac{4\times 1.633}{3.1416\times 20}}=0.322(m)$

选择 $\phi 377mm\times 9mm$ 的无缝钢管，其内径为 359mm，适用。

1.3.1.4 连续性方程

（1）稳定流动与不稳定流动　流体在流动时，任一截面处流体的流速、压力、密度等有关物理量仅随位置改变、不随时间而变，这种流动称为稳定流动。若有关流动的相关物理量中有随时间而改变的，这种流动称为不稳定流动。

（2）连续性方程　流体在稳定流动时，若既不向管中添加流体，也没有漏损，流体充满管道，并连续不断地从截面 1—1′流入，从截面 2—2′流出。以管内壁、截面 1—1′与 2—2′为衡算范围，以单位时间为衡算基准，依质量守恒定律，进入截面 1—1′的流体质量流量与流出截面 2—2′的流体质量流量相等（图 1-10）。

$$q_{m1}=q_{m2} \tag{1-19}$$

因为

$$q_m=uA\rho$$

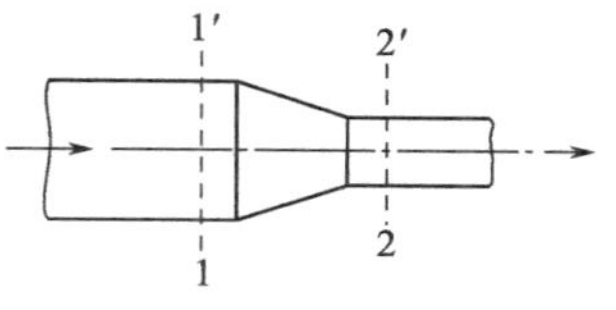

图 1-10　稳定流动的连续性

式中　q_m——流体的质量流量，指单位时间内流经管道有效截面积的流体质量，kg/s；

u——流体在管道任一截面的平均流速，m/s；

A——管道的有效截面积，m^2；

ρ——流体的密度，kg/m^3。

故

$$q_m=u_1A_1\rho_1=u_2A_2\rho_2 \tag{1-20}$$

若将上式推广到管路上任何一个截面，即

$$q_m=uA\rho=\text{常数} \tag{1-21}$$

上述方程式表示在稳定流动系统中，流体流经管道各截面的质量流量恒为常量，但各截面的流体流速则随管道截面积和流体密度的不同而变化。

若流体为不可压缩流体，即 ρ=常数，则

$$q_v=uA=\text{常数} \tag{1-22}$$

式中　q_v——流体的体积流量，指单位时间内流经管道有效截面积的流体体积，m^3/s。

上式说明不可压缩流体不仅流经各截面的质量流量相等，而且它们的体积流量也相等。而且管道截面积 A 与流体流速 u 成反比，截面积越小，流速越大。

若不可压缩流体在圆管内流动，因 $A=\frac{\pi}{4}d^2$，则

$$\frac{u_1}{u_2}=\frac{A_2}{A_1}=\left(\frac{d_2}{d_1}\right)^2 \tag{1-23}$$

上式说明不可压缩流体在管道内的流速 u 与管道内径的平方（d^2）成反比。

式（1-19）～式（1-23）称为流体在管道中作稳定流动的连续性方程。连续性方程反映了在稳定流动系统中，流量一定时管路各截面上流速的变化规律，而此规律与管路的安排以及管路上是否装有管件、阀门或输送设备等无关。

【例 1-3】 如图 1-10 所示的串联变径管路中，已知小管规格为 ϕ57mm×3mm，大管规格为 ϕ89mm×3.5mm，均为无缝钢管，水在小管内的平均流速为 2.5m/s，水的密度可取为 1000kg/m^3。试求：(1) 水在大管中的流速；(2) 管路中水的体积流量和质量流量。

解　(1) 小管直径 $d_1=57-2\times3=51(mm)$，$u_1=2.5(m/s)$

大管直径 $d_2=89-2\times3.5=82(mm)$

$$u_2=u_1\frac{A_1}{A_2}=u_1\left(\frac{d_1}{d_2}\right)^2=2.5\times\left(\frac{51}{82}\right)^2=0.967(m/s)$$

(2) $$q_v=u_1A_1=u_1\frac{\pi}{4}d_1^2=2.5\times0.785\times0.051^2=0.0051(m^3/s)$$

$$q_m=q_v\rho=0.0051\times1000=5.1(kg/s)$$

1.3.2　输送的能量

在化工生产中，解决流体输送问题的基本依据是伯努利方程，因此伯努利方程及其应用极为重要。根据对稳定流动系统能量衡算，即可得到伯努利方程。

1.3.2.1 流动系统的能量

流动系统中涉及的能量有多种形式，包括内能、机械能、功、热、损失能量，若系统不涉及温度变化及热量交换，内能为常数，则系统中所涉及的能量只有机械能、功、损失能量。能量根据其属性分为流体自身所具有的能量及系统与外部交换的能量。

(1) 流体所具有的能量——机械能

① 位能　位能是流体处于重力场中而具有的能量。若质量为 m(kg) 的流体与基准水平面的垂直距离为 z(m)，则位能为 mgz(J)，单位质量流体的位能则为 gz(J/kg)。

位能是相对值，计算须规定一个基准水平面。

② 动能　动能是流体具有一定速度流动而具有的能量。m(kg) 流体，当其流速为 u(m/s) 时具有的动能为 $\frac{1}{2}mu^2$(J)，单位质量流体的动能为 $\frac{1}{2}u^2$(J/kg)。

③ 静压能　静压能是由于流体具有一定的压力而具有的能量。流体内部任一点都有一定的压力，如果在有液体流动的管壁上开一小孔并接上一个垂直的细玻璃管，液体就会在玻璃管内升起一定的高度，此液柱高度即表示管内流体在该截面处的静压力值。

管路系统中，某截面处流体压力为 p，流体要流过该截面，则必须克服此压力做功，于是流体带着与此功相当的能量进入系统，流体的这种能量称为静压能。质量为 m(kg) 的流体的静压能为 pV(J)，单位质量流体的静压能为 $\frac{p}{\rho}$(J/kg)。

(2) 系统与外界交换的能量　实际生产中的流动系统，系统与外界交换的能量主要有功和损失能量。

① 外加功　当系统中安装有流体输送机械时，它将对系统做功，即将外部的能量转化为流体的机械能。单位质量流体从输送机械中所获得的能量称为外加功，用 W_e表示，其单位为 J/kg。

外加功 W_e是选择流体输送设备的重要数据，可用来确定输送设备的有效功率 P_e，即

$$P_e = W_e q_m \tag{1-24}$$

② 损失能量　由于流体具有黏性，在流动过程中要克服各种阻力，所以流动中有能量损失。单位质量流体流动时为克服阻力而损失的能量，用 Σh_f表示，其单位为 J/kg。

1.3.2.2 伯努利方程式

如图 1-11 所示，不可压缩流体在系统中作稳定流动，流体从截面 1—1′经泵输送到截面 2—2′。根据稳定流动系统的能量守恒，输入系统的能量应等于输出系统的能量。

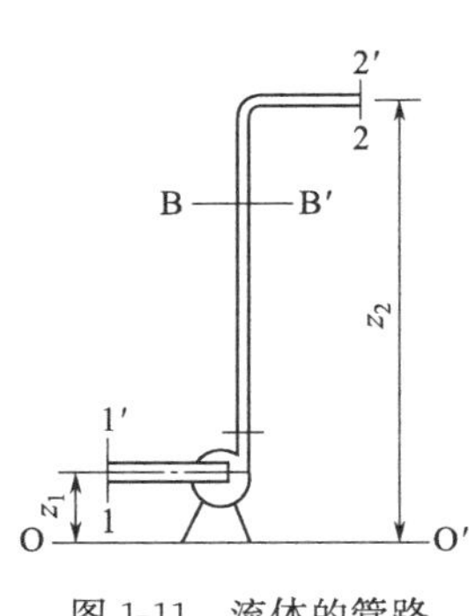

图 1-11 流体的管路输送系统

输入系统的能量包括由截面 1—1′进入系统时带入的自身能量，以及由输送机械中得到的能量。输出系统的能量包括由截面 2—2′离开系统时带出的自身能量，以及流体在系统中流动时因克服阻力而损失的能量。

若以 O—O′面为基准水平面，两个截面距基准水平面的垂直距离分别为 z_1、z_2，两截面处的流速分别为 u_1、u_2，两截面处的压力分别为 p_1、p_2，流体在两截面处的密度为 ρ，单位质量流体从泵所获得的外加功为 W_e，从截面 1—1′流到截面 2—2′的全部能量损失为 $\sum h_f$。

则根据能量守恒定律

$$gz_1 + \frac{p_1}{\rho} + \frac{1}{2}u_1^2 + W_e = gz_2 + \frac{p_2}{\rho} + \frac{1}{2}u_2^2 + \sum h_f \tag{1-25}$$

式中 gz_1、$\frac{1}{2}u_1^2$、$\frac{p_1}{\rho}$——流体在截面1—1′上的位能、动能、静压能，J/kg；

gz_2、$\frac{1}{2}u_2^2$、$\frac{p_2}{\rho}$——流体在截面2—2′上的位能、动能、静压能，J/kg。

式（1-25）称为实际流体的伯努利方程，是以单位质量流体为计算基准，式中各项单位均为J/kg。它反映了流体流动过程中各种能量的转化和守恒规律，在流体输送中具有重要意义。

通常将无黏性、无压缩性，流动时无流动阻力的流体称为理想流体。当流动系统中无外功加入时（即 $W_e=0$），则

$$gz_1+\frac{1}{2}u_1^2+\frac{p_1}{\rho}=gz_2+\frac{1}{2}u_2^2+\frac{p_2}{\rho} \tag{1-26}$$

上式为理想流体的伯努利方程，说明理想流体稳定流动时，各截面上所具有的总机械能相等，总机械能为一常数，但每一种形式的机械能不一定相等，各种形式的机械能可以相互转换。

将单位质量流体为基准的伯努利方程中的各项除以 g，则可得

$$z_1+\frac{p_1}{\rho g}+\frac{u_1^2}{2g}+\frac{W_e}{g}=z_2+\frac{p_2}{\rho g}+\frac{u_2^2}{2g}+\frac{\sum h_f}{g}$$

令

$$H_e=\frac{W_e}{g} \qquad H_f=\frac{\sum h_f}{g}$$

则

$$z_1+\frac{p_1}{\rho g}+\frac{u_1^2}{2g}+H_e=z_2+\frac{p_2}{\rho g}+\frac{u_2^2}{2g}+H_f \tag{1-27}$$

式中 z、$\frac{u^2}{2g}$、$\frac{p}{\rho g}$——位压头、动压头、静压头，单位重力（1N）流体所具有的机械能，m；

H_e——有效压头，单位重力流体在截面1—1′与截面2—2′间所获得的外加功，m；

H_f——压头损失，单位重力流体从截面1—1′流到截面2—2′的能量损失，m。

式（1-27）为以单位重力流体为计算基准的伯努利方程，式中各项均表示单位重力流体所具有的能量，单位为J/N（m）。z 的物理意义是：单位重力流体所具有的机械能，把自身从基准水平面升举的高度。适用于稳定、连续的不可压缩系统。在流动过程中两截面间流量不变，满足连续性方程。

1.3.2.3 制定流体输送方案的应用

（1）确定高位槽的位置

【例1-4】 为了能以均匀的速度向塔中加料，而使料液从高位槽自动流入塔中。高位槽液面维持不变，塔内压力为0.4kgf/cm²（表压）。问高位槽中的液面须高出塔的进料口多高，才能使液体的进料量维持在50m³/h。已知原料液密度为900kg/m³，连接管及其入口和出口处的阻力之和为2.22m液柱，连接管的规格为 ϕ108mm×4.0mm。

解 选高位槽的液面为截面1—1′，精馏塔加料口的外侧为截面2—2′，并取精馏塔加料口的中心线为基准水平面。在两截面间伯努利方程式为

$$z_1+\frac{p_1}{\rho g}+\frac{u_1^2}{2g}+H_e=z_2+\frac{p_2}{\rho g}+\frac{u_2^2}{2g}+H_f$$

已知：$z_1=h$；$z_2=0$；$p_1=0$（表压）；$p_2=0.4\text{kgf/cm}^2=39228\text{N/m}^2$（表压）；

$u_1\approx 0$；$u_2=0$；$\rho=900\text{kg/m}^3$；$H_e=0$；$H_f=2.22\text{m}$ 液柱

将上列数值代入伯努利方程式，得

$$h=\frac{p_2}{\rho g}+H_f=\frac{39228}{900\times 9.807}+2.22=6.66(\text{m})$$

（2）确定输送设备的有效功率

【例 1-5】 如图 1-12 所示，有一用水吸收混合气中氨的常压逆流吸收塔，水由水池用离心泵送至塔顶经喷头喷出。泵入口管为 $\phi 108\text{mm}\times 4\text{mm}$ 无缝钢管，管中流体的流量为 $40\text{m}^3/\text{h}$，出口管为 $\phi 89\text{mm}\times 3.5\text{mm}$ 的无缝钢管。池内水深为 2m，池底至塔顶喷头入口处的垂直距离为 20m。管路的总阻力损失为 40J/kg，喷头入口处的压力为 120kPa（表压）。试求泵所需的有效功率为多少？

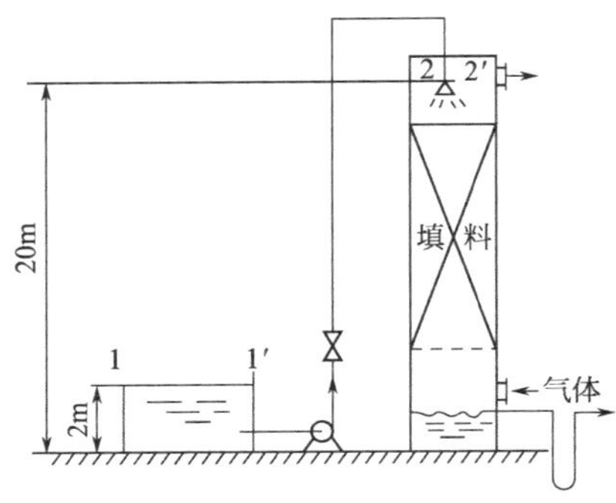

图 1-12 【例 1-5】附图

解 取水池液面为截面 1—1′，喷头入口处为截面 2—2′，并取截面 1—1′为基准水平面。在截面 1—1′和截面 2—2′间列伯努利方程，即

$$gz_1+\frac{p_1}{\rho}+\frac{1}{2}u_1^2+W_e=gz_2+\frac{p_2}{\rho}+\frac{1}{2}u_2^2+\Sigma h_f$$

其中 $z_1=0$；$z_2=20-2=18$（m）；$u_1\approx 0$；$d_1=108-2\times 4=100$（mm）；

$d_2=89-2\times 3.5=82$（mm）；$\Sigma h_f=40\text{J/kg}$；$p_1=0$（表压），$p_2=120\text{kPa}$（表压）；

$$u_2=\frac{q_v}{\frac{\pi}{4}d_2^2}=\frac{40/3600}{0.785\times 0.082^2}=2.11\ (\text{m/s})$$

代入伯努利方程得

$$W_e=g(z_2-z_1)+\frac{p_2-p_1}{\rho}+\frac{u_2^2-u_1^2}{2}+\Sigma h_f$$

$$=9.807\times 18+\frac{120\times 10^3}{1000}+\frac{2.11^2}{2}+40=338.75(\text{J/kg})$$

质量流量 $q_m=A_2u_2\rho=\frac{\pi}{4}d_2^2u_2\rho=0.785\times 0.082^2\times 2.11\times 1000=11.14\ (\text{kg/s})$

有效功率 $P_e=W_eq_m=338.75\times 11.14=3774(\text{W})=3.77\text{kW}$

（3）确定用压缩空气输送液体时压缩空气的压力

【例 1-6】 某车间用压缩空气来压送 98%浓硫酸。每批压送量为 0.3m^3，要求在 10min 内压完，硫酸温度为 20℃。管子的规格为 $\phi 38\text{mm}\times 3\text{mm}$ 钢管，管子出口在硫酸贮罐液面上垂直距离为 15m，设硫酸流经全部管路的能量损失为 10J/kg，不包括出口处能量损失。试求开始压送时，压缩空气的表压力。

解 取硫酸罐内液面为截面 1—1′，硫酸出口管口内侧为截面 2—2′，并以截面 1—1′为基准水平面。在两截面间列伯努利方程式，即

$$gz_1+\frac{p_1}{\rho}+\frac{1}{2}u_1^2+W_e=gz_2+\frac{p_2}{\rho}+\frac{1}{2}u_2^2+\Sigma h_f$$

已知：$z_1=0$；$z_2=15\text{m}$；$u_1\approx 0$；$u_2=\dfrac{q_v}{A}=\dfrac{0.3}{10\times 60\times\dfrac{\pi}{4}\times 0.032^2}=0.622$（m）；

$p_2=0$（表压）；$\rho=1831\text{kg/m}^3$；$\Sigma h_f=10\text{J/kg}$。

代入上列数值，可得

$$p_1=\left(gz_2+\frac{u^2}{2}+\Sigma h_f\right)\rho=\left(15\times 9.807+\frac{0.622^2}{2}+10\right)\times 1831=2.88\times 10^5\ (\text{N/m}^2)\ (\text{表压})$$

青霉素发酵液输送的功率核算

青霉素发酵液过滤后，由泵经 ϕ194mm×6mm 无缝钢管打到 22m 高的高位贮槽中，流量为 $0.0243\text{m}^3/\text{s}$。管路的总阻力损失为 50J/kg。确定泵所需的有效功率。

输送条件：$z_1=0$；$z_2=22\text{m}$；$p_1=p_2=0$（表压）；$d=194-2\times 6=182$（mm）；$\Sigma h_f=50\text{J/kg}$；

$$u_2=\frac{q_v}{\frac{\pi}{4}d_2^2}=\frac{0.0243}{0.785\times 0.182^2}=0.935\ (\text{m/s})$$

所需外加能量：$W_e=g(z_2-z_1)+\dfrac{p_2-p_1}{\rho}+\dfrac{u_2^2-u_1^2}{2}+\Sigma h_f$

$$=9.807\times 22+\frac{0.935^2}{2}+50=266.2(\text{J/kg})$$

所需有效功率：$P_e=W_e q_v\rho=266.2\times 0.0243\times 1050=6792(\text{W})=6.792\text{kW}$

1.4 流体的流动

1.4.1 流体的流动形态

在化工生产中，流体输送、传热、传质过程及操作等都与流体的流动状态有密切关系，因此有必要了解流体的流动型态及在圆管内的速度分布。

1.4.1.1 流动类型的划分

流体流动时，依不同的流动条件可以出现两种截然不同的流动型态，即层流和湍流。雷诺实验和流动型态见表 1-1。

表 1-1 雷诺实验和流动型态

流动型态	实验现象	质点运动特点	速度分布	举例
层流	实验装置如图 1-13 所示，设贮水槽中液位保持恒定，当管内水的流速较小时，着色水在管内沿轴线方向成一条清晰的细直线，如图 1-13(a)所示	流体质点沿管轴方向作直线运动，分层流动，又称滞流	层流时其速度分布曲线呈抛物线形。如图 1-14 所示。管壁处速度为零，管中心处速度最大。平均流速 $u=0.5u_{max}$	管内流体的低速流动、高黏度液体的流动、毛细管和多孔介质中的流体流动等

续表

流动型态	实验现象	质点运动特点	速度分布	举例
过渡状态	开大调节阀，水流速度逐渐增至某一定值时，可以观察到着色细线开始呈现波浪形，但仍保持较清晰的轮廓，如图 1-13(b)所示	过渡状态不是一种独立的流动型态，介于层流与湍流之间。可以看成是不完全的湍流或不稳定的层流，或者是两者交替出现，随外界条件而定，受流体流动干扰的控制		
湍流	再继续开大阀门，可以观察到着色细流与水流混合，当水的流速再增大到某值以后，着色水一进入玻璃管即与水完全混合，如图 1-13(c)所示	流体质点除沿轴线方向作主体流动外，还在各个方向有剧烈的随机运动，又称紊流	湍流时其速度分布曲线呈不严格抛物线形。管中心附近速度分布较均匀，如图 1-15 所示，平均流速$u=0.82u_{max}$	工程上遇到的管内流体的流动大多为湍流

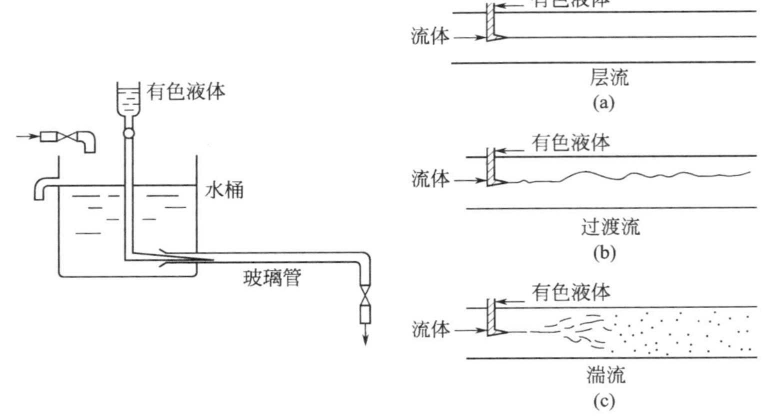

图 1-13 雷诺实验及结果

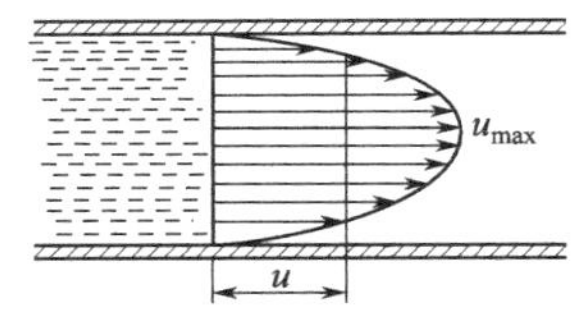

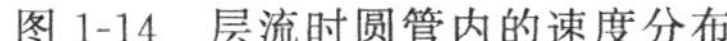

图 1-14 层流时圆管内的速度分布

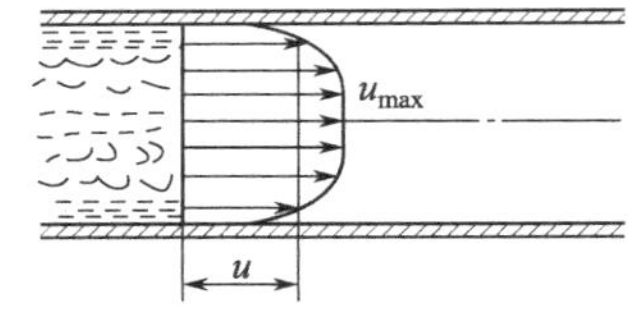

图 1-15 湍流时圆管内的速度分布

1.4.1.2 流体流动型态的判定

(1) 雷诺数 为了确定流体的流动型态，雷诺通过改变实验介质、管材及管径、流速等实验条件，做了大量的实验，并对实验结果进行了归纳总结。流体的流动型态主要与流体的密度 ρ、黏度 μ、流速 u 和管内径 d 等因素有关，并可以用这些物理量组成一个数群，称为雷诺数 (Re)，用来判定流动型态。

$$Re=\frac{du\rho}{\mu} \tag{1-28}$$

雷诺数，无单位。Re 大小反映了流体的湍动程度，Re 越大，流体流动湍动性越强。计算时只要采用同一单位制下的单位，计算结果都相同。

(2) 判据 一般情况下，流体在管内流动时，若 $Re<2000$ 时，流体的流动型态为层流；若 $Re>4000$ 时，流动为湍流；而 Re 在 2000～4000 范围内，为一种过渡状态，可能是层流也可能是湍流。在过渡区域，流动型态受外界条件的干扰而变化，如管道形状的变化、外来的轻微振动等都易促成湍流的发生，在一般工程计算中，$Re>2000$ 可作湍流处理。

【例 1-7】 在 20℃条件下，油的密度为 830kg/m^3，黏度为 3cP，在圆形直管内流动，其流量为 10m^3/h，管子规格为 ϕ89mm×3.5mm，试判断其流动型态。

解 已知 $\rho=830\text{kg/m}^3$，$\mu=3\text{cP}=3\times10^{-3}\text{Pa}\cdot\text{s}$

$d=89-2\times3.5=82$（mm）$=0.082$m

则

$$u=\frac{q_v}{\frac{\pi}{4}d^2}=\frac{10/3600}{0.785\times0.082^2}=0.526\ (\text{m/s})$$

$$Re=\frac{du\rho}{\mu}=\frac{0.082\times0.526\times830}{3\times10^{-3}}=1.193\times10^4$$

因为 $Re>4000$，所以该流动型态为湍流。

1.4.1.3 湍流流体中的层流内层

当管内流体做湍流流动时，管壁处的流速也为零，靠近管壁处的流体薄层速度很低，仍然保持层流流动，这个薄层称为层流内层。层流内层的厚度随雷诺数 Re 的增大而减薄，但不会消失。层流内层的存在，对传热与传质过程都有很大的影响。

湍流时，自层流内层向管中心推移，速度渐增，存在一个流动型态即非层流亦非湍流区域，这个区域称为过渡层或缓冲层；再往管中心推移才是湍流主体。可见，流体在管内作湍流流动时，横截面上沿径向分为层流内层、过渡层和湍流主体三部分。

1.4.2 流体的速度分布

1.4.2.1 流体流动速度分布

因为有黏性，流体如在管内流动时，管内任一截面上各点的速度也并不相同，中心处的速度最大，愈靠近管壁速度愈小，在管壁处流体的质点黏附于管壁上，其速度为零。因此在一定条件下，管内流动的流体，可认为是被分割成无数极薄的圆筒层，一层套着一层，各层以不同的速度流动，如图 1-16 所示。

由于流体的黏性，在层与层的接触面之间，产生了内摩擦力以抗拒流体向前运动。要使流体在管内以一定的速度流动就必须消耗能量克服这种内摩擦力而做功，从而将流体的一部分机械能转变为热能而损失掉，这就是流体流动时造成能量损失的根本原因。

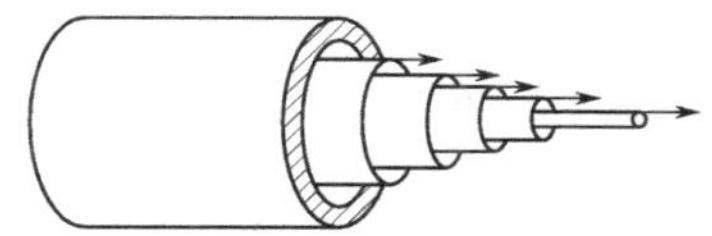

图 1-16 流体在圆管内分层流动

黏性是流体的固有属性之一，不论是静止的流体还是运动的流体都具有黏性。只不过黏性只有在流体运动时才会表现出来。

1.4.2.2 牛顿黏性定律

牛顿经过大量的实验研究提出了确定流体内摩擦力的所谓“牛顿黏性定律”。如图 1-17 所示，A、B 为宽度和长度都足够大的平板，互相平行，相距为 y，板间充满了某种液体。若将 A 板固定，而对 B 板施加一个恒定的切向力，则 B 板就以恒定速度 u 沿 x 方向运动。此时发现两板间液体就会分成无数平行的薄层而运动，黏附在 B 板底面

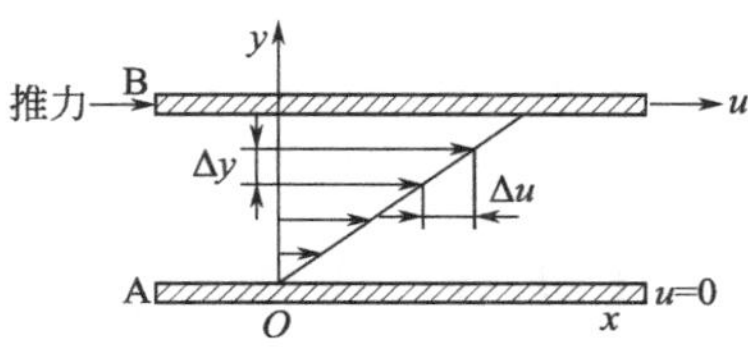

图 1-17 平板间液体速度变化

的一薄层液体也以速度 u 随上板而运动，其下各层液体的速度依次降低，而黏附在 A 板表面上的液层速度为零。当速度 u 不是很大时，A、B 板之间流体沿 y 方向的速度变化规律将是线性的，如图 1-17 所示。若 F 表示总内摩擦力的大小，大量实验证明，这个力与平板 B 的速度 u 成正比，与两平板间的距离 y 成反比，与接触面积 A'（平板面积）成正比，即：

$$F=\mu \frac{u}{y}A' \tag{1-29a}$$

对于两平板间的任意两流体层之间的内摩擦力为：

$$F=\mu \frac{\Delta u}{\Delta y}A' \tag{1-29b}$$

式中 Δu——两层流体层之间的速度差，m/s；

Δy——两层流体层之间的距离，m。

当流体在管内流动时，径向速度的变化并不是直线关系而是如图 1-18 所示的曲线关系。则式（1-29b）应改写成

$$F=\mu \frac{\mathrm{d}u}{\mathrm{d}y}A' \tag{1-29c}$$

式中 $\frac{\mathrm{d}u}{\mathrm{d}y}$——速度梯度，即在与流动方向垂直的方向上单位距离的速度变化率；

μ——比例系数，与流体的性质有关，流体的黏性愈大，其值愈大，也称为黏滞系数。

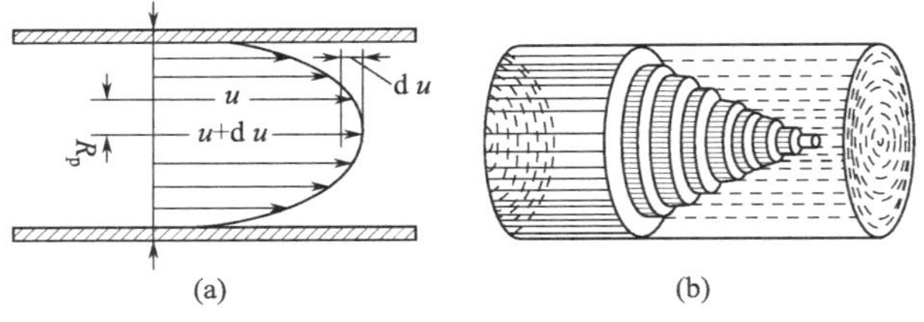

图 1-18 管内液流的速度分布

式（1-29b）或式（1-29c）所表示的关系，称为牛顿黏性定律。它的物理意义是：流体内摩擦力的大小与流体的性质有关，且与流体的速度梯度和接触面积成正比。

内摩擦力是剪力，单位面积上的内摩擦力称为内摩擦剪应力，以 τ 表示，于是上式可写成：

$$\tau=\frac{F}{A}=\mu \frac{\mathrm{d}u}{\mathrm{d}y} \tag{1-30}$$

讨论：当 $\frac{\mathrm{d}u}{\mathrm{d}y}=0$，即两层流体相对静止时 $\tau=0$，不存在内摩擦力。

结论：流体的黏性是产生能量损失的根本原因，而流体层与层之间、流体和壁面之间的相对运动是产生内摩擦力、引起能量损失的必要条件。

1.4.3 流体阻力

流体在管路中流动时的阻力分为直管阻力和局部阻力两种。直管阻力是流体流经一定管径的直管时，由于流体的内摩擦而产生的阻力。局部阻力是流体流经管路中的管件、阀门及

截面的突然扩大和突然缩小等局部地方所引起的阻力。总阻力等于直管阻力和局部阻力的总和。

1.4.3.1　直管阻力

（1）范宁公式　直管阻力，也叫沿程阻力。直管阻力通常由范宁公式计算，其表达式为

$$h_f = \lambda \frac{l}{d} \times \frac{u^2}{2} \tag{1-31}$$

式中　h_f——直管阻力，J/kg；

λ——摩擦系数，也称摩擦因数，无量纲；

l——直管的长度，m；

d——直管的内径，m；

u——流体在管内的流速，m/s。

范宁公式中的摩擦因数是确定直管阻力损失的重要参数。λ 的值与反映流体湍动程度的 Re 及管内壁粗糙程度的 ε 大小有关。

（2）管壁粗糙程度　工业生产上所使用的管道，按其材料的性质和加工情况，大致可分为光滑管与粗糙管。通常把玻璃管、铜管和塑料管等列为光滑管，把钢管和铸铁管等列为粗糙管。实际上，即使是同一种材质的管子，由于使用时间的长短与腐蚀结垢的程度不同，管壁的粗糙度也会发生很大的变化。

① 绝对粗糙度　绝对粗糙度是指管壁突出部分的平均高度，以 ε 表示，如图 1-19 所示。表 1-2 中列出了某些工业管道的绝对粗糙度数值。

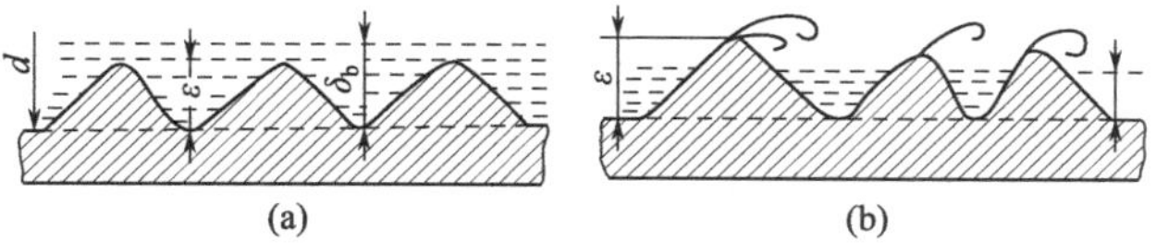

图 1-19　管壁粗糙程度对流体流动的影响

表 1-2　某些工业管道的绝对粗糙度

管道类别	绝对粗糙度 ε/mm	管道类别	绝对粗糙度 ε/mm
无缝黄铜管、铜管及铝管	0.01～0.05	具有重度腐蚀的无缝钢管	0.5 以上
新的无缝钢管或镀锌铁管	0.1～0.2	旧的铸铁管	0.85 以上
新的铸铁管	0.3	干净玻璃管	0.0015～0.01
具有轻度腐蚀的无缝钢管	0.2 ～0.3	很好整平的水泥管	0.33

② 相对粗糙度　相对粗糙度是指绝对粗糙度与管道内径的比值，即 ε/d。管壁粗糙度对摩擦系数 λ 的影响程度与管径的大小有关，所以在流动阻力的计算中，要考虑相对粗糙度的大小。

（3）摩擦系数

① 层流时摩擦系数　流体作层流流动时，管壁上凹凸不平的地方都被有规则的流体层所覆盖，λ 与 ε/d 无关，摩擦系数 λ 只是雷诺数的函数

$$\lambda = \frac{64}{Re} \tag{1-32}$$

将 $\lambda=\frac{64}{Re}$ 代入范宁公式，则

$$h_f=32\frac{\mu ul}{\rho d^2} \tag{1-33}$$

式（1-33）为哈根-伯肃叶方程，是流体在圆直管内作层流流动时的阻力计算式。

② 湍流时摩擦系数　由于湍流时流体质点运动情况比较复杂，目前还不能完全用理论分析方法求算湍流时摩擦系数 λ 的公式，而是通过实验测定获得经验的计算式。各种经验公式，均有一定的适用范围，可参阅有关资料。

为了计算方便，通常将摩擦系数 λ 对 Re 与 ε/d 的关系曲线标绘在双对数坐标上，如图1-20所示，图1-20称为莫狄（Moody）图。这样就可以方便地根据 Re 与 ε/d 值从图中查得各种情况下的 λ 值。

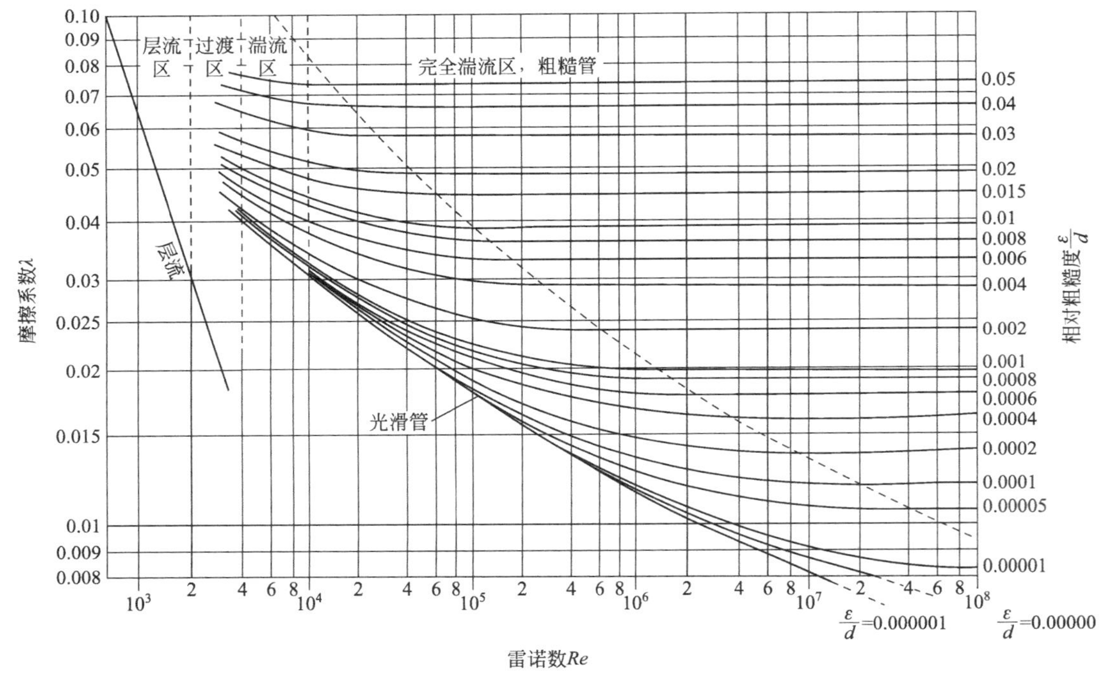

图1-20　λ 与 Re、ε/d 的关系

根据雷诺数的不同，可在图1-20中分出四个不同的区域：

a. 层流区　当 $Re<2000$ 时，λ 与 Re 为一直线关系，与相对粗糙度无关。

b. 过渡区　当 $Re=2000\sim4000$ 时，管内流动类型随外界条件影响而变化，λ 也随之波动。工程上一般按湍流处理，λ 可从相应的湍流时的曲线延伸查取。

c. 湍流区　当 $Re>4000$ 且在图1-20中虚线以下区域时，$\lambda=f(Re,\ \varepsilon/d)$。对于一定的 ε/d，λ 随 Re 数值的增大而减小。

d. 完全湍流区　即图1-20中虚线以上的区域，λ 与 Re 的数值无关，只取决于 ε/d。λ-Re 曲线几乎成水平线，当管子的 ε/d 一定时，λ 为定值。在这个区域内，阻力损失与 u^2 成正比，故又称为阻力平方区。由图可见，ε/d 值越大，达到阻力平方区的 Re 值越低。

【例1-8】　20℃的水，以1m/s速度在钢管中流动，钢管规格为 ϕ60mm×3.5mm，试求水通过100m长的直管时，阻力损失为多少？

解 从本书附录五中查得水在 20℃时的 $\rho=998.2\text{kg/m}^3$，$\mu=1.005\times10^{-3}\text{Pa}\cdot\text{s}$

$d=60-3.5\times2=53\text{mm}$，$l=100\text{m}$，$u=1\text{m/s}$

$$Re=\frac{du\rho}{\mu}=\frac{0.053\times1\times998.2}{1.005\times10^{-3}}=5.26\times10^4$$

取钢管的管壁绝对粗糙度 $\varepsilon=0.2\text{mm}$，则

$$\frac{\varepsilon}{d}=\frac{0.2}{53}=0.004$$

据 Re 与 ε/d 值，可以从图 1-20 上查出摩擦系数 $\lambda=0.042$

则 $$h_f=\lambda\frac{l}{d}\times\frac{u^2}{2}=0.042\times\frac{100}{0.053}\times\frac{1^2}{2}=39.6\ (\text{J/kg})$$

1.4.3.2 局部阻力

局部阻力是流体流经管路中的管件、阀门及截面的突然扩大或突然缩小等局部地方所产生的阻力。

流体在管路的进口、出口、弯头、阀门、突然扩大、突然缩小或流量计等局部流过时，必然发生流体的流速和流动方向的突然变化，流动受到干扰、冲击，产生旋涡并加剧湍动，使流动阻力显著增加，如图 1-21 所示。局部阻力一般有两种计算方法，即当量长度法和阻力系数法。

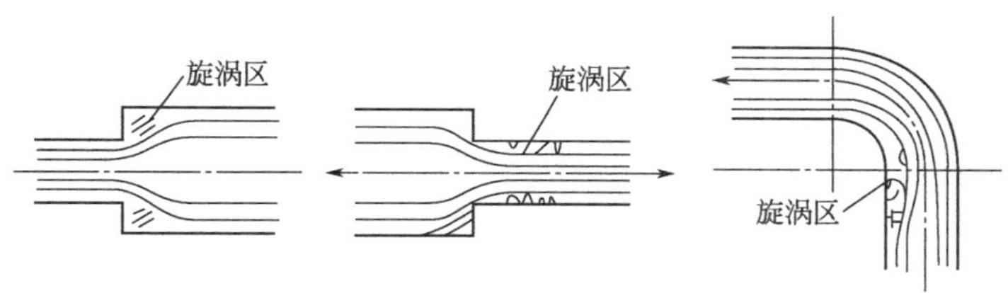

图 1-21 不同情况下的流动干扰

(1) 当量长度法 当量长度法是将流体通过局部障碍时的局部阻力计算转化为直管阻力损失的计算方法。所谓当量长度是与某局部障碍具有相同能量损失的同直径直管长度，用 l_e 表示，单位为 m，可按下式计算

$$h_f'=\lambda\frac{l_e}{d}\times\frac{u^2}{2} \tag{1-34}$$

式中 u——管内流体的平均流速，m/s；

l_e——当量长度，m。

当局部流通截面发生变化时，u 应该采用较小截面处的流体流速。l_e 数值由实验测定，在湍流情况下，某些管件与阀门的当量长度也可以从图 1-22 查得。

(2) 阻力系数法 将局部阻力表示为动能的一个倍数，则

$$h_f'=\zeta\frac{u^2}{2} \tag{1-35}$$

式中 ζ—— 局部阻力系数，无量纲，其值由实验测定。

常见局部障碍的阻力系数见表 1-3。

1.4.3.3 总阻力

管路系统的总阻力等于通过所有直管的阻力和所有局部阻力之和。

(1) 当量长度法 当用当量长度法计算局部阻力时（图 1-22)，其总阻力 Σh_f 计算式为

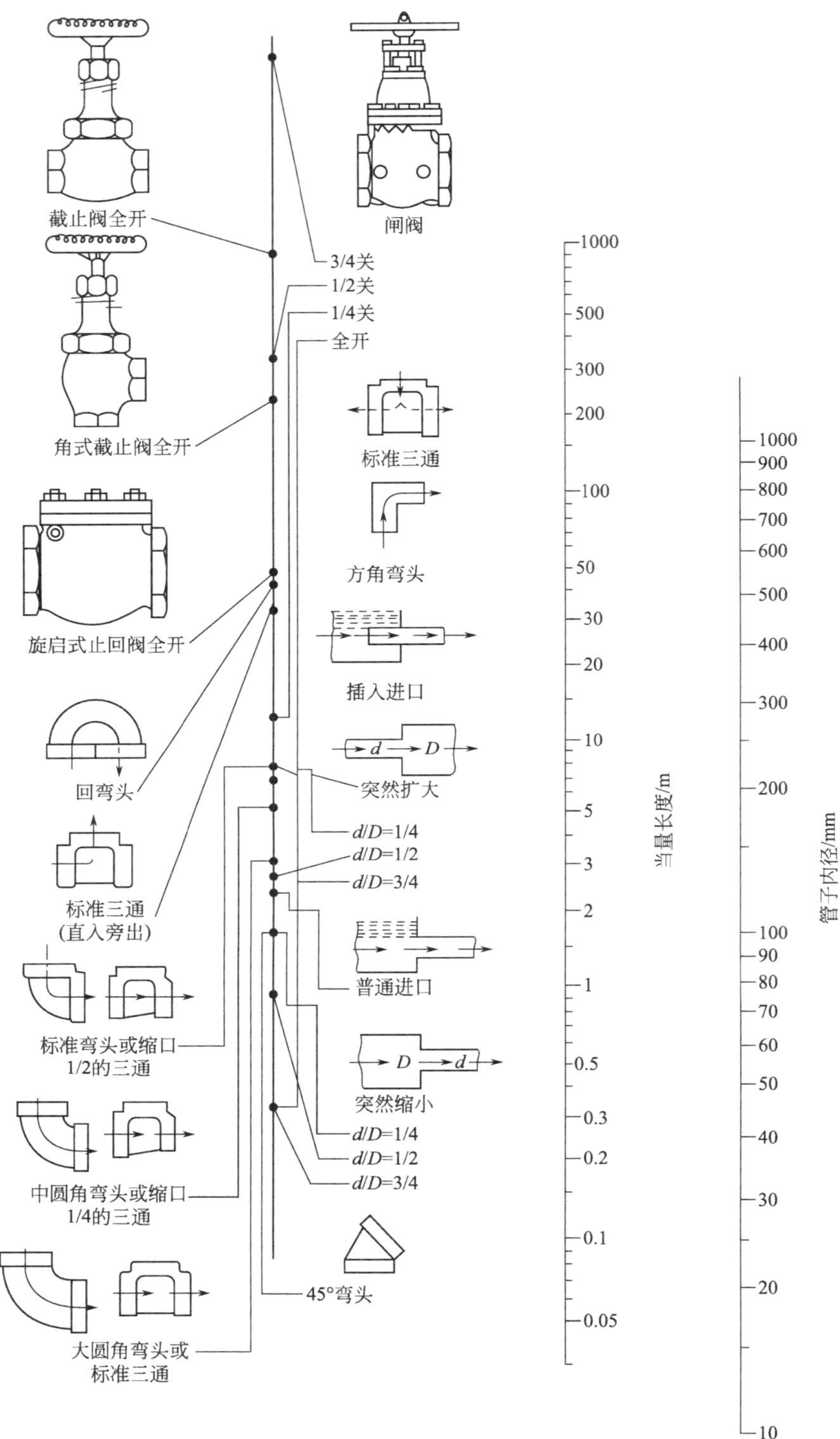

图 1-22 管件与阀件的当量长度

表 1-3 常见局部障碍的阻力系数

<table>
<tr><td>标准弯头</td><td colspan="5">45°,ζ=0.35</td><td colspan="6">90°,ζ=0.75</td></tr>
<tr><td>90°方形弯头</td><td colspan="11">1.3</td></tr>
<tr><td>180°阀弯头</td><td colspan="11">1.5</td></tr>
<tr><td>活管接</td><td colspan="11">0.4</td></tr>
<tr><td rowspan="3">弯管</td><td colspan="4">R/d \ φ</td><td>30°</td><td>45°</td><td>60°</td><td>75°</td><td>90°</td><td>105°</td><td>120°</td></tr>
<tr><td colspan="4">1.5</td><td>0.08</td><td>0.11</td><td>0.14</td><td>0.16</td><td>0.175</td><td>0.19</td><td>0.20</td></tr>
<tr><td colspan="4">2.0</td><td>0.07</td><td>0.10</td><td>0.12</td><td>0.14</td><td>0.15</td><td>0.16</td><td>0.17</td></tr>
<tr><td rowspan="3">突然扩大</td><td colspan="11">$\zeta=(1-A_1/A_2)^2$ $h_i=\zeta*U_1^2/2$</td></tr>
<tr><td>A_1/A_2</td><td>0</td><td>0.1</td><td>0.2</td><td>0.3</td><td>0.4</td><td>0.5</td><td>0.6</td><td>0.7</td><td>0.8</td><td>0.9</td><td>1.0</td></tr>
<tr><td>ζ</td><td>1</td><td>0.81</td><td>0.64</td><td>0.49</td><td>0.36</td><td>0.25</td><td>0.16</td><td>0.09</td><td>0.04</td><td>0.01</td><td>0</td></tr>
<tr><td rowspan="3">突然缩小</td><td colspan="11">$\zeta=0.5(1-A_2/A_1)$ $h_i=\zeta*U_2^2/2$</td></tr>
<tr><td>A_2/A_1</td><td>0</td><td>0.1</td><td>0.2</td><td>0.3</td><td>0.4</td><td>0.5</td><td>0.6</td><td>0.7</td><td>0.8</td><td>0.9</td><td>1.0</td></tr>
<tr><td>ζ</td><td>0.5</td><td>0.45</td><td>0.40</td><td>0.35</td><td>0.30</td><td>0.25</td><td>0.20</td><td>0.15</td><td>0.10</td><td>0.05</td><td>0</td></tr>
<tr><td rowspan="3">水泵进口</td><td colspan="2">没有底阀</td><td colspan="9">2～3</td></tr>
<tr><td colspan="2" rowspan="2">有底阀</td><td>d/mm</td><td>40</td><td>50</td><td>75</td><td>100</td><td>150</td><td>200</td><td>250</td><td>300</td></tr>
<tr><td>ζ</td><td>12</td><td>10</td><td>8.5</td><td>7.0</td><td>6.0</td><td>5.2</td><td>4.4</td><td>3.7</td></tr>
<tr><td rowspan="2">闸阀</td><td colspan="3">全开</td><td colspan="4">3/4 开</td><td colspan="2">1/2 开</td><td colspan="2">1/4 开</td></tr>
<tr><td colspan="3">0.17</td><td colspan="4">0.9</td><td colspan="2">4.5</td><td colspan="2">24</td></tr>
<tr><td>标准截止阀(球形阀)</td><td colspan="7">全开 ζ=6.4</td><td colspan="4">1/2 开 ζ=9.5</td></tr>
<tr><td rowspan="2">蝶阀</td><td colspan="2">α</td><td>5°</td><td>10°</td><td>20°</td><td>30°</td><td>40°</td><td>45°</td><td>50°</td><td>60°</td><td>70°</td></tr>
<tr><td colspan="2">ζ</td><td>0.24</td><td>0.52</td><td>1.54</td><td>3.91</td><td>10.8</td><td>18.7</td><td>30.6</td><td>118</td><td>751</td></tr>
<tr><td rowspan="2">旋塞</td><td>θ</td><td colspan="2">5°</td><td colspan="2">10°</td><td colspan="2">20°</td><td colspan="2">40°</td><td colspan="2">60°</td></tr>
<tr><td>ζ</td><td colspan="2">0.05</td><td colspan="2">0.29</td><td colspan="2">1.56</td><td colspan="2">17.3</td><td colspan="2">206</td></tr>
<tr><td>角阀(90°)</td><td colspan="11">5</td></tr>
<tr><td>单向阀</td><td colspan="5">摇板式 ζ=2</td><td colspan="6">球形式 ζ=70</td></tr>
<tr><td>水表(盘形)</td><td colspan="11">7</td></tr>
</table>

$$\sum h_f=\lambda\frac{l+\sum l_e}{d}\times\frac{u^2}{2} \tag{1-36}$$

式中 $\sum l_e$——管路全部管件与阀门等的当量长度之和，m。

(2) 阻力系数法 当用阻力系数法计算局部阻力时（表 1-3），其总阻力计算式为

$$\sum h_f=\left(\lambda\frac{l}{d}+\sum\zeta\right)\frac{u^2}{2} \tag{1-37}$$

式中 $\sum\zeta$——管路全部的局部阻力系数之和。

应当注意，当管路由若干直径不同的管段组成时，管路的总能量损失应分段计算，然后

再求和。

总阻力的表示方法除了以能量形式表示外，还可以用压头损失 H_f（1N 流体的流动阻力，m）及压力降 Δp_f（$1m^3$ 流体流动时的流动阻力，m）表示。它们之间的关系为

$$h_f = H_f g \tag{1-38}$$

$$\Delta p_f = \rho h_f = \rho H_f g \tag{1-39}$$

【例 1-9】 20℃的水以 $16m^3/h$ 的流量流过某一管路，管子规格为 ϕ57mm×3.5mm。管路上装有 90°的标准弯头两个、闸阀（1/2 开）一个，直管段长度为 30m。试计算流体流经该管路的总阻力损失。

解 查得 20℃下水的密度为 998.2kg/m³，黏度为 1.005mPa·s。

管子内径为 d=57mm－2×3.5mm=50mm=0.05m

水在管内的流速为

$$u = \frac{q_v}{A} = \frac{q_v}{0.785d^2} = \frac{16/3600}{0.785 \times 0.05^2} = 2.26\ (\text{m/s})$$

流体在管内流动时的雷诺数为 $Re = \dfrac{du\rho}{\mu} = \dfrac{0.05 \times 2.26 \times 998.2}{1.005 \times 10^{-3}} = 1.12 \times 10^5$

查表 1-3 取管壁的绝对粗糙度 ε=0.2mm，则 ε/d=0.2/50=0.004，由 Re 值及 ε/d 值查图 1-20 得 λ=0.0285。

（1）用阻力系数法计算　查表 1-3 得：90°标准弯头，ζ=0.75；闸阀（1/2 开度），ζ=4.5。

所以

$$\sum h_f = (\lambda \frac{l}{d} + \Sigma\zeta)\frac{u^2}{2} = [0.0285 \times \frac{30}{0.05} + (0.75 \times 2 + 4.5)] \times \frac{2.26^2}{2} = 59.0(\text{J/kg})$$

（2）用当量长度法计算

查表 1-3 得：90°标准弯头，l/d=30；闸阀（1/2 开度），l/d=200。

$$\Sigma h_f = \lambda \frac{l + \Sigma l_e}{d} \times \frac{u^2}{2} = 0.0285 \times \frac{30 + (30 \times 2 + 200) \times 0.05}{0.05} \times \frac{2.26^2}{2} = 62.6(\text{J/kg})$$

从以上计算可以看出，用两种局部阻力计算方法的计算结果差别不大，在工程计算中是允许的。

1.5 选择化工管路

1.5.1 化工管路构成

管路是由管子、管件和阀门等按一定的排列方式构成，也包括一些附属于管路的管架、管卡、管撑等辅件。由于生产中输送的流体是各种各样的，输送条件与输送量也各不相同，因此，管路也必然是各不相同的。工程上为了避免混乱，方便制造与使用，实现了管路的标准化。书后附录十五摘录了部分管材的规格。

管子是管路的主体，由于生产系统中的物料和所处工艺条件各不相同，所以用于连接设备和输送物料的管子除需满足强度和通过能力的要求外，还必须满足耐温、耐压、耐腐蚀以及导热等性能的要求。根据所输送物料的性质（如腐蚀性、易燃性、易爆性等）和操作条件（如温度、压力等）来选择合适的管材，是化工生产中经常遇到的问题之一。

1.5.1.1 化工管材

管材通常按制造管子所使用的材料来进行分类。可分为金属管、非金属管和复合管，其中以金属管占绝大部分。复合管指的是金属与非金属两种材料组成的管子。最常见的化工管材见表 1-4。

表 1-4 常见的化工管材

种类及名称			结构特点	用途
金属管	钢管	有缝钢管	有缝钢管是用低碳钢焊接而成的钢管，又称为焊接管。易于加工制造、价格低。主要有水管和煤气管，分镀锌管和黑铁管（不镀锌管）两种	目前主要用于输送水、蒸汽、煤气、腐蚀性低的液体和压缩空气等。因为有焊缝而不适宜在0.8MPa（表压）以上的压力条件下使用
金属管	钢管	无缝钢管	无缝钢管是用棒料钢材经穿孔热轧或冷拔制成的，它没有接缝。用于制造无缝钢管的材料主要有普通碳钢、优质碳钢、低合金钢、不锈钢和耐热铬钢等。无缝钢管的特点是质地均匀、强度高、管壁薄，少数特殊用途的无缝钢管的壁厚也可以很厚	无缝钢管能用于在各种压力和温度下输送流体，广泛用于输送高压、有毒、易燃易爆和强腐蚀性流体等
金属管	铸铁管		有普通铸铁管和硅铸铁管。铸铁管价廉而耐腐蚀，但强度低，气密性也差，不能用于输送有压力的蒸汽、爆炸性及有毒性气体等	一般作为埋在地下的给水总管、煤气管及污水管等，也可以用来输送碱液及浓硫酸等
金属管	有色金属管	铜管与黄铜管	由紫铜或黄铜制成。导热性好，延展性好，易于弯曲成型	适用于制造换热器的管子；用于油压系统、润滑系统来输送有压液体；铜管还适月于低温管路，黄铜管在海水管路中也广泛使用
金属管	有色金属管	铅管	铅管因耐腐蚀性好，能耐硫酸及10%以下的盐酸，其最高工作温度是413K。由于铅管机械强度差、性软而笨重、导热能力小，目前正被合金管及塑料管所取代	主要用于硫酸及稀盐酸的输送，但不适用于浓盐酸、硝酸和乙酸的输送
金属管	有色金属管	铝管	铝管也有较好的耐酸性，其耐酸性主要由其纯度决定，但耐碱性差	铝管广泛用于输送浓硫酸、浓硝酸、甲酸和醋酸等。小直径铝管可以代替铜管来输送有压流体。当温度超过433K时，不宜在较高的压力下使用
非金属管			非金属管是用各种非金属材料制作而成的管子的总称，主要有陶瓷管、水泥管、玻璃管、塑料管和橡胶管等。塑料管的用途越来越广，很多原来用金属管的场合逐渐被塑料管所代替	

1.5.1.2 管件

管件是用来连接管子以达到延长管路、改变管路方向或直径、分支、合流或封闭管路的附件的总称。常用管件如图 1-23 所示，其用途有如下几种。

① 用以改变流向：90°弯头、45°弯头、180°回弯头等；

② 用以堵截管路：管帽、丝堵（堵头）、盲板等；

③ 用以连接支管：三通、四通，有时三通也用来改变流向，多余的一个通道接头用管帽或盲板封上，在需要时打开再连接一条分支管；

④ 用以改变管径：异径管、内外螺纹接头（补芯）等；

⑤ 用以延长管路：管箍（束节）、螺纹短节、活接头、法兰等。法兰多用于焊接连接管路，而活接头多用于螺纹连接管路。在闭合管路上必须设置活接头或法兰，尤其是在需要经常维修或更换的设备、阀门附近必须设置，因为它们可以就地拆开、就地连接。

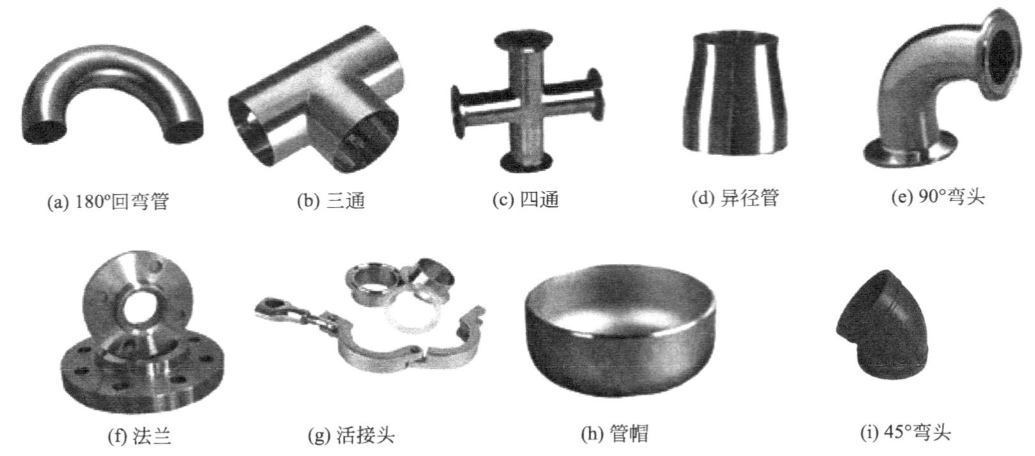

图 1-23 常用管件

1.5.1.3 阀门

阀门是用来启闭和调节流量及控制安全的部件。通过阀门可以调节流量、系统压力及流动方向，从而确保工艺条件的实现与安全生产。化工生产中阀门种类繁多，常用的有以下几种。

(1) 闸阀 主要部件为一闸板，通过闸板的升降以启闭管路。这种阀门全开时流体阻力小，全闭时较严密，如图 1-24 所示。多用于大直径管路上作启闭阀，在小直径管路中也有用作调节阀的。不宜用于含有固体颗粒或物料易于沉积的流体，以免引起密封面的磨损和影响闸板的闭合。

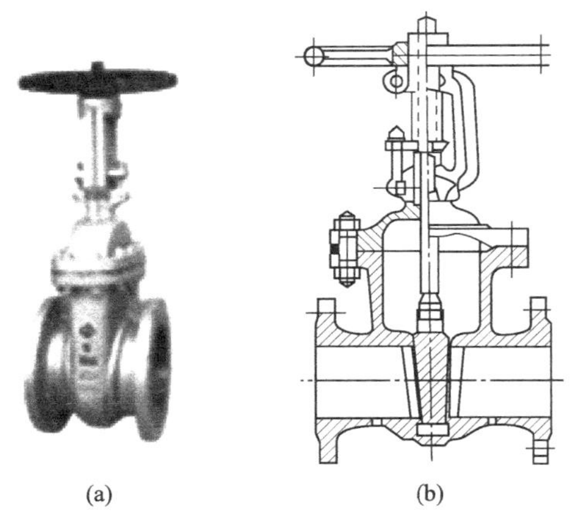

图 1-24 闸阀

(2) 截止阀 主要部件为阀盘与阀座，流体自下而上通过阀座，其构造比较复杂，流体阻力较大，但密闭性与调节性能较好，如图 1-25 所示。不宜用于黏度大且含有易沉淀颗粒的介质。

(3) 止回阀 止回阀是一种根据阀前、后的压力差自动启闭的阀门，其作用是使介质只作一定方向的流动，它分为升降式和旋启式两种。升降式止回阀密封性较好，但流动阻力大；旋启式止回阀用摇板来启闭。安装时应注意介质的流向与安装方向。止回阀如图 1-26 所示。止回阀一般适用于清洁介质。

(4) 球阀 阀芯呈球状，中间为一与管内径相近的连通孔，结构比闸阀和截止阀简单，启闭迅速，操作方便，体积小，质量轻，零部件少，流体阻力也小。如图 1-27 所示。适用于低温、高压及黏度大的介质，但不宜用于调节流量。

(5) 旋塞阀 其主要部分为一可转动的圆锥形旋塞，中间有孔，当旋塞旋转至 90°时，流动通道即全部封闭。需要较大的转动力矩，如图 1-28 所示。温度变化大时容易卡死，不能用于高压。

(6) 安全阀 是为了管道设备的安全保险而设置的截断装置，它能根据工作压力而自动启闭，从而将管道设备的压力控制在某一数值以下，从而保证其安全。全启式安全阀如图

1-29 所示。主要用在蒸汽锅炉及高压设备上。

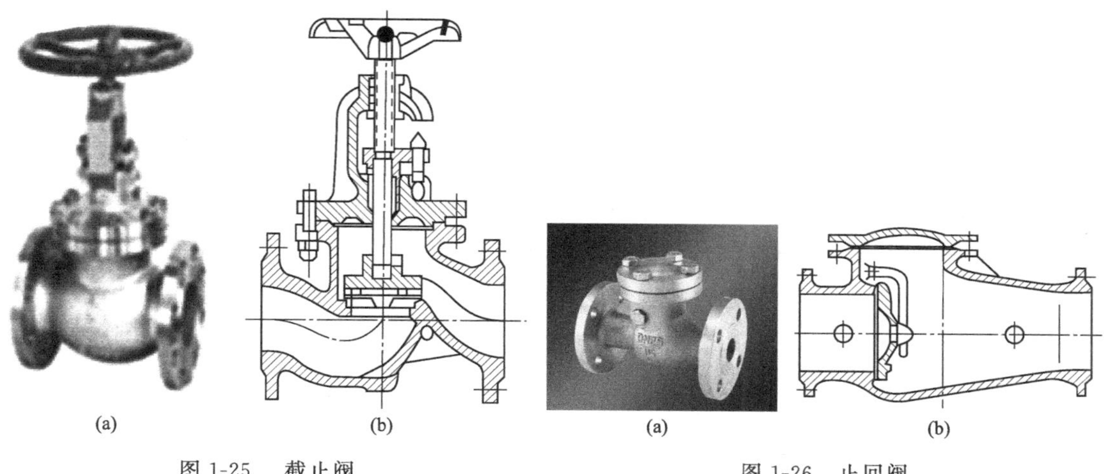

(a)　(b)

图 1-25　截止阀

(a)　(b)

图 1-26　止回阀

(a)

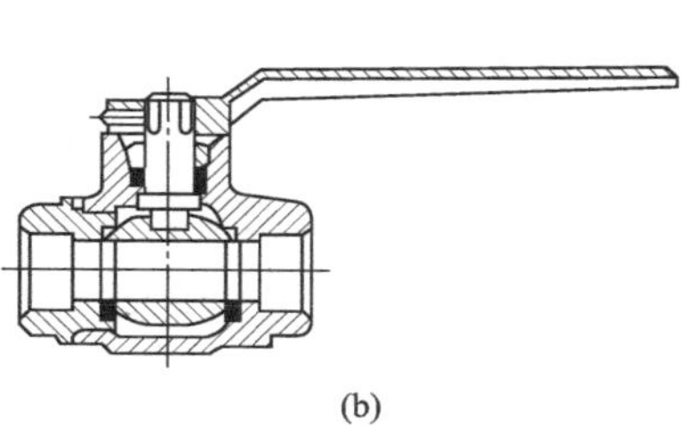

(b)

图 1-27　球阀

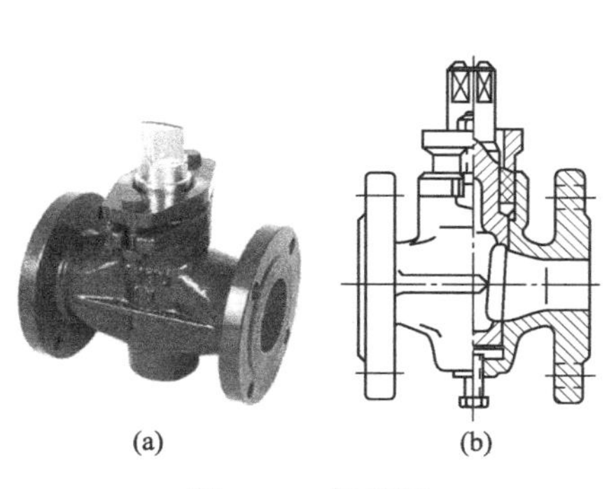

(a)　(b)

图 1-28　旋塞阀

(a)

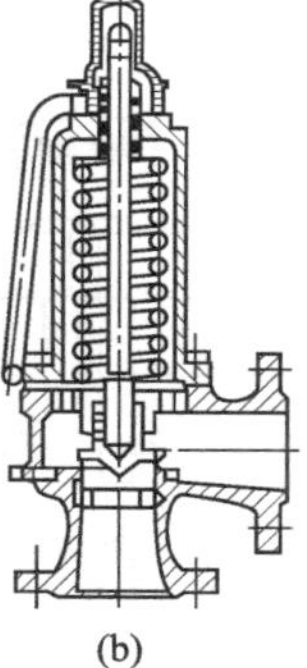

(b)

图 1-29　全启式安全阀

1.5.2　化工管路的布置与安装

1.5.2.1　管路的连接方式

管路的连接包括管子与管子、管子与各种管件、阀门及设备接口等处的连接，目前比较普遍采用的方式有：承插式连接、螺纹连接、法兰连接及焊接。

(1) 承插式连接　铸铁管、耐酸陶瓷管、水泥管常用承插式连接。管子的一头扩大成钟

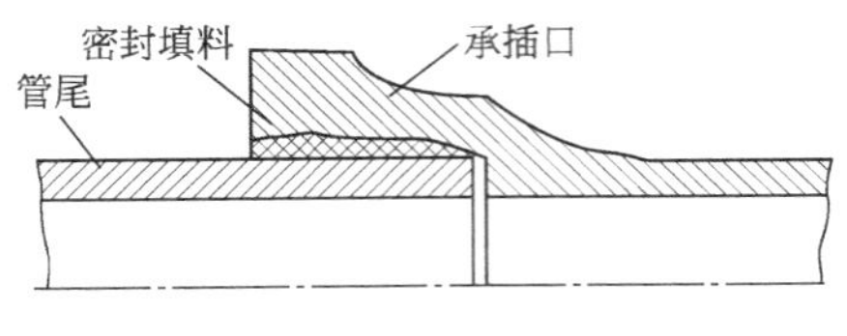

图 1-30 承插式连接

形，使一根管子的平头可以插入。环隙内通常先填塞麻丝或棉绳，然后塞入水泥、沥青等胶合剂，如图1-30所示。它的优点是安装方便，允许两管中心线有较大的偏差；缺点是难于拆除，高压时不可靠。

(2) 螺纹连接 螺纹连接常用于水、煤气管。管端有螺纹，可用各种现成的螺纹管件将其连接而构成管路。螺纹连接通常仅用于小直径的水管、压缩空气管路、煤气管路及低压蒸汽管路。用以连接直管的管件常用的有管箍和活络管接头，如图 1-31 和图 1-32 所示。

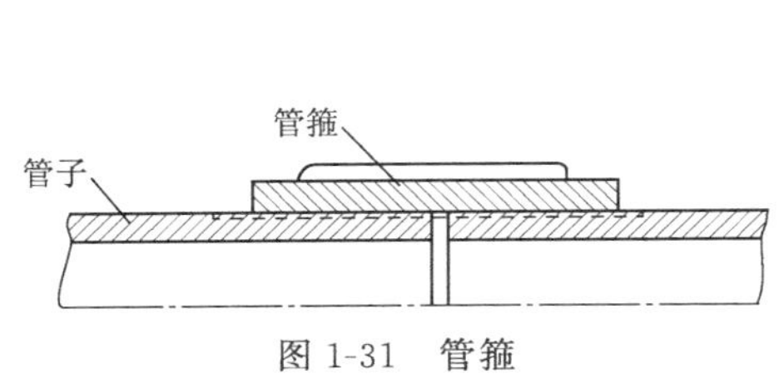

图 1-31 管箍

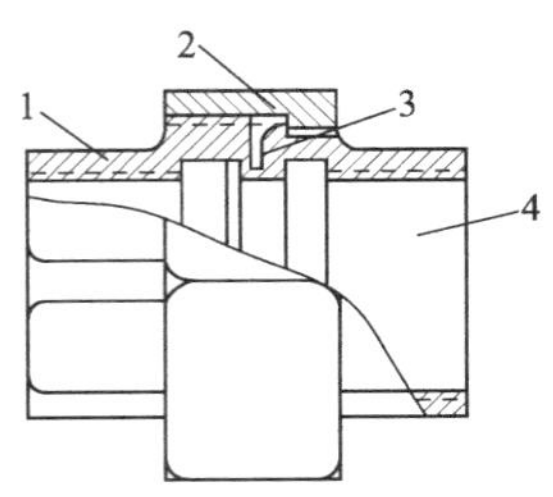

图 1-32 活络管接头
1,4—带内螺纹的管节；2—活套节；3—垫片

(3) 法兰连接 法兰连接是常用的连接方法，如图 1-33 所示。因它装拆方便，密封可靠，适用的压力温度与管径范围很大。缺点是费用较高。铸铁管法兰是与管身同时铸成，钢管的法兰可以用螺纹接合，但最方便还是用焊接法固定。图 1-34 表示普通钢管的搭接式法兰与对焊法兰两种连接形式。两法兰间放置垫圈，起密封作用。垫圈的材料有石棉板、橡胶、软金属等，随介质的温度、压力而定。如大麻和浸过油的厚纸板适用于不大于 392kPa（表压）、温度不超过 120℃的水和无腐蚀的气体和液体；石棉橡胶板主要适用于 450℃以下和 4900kPa（表压）以下的水蒸气，高压管道的密封则用金属垫圈，常用的有铝、铜、不锈钢等。

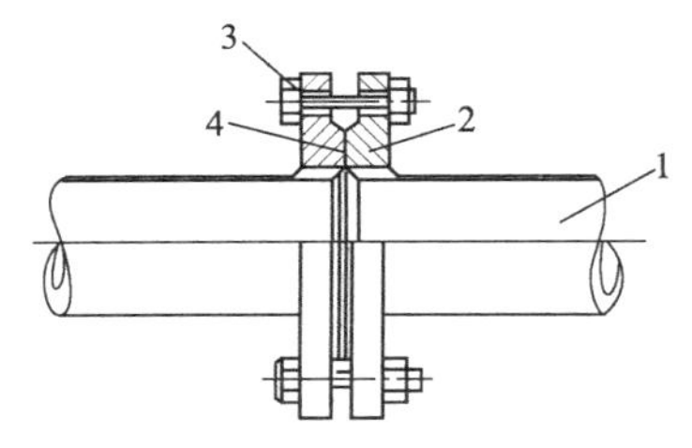

图 1-33 管路的法兰连接
1—管子；2—法兰盘；3—螺栓螺母；4—垫片

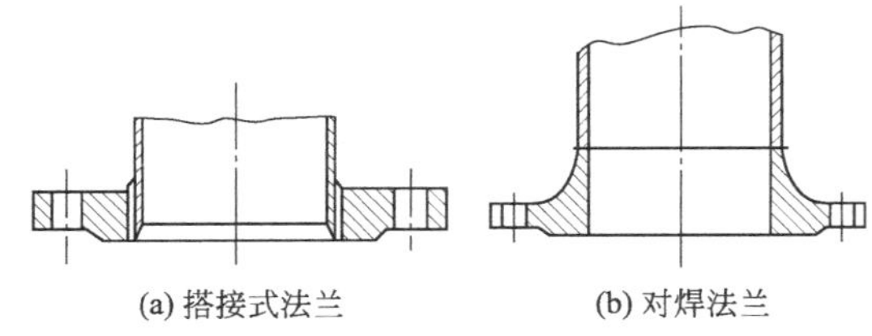

图 1-34 法兰与管道的固定

(4) 焊接 焊接法较上述任何连接法都经济方便严密。无论是钢管、有色金属管、聚氯乙烯管均可焊接，故焊接连接管路在化工厂中已被广泛采用，且特别适宜于长管路。但对经常拆除的管路和对焊缝有腐蚀性的物料管路，以及不允许动火的车间中安装管路时，不得使用焊接。焊接管路中仅在与阀件连接处要使用法兰连接。

1.5.2.2 管路的热补偿

管路两端固定，当温度变化较大时，就会受到拉伸或压缩，严重时可使管子弯曲、断裂或接头松脱。因此，承受温度变化较大的管路，要采用热膨胀补偿器。一般温度变化在 32℃以上，便可考虑热补偿，但管路转弯处有自动补偿的能力，只要两固定点间两臂的长度足够，便可不用补偿器。化工厂中常用的补偿器有凸面式补偿器和回折管补偿器两种。

(1) 凸面式补偿器 凸面式补偿器可以用钢、铜、铝等韧性金属薄板制成。图 1-35 表示的是两种简单的形式。管路伸、缩时，凸出部分发生变形而进行补偿。此种补偿器只适用于低压的气体管路（由真空到表压为 196kPa）。

(2) 回折管补偿器 回折管补偿器的形状如图 1-36 所示。此种补偿器制造简便、补偿能力大，在化工厂中应用最广。回折管可以是外表光滑的［如图 1-36 (a) 所示］，也可以是有折皱的［如图 1-36 (b) 所示］，前者用于管径小于 250mm 的管路，后者用于直径大于 250mm 的管路。回折管路间可以用法兰或焊接连接。

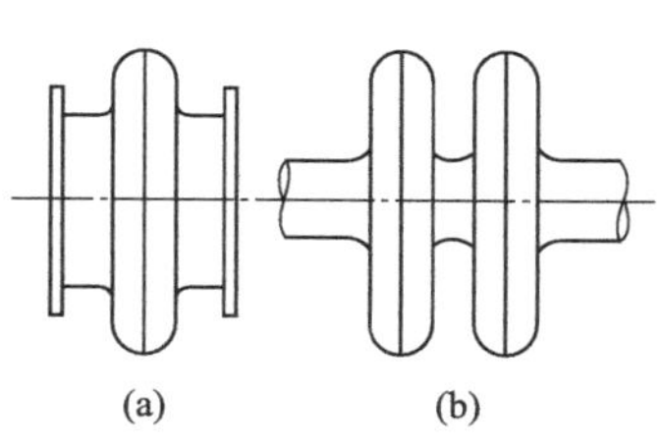

图 1-35 凸面式补偿器

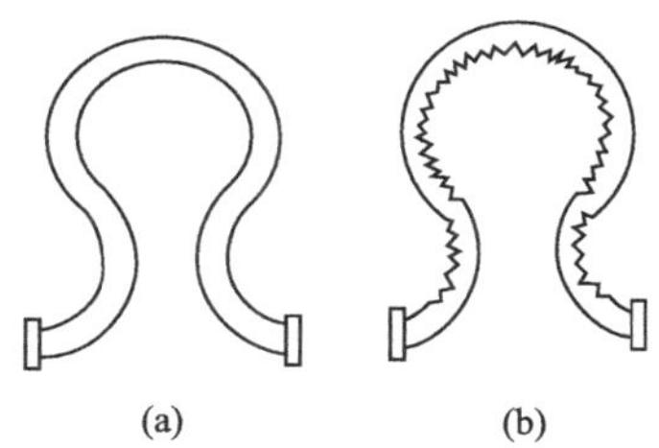

图 1-36 回折管补偿器

1.5.2.3 管路布置与安装的原则

在管路布置及安装时，主要必须考虑安装、检修、操作的方便和操作安全，同时必须尽可能减少基建费和操作费，并根据生产的特点、设备的布置、物料特性及建筑物结构等方面进行综合考虑。管路布置和安装的一般原则是：

① 布置管路时，应对车间所有管路（生产系统管路、辅助系统管路、电缆、照明线路、仪表管路、采暖通风管路等）全盘规划，各安其位。

② 为了节约基建费用，便于安装和检修以及操作上的安全，管路铺设尽可能采取明线（除下水道、上水总管和煤气总管外）。

③ 各种管线应成列平行铺设，便于共用管架；要尽量走直线，少拐弯，少交叉，以节约管材、减小阻力，同时力求做到整齐美观。

④ 为了便于操作和安装检修，并列管路上的管件和阀门位置应错开安装。

⑤ 在车间内，管路应尽可能沿厂房墙壁安装，管架可以固定在墙上，或沿天花板及平台安装，在露天的生产装置，管路可沿挂架或吊架安装。管与管之间及管与墙壁之间的距离，以能容纳活接管或法兰以及进行检修为宜。

⑥ 为了防止滴漏，对于不需拆修的管路连接，通常都用焊接；在需要拆卸的管路中，适当配置一些法兰和活接管。

⑦ 管路应集中铺设，当穿过墙壁时，墙壁上应开预留孔，过墙时，管外最好加套管，套管与管子之间的环隙内应充满填料；管路穿过楼板时最好也是这样。

⑧ 管路离地的高度，以便于检修为准，但通过人行道时，最低离地点不得小于 2m；通过公路时，不得小于 4.5m；与铁轨面净距离不得小于 6m；通过工厂主要交通干线，一般高度为 5m。

⑨ 长管路要有支承，以免弯曲存液及受振动，跨距应按设计规范或计算决定。管路的倾斜度，对气体和易流动的液体为 3/1000～5/1000，对含固体结晶或粒度较大的物料为 1% 或大于 1%。

⑩ 一般上下水管及废水管适宜埋地铺设。埋地管路的安装深度，在冬季结冰地区，应在当地冰冻线以下。

⑪ 输送腐蚀性流体管路的法兰，不得位于通道的上空，以免发生滴漏时影响安全。

⑫ 输送易爆、易燃如醇类、醚类、液体烃类等物料时，因它们在管路中流动而产生静电，使管路变为导电体。为防止这种静电积聚，必须将管路可靠接地。

⑬ 蒸汽管路上，每隔一定距离，应装置冷凝水排除器（疏水器）。

⑭ 平行管路的排列应考虑管路互相的影响。在垂直排列时，热介质管路在上，冷介质管路在下，这样，减少热管对冷管的影响；高压管路在上，低压管路在下；无腐蚀性介质管路在上，有腐蚀性介质管路在下，以免腐蚀性介质滴漏时影响其他管路。在水平排列时，低压管在外，高压管靠近墙柱；检修频繁的在外，不常检修的靠墙柱；质量大的要靠管架支柱或墙。

⑮ 管路安装完毕后，应按规定进行强度和严密度试验。未经试验合格，焊缝及连接处不得涂漆及保温。管路在开工前须用压缩空气或惰性气体进行吹扫。

⑯ 对于各种非金属管路及特殊介质管路的布置和安装，还应考虑一些特殊性问题，如聚氯乙烯管应避开热的管路，氧气管路在安装前应进行脱油处理等。

1.5.3 流量测量

在化工生产中，流体的流速和流量是重要的测量项目。为了按照生产的要求调节与控制操作，测定流量是不可缺少的手段。下面介绍几种以伯努利方程为基础的流速和流量的测量方法。

1.5.3.1 测速管

测速管（也称为皮托管）由两根弯成直角的同心套管所组成，其中外管的管口是封闭的，但管侧壁在距前端不远处开有几个小孔，内管前端敞开，测量时，测速管可以放在管道截面的任一位置上，但须使其内管口正对着管道中流体的流动方向，外管与内管的末端分别与 U 形管差压计的两臂相连接，如图 1-37 所示。

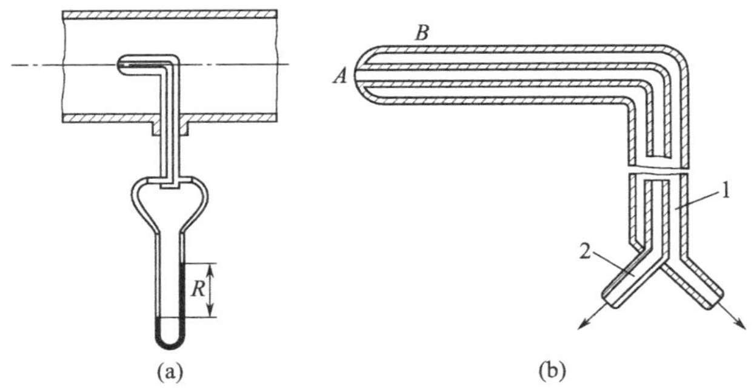

图 1-37 测速管

1—静压管；2—冲压管

对于某水平管路，测速管的内管 A 点测得的是管口所在位置的局部流体动压头与静压头之和，称为冲压头。

$$h_A=\frac{u^2}{2g}+\frac{p_A}{\rho g}$$

B 点测得的为静压头

$$h_B = \frac{p_B}{\rho g}$$

冲压头与静压头之差

$$h_A - h_B = \frac{p_A - p_B}{\rho g} = \frac{u^2}{2g}$$

差压计的指示数 R 代表 A，B 两处的压力之差。

若所测流体的密度为 ρ，U 形管差压计内充有密度为 ρ' 的指示液，读数为 R。

$$\frac{u^2}{2g} = \frac{R(\rho' - \rho)g}{\rho g}$$

$$u = \sqrt{\frac{2gR(\rho' - \rho)}{\rho}}$$

实际使用时

$$u = C\sqrt{\frac{2gR(\rho' - \rho)}{\rho}} \quad (\text{其中：} C = 0.98 \sim 1.00) \tag{1-40}$$

测速管的优点是流体阻力小，适用于测量大直径管路中气体流速。缺点是不能直接测量出平均流速，且压差读数较小。当流体中含有固体杂质时，因为易将测压孔堵塞，故不宜采用测速管。

使用测速管的注意事项如下：

① 测速管所测的速度是管路内某一点的线速度，它可以用于测定流道截面的速度分布。

② 一般使用测速管测定管中心的速度，然后可根据截面上速度分布规律换算平均速度。

③ 测速管应放置于流体均匀流段，且其管口截面严格垂直于流动方向，一般测量点的上、下游最好均有 50 倍直径长的直管距离，至少应有 8～12 倍直径长的直管段。

④ 测速管安装于管路中，装置头部和垂直引出部分都将对管道内流体的流动产生影响，从而造成测量误差。因此，除选好测点位置，尽量减少对流动的干扰外，一般应选取测速管的直径小于管径的 1/50。

1.5.3.2 孔板流量计

① 孔板流量计的结构　常用的标准孔板流量计的结构如图 1-38 所示。孔板是一中心开有圆孔的圆形金属板，将其置于孔板盒里，再用法兰将孔板盒固定在管道中。为了测取孔板前后的压差，孔板盒上开有测压孔道，又因取压方式不同，孔板盒上的开孔方式亦不同。图 1-38 中，上部为环室取压，下部为测压孔直接取压。

② 孔板流量计的测量原理　如图 1-39 所示，流体在直径为 d_1（截面积为 A_1）的管道内以流速 u_1 流过孔板的开孔（孔径为 d_0，截面积为 A_0）时，由于截面积减小（从 A_1 减到 A_0），所以流速由 u_1 增大至 u_0；流体流过小孔后由于惯性作用，流动截面并不能立即扩大，而是继续收缩，至一定距离后才逐渐扩大恢复到原有管截面。其流动截面最小处（如图 1-39 中截面 2—2′处，截面积为 A_2）称为缩脉。流体在缩脉处的流速最大，以 u_2 表示。

在流体流速变化的同时，压力也随之变化。如图 1-39 所示在孔板前流动截面尚未收缩处是截面 1—1′，流速为 u_1，压力为 p_1，流动截面收缩后至缩脉处流速增至 u_2，压力降至 p_2；而后至截面 3—3′处，流动截面恢复正常，流速亦恢复正常 $u_3 = u_1$，但压力 p_3 不能恢复

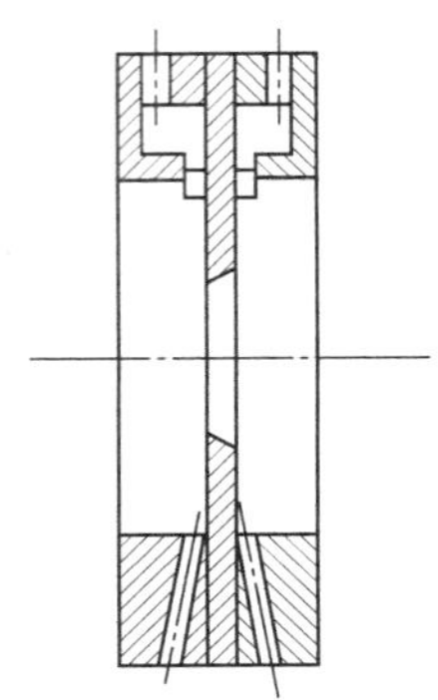

图 1-38 孔板流量计结构示意

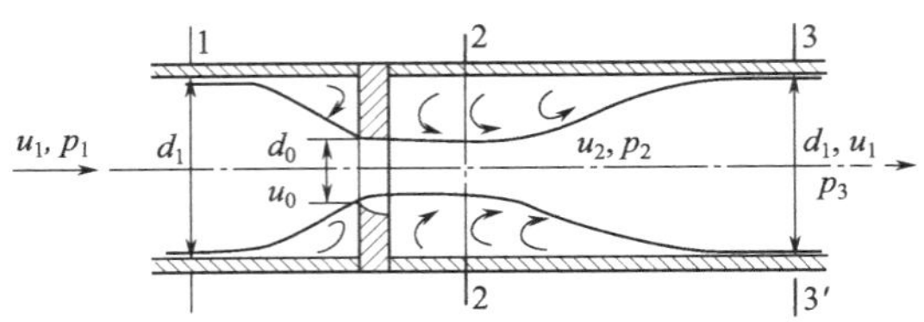

图 1-39 孔板流量计测量原理

到原来的 p_1（$p_3<p_1$），这是因流体流过孔板时产生旋涡等而消耗掉一部分能量。综上可见，流体流过孔板时在孔板前后产生一定压差$\Delta p=p_1-p_2$，流量愈大，压差愈大，流量 q_v 与压差Δp 互成一一对应关系。只要用差压计测出孔板前后的压差Δp，即可得知流量，这就是孔板流量计测流量的原理。

③ 流量方程式 流量方程式是表示压差、流量和开孔直径三者间定量关系的方程式。该方程式是分析和计算流量的重要公式，可用伯努利方程式和连续性方程式推导。

当不可压缩性流体在水平管内流动，对截面 1—1′和截面 2—2′间列伯努利方程式，暂不计能量损失为

$$gz_1+\frac{p_1}{\rho}+\frac{u_1^2}{2}=gz_2+\frac{p_2}{\rho}+\frac{u_2^2}{2}$$

对水平管，$z_1=z_2$，整理此式可得

$$\frac{u_2^2-u_1^2}{2}=\frac{p_1-p_2}{\rho} \quad 或 \quad \sqrt{u_2^2-u_1^2}=\sqrt{2\,\frac{p_1-p_2}{\rho}} \tag{1-41a}$$

由于式（1-41a）未考虑阻力损失，而且缩脉处的面积 A_2 无从知道，而孔口的截面积 A_0 已知，因此上式中的 u_2 可用孔口处速度 u_0 来代替，同时两测压孔的位置也不在截面 1—1′及截面 2—2′上，所以用校正系数 C 来校正上述各因素的影响，则上式变为：

$$\sqrt{u_0^2-u_1^2}=C\sqrt{2\,\frac{p_1-p_2}{\rho}} \tag{1-41b}$$

式中，p_1、p_2 分别为上、下游测压口的静压强。

根据连续性方程式，对于不可压缩流体：$u_1=u_0\left(\dfrac{d_0}{d_1}\right)^2$

将上式代入式（1-41b），整理后得：$u_0=\dfrac{C\sqrt{2(p_a-p_b)/\rho}}{\sqrt{1-\left(\dfrac{d_0}{d_1}\right)^4}}$

令 $$C_0=\frac{C}{\sqrt{1-\left(\dfrac{d_0}{d_1}\right)^4}}$$ 又因 $$\frac{p_a-p_b}{\rho}=\frac{R(\rho'-\rho)g}{\rho}$$

于是

$$u_0=C_0\sqrt{\frac{2Rg(\rho'-\rho)}{\rho}} \tag{1-41c}$$

流体的流量

$$V_s=u_0A_0=\frac{\pi d_0^2}{4}\times\sqrt{\frac{2Rg(\rho'-\rho)}{\rho}} \tag{1-42}$$

式中，ρ'为差压计指示液的密度；ρ 为被测流体的密度；C_0称为孔流系数。

孔流系数 C_0 由实验测定，如图 1-40 所示为 C_0 与 Re（以管路直径计算的 Re）以及孔与管截面积之比 A_0/A_1 的关系。由图 1-40 可见，对于一定的 A_0/A_1，当 Re 超过某一数值后，C_0 的数值就为常数。若 Re 一定，A_0/A_1 越大，C_0 也就越大。

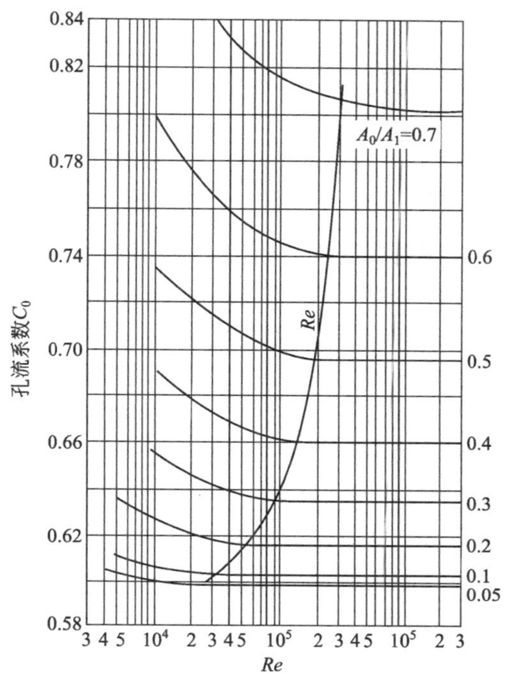

图 1-40 孔流系数 C_0 与 Re、A_0/A_1 的关系曲线

流量计所测的流量范围，最好是落在 C_0 为定值区域里，这时流量便与压力变化读数的平方根成正比。设计合理的孔板流量计，其 C_0 值在 0.6～0.7 范围内。

④ 孔板流量计的测量范围　由式（1-41c）可知，当孔流系数 C_0 为常数时

$$q_v \propto \sqrt{R} \quad 或 \quad R \propto q_v^2$$

上式说明孔板流量计所连接的 U 形差压计的读数 R 与流量 q_v 的平方成正比，即流量的少量变化可导致 R 的较大变化。这说明测量的灵敏度较大、准确度较高，但允许测量的范围变小。

为了尽量减小 U 形差压计读数的相对误差，通常对选用的 U 形差压计定一最小值，令其为 $R_{\min}$（因 R 愈小，相对误差愈大），同时也定一最大值，令其为 $R_{\max}$，从而可确定其可测的流量范围，即

$$\frac{q_{v\max}}{q_{v\min}} = \sqrt{\frac{R_{\max}}{R_{\min}}} \tag{1-43}$$

上式表明 $q_{v\max}/q_{v\min}$ 与孔板的选择无关，仅与 $R_{\max}$ 和 $R_{\min}$ 有关，即由 U 形差压计的长度所定。

⑤ 孔板流量计的主要优缺点　孔板流量计的主要优点是构造简单，制造和安装都很方便。其主要缺点是能量损失大，且随面积比的减小而加大。

⑥ 孔板流量计的安装　安装孔板流量计时，上、下游必须有一段内径不变的直管作为稳定段。通常要求上游直管长度为（15～40）d，下游为 $5d$。

孔板流量计已是某些仪表厂的定型产品，其系列规格可查阅有关手册或产品目录。但小管径或其他特殊要求的孔板流量计，可自行设计、加工。设计孔板流量计的关键是选择适当的面积比，同时要兼顾 U 形差压计的读数范围和能量损失等。

1.5.3.3 文丘里流量计

孔板流量计的主要缺点是能量损耗很大，其起因是进孔前的突然缩小和出孔口后的突然扩大。如将测量管的结构制成如图 1-41 所示的渐缩渐扩管，即为文氏流量计。

文氏流量计的测量原理与孔板流量计相同，但由于流体流经渐缩段和渐扩段时流速改变平缓，涡流较少，在喉管处增加的动能在渐扩段中大部分可转回成静压能，所以能量损失大大小于孔板流量计。

文氏流量计的流量计算式与孔板流量计相同，即

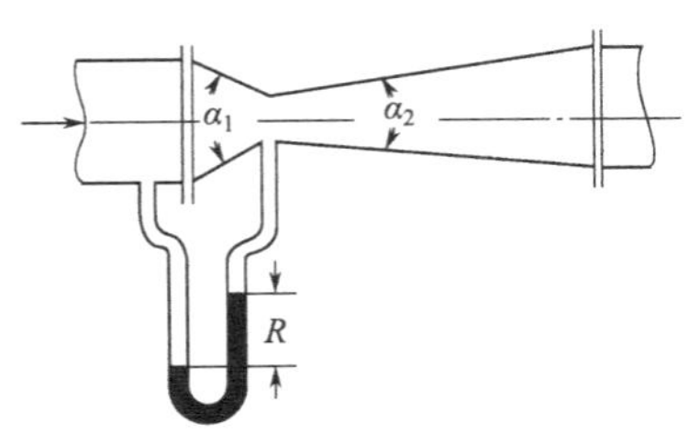

图 1-41　文氏流量计

$$q_v = C_v A_0 \sqrt{\frac{2gR(\rho' - \rho)}{\rho}} \tag{1-44}$$

式中　C_v——孔流系数，其值由实验测定，随 Re 数而变，湍流时，如喉径 d_0 与管径 d_1 之比即 $d_0/d_1 = 1/4 \sim 1/2$，可取 $C_v = 0.98$；

A_0——喉管处截面积，$A_0 = \frac{\pi}{4} d_0^2$，$m^2$。

其他符号与孔板流量计相同。

与孔板流量计相比，文氏流量计各部分尺寸要求严格、加工精细，造价较高。

1.5.3.4　转子流量计

① 转子流量计的构造和工作原理　转子流量计的构造如图 1-42 所示，它是由一根内截面积自下而上逐渐扩大的垂直玻璃管和管内一个由金属或其他材料制成的转子（或称浮子）组成。流体由底端进入，向上流动至顶端流出。当流体流过转子与玻璃管之间的环隙时，由于流道截面积在减小，流速便增大，静压强随之降低，此静压强低于转子底部所受到的静压强。于是，使转子上、下产生静压强差，从而形成一个向上的力。当这个力大于转子的重力时，就将转子托起上升。转子升起后，其环隙面积随之增大（因为玻璃管内侧面为锥形），从而环隙内流速降低，静压强随之回升，当转子底面和顶面所受到的压力差与转子的重力达平衡时，转子就停留在一定高度上。流体的流量愈大，其平衡位置就愈高，所以转子位置的高低即表示流体流量的大小。可由玻璃管上的刻度读出流体的流量。

② 转子流量计的流量计算式　设转子的体积为 V_f，转子最大部分截面积为 A_f，转子的密度为 ρ_f，流体的密度为 ρ_0。当转子处于平衡状态时，转子浮于流体中一定位置。

试分析如图 1-43 所示的虚线所包围的体系，此体系上端面截面 2—2′为转子的上端面，此体系的下端面截面 1—1′为以转子最下端为基准、平行于上端面的平行面，而两垂直面分别为垂直转子上端面的平行面。此体系的横截面积为 A_f，高度为 $z_2 - z_1$，体积为 $V = A_f(z_2 - z_1)$，包括了转子的体积和转子外的流体体积（$V - V_f$），在截面 1—1′和截面 2—2′之间列伯努利方程：

$$gz_1 + \frac{u_1^2}{2} + \frac{p_1}{\rho} = gz_2 + \frac{u_2^2}{2} + \frac{p_2}{\rho} \tag{1-45a}$$

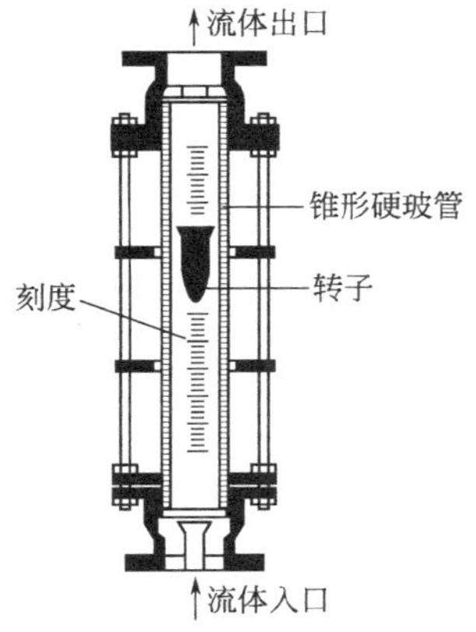

图 1-42　转子流量计

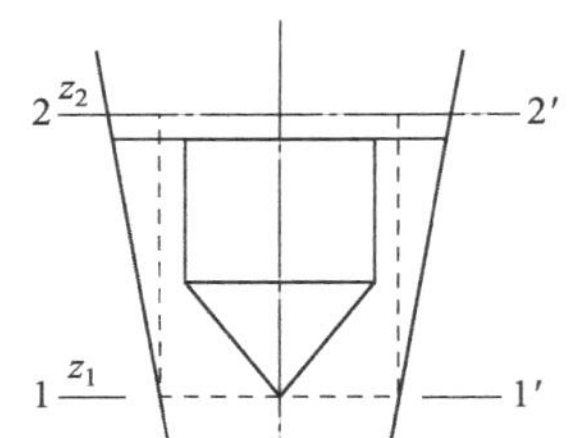

图 1-43　转子受力分析

又知这个圆柱体体系在垂直方向上受到3个力的作用：重力，截面1—1′上压力F_1，截面2—2′上压力F_2，三者处于平衡。分别计算如下：

$$重力=V_f\rho_f g+(V-V_f)\rho g$$

$$F_1=A_f p_1$$

$$F_2=A_f p_2$$

于是

$$V_f\rho_f g+(V-V_f)\rho g=A_f(p_1-p_2)$$

将式(1-45a)代入上式，整理得：

$$V_f\rho_f g+(V-V_f)\rho g=A_f\left[\rho g(z_2-z_1)+\frac{1}{2}\rho(u_2^2-u_1^2)\right]$$

因为$A_f(z_2-z_1)=V$，化简整理上式得

$$V_f(\rho_f-\rho)g=\frac{1}{2}A_f\rho(u_2^2-u_1^2)] \tag{1-45b}$$

式(1-45b)左侧是浮子本身重力减去浮力，浮子由于截面1—1′和截面2—2′处的速度不同而被“托住”。不论浮子停留在什么高度，上式左侧为定值，因此这个托力也是固定不变的。但在高度不一样时，u_2和u_1有变化，从而反映出流量的不同。

按连续性方程

$$A_1u_1=A_2u_2 \text{ 或 } u_1=\frac{A_2}{A_1}u_2 \tag{1-45c}$$

将式(1-45c)代入式(1-45b)，整理得：

$$u_2=\frac{1}{\sqrt{1-(A_2/A_1)^2}}\times\sqrt{\frac{2gV_f(\rho_f-\rho)}{A_f\rho}} \tag{1-45d}$$

考虑摩擦阻力，乘以校正系数C，则

$$u_2=\frac{C}{\sqrt{1-(A_2/A_1)^2}}\times\sqrt{\frac{2gV_f(\rho_f-\rho)}{A_f\rho}}$$

在不同高度处A_1和A_2是不同的(A_1是玻璃管截面，A_2是玻璃管截面减去A_f)，但由于管子的坡度很小，又$A_2\ll A_1$，所以$\sqrt{1-\left(\frac{A_2}{A_1}\right)^2}$基本上也是常数。这样合并为常数$C_R$，于是：

$$u_2=C_R\sqrt{\frac{2gV_f(\rho_f-\rho)}{A\rho}}$$

当$Re\geqslant10^4$，$C_R\approx0.98$。$\sqrt{\frac{2gV_f(\rho_f-\rho)}{A_f\rho}}$也是常数(因$V_f$，$\rho_f$，$A_f$，$\rho$均为常数)，可见$u_2$是一个定数，而流量为：

$$q_v=u_2A_2=C_RA_2\sqrt{\frac{2gV_f(\rho_f-\rho)}{A_f\rho}} \tag{1-46}$$

如果玻璃管的直径与高度为线性关系，则环隙面积A_2与高度成平方关系，也就是流量与高度成平方关系。

从上述分析可以看出，转子流量计中转子两端的压差在其稳定操作时为一常数，基本上不

随流量的变化而变化。因此，称此种流量计为定压降流量计。这是与孔板流量计不同的地方。

综上所述，转子流量计的特点是：变截面、恒流速、恒压降。

③ 转子流量计的刻度换算　转子流量计的刻度，是出厂前用某种流体标定的。一般用20℃的水或20℃、0.1mPa的空气进行标定。测量其他流体的流量时，须对原有的流量刻度进行校正。

对于液体转子流量计，若被测流体的黏度与水的黏度相差不大，孔流系数 C_R 可视为常数，由式（1-46）可得下列流量校正式：

$$\frac{q_{vB}}{q_{vA}}=\sqrt{\frac{\rho_A(\rho_f-\rho_B)}{\rho_B(\rho_f-\rho_A)}} \tag{1-47}$$

质量流量之比：

$$\frac{q_{mA}}{q_{mB}}=\sqrt{\frac{\rho_B(\rho_f-\rho_B)}{\rho_A(\rho_f-\rho_A)}} \tag{1-48}$$

式中　q_A、ρ_A——标定流体（水或空气）的流量和密度；

q_B、ρ_B——其他待测流体（液体或气体）的流量和密度。

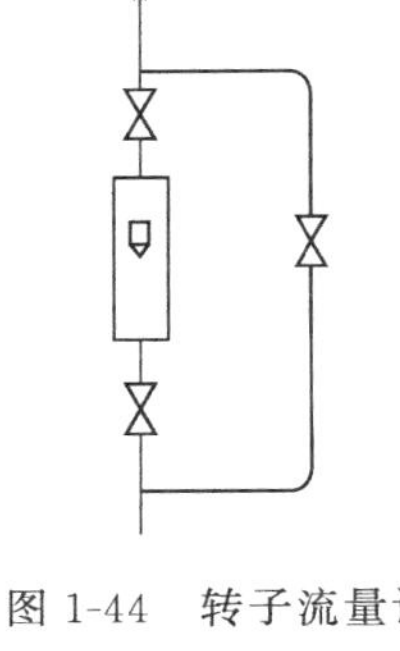

图 1-44　转子流量计安装

④ 转子流量计的主要优缺点　转子流量计的优点是读数方便，阻力小，准确度较高，对不同流体的适用性强，能用于腐蚀性流体的测量。缺点是玻璃管不能经受高温和高压，在安装和使用时玻璃管易破碎。

⑤ 转子流量计的安装与操作　安装图如图1-44所示，转子流量计必须垂直安装，决不可倾斜或水平安装，且应安装支路管，以便于检修。

操作时应缓慢开启阀门，以防转子卡于顶端或击碎玻璃管。

1.6　选择流体输送机械

1.6.1　液体输送机械

一般来说流体输送机械可分为液体输送机械（通称为泵）和气体输送机械（如风机、压缩机、真空泵等）。按照工作原理不同又可分为离心式、往复式、旋转式和流体作用式。其中以离心式最为常见。

1.6.1.1　离心泵的结构类型

离心泵具有结构简单、性能稳定、检修方便、操作容易和适应性强等特点，在化工生产中应用十分广泛。

（1）离心泵的结构　如图1-45所示的为安装于管路中的一台卧式单级单吸离心泵。图1-45（a）为其基本结构，图1-45（b）为其在管路中。

① 叶轮　叶轮的作用是将原动机的机械能直接传给液体，以增加液体的静压能和动能（主要增加静压能）。

叶轮一般有6～12片后弯叶片。叶轮有开式、半开式和闭式三种，如图1-46所示。

开式叶轮在叶片两侧无盖板，制造简单、清洗方便，适用于输送含有较大量悬浮物的物料，效率较低，输送的液体压力不高；半开式叶轮在吸入口一侧无盖板，而在另一侧有盖

(a) 结构示意　　(b) 在管路中的示意

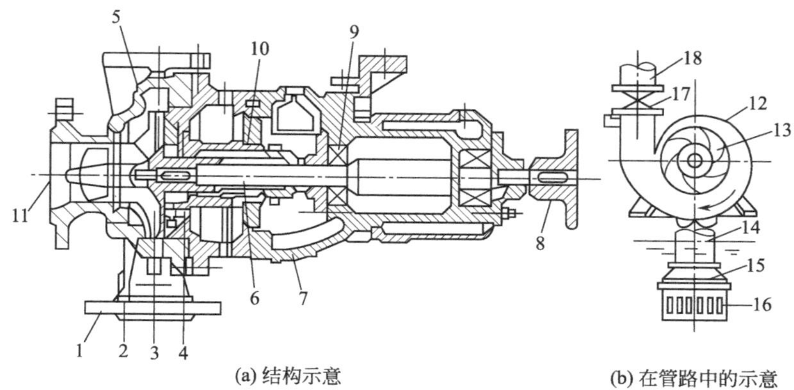

图 1-45　单级单吸离心泵的结构

1—泵体；2—叶轮；3—密封环；4—轴套；5—泵盖；6—泵轴；7—托架；8—联轴器；9—轴承；10—轴封装置；11—吸入口；12—蜗形泵壳；13—叶片；14—吸入管；15—底阀；16—滤网；17—调节阀；18—排出管

板，适用于输送易沉淀或含有颗粒的物料，效率也较低；闭式叶轮在叶轮在叶片两侧有前后盖板，效率高，适用于输送不含杂质的清洁液体，一般的离心泵叶轮多为此类。

后盖板上的平衡孔以消除轴向推力。离开叶轮周边的液体压力已经较高，有一部分会渗到叶轮后盖板后侧，而叶轮前侧液体入口处为低压，因而产生了将叶轮推向泵入口一侧的轴向推力。这容易引起叶轮与泵壳接触处的磨损，严重时还会产生振动。平衡孔使一部分高压液体泄漏到低压区，减小叶轮前后的压力差。但由此也会引起泵效率的降低。

叶轮有单吸和双吸两种吸液方式，如图 1-47 所示。

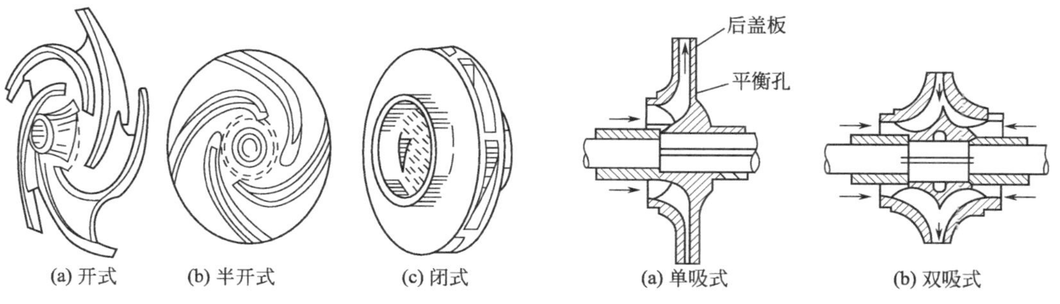

(a) 开式　　(b) 半开式　　(c) 闭式

图 1-46　离心泵的叶轮

(a) 单吸式　　(b) 双吸式

图 1-47　离心泵的吸液方式

② 泵壳　泵壳的作用是将叶轮封闭在一定的空间，以便由叶轮的作用吸入和压出液体。泵壳多做成蜗壳形，故又称蜗壳。由于流道截面积逐渐扩大，故从叶轮四周甩出的高速液体逐渐降低流速，使部分动能有效地转换为静压能。泵壳不仅汇集由叶轮甩出的液体，同时又是一个能量转换装置。

为使泵内液体能量转换效率增高，叶轮外周安装导轮。导轮是位于叶轮外周固定的带叶片的环。这些叶片的弯曲方向与叶轮叶片的弯曲方向相反，其弯曲角度正好与液体从叶轮流出的方向相适应，引导液体在泵壳通道内平稳地改变方向，将使能量损耗减至最小，提高动能转换为静压能的效率。

③ 轴封装置　作用是防止泵壳内液体沿轴漏出或外界空气漏入泵壳内。

常用轴封装置有填料密封和机械密封两种。

填料密封一般用浸油或涂有石墨的石棉绳。机械密封主要是靠装在轴上的动环与固定在泵壳上的静环之间端面做相对运动而达到密封的目的。

(2) 离心泵的类型　离心泵种类繁多，相应的分类方法也多种多样，例如，按液体的性质可分为清水泵、耐腐蚀泵、油泵、杂质泵、屏蔽泵、液下泵和低温泵等。各种类型的离心泵按其结构特点各自成为一个系列，并以一个或几个汉语拼音字母作为系列代号，在每一系列中，由于有各种不同的规格，因而附以不同的字母和数字来区别。以下仅对化工厂中常用离心泵的类型作一简单说明，见表 1-5。

表 1-5　离心泵的类型

类型		结构特点	用途
清水泵	IS 型	单级单吸式，泵体和泵盖都是用铸铁制成，特点是泵体和泵盖为后开门结构形式；优点是检修方便，不用拆卸泵体、管路和电动机	是应用最广的离心泵，用来输送清水以及物理、化学性质类似于水的清洁液体
	D 型	多级泵，可达到较高的压头，如图 1-48 所示	要求的压头较高而流量并不太大的场合
	sh 型	双吸式离心泵，叶轮有两个入口，故输送液体流量较大，如图 1-49 所示	输送液体的流量较大而所需的压头不高的场合
耐腐蚀泵(F 型)		特点是与液体接触的部件用耐腐蚀材料制成，密封要求高，常采用机械密封装置 FH 型(灰口铸铁)　FG 型(高硅铸铁)　FB 型(铬镍合金钢)　FM 型(铬镍钼钛合金钢)　Fs 型(聚三氟氯乙烯塑料)	输送酸、碱等腐蚀性液体
油泵(Y 型)		有良好的密封性能，热油泵的轴密封装置和轴承都装有冷却水夹套	输送石油产品
杂质泵(P 型)		叶轮流道宽，叶片数目少，常采用半敞式或敞式叶轮。有些泵壳内衬以耐磨的铸钢护板。不易堵塞，容易拆卸，耐磨 PW 型(污水泵)　PS 型(砂泵)　PN(泥浆泵)	输送悬浮液及黏稠的浆液等
屏蔽泵		无泄漏泵，叶轮和电动机联为一个整体并密封在同一泵壳内，不需要轴封装置。缺点是效率较低，为 26%～50%	常输送易燃、易爆、剧毒及具有放射性的液体
液下泵(EY 型)		液下泵经常安装在液体贮槽内，对轴封要求不高，既节省了空间又改善了操作环境。其缺点是效率不高。	适用于输送化工过程中各种腐蚀性液体和高凝固点液体

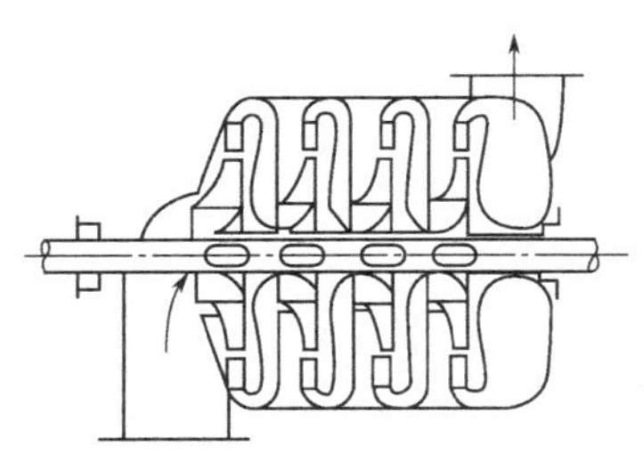

图 1-48　多级泵

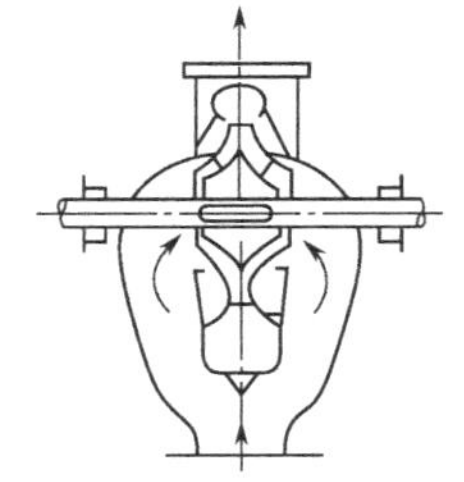

图 1-49　双吸式离心泵

1.6.1.2　离心泵的工作原理

离心泵的叶轮安装在泵壳内，并紧固在泵轴上，泵轴由电动机直接带动。液体经底阀和吸入管进入泵内。由压出管排出。

在泵启动前，泵壳内灌满被输送的液体；启动后，叶轮由轴带动高速转动，叶片间的液体也必须随着转动。在离心力的作用下，液体从叶轮中心被抛向外缘并获得能量，以高速离开叶轮外缘进入蜗形泵壳。在蜗壳中，液体由于流道的逐渐扩大而减速，又将部分动能转变为静压能，最后以较高的压力流入排出管道，送至需要场所。液体由叶轮中心流向外缘时，在叶轮中心形成了一定的真空，由于贮槽液面上方的压力大于泵入口处的压力，液体便被连续压入叶轮中。可见，只要叶轮不断地转动，液体便会不断地被吸入和排出。

1.6.1.3　离心泵的主要性能参数和特性曲线

(1) 离心泵的主要性能参数　离心泵的性能参数是用以描述离心泵性能的物理量，见表 1-6。

表 1-6　离心泵的主要性能参数

性能参数	单　位	定　义	影响因素
流量 Q	m^3/h m^3/s	离心泵在单位时间内排入到管路系统内液体的体积	泵的结构尺寸(如叶轮的直径与叶片的宽度)和叶轮的转速。离心泵的实际流量还与管路特性有关
扬程 H	m	离心泵向单位重量液体提供的机械能	离心泵的扬程取决于泵的结构(如叶轮的直径、叶片的弯曲情况等)、叶轮的转速和离心泵的流量。在指定的转速下，压头与流量之间具有一确定的关系。其值是由实验测得
轴功率 P	W kW	指泵轴所需的功率 $P=\frac{P_e}{\eta}\times100\%$ $P_e=QH\rho g$	随设备的尺寸、流体的黏度、流量等的增大而增大
效率 η	无量纲	指离心泵的有效功率与轴功率之比，反映离心泵能量损失的大小	离心泵的效率与泵的大小、类型、制造精密程度和所输送液体的性质、流量有关，一般小型泵的效率为 50%～70%，大型泵可达到 90%左右，此值是由实验测得

【例 1-10】 采用图 1-50 的实验装置来测定离心泵的性能。泵的吸入管与排出管具有相同的直径，两测压口间垂直距离为 0.5m。泵的转速为 2900r/min。以 20℃ 清水为介质测得以下数据：流量为 $54m^3/h$，泵出口处表压为 255kPa，入口处真空表读数为 26.7kPa，功率表测得所消耗功率为 6.2kW，泵由电动机直接带动，电动机的效率为 93%，试求该泵在输送条件下的扬程、轴功率、效率。

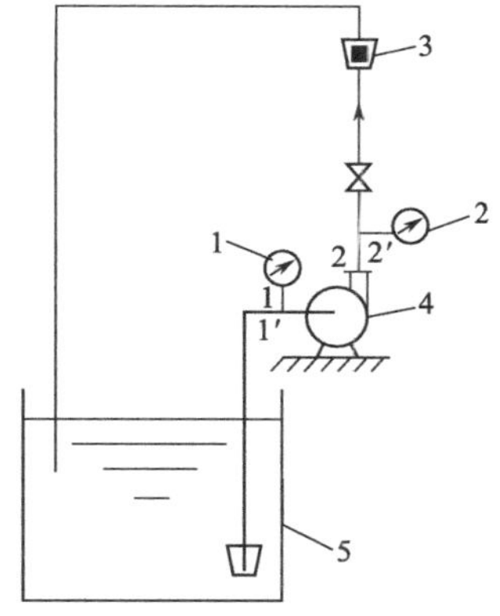

图 1-50　离心泵特性曲线的测定装置
1—压力表；2—真空表；3—流量计；4—泵；5—贮槽

解　① 泵的扬程　在真空表和压力表所处位置的截面分别以 1—1′和 2—2′表示列伯努利方程式，即

$$z_1+\frac{p_1}{\rho g}+\frac{u_1^2}{2g}+H=z_2+\frac{p_2}{\rho g}+\frac{u_2^2}{2g}+\sum H_{f1\text{-}2}$$

其中 $z_2-z_1=0.5m$，$p_1=-26.7kPa$（表压），$p_2=255kPa$（表压），$u_1=u_2$

因两测口的管路很短，其间流动阻力可忽略不计，即 $\sum H_{f1\text{-}2}=0$，所以

$$H=0.5+\frac{255\times10^3+26.7\times10^3}{1000\times9.81}=29.2(m)$$

② 泵的轴功率 功率表测得的功率为电动机的消耗功率，由于泵由电动机直接带动，传动效率可视为100%，所以电动机的输出功率等于泵的轴功率。因电动机本身消耗部分功率，其效率为93%，于是电动机输出功率为：

电动机消耗功率×电动机效率=6.2×0.93=5.77（kW）

泵的轴功率为 $P=5.77\text{kW}$

③ 泵的效率

$$\eta=\frac{p_e}{p}\times 100\%=\frac{QH\rho g}{P}\times 100\%=\frac{54\times 29.2\times 1000\times 9.807}{3600\times 5.77\times 1000}\times 100\%=74.4\%$$

（2）离心泵的特性曲线 理论及实验均表明，离心泵的扬程、功率及效率等主要性能均与流量有关。为了便于使用者更好地了解和利用离心泵的性能，常把它们与流量之间的关系用图表示出来，就是离心泵的特性曲线。

离心泵的特性曲线一般由离心泵的生产厂家提供，标绘于泵的产品说明书中，其测定条件一般是20℃清水，转速也固定。典型的离心泵性能曲线如图1-51所示。

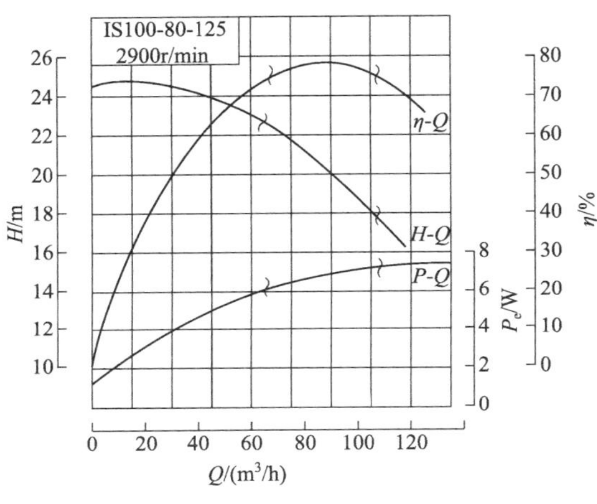

图1-51 离心泵性能曲线

① H-Q 曲线 表示泵的扬程与流量的关系。离心泵的扬程随流量的增大而下降（在流量极小时有例外）。

② P-Q 曲线 表示泵的轴功率与流量的关系。离心泵的轴功率随流量的增大而上升，流量为零时轴功率最小。故离心泵启动时，应关闭泵的出口阀门，使电动机的启动电流减少，以保护电动机。

③ η-Q 曲线 表示泵的效率与流量的关系。当 $Q=0$ 时 $\eta=0$；随着流量的增大，效率随之而上升达到一个最大值；而后随流量再增大时效率便下降。说明离心泵在一定转速下有一最高效率点，称为设计点。泵在与最高效率相对应的流量及扬程下工作最为经济，所以与最高效率点对应的 Q、H、P 值成为最佳工况参数。离心泵的铭牌上标出的性能参数就是指该泵在最高效率点运行时的工况参数。根据输送条件的要求，离心泵往往不可能正好在最佳工况下运转，因此一般只能规定一个工作范围，称为泵的高效率区，通常为最高效率的92%左右。选用离心泵时，应尽可能使泵在此范围内工作。

1.6.1.4 离心泵的选用

离心泵的选用，通常可按下列原则进行。

（1）确定离心泵的类型 根据被输送液体的性质和操作条件确定离心泵的类型，如液体的温度、压力、黏度、腐蚀性、固体粒子含量以及是否易燃易爆等都是选用离心泵类型的重要依据。

（2）确定输送系统的流量和扬程 输送液体的流量一般为生产任务所规定，如果流量是变化的，应按最大流量考虑。根据管路条件及伯努利方程，确定最大流量下所需要的压头。

（3）确定离心泵的型号 根据管路要求的流量 Q 和扬程 H 来选定合适的离心泵型号。在选用时，应考虑到操作条件的变化并留有一定的余量。选用时要使所选泵的流量与扬程比任务需要的稍大一些。如果用系列特性曲线来选，要使（Q，H）点落在泵的 Q-H 线以下，并处在高效区。

若有几种型号的泵同时满足管路的具体要求，则应选效率较高的，同时也要考虑泵的价格。

(4) 校核轴功率 当液体密度大于水的密度时，必须校核轴功率。

(5) 列出泵在设计点处的性能，供使用时参考。

【例 1-11】 用泵将硫酸自常压贮槽送到表压力为 $2kgf/cm^2$ 的设备，要求流量为 $13m^3/h$，升扬高度为 6m，全部压力损失为 5m，酸的密度为 $1800kg/m^3$。试选出适合的离心泵型号。

解 输送硫酸，宜选用 F 型耐腐蚀泵，其材料宜用灰口铸铁，即选用 FH 型耐腐蚀泵。现计算管路所需的扬程：

$$H_e=\Delta z+\frac{\Delta p}{\rho g}+\frac{\Delta u^2}{2g}+\left(\lambda\frac{l}{d}+\sum\xi\right)\frac{u^2}{2g}$$

$$=6+\frac{2\times 9.807\times 10^4}{1800\times 9.807}+5$$

$$=22.1(\mathrm{m})$$

查 F 型泵的性能表，50FH-25 符合要求，流量为 $14.04m^3/h$，扬程为 24.5m，效率为 53.5%，轴功率为 1.8kW。因性能表中所列轴功率是按水测出的，今输送密度为 $1800kg/m^3$ 的酸，则轴功率为：

$$1.8\times\frac{1800}{1000}=3.24(\mathrm{kW})$$

青霉素发酵液输送用泵选型

考虑到青霉素发酵液的腐蚀性及含固体颗粒，选择离心式 ZHJ 型料（渣）浆泵，此泵过流部分均采用优质耐腐、耐磨的橡胶或硬金属合金材料衬里，具有结构紧凑、使用寿命长、维修方便、密封性好、互换性等优点。

根据输送任务：流量 $87.5m^3/h$；扬程 22m。选择流量 $110m^3/h$，扬程 39m，功率 30kW，效率 59.8%的 100ZHJ-80 的渣浆泵。

1.6.1.5 离心泵的安装

(1) 离心泵的汽蚀现象

① 离心泵的汽蚀现象 离心泵的吸液是靠吸入液面与吸入口间的压差完成的。吸入管路越高，吸上高度越大，则吸入口处的压力将越小。当吸入口处压力小于操作条件下被输送液体的饱和蒸气压时，液体将会汽化产生气泡，含有气泡的液体进入泵体后，在旋转叶轮的作用下，进入高压区，气泡在高压的作用下，又会凝结为液体，由于原气泡位置的空出造成局部真空，使周围液体在高压的作用下迅速填补原气泡所占空间。这种高速冲击频率很高，可以达到每秒几千次，冲击压力可以达到数百个大气压甚至更高，这种高强度、高频率的冲击，轻的能造成叶轮的疲劳，重的则可以将叶轮与泵壳破坏，甚至能把叶轮打成蜂窝状。这种由于被输送液体在泵体内汽化再凝结对叶轮产生剥蚀的现象叫离心泵的汽蚀现象。

② 汽蚀的危害 汽蚀现象发生时，会产生噪声和引起振动，流量、扬程及效率均会迅速下降，严重时不能吸液。工程上规定，当泵的扬程下降 3%时，进入了汽蚀状态。

(2) 离心泵的安装高度 工程中从根本上避免汽蚀现象的方法是限制泵的安装高度。避免离心泵汽蚀现象发生的最大安装高度，称为离心泵的允许安装高度，也叫允许吸上高度。

是指泵的吸入口 1—1′与吸入贮槽液面 0—0′间可允许达到的最大垂直距离，以符号 H_g表示，如图 1-52 所示。假定泵在可允许的最高位置上操作，以液面为基准面，列出贮槽液面 0—0′与泵的吸入口 1—1′两截面间的伯努利方程式，可得

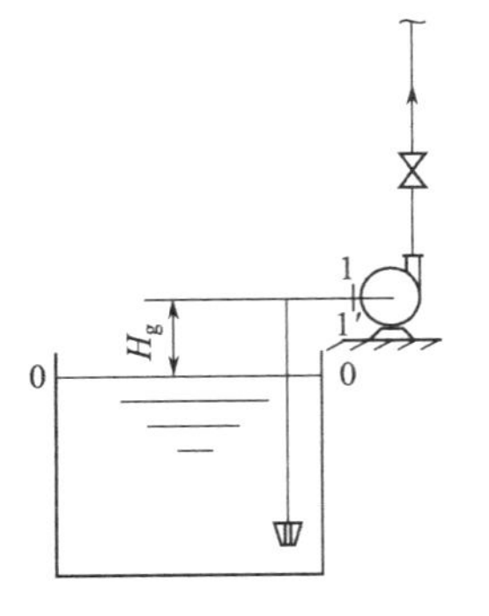

图 1-52　离心泵的允许安装高度

$$H_g=\frac{p_0-p_1}{\rho g}-\frac{u_1^2}{2g}-\sum h_{f0\text{-}1} \tag{1-49}$$

式中　H_g——允许安装高度，m；

p_0——吸入液面压力，Pa；

p_1——吸入口允许的最低压力，Pa；

u_1——吸入口处的流速，m/s；

ρ——被输送液体的密度，kg/m^3；

$\sum H_{f,\ 0\text{-}1}$——流体流经吸入管的阻力，m。

(3) 离心泵的安装高度计算　工业生产中，计算离心泵的允许安装高度常用允许汽蚀余量法。离心泵的抗汽蚀性能参数也用允许汽蚀余量来表示。允许汽蚀余量是指离心泵在保证不发生汽蚀的前提下，泵吸入口处动压头与静压头之和比被输送液体的饱和蒸气压头高出的最小值，用 Δh 表示，即

$$\Delta h=\frac{p_1}{\rho g}+\frac{u_1^2}{2g}-\frac{p_v}{\rho g} \tag{1-50}$$

将式 (1-50) 代入式 (1-49) 得

$$H_g=\frac{p_0}{\rho g}-\frac{p_v}{\rho g}-\Delta h-\sum H_{f,\ 0\text{-}1} \tag{1-51}$$

式中　Δh——允许汽蚀余量，m，由泵的性能表查得；

p_v——操作温度下液体的饱和蒸气压，Pa。

Δh 随流量增大而增大，因此，在确定允许安装高度时应取最大流量下的 Δh 。

当允许安装高度为负值时，离心泵的吸入口低于贮槽液面。

为安全起见，泵的实际安装高度通常能比允许安装高度低 0.5～1m。

【例 1-12】 型号为 IS65-40-200 的离心泵，转速为 2900r/min，流量为 25m^3/h，扬程为 50m，允许汽蚀余量为 2.0m，此泵用来将敞口水池中 50℃的水送出。已知吸入管路的总阻力损失为 2m 水柱，当地大气压为 100kPa 时，求泵的安装高度。

解　查附录得 50℃水的饱和蒸气压为 12.34kPa，水的密度为 998.1kg/m^3，已知 $p_0=$100kPa，$\Delta h=2.0$m，$\sum h_{f,\ 1\text{-}2}=2$m

$$H_g=\frac{p_0}{\rho g}-\frac{p_v}{\rho g}-\Delta h-\sum H_{f,\ 0\text{-}1}=\frac{100\times1000-12.34\times1000}{988.1\times9.81}-2.0-2=5.04(\text{m})$$

因此，泵的安装高度不应高于 5.04m。

1.6.1.6　其他类型的泵

(1) 往复泵　往复泵主要由泵体、活塞（或柱塞）和单向活门所构成。活塞由曲柄连杆机械所带动而作往复运动。往复泵的工作原理，当活塞在外力作用下向右移动时，泵体内形成低压，上端的活门（排出活门）受压关闭，下端的活门（吸入活门）则被泵外液体的压力推开，将液体吸入泵内。当活塞向左移动时，由于活塞的挤压使泵内液体的压力增大，吸入活门就关闭，而排出活门受压则开启，由此将液体排出泵外。如此活塞不断地作往复运动，

液体就间歇地被吸入和排出。可见往复泵是一种容积式泵。

活塞在泵体内左右移动的顶点称为止点，两止点之间的活塞行程即为活塞运动的距离称为冲程。当活塞往复一次（即活塞移动双冲程）时，只吸入和排出一次，故称为单作用泵（或单动泵）。单作用泵的排液量是不均匀的，即仅在活塞压出行程时，排出液体；而在吸入行程时无液排出。可采用双动泵（图 1-53）或三联泵，流量相对均匀。

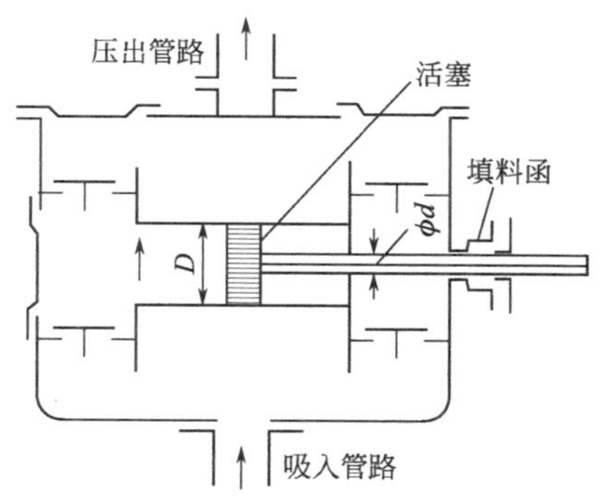

图 1-53 双动往复泵

往复泵的吸上真空度，决定于贮液池液面的大气压力、液体温度和密度，以及活塞运动的速度等，所以往复泵的吸上高度也有一定的限制。但是往复泵有自吸能力，故启动前无需灌泵。

往复泵的理论流量是恒定的，只决定于活塞的面积、冲程和转速，它不随扬程而改变。但实际上由于活塞的密封不严、活门的启闭不及时等原因，往复泵的实际流量比理论流量小，且随着压力的增高，液体的泄漏也要增大，实际流量还会降低。

往复泵的扬程与泵的几何尺寸及流量均无关系。只要泵的机械强度和原动机械的功率允许管路系统需要多大的压头，理论上往复泵就能提供多大的扬程。

往复泵的主要特点是流量固定而不均匀，但扬程高、效率高。往复泵可用于输送黏度稍大的液体，但由于泵内的阀门、活塞会受腐蚀或被固体颗粒磨损，因而不能用于输送腐蚀性液体和有固体颗粒的悬浮液；另外，由于可用蒸汽直接驱动，因此，往复泵特别适宜输送易燃、易爆的液体。

往复泵有自吸作用，因此启动前不需灌泵；与离心泵类似往复泵也是靠压差来吸入液体的，因此安装调试也受到限制；往复泵的流量调节，理论上可通过改变活塞的截面积、冲程和转速来实现。但由于其流量是固定的绝不允许像离心泵那样直接用出口阀门调节流量，否则会造成泵结构的损坏，生产中一般采用安装回流支路的调节法（旁路调节）来调节流量。旁路调节法虽然简单，但会造成一定的能量损失。

（2）隔膜泵　隔膜泵是用一弹性薄膜将柱塞与被输送液体隔开。主要用于输送腐蚀性强的液体，其结构如图 1-54 所示。隔膜泵的弹性薄膜用耐腐蚀耐磨的橡皮或特制的金属制成。隔膜左边所有部件均为耐腐蚀材料制成或涂有耐腐蚀物质，隔膜右边则盛有水或油。当泵和柱塞往复运动时，迫使隔膜交替地向两边弯曲，使腐蚀性液体在隔膜左边轮流地被吸入和压出而不与柱塞接触。

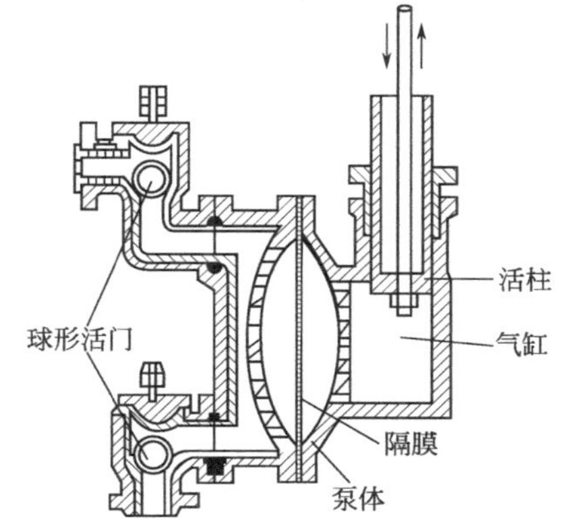

图 1-54 隔膜泵

（3）计量泵　计量泵亦称为比例泵，是往复泵的一种，除装设有一套可以精确地调节流量的调节机构外，其基本构造与往复泵相同。

计量泵的流量调节机构系利用往复泵的流量固定的特点而设计的。计量泵有柱塞式计量泵和隔膜式计量泵两种基本形式，如图 1-55 所示。它们都由转速稳定的电动机通过可变偏心轮带动柱塞运行的。改变此轮的偏心程度，就可以改变柱塞冲程或隔膜运动的次数。

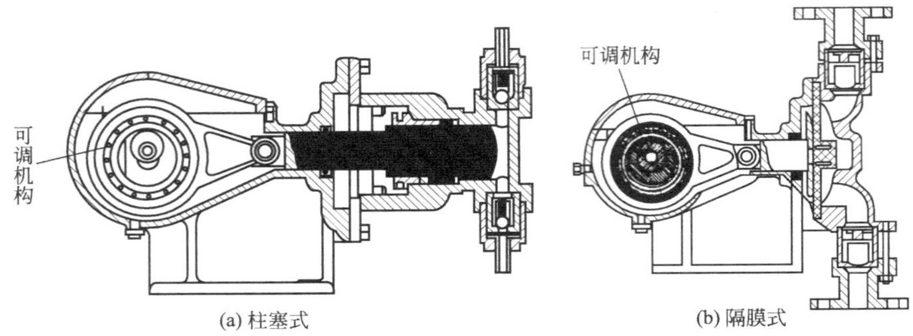

(a) 柱塞式 (b) 隔膜式

图 1-55 计量泵

可实现流量调节和进行精确计量的计量泵，现已广泛用于化工和其他工业部门，产品的规格比较齐全，系列化和通用化的程度高，并且能使流量调节自动化。

(4) 齿轮泵 齿轮泵的工作原理与往复泵类似，其主要构件为泵壳和一对相互啮合的齿轮构成，如图 1-56 所示。其中一个齿轮为主动轮，另一个为从动轮。当齿轮转动时，吸入腔内因两轮的齿互相分开，于是形成低压而将液体从吸入腔吸入低压的齿穴中，并沿壳壁推送至排出腔。排出腔内齿轮的齿互相合拢，于是形成高压而排出液体。

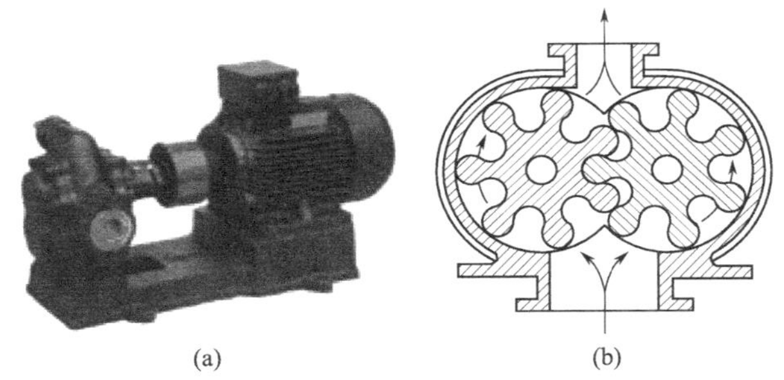
(a) (b)

图 1-56 齿轮泵

由于齿轮泵的齿穴不可能很大，因此其流量较小，但它可以产生较高的排出压力。在化工厂中常用于输送黏稠液体甚至膏状物料，但不宜用来输送含有固体颗粒的悬浮液。

(5) 螺杆泵 螺杆泵主要由泵壳与一个或一个以上的螺杆所构成。图 1-57 为一双螺杆泵，它与齿轮泵十分相像，它利用两根相互啮合的螺杆来排送液体。当所需的压力很高时，可采用较长的螺杆。

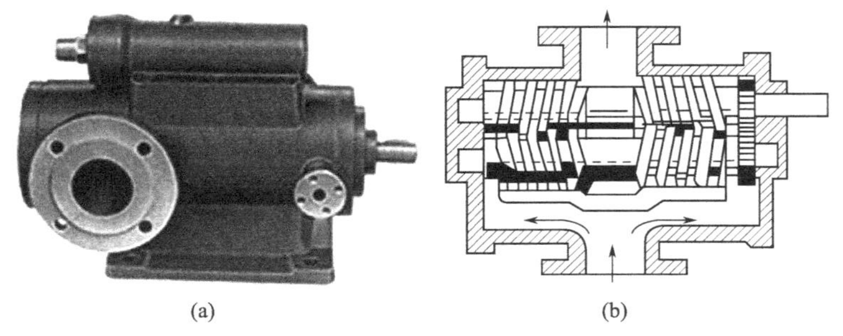
(a) (b)

图 1-57 双螺杆泵

螺杆泵的转速在 3000r/min 以下；螺杆长时，最大出口压力可达 175at（表压），流量范围为 1.5～500m^3/h。若在单螺杆泵的壳内衬上硬橡胶，还可用于输送带颗粒的悬浮液。螺杆泵的效率较齿轮泵高，运转时无噪声、无振动、流量均匀，适于在高压下输送黏稠液体，除单螺杆泵和双螺杆泵外，还有三螺杆泵和五螺杆泵等。

(6) 旋涡泵　旋涡泵是一种特殊类型的离心泵，亦为化工生产中经常用的类型之一，如向精馏塔输送回流液体等。

旋涡泵的主要构件，如图 1-58 所示，泵壳 3 呈圆形，叶轮 1 为一圆盘，其上有许多径向叶片 2，叶片与叶片间形成凹槽在泵壳与叶轮间有一同心的流道 4，吸入口 6 不在泵盖的正中而是在泵壳顶部与压出口 7 相对，并由隔板 5 隔开。隔板与叶轮之间的间隙极小，因此吸入腔与排出腔得以分隔开来。

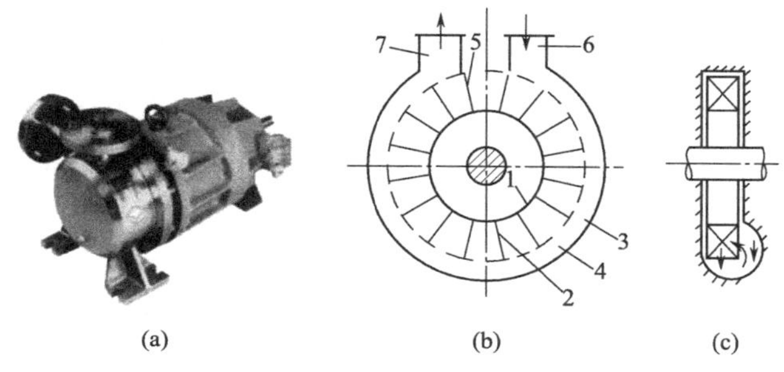

图 1-58　旋涡泵

1—叶轮；2—径向叶片；3—泵壳；4—流道；5—隔板；6—吸入口；7—压出口

在液体充满的旋涡泵内，当叶轮高速旋转时，由于离心力的作用，将叶片凹槽中的液体以一定的速度抛向流道，在截面较宽的流道内，液体流速减慢，一部分动能转变为静压能。与此同时，叶片凹槽内侧因液体被抛出而形成低压，因而流道内压力较高的液体又可重新进入叶片凹槽，再度受离心力的作用继续增大压力，这样，液体由吸入口吸入，多次通过叶片凹槽和在流道间的反复旋涡形运动，而达到出口时，就获得了较高的压力。

液体在流道内的反复迂回运动是靠离心力的作用，故旋涡泵在开动前也要灌水。它的流量与扬程之间的关系也和离心泵相仿。但流量减小时扬程增加很快，功率也增大，这是与一般离心泵不同的地方。因此，旋涡泵的调节，应采用同往复泵一样的办法，借助于回流支路来调节，同时，泵开动前不能将出口阀关闭。

旋涡泵的流量小、扬程高、体积小、结构简单，但它的效率一般很低（不超过 40%），通常在 35%～38%。与离心泵相比，在同样大小的叶轮和转速下所产生的扬程，旋涡泵比离心泵高 2～4 倍。与转子泵相比，在同样的扬程情况下，它的尺寸小得多，结构也简单得多，所以旋涡泵在化工生产中广为应用，适宜于流量小、扬程高的情况。旋涡泵适用于输送无悬浮颗粒及黏度不高的液体。

各种类型泵的比较见表 1-7。

表 1-7　各种类型泵的比较

类型	离心泵	往复泵	旋转泵	旋涡泵	流体作用泵
流量	① 均匀 ② 量大 ③ 流量随管路情况而变化	① 不均匀 ② 量不大 ③ 流量恒定，几乎不因压头变化而变化	① 比较均匀 ② 量小 ③ 流量恒定，与往复泵同	① 均匀 ② 量小 ③ 流量随管路情况变化而变化	① 量小 ② 间断排送

续表

类型	离心泵	往复泵	旋转泵	旋涡泵	流体作用泵
扬程	① 一般不高 ② 对一定的流量只有一定的扬程	① 较高 ② 对一定的流量可有不同的扬程，由管路系统确定	① 较高 ② 对一定的流量可有不同的扬程，由管路系统确定	① 较高 ② 对一定的流量只有一定的扬程	扬程不宜高，扬程愈高，效率愈低
效率	① 最高为 70% 左右 ② 在设计点最高，偏离愈远，效率愈低	① 在 80%左右 ② 对于不同的扬程，效率仍保持较大值	① 在 60%～90% ② 扬程高时泄漏大使效率降低	在 25%～50%	一般仅 15%～20%
结构	① 简易、价廉、安装容易 ② 高速旋转，可直接与电动机相连 ③ 同一流量体积小 ④ 轴封装置要求高，不能漏气	① 零件多，结构复杂 ② 振动甚大，不可快速，安装较难 ③ 体积大占地多 ④ 需吸入排出活门 ⑤ 输送腐蚀性液体时，结构更复杂	① 没有活门 ② 可与电动机直接连接 ③ 零件较少，但制造精度要求较高	① 结构简单、紧凑，具有较高的吸入高度 ② 高速旋转，可直接与电动机相连 ③ 叶轮和泵壳之间要求间隙很小 ④ 轴封装置要求高，不漏气	① 无活动部分 ② 简单
操作	① 有气缚现象，开车前要充液，运转中不能漏气 ② 维护、操作方便 ③ 可用阀很方便地调节流量 ④ 不因管路堵塞而发生损坏现象	① 零件多，易出故障，检修麻烦 ② 不能用出口阀而只能用支路阀调节流量 ③ 扬程流量改变时能保持高效率	① 检修比离心泵复杂，比往复泵容易 ② 调节流量不能用出口阀，而只能用支路阀调节	① 功率随流量的减小而增大，开车时应将出口阀打开 ② 只能用支路阀调节流量	① 有的是间歇操作 ② 流量难调节
适用范围	输送腐蚀性或悬浮液，对黏度大的流体不适用，一般流量大而扬程小	高扬程、小流量的清洁液体	高扬程、小流量，特别适于输送油类等黏性液体	特别适用于流量小而扬程较高的液体，但不能输送污秽的液体	间歇地输送腐蚀性液体

1.6.2 气体输送机械

气体输送机械在化工生产中具有广泛的应用。气体输送机械的结构和原理与液体输送机械大体相同，也有离心式、旋转式、往复式及流体作用式等类型。但气体具有可压缩性和比液体小得多的密度（为液体密度的 1/1000 左右），从而使气体输送具有某些不同于液体输送的特点，通常，按终压或压缩比（出口压力与进口压力之比）可以将气体压送机械分为四类，见表 1-8。

表 1-8 气体压送机械的分类

类型	终压(表压)/kPa	压缩比	用途
通风机	<15	1～1.15	用于换气通风
鼓风机	15～300	1.15～4	用于送气
压缩机	>300	>4	造成高压
真空泵	当地大气压	由真空度决定	用于减压操作

1.6.2.1 离心式通风机

工业上常用的通风机主要有离心通风机和轴流通风机两种型式。轴流通风机所产生的风压很小，一般只作通风换气之用。用于气体输送的，多为离心通风机。

（1）离心通风机的工作原理与结构　离心通风机的工作原理和离心泵一样，在蜗壳中有一高速旋转的叶轮，借叶轮旋转时所产生的离心力将气体压力增大而排出。离心通风机的结构与单级离心泵也大同小异。图 1-59 表示一离心通风机。它的机壳也是蜗壳形，壳内逐渐扩大的气体通道及其出口的截面则有方形和圆形两种，一般中、低压通风机多是方形，高压的多为圆形。通风机叶轮上叶片数目较多且长度较短，叶片有平直的、有后弯的，亦有前弯的。如图 1-60 所示为一低压通风机所用的平叶片叶轮。中、高压通风机的叶片是弯曲的，因此，高压通风机的外形与结构更像单级离心泵。根据所生产的压头大小，可将离心式通风机分为以下 3 种。

低压离心通风机：出口风压低于 0.9807×10^3 Pa（表压）；

中压离心通风机：出口风压为 $0.9807\times10^3\sim2.942\times10^3$ Pa（表压）；

高压离心通风机：出口风压为 $2.942\times10^3\sim14.7\times10^3$ Pa（表压）。

（2）离心通风机的主要性能参数　离心通风机的主要性能参数有风量、风压、轴功率和全压效率，见表 1-9。

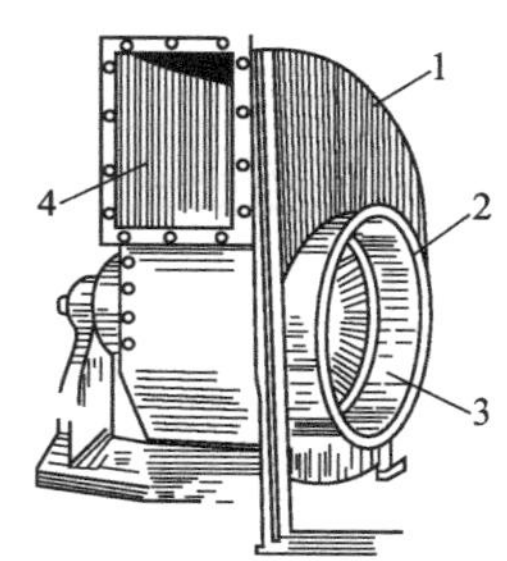

图 1-59　离心通风机

1—机壳；2—叶轮；3—吸入口；4—排出口

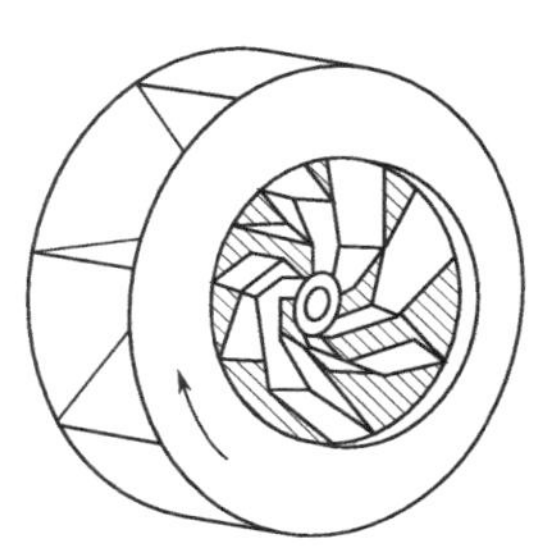

图 1-60　低压通风机的叶轮

表 1-9　离心通风机的主要性能参数

性能参数	单　位	定　义
风量 Q	m^3/h m^3/s	气体通过进风口的体积流量
风压 H_T	N/m^2	单位体积的气体经过风机时所获得的能量。 $H_T=(p_2-p_1)+\frac{\rho u_2^2}{2}=H_P+H_K$，其中$(p_2-p_1)$称为静风压 H_P；$\rho u_2^2/2$ 称为动风压 H_K；1 表示风机入口，2 表示出口。
轴功率 P 全压效率 η	kW 无量纲	$P=\frac{H_TQ}{1000\eta}$

（3）离心通风机的选用　离心通风机的选用和离心泵的情况相类似，其选择步骤如下。

① 计算输送系统所需的操作条件下的风压 H'_T，并将 H'_T 换算成实验条件下的风压 H_T。

离心通风机特性曲线，实验介质是压力为 1.0133×10^5 Pa、温度为 20℃的空气，该条件下空气的密度 $\rho=1.2kg/m^3$。由于风压与密度有关，故若实际操作条件与上述实验条件不同时，应按下式将操作条件下的风压 H'_T 换算为实验条件下的风压 H_T，然后以 H_T 的数值来选用风机。

$$H_T=H'_T\frac{\rho}{\rho'}=H'_T\frac{1.2}{\rho'}\tag{1-52}$$

式中 ρ'——操作条件下气体的密度，kg/m^3；

H_T——操作条件下气体的风压，N/m^2。

② 根据所输送气体的性质（如清洁空气，易燃、易爆或腐蚀性气体以及含尘气体等）与风压范围，确定风机类型。若输送的是清洁空气，或与空气性质相近的气体，可选用一般类型的离心通风机。

③ 根据实际风量 Q（以风机进口状态计）与实验条件下的风压 H_T，从风机样本或产品目录中的特性曲线或性能表选择合适的机号，选择的原则与离心泵相同，不再详述。

④ 计算轴功率。风机的轴功率与被输送气体的密度有关，风机性能表上所列出的轴功率均为实验条件下即空气的密度为 $1.2kg/m^3$ 时的数值，若所输送的气体密度与此不同，可按下式进行换算，即

$$P' = P\frac{\rho'}{1.2} \tag{1-53}$$

式中 P'——气体密度为 ρ' 时的轴功率，kW；

P——气体密度为 $1.2kg/m^3$ 时的轴功率，kW。

1.6.2.2 离心式压缩机

（1）离心压缩机的工作原理、主要构造和型号　离心压缩机又称透平压缩机，其结构、工作原理与离心通风机相似，但由于单级压缩机不可能产生很高的风压，故离心压缩机都是多级的，叶轮的级数多，通常 10 级以上。叶轮转速高，一般在 5000r/min 以上。因此可以产生很高的出口压力。由于气体的体积变化较大，温度升高也较显著，故离心压缩机常分成几段，每段包括若干级，叶轮直径逐段缩小，叶轮宽度也逐级有所缩小。段与段间设有中间冷却器将气体冷却，避免气体终温过高。如图 1-61 所示。

离心压缩机的主要优点：体积小，质量轻，运转平稳，排气量大而均匀，占地面积小，操作可靠，调节性能好，备件需要量少，维修方便，压缩绝对无油，非常适宜处理那些不宜与油接触的气体。

主要缺点：当实际流量偏离设计点时效率下降，制造精度要求高，不易加工。

近年来在化工生产中，除了要求终压特别高的情况外，离心压缩机的应用已日趋广泛。

国产离心压缩机的型号代号的编制方法有许多种。有一种与离心鼓风机型号的编制方法相似，例如，DA35-61 型离心压缩机为单侧吸入，流量为 $350m^3/min$，有 6 级叶轮，第一次设计的产品。另一种型号代号编制法，以所压缩的气体名称的头一个拼音字母来命名。例如，LT185-13-1，为石油裂解气离心压缩机。流量为 $185m^3/min$，有 13 级叶轮，第一次设计的产品。离心压缩机作为冷冻机使用时，型号代号表示出其冷冻能力。还有其他的型号代号编制法，可参看其使用说明书。

（2）离心压缩机的性能曲线　离心压缩机的性能曲线与离心泵的特性曲线相似，是由实验测得。图 1-62 为典型的离心压缩机性能曲线，它与离心泵的特性曲线很相像，但其最小流量 Q 不等于零，而等于某一定值。离心压缩机也有一个设计点，实际流量等于设计流量时，效率 η 最高；流量与设计流量偏离越大，则效率越低；一般流量越大，压缩比 ε 越小，即进气压力一定时流量越大出口压力越小。

当实际流量小于性能曲线所表明的最小流量时，离心压缩机就会出现一种不稳定工作状态，称为喘振。喘振现象开始时，由于压缩机的出口压力突然下降，不能送气，出口管内压力较高的气体就会倒流入压缩机。发生气体倒流后，使压缩机内的气量增大，至气量超过最

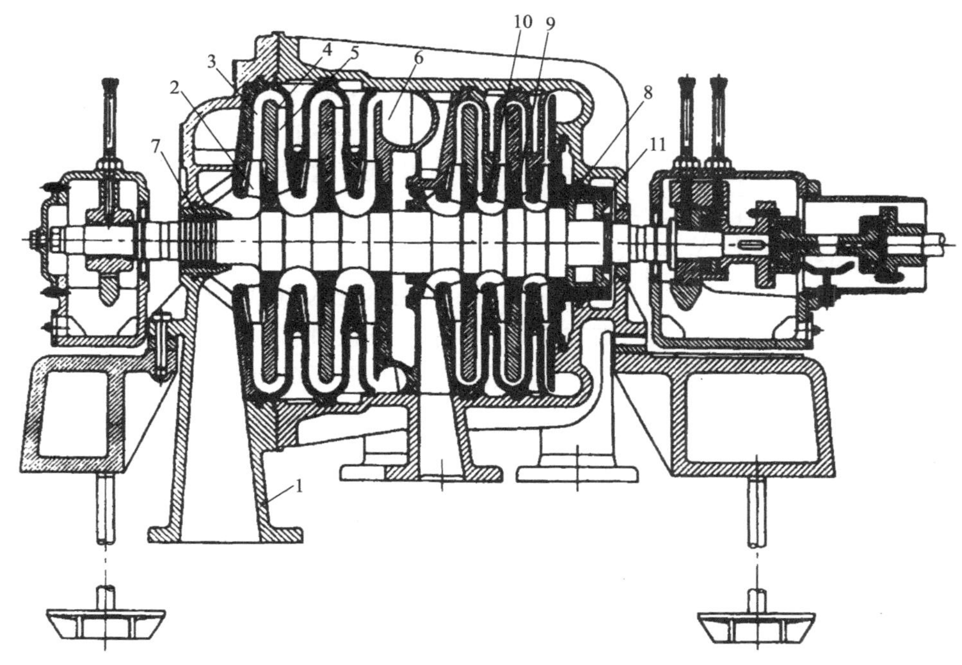

图 1-61 离心压缩机典型结构

1—吸入室；2—叶轮；3—扩压器；4—弯道；5—回流器；6—蜗室；7,8—轴端密封；9—隔板密封；10—轮改密封；11—平衡盘

小流量时，压缩机又按性能曲线所示的规律正常工作，重新把倒流进来的气体压送出去。压缩机恢复送气后，机内气量减少，至气量小于最小流量时，压力又突然下降，压缩机出口处压力较高的气体又重新倒流入压缩机内，重复出现上述的现象。这样，周而复始地进行气体的倒流与排出。在这个过程中，压缩机和排气管系统产生一种低频率、高振幅的压力脉动，使叶轮的应力增加，噪声加重，整个机器强烈振动，无法工作。由于离心压缩机有可能发生喘振现象，它的流量操作范围受到相当严格的限制，不能小于稳定工作范围的最小流量。一般最小流量为设计流量的 70%～85%。压缩机的最小流量随叶轮的转速的减小而降低，也随气体进口压力的降低而降低。

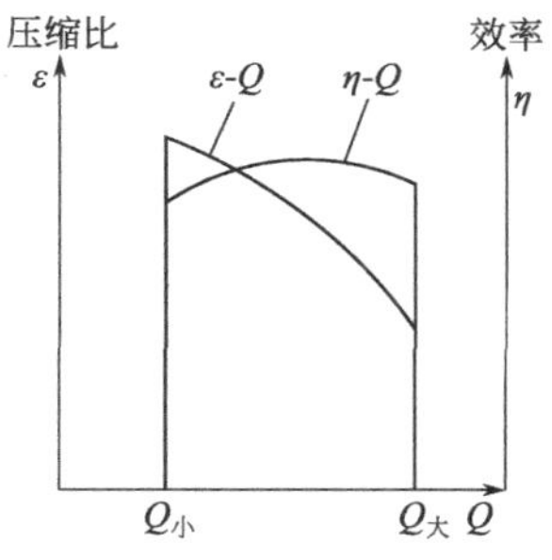

图 1-62 离心压缩机性能曲线

1.6.2.3 往复式压缩机

往复式压缩机主要由汽缸、活塞、吸入和压出气阀所组成。它的工作原理与往复泵相似，依靠活塞的往复运动而将气体吸入和压出。但由于压缩机的工作流体为气体，密度比液体小得多，且可压缩。因此，在结构上要求吸入和排出气阀轻便而易于启闭。活塞与气缸盖间的余隙要小，各处配合需要更严密。此外，还需要根据压缩情况，附设必要的冷却装置。

图 1-63 为一单动往复式压缩机工作时，各阶段活塞的位置。现照图 1-63，对其工作原理加以说明。活塞在汽缸内运动至最左端时，如图 1-63 (a) 所示，活塞与汽缸之间还留有一很小的空隙，称为余隙，其作用主要是防止活塞撞击在汽缸上。由于余隙的存在，在气体排出之后，汽缸内还残存一部分压力为 p_2 的高压气体，其状态如图 1-63 (e) 所示的 A 点。

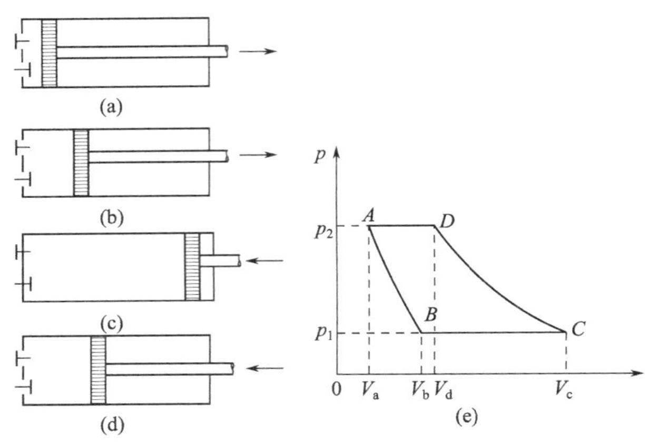

图 1-63 压缩机的实际工作循环

当活塞从最左端向右运动时，残留在余隙中的气体便开始膨胀，压力从 p_2 降至 p_1 时，活塞达到图 1-63（b）所示位置，此时气体的状态相当于图 1-63（e）上的 B 点，这一阶段称为膨胀阶段。活塞再向右移动时，汽缸内的压力下降到稍低于 p_1，于是吸入阀开启，压力为 p_1 的气体进入汽缸，直到活塞移至最右端，其位置如图 1-63（c）所示，气体状态相当于图 1-63（e）上的 C 点，这一阶段称为吸气阶段。此后，活塞改向左移动，缸内气体被压缩而升压，吸入阀关闭，气体继续被压缩，直至活塞到达图 1-63（d）的位置，压力增大到稍高于 p_2，气体状态相当于图 1-63（e）中的 D 点，这一阶段为压缩阶段。此时，排出阀开启，气体在压力 p_2 下从汽缸中排出，直至活塞回复到如图 1-63（a）所示位置，这一阶段称为排出阶段。

由此可见，压缩机的一个循环是由膨胀—吸入—压缩—排出四个阶段组成，在图 1-63（e）的 p、V 坐标上为一封闭曲线，BC 为吸入阶段，CD 为压缩阶段，DA 为排出阶段，而 AB 则为余隙气体的膨胀阶段。由于汽缸余隙内有高压气体存在，因而使吸入气体量减少，增加动力消耗。

若生产上所需的气体压缩比很大，如果要把压缩过程用一个汽缸一次完成，往往是不可能的，即使理论上可行，也是不切合实际。压缩比太高，动力消耗将显著增大，气体的温度升高也大。此时，汽缸内的润滑油会变性（黏度下降，甚至焦煳）致使润滑不良，机件受损，严重的会造成爆炸，同时余隙的影响也使压缩机的容积系数严重下降。因此，当压缩比大于 8 时，则需采用多级压缩，此种压缩机称为多级压缩机。

多级压缩机是把两个或两个以上的汽缸串联起来，在一个汽缸里压缩了一次的气体，又送入另一个汽缸再度压缩，经几次压缩后才达到最终的压力。如图 1-64 所示为三级压缩机流程。图 1-64 中 1、4、7 为汽缸，其直径逐级缩小，2、5 为中间冷却器，8 为出口气体冷却器，3、6、9 为油水分离器，用以防止润滑油与水带入下一级汽缸内。每级之间均需装置中间冷却器用以降低气体温度，这是实现多级压缩的关键。通常，在压缩机中每压缩一次，压缩比以 4～7为宜。

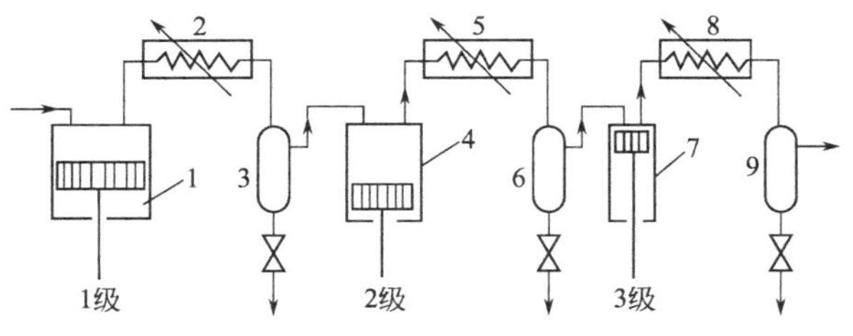

图 1-64 三级压缩机流程

往复式压缩机的分类方法很多，按活塞的一侧或两侧吸、排气而分为单动和双动式；按气体受压次数而分为单级、双级和多级；按压缩机所产生的终压而分为低压（10at）、中压（10～100at）、高压（100～1000at）、超高压（1000at 以上），当前在超高压领域主要采用往复式压缩机；按生产能力分为小型（10m^3/min 以下）、中型（10～100m^3/min）和大型（100m^3/min 以上）；按所压缩气体种类分为空气压缩机、氨压缩机、氢压缩机、石油气压缩机等。

决定压缩机型式的主要标志，是汽缸所在空间的位置以及汽缸的排列方式，若按此分类，则依照压缩机在空间位置的不同，可分为立式、卧式和角度式压缩机；依照压缩机汽缸排列方式不同可分为单列、双列和对称平衡型。

我国制造的往复式压缩机，其型号均以拼音字母代表结构型式，如立式为 Z，卧式为 P，对称平衡型为 D、H、M，角度式的有 L、V、W 等。与型号并用的数字分别表示汽缸列数、活塞推力、排气量和排气压力。例如 2D6.5-7.2/150 型压缩机，表示汽缸为 2 列，对称平衡型（D 型），活塞推力 6.5t，排气量 7.2m^3/min，排气压力 150 at（表压）。

往复式压缩机的选用步骤：首先应根据输送气体的性质确定压缩机的类型，然后根据生产任务和厂房的具体条件选定压缩结构型式，如：是空气压缩机还是氮气压缩机或其他气体压缩机，是立式、卧式还是角式；最后根据生产所需的排气量（即生产能力）和排气压力（或压缩比）两指标，在压缩样本或产品目录中选择合适的型号。

往复压缩机的排气，如同往复泵的排液一样，是脉动的，因此，压缩机的出口要连接贮气柜（缓冲缸）使气体输出均匀稳定，同时使气体中夹带的水沫和油沫在此处沉降下来。为了操作安全，贮气柜上要安装压力表和安全阀。压缩机的吸入口应安装过滤器，防止吸入灰尘和杂物，磨损活塞、汽缸等部件。此外压缩机在运转过程中必须注意润滑和汽缸的冷却等。

1.6.2.4 水环式真空泵

水环式真空泵结构简单，如图 1-65 所示。圆形叶壳 1 中有一偏心安装的转子 2，由于壳内注入一定量的水，当转子旋转时，由于离心力的作用，将水抛向壳壁形成水环 3，此水环具有液封作用，将叶片间空隙封闭成许多大小不同的空室。当转子旋转，空室由小到大时，气体从气体吸入口 4 吸入；当空室由大到小时，气体由气体压出口 5 被压出。

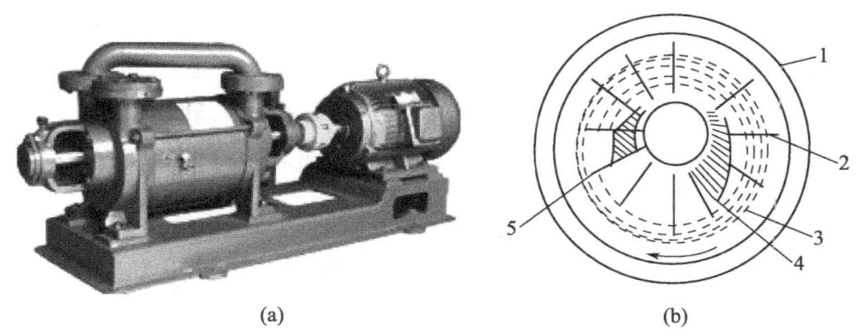

(a) (b)

图 1-65 水环式真空泵

1—圆形叶壳；2—转子；3—形成的水环；4—气体吸入口；5—气体压出口

水环式真空泵属于湿式真空泵，结构简单紧凑，没有阀门，最高真空度可达 85%。水环式真空泵内的充水量约为一半容积。因此，运转时，要不断地充水以保持充水量并维持泵内的液封，同时也为了冷却泵体。水环式真空泵可作为鼓风机用，但所产生的压力不超过 1at（表压）。可以指出，如图 1-65 所示的水环式压缩机亦可作为真空泵用，称液环式真空泵。由于液环式真空泵可以处理腐蚀气体，在化工厂中应用较广。水环式真空泵的型式代号为“SZ”。

1.6.2.5 喷射式真空泵

喷射泵是利用流体流动时，静压能与动压能相互转换的原理来吸送液体的。它可用于吸送气体，也可吸送液体。在化工生产中，喷射泵常用于抽真空，故又称为喷射式真空泵。喷射泵的工作流体可以为蒸汽，也可为水或其他流体。

如图 1-66 所示为一单级蒸汽喷射泵，当蒸汽进入喷嘴后，即做绝热膨胀，并以极高的速度喷出，于是在喷嘴口处形成低压而将流体由吸入口吸入；吸入的流体与工作蒸汽一起进入混合室，然后流经扩大管，在扩大管中混合流体的流速逐渐降低，压力因而增大，最后至压出口排出。单级蒸汽喷射泵仅能达到 90%的真空度，如果要得到更高的真空度，则需采用多级蒸汽喷射泵。

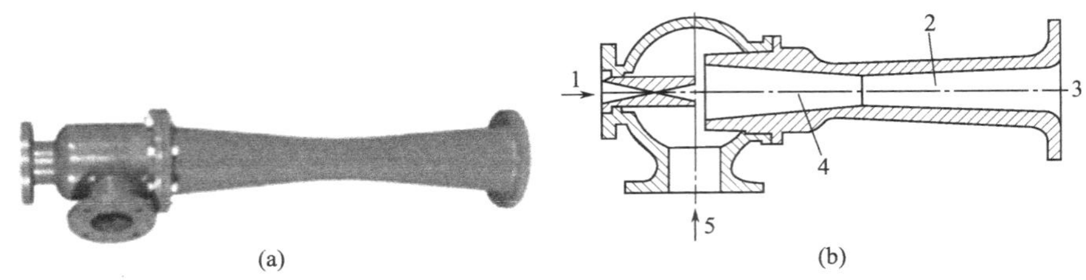

图 1-66 单级蒸汽喷射泵

1—工作蒸汽；2—扩大管；3—压出口；4—混合室；5—气体吸入口

喷射泵构造简单，制造容易，可用各种耐腐蚀材料制成，不需基础工程和传动设备。但由于喷射泵的效率低，只有 10%～25%，故一般多用作抽真空，而不作输送用。水喷射泵所能产生的真空度比蒸汽喷射泵的低，一般只能达到 700mmHg 左右的真空度，但是由于结构简单，能源普遍，且兼有冷凝蒸汽的能力，故在真空蒸发设备中广泛应用。

喷射泵的缺点是产生的压头小，效率低，其所输送的液体要与工作流体混合，因而使其应用范围受到限制。

选择青霉素发酵罐输送空气风机的型号规格

青霉素发酵罐所需空气的输送过程要经过冷却器、旋风分离器、加热器、两级总过滤器、两级纸过滤器，总压降为 1300～1600Pa。输送风量 1176m^3/min，即 70560m^3/h。可选 4-72No16B 型号的离心式通风机，其转速为 710r/min，风量 71971～100730m^3/h，全风压 1957～1549Pa，电动机功率 55kW。

1.7 流体输送操作分析

除了制定流体输送方案之外，还有进行流体输送过程操作分析的工作任务。流体输送过程操作分析是在现有流体输送过程的基础上，运用流体力学基本知识，按照流体输送操作分析方法，分析及解决流体输送的操作问题。

通过本节学习，了解流体输送的操作问题，掌握流体输送过程操作分析方法，学习流体输送操作问题的典型案例，提高分析及解决化工流体输送操作问题的能力。

1.7.1 流体输送过程的操作分析方法

1.7.1.1 流体输送的操作问题

流体输送的操作问题是针对已有的输送过程，当操作条件改变时，分析各流动参数的变化情况，核算输送过程的输送能力，以及欲达到特定的输送任务需采取的措施。有下面几种类型：

① 已有输送系统在一定的输送条件下，求出输送量或各分支管路的流量分配；

② 当输送系统的操作条件改变时，分析出各处压力和流量的变化情况。

1.7.1.2 流体输送过程的操作分析方法

对于简单管路，当流体输送系统的操作状况（如管路中阀门开度或流体性质等）发生改变时，可根据流体输送系统的操作条件，对整个管路系统进行物料衡算及机械能衡算（包括阻力损失计算）等分析，判断出输送的流速、流量的变化趋势，然后分段运用机械能衡算式判断管线沿途各处静压力的变化趋势。

对于复杂管路系统，应将机械能衡算式应用于各支管及总管段，再结合分支点及汇合点处的物料衡算式，分析总管线内流速及各处静压力的变化趋势，进而分析各支管内的流速、流量变化趋势。

1.7.1.3 流体输送的典型案例

【例 1-13】 如图 1-67 所示，高位槽 A 内的液体通过一等径管流向水槽 B。管线上装有阀门。现将阀门关小，试分析管内流量及阀门前 M 处、阀门后 N 处的压力如何变化。

解 在两水槽液面 1—1′与 2—2′间列机械能衡算式：

$$Et_1 = Et_2 + [\lambda \frac{(l_1 + l_2)}{d} + \sum\zeta] \frac{u^2}{2} \qquad (1)$$

当阀门关小时，z_1、z_2、p_1、p_2 均不变，$u_1 \approx u_2 \approx 0$，故两截面处的总机械能 Et_1、Et_2 不变，摩擦因数 λ 基本不变，可视为常数。阀门局部阻力 $\zeta_{阀}$增大，即 $\Sigma\zeta$ 增大，故由式（1）可知 u 减小，即管内流量减小。

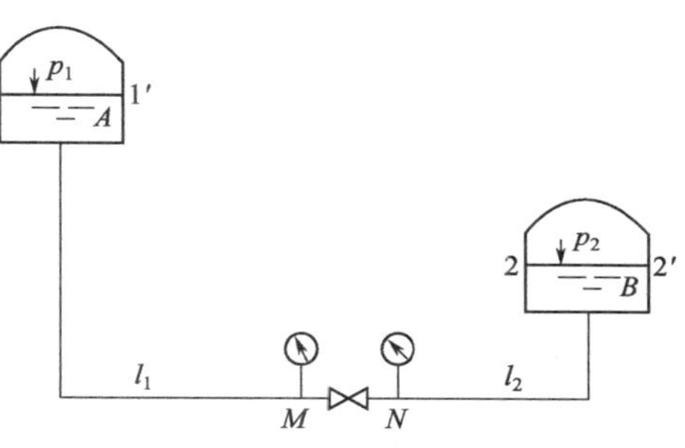

图 1-67 【例 1-13】附图

在截面 1—1′和 M 截面间作机械能衡算：

$$\frac{p_M}{\rho} = Et_1 - z_M g - (\lambda \frac{l_1}{d} + \sum\zeta_{1-M} + 1) \frac{u^2}{2} \qquad (2)$$

当阀门关小时，式（2）等号右边除 u 减小之外，其余量均不变，故 p_M增大。

同理，由 N 截面和截面 2—2′间的机械能衡算式可知，除 u 减小外，其余量均不变，故 p_N减小。

本题分析表明，流体在管道内流动时，各流动参数是相互联系、相互制约的，管内任一局部阻力状况的改变都将影响到整个流动系统的流速和压力分布。

在其他条件不变时，管内任何局部阻力的增大将使管内流速下降。

在其他条件不变时，关小阀门会将导致阀前静压力上升，而使阀后静压力下降。

【例 1-14】 如图 1-68 所示，从高位槽通过一根总管及两支管 A、B 分别向水槽 C、D 供水。假设总管和支管上的阀门 K_O、K_A、K_B均处于全开状态，三个水槽液面保持恒定。试分析，当阀门 K_A关小时，总管和各支管的流量及分支点前 O 处的压力如何变化。

解 当阀门 K_A关小时，阀门 K_A的局部阻力系数增大，即系统总阻力系数增大，在其他条件不变的情况下，流速 V_O会降低。

流速 V_O降低，总管内的流动阻力也随之降低，1—1′截面到 O 截面间的压力降减小，所以，p_O增大。

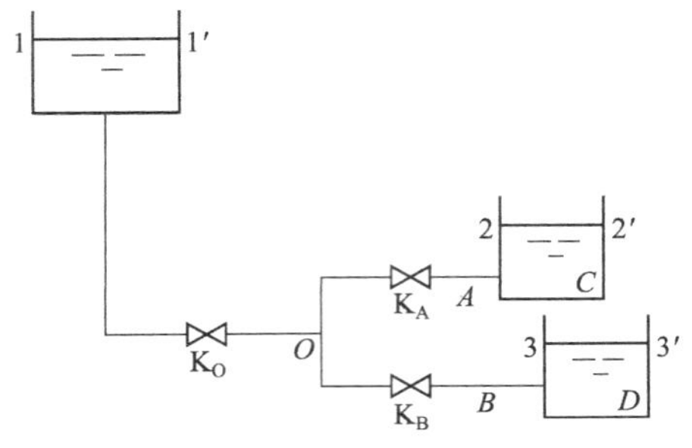

图 1-68 【例 1-14】附图

p_O增大，B 支管的压力降增大，在 B 支管的阻力系数不变的情况下，V_B增大。总管流量 V_O降低，故 V_A降低更多。从另一角度来说，A 和 B 支管的压力降保持是相等的，在阀门 A 关小，A 支管的流体阻力系数增大时，V_A降低，同时，B 支管的流速增大，才会使 B 支管的压力降增大到两支管压降相等。

【例 1-15】 为了测出水平等径管上泄漏点的位置，采用如图 1-69 所示的方法，在 A、B、C、D 四处各安装一个压力表，并使 $L_{AB}=L_{CD}$。现已知 AD 段、AB 段管长及 4 个压力表读数，且管内流体处于完全湍流区。试确定泄漏点 M 的位置，并求泄漏量占总流量的百分数。

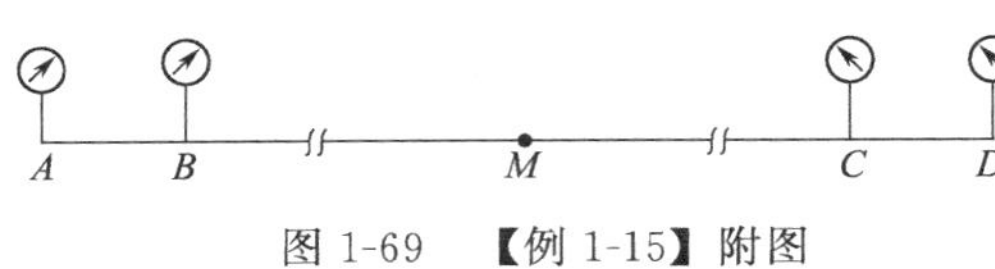

图 1-69 【例 1-15】附图

解 不可压缩流体在水平等径直管内流动时，两点间的压力差就等于该管段的阻力损失，即：

$$\Delta p=\lambda\frac{l}{d}\times\frac{\rho u^2}{2}=KV^2l \tag{1}$$

令 $L_{AB}=L_{CD}=a$，$L_{AD}=L$，管段 ABM 及 MCD 内的流体流量分别为 V_1、V_2，于是有：

$$p_A-p_B=KV_1^2a \tag{2}$$

$$p_C-p_D=KV_2^2a \tag{3}$$

$$p_A-p_M=KV_1^2L_{AM} \tag{4}$$

$$p_M-p_D=KV_2^2(L-L_{AM}) \tag{5}$$

由式（2）、式（3）解出 KV_1^2、KV_2^2，并代入式（4）、式（5）得

$$p_A-p_M=(p_A-p_B)\frac{L_{AM}}{a}$$

$$p_M-p_D=(p_C-p_D)\frac{L-L_{AM}}{a}$$

联解两式可得

$$L_{AM}=\frac{(p_A-p_D)a-(p_C-p_D)L}{(p_A-p_B)-(p_C-p_D)}$$

泄漏量点流量占总流量的百分数可由式（2）、式（3）求得：

$$\frac{V_1-V_2}{V_1}\times100\%=\left(1-\sqrt{\frac{p_C-p_D}{p_A-p_B}}\right)\times100\%$$

可见，只要测出 a、L 及 p_A、p_B、p_C、p_D等值，代入上式即可得到泄漏点的位置。用这种方法查找管路（尤其是埋在地下的管路）中的泄漏位置方便而经济。

1.7.2 流体输送过程的节能

1.7.2.1 直管流动时的节能

① 能耗与流体的温度成正比 因而当高温输送时，要注意保温；尤其在低温输送时，

更应注意保冷。

② 直管流动的能耗与压降成正比 因而要尽可能减少管路上的各种管件和阀件的数量；或适当降低流速以减小阻力。

③ 直管流动的能耗与流速的平方成正比 降低流速则损失随之下降。但在输送量一定的条件下，降低流速必须增大管径，会使投资增加。因此要解决能耗下降和投资增大的矛盾，应合理选择适宜的流速，寻求最经济的管径。

为了减少流体流动过程的能耗，可采用添加某些高分子聚合物作为减阻剂的办法使流体在管道中流动的压降大为减小，以节省不断上涨的泵的能耗。减阻剂添加量极少，通常只需输送流体量的0.01%以下，减阻效果显著，可使管路的阻力减少50%以上。适用于水相流体的减阻剂有：聚丙烯酰胺、聚氧乙烯、胍胶等；适用于油相流体的有：聚异丁烯、聚1-辛烯、氢化聚异戊二烯、长链α-烯烃共聚物等。

1.7.2.2 泵与风机的节能

泵与风机既是应用最广的化工通用机械，同时也是企业中能耗最多的输送机械。在石油化工企业的流体输送机械的耗电量一般是全厂用电量的70%～80%。

(1) 泵与风机的运行中存在的问题

① 系统与设备不匹配，选型不适当，考虑裕量过大，或估算过高，使设备长期处于低效区工作，大马拉小车现象较为普遍，造成相当大的能耗浪费。

② 调节方法简单，运行的经济性考虑不周，节流损失严重。

③ 设计不完善，管路系统布局不合理，系统阻力较大，增加了能量消耗。

④ 管理不善，维修不及时，泄漏严重。

(2) 离心泵选择应注意问题

① 避免使用过大型号的泵，克服大马拉小车现象。

② 精心设计，精确计算。

③ 对大多数多级泵应避免流量低于最高效率点流量的20%。

④ 采用大小泵配置的运行方式。

(3) 管路系统节能技术

① 简化管路、减少管道长度。

② 泵出口管道不宜过细，应选用合理的经济管径。

③ 提高管道内壁的光洁度。

④ 去除不必要的管件、阀件。

⑤ 合理的进口段设计。

⑥ 取消底阀，减少止回阀。

⑦ 选用形状合理的弯头及连接件。

⑧ 减小流体的黏度。

⑨ 防止泥沙、夹杂物带入泵内。

⑩ 避免泵内夹带空气。防止和杜绝“跑、冒、滴、漏”。

(4) 风机运行中存在的问题

① 选择不当，与系统不匹配，风机或风压裕量过大，致使风机长期在低效区运行。

② 没有相应的风机调节机械，当负荷变化时不能自动调节。

③ 系统装置设计不合理，管路阻力过高。

④ 操作管理不当，系统积灰，泄漏严重，风机部件磨损严重等。

(5) 风机合理选择

① 采用新型高效节能风机。

② 合理的风机裕量。

③ 保证并联运行风机在经济工况下工作。

(6) 风机管路系统应注意

① 减少烟、风道中局部流动阻力。

② 定期清理风道中积灰。

③ 堵塞漏风，以免影响风机的风压。

③ 采用特殊材质的风机。

④ 并联的烟风系统应减少风机运行台数。

⑤ 改善风机的调节性能，采用经济的调节方法。

2 非均相物系分离方案

化工生产过程中，经常遇到非均相混合物的分离，如焙烧气中悬浮细小固体颗粒的体系；沉淀液体中悬浮固体颗粒的体系，非均相混合物的分离是经常要使用的操作。

非均相分离涉及的体系主要有两种。①气体非均相体系：气体中含有悬浮的固体颗粒，或液滴所形成的混合物，常见的是气固。②液体非均相体系：液体中含有分散的固体颗粒（悬浮液）或与液体不互溶的液滴（乳浊液）或气泡（泡沫液）形成的混合物，常见的是液固。

在非均相混合物中，处于连续状态的流体称为连续相，处于分散状态的称为分散相。

非均相混合物的分离通常采用力学和流体力学的原理进行分离。一般称为机械分离，根据体系的性质（如分散相浓度、颗粒大小、形状、密度、连续相性质、黏度、密度等）和分离的要求不同，可以采用不同的分离方法，气体混合物与液体混合物的性质有较大差别，分离方法各有特点。

非均相混合物的分离方法主要可分为以下几种：

① 沉降；

② 过滤；

③ 惯性碰撞；

④ 洗涤。

分离非均相混合物的主要目的：

① 收集分散物质　如结晶、粉尘；

② 净化、除尘　如硫酸生产烟道气；

③ 环保　如废气、废液中的固体颗粒。

青霉素发酵用空气的净化方案及装置选择

青霉素发酵所需空气须经过消毒和净化处理。净化要求为 100 级，即 $1m^3$ 空气中，尘埃粒子数最大允许值≥0.5μm 的为 3500 个，≥5μm 的为 0；微生物最大允许数为 5 个浮游菌/m^3，1 个沉降菌/m^3。

需要完成的任务：

① 确定青霉素发酵用空气的净化方案；

② 选择主要的空气净化装置；

③ 确定主要的空气净化工艺控制参数。

2.1 气固分离

对于非均相物系的分离，如果是在力场中利用分散相和连续相之间的密度差异，使之发生相对运动而实现分离的操作过程，称为沉降。实现沉降操作的作用力可以是重力或惯性离心力，沉降过程又分为重力沉降和离心沉降两种方式。

（1）重力沉降

① 沉降速度 u_t 颗粒在流体中的流动可以看成是颗粒与流体间产生的相对运动，只要颗粒与流体的密度不同，在力场的作用下，颗粒在流体中就产生相对运动。

一般的颗粒都可以看作是球形的，下面就以光滑球形颗粒在静止流体中沉降为例来讨论沉降过程。

把球形颗粒放入静止的流体中，颗粒就会受到重力与流体浮力的作用，如果颗粒与流体的密度不同，则颗粒受到的重力与浮力就会不等，如果颗粒的密度 ρ_s 大于流体的密度 ρ，则：

颗粒受到的重力 $$F_g=\frac{\pi}{6}d^3\rho_s g \tag{2-1}$$

受到的浮力为 $$F_b=\frac{\pi}{6}d^3\rho g \tag{2-2}$$

颗粒受到向下的净力为

$$F_g-F_b=\frac{\pi}{6}d^3(\rho_s-\rho)g \tag{2-3}$$

根据牛顿第二定律，颗粒就会在此净力的作用下产生向下运动的加速度 a。

$$F_g-F_b=ma \tag{2-4}$$

这样颗粒与流体就产生一个相对运动，一旦产生相对运动，颗粒又会受到流体对颗粒的运动阻力，F_d（曳力）其大小为

$$F_d=\zeta A\frac{\rho u^2}{2}$$

它的方向与颗粒运动方向相反，并随 u 增大而增大。

A 为颗粒在垂直于其运动方向平面上的投影面积（m^2）　$A=(\pi/4)\ d^2$

所以，当颗粒产生相对运动时，颗粒受到的净力为

$$F=F_g-F_b-F_d \tag{2-5}$$

沉降过程刚开始时，$u=0$，$F_d=0$，此时颗粒所受到向下的力最大，a 具有最大值。

随着沉降开始，u 逐渐增大，而 F_g-F_b不变，颗粒受到向下方向的净力减少，沉降过程为一减速运动，当 u 增加到一定程度时，F_d增大，使得 $F=0$，此时 m 不为零，颗粒变为等速运动（匀速运动），此后颗粒将一直保持此速度作相对运动，颗粒达到等速运动时的速度称为颗粒的沉降速度或终端速度。

在达到沉降速度前的阶段，称为加速阶段。从理论上讲，加速阶段需很长的时间。但实验证明，颗粒沉降的速度达到接近终端速度 u_t的时间很短。

因此，实际上可以忽略颗粒沉降时的加速度阶段，而认为颗粒在流体中始终以沉降速度（终端速度）下降。

在静止流体中颗粒的沉降也称为自由沉降，对于流动的流体，则认为颗粒与流体始终以终端速度作相对运动。我们最关心的是颗粒在沉降的时候达到的终端速度是多少？即沉降的速度为多少？知道此速度，我们就可算出沉降过程的时间，从而决定设备尺寸的大小。

当颗粒达到终端速度时，其所受到的净力为 0，根据式（2-1）～式（2-5），有

$$\frac{\pi}{6}d^3\rho_s g-\frac{\pi}{6}d^3\rho g-\zeta\frac{\pi}{4}d^2\frac{\rho u_t^2}{2}=0$$

$$u_t=\sqrt{\frac{4d(\rho_s-\rho)}{3\zeta\rho}g} \tag{2-6}$$

② 阻力系数 ξ 由于颗粒在流体中的相对运动与固体和液体的物性、流动有关，影响颗粒运动及运动阻力 F_d的因素相当复杂。通过量纲分析和大量实验证明，ξ 是颗粒与流体相对运动时的雷诺数的函数 $\xi=f(Re_t)$。$Re_t=\frac{du_t\rho}{\mu}$。

对于球形颗粒，曲线可分为三个区域：

层流区（斯托克斯区）$10^{-4}<Re_t\leqslant 2$ $\quad \zeta=\frac{24}{Re_t}$ (2-7)

过渡区（艾伦区）$2<Re_t\leqslant 10^3$ $\quad \zeta=\frac{18.5}{Re_t^{0.6}}$ (2-8)

湍流区（牛顿区）$10^3\leqslant Re_t<2\times 10^5$ $\quad \zeta=0.44$ (2-9)

将以上三式分别代入式（2-6）即可得到不同沉降区域的自由沉降速度 u_t的计算式，分别称为斯托克斯定律（Stokes law）、艾伦定律（Allen law）和牛顿定律（Newton law）。

层流区——斯托克斯定律 $\quad u_t=\frac{d^2(\rho_s-\rho)}{18\mu}g$ (2-10)

过渡区——艾伦定律 $\quad u_t=0.27\sqrt{\frac{d(\rho_s-\rho)}{\rho}Re_t^{0.6}g}$ (2-11)

湍流区——牛顿定律 $\quad u_t=1.74\sqrt{\frac{d(\rho_t-\rho)}{\rho}g}$ (2-12)

根据式（2-12），我们就知道沉降速度与各种因素的大小，对于一定的物系，μ、ρ_s、ρ 是一定的，u_t只与 d 有关，可算出不同 d 颗粒的沉降速度。同样，也可根据测定的 u_t，求颗粒的直径，如果在层流区，已知 d、ρ_s、ρ，则可用此式来测定流体的黏度。

③ u_t的计算 由于计算 u_t时需预先知道阻力系数 ξ 或等速沉降时的 Re_t，而 Re_t 中又会有待求的 u_t，所以 u_t的计算需要采用试差法。步骤如下：先假设沉降属于某一流型，选用与该流型相应的沉降速度公式计算 u_t；按求出的 u_t检验 Re_t是否在原设的流型区，如果与原设一致，则求得的 u_t有效，否则按算出的 Re 值另选流型，并改用相应的公式求 u_t，直至求得的 Re_t与所选用公式的 Re_t相符为止。

④ 实际沉降及其影响因素 实际沉降即为干扰沉降，如前所述，颗粒在沉降过程中将受到周围颗粒、流体、器壁等因素的影响，一般来说，实际沉降速度小于自由沉降速度。下面对各方面的影响因素加以分析，以便我们能够选择较优的操作条件，正确地进行操作。

颗粒含量的影响 实际沉降过程中，颗粒含量较大，周围颗粒的存在和运动将改变原来单个颗粒的沉降，使颗粒的沉降速度较自由沉降时小，例如，由于大量颗粒下降，将置换下方流体并使之上升，从而使沉降速度减小。颗粒含量越大，这种影响越大，达到一定沉降要求所需的沉降时间越长。

颗粒形状的影响 对于同种颗粒，球形颗粒的沉降速度要大于非球形颗粒的沉降速度。

颗粒大小的影响 从斯托克斯定律可以看出：其他条件相同时，粒径越大，沉降速度越大，越容易分离。如果颗粒大小不一，大颗粒将对小颗粒产生撞击，其结果是大颗粒的沉降速度减小而对沉降起控制作用的小颗粒的沉降速度加快，甚至因撞击导致颗粒聚集而进一步加快沉降。

流体性质的影响　流体与颗粒的密度差越大，沉降速度越大；流体黏度越大，沉降速度越小，因此，对于高温含尘气体的沉降，通常需先散热降温，以便获得更好的沉降效果。

流体流动的影响　流体的流动会对颗粒的沉降产生干扰，为了减少干扰，进行沉降时要尽可能控制流体流动处于稳定的低速。因此，工业上的重力沉降设备，通常尺寸很大，其目的之一就是降低流速，消除流动干扰。

器壁的影响　器壁对沉降的干扰主要有两个方面：一是摩擦干扰，使颗粒的沉降速度下降；二是吸附干扰，使颗粒的沉降距离缩短。因此，器壁的影响是双重的。

需要指出的是，为简化计算，实际沉降可近似按自由沉降处理，由此引起的误差在工程上是可以接受的。只有当颗粒含量很大时，才需要考虑颗粒之间的相互干扰。

（2）离心沉降　对于一些直径小的颗粒，由于质量较小，受到的重力较小，单靠重力沉降的沉降速度较小，因此，分离这些小颗粒的非均相混合物的重力沉降设备往往比较大，而且对于一些更小的颗粒不能分离。为了提高分离效率，提高颗粒的沉降速度，可利用离心力场的作用。例如20℃水中 $d=50\mu m$，$\rho=2000kg/m^3$，$u_t=0.00136m/s$。

分析一球形颗粒与流体一起在离心力作用下旋转的情况：

当颗粒与流体一起以角速度 ω 旋转，则切向速度为 u_T，$u_T=r\omega$

则颗粒受到的惯性离心力为，方向向外

$$F_c=m\frac{u_T^2}{R}=\frac{1}{6}\pi d^3\rho_s\frac{u_T^2}{R} \tag{2-13}$$

同时，颗粒在流体中受到向心力的作用（向心力与重力场的浮力相当），方向向圆心。

$$F_b=\frac{1}{6}\pi d^3\rho\frac{u_T^2}{R} \tag{2-14}$$

设颗粒的密度大于流体密度，则

$$F_c-F_b>0$$

颗粒受到一个向外的净力，从而产生加速度，这时，颗粒与流体产生相对运动。因此，颗粒又受到流体对颗粒的阻力 F_d

$$F_d=\xi\frac{\pi}{4}d^2\frac{\rho u_r^2}{2} \tag{2-15}$$

此时颗粒受到的净力为

$$F=F_c-F_b-F_d=ma \tag{2-16}$$

与重力沉降一样，当净力=0时，a 可视为0。根据式（2-13）～式（2-16），可得：

$$u_r=\sqrt{\frac{4d(\rho_s-\rho)u_T^2}{3\rho\xi R}} \tag{2-17}$$

从式（2-17）可以看出，u_r与 $u_T{}^2$ 成正比，u_T与 ω 成正比，因此可通过改变转速来提高沉降速度，使小颗粒得到分离。同时我们还知，颗粒的 u_r与 u_T（重力）具有相类似的关系式，但是，与重力沉降过程不同，$u_T{}^2/R$ 为离心加速度，离心沉降速度不是颗粒运动的绝对速度，而是绝对速度在径向上的分布，方向是沿半径向外。再者离心沉降速度不是定值，与 R 有关，重力沉降速度为恒定的。

对于离心沉降中的阻力系数，可与重力沉降时计算的方法一样，如在层流区 $\xi=24/Re_t$

$$u_r=\frac{d^2(\rho_s-\rho)}{18\mu}\times\frac{u_T^2}{R}$$

我们把同一颗粒在同一种介质中的离心沉降速度与重力沉降速度的比值称为离心分离系数。

$$K_c = u_r / u_T = u_r^2 / (gR) \tag{2-18}$$

K_c值是离心分离设备的一个重要指标，K_c值越大，比较重力沉降速度就越好，如$K_c = 10^3$，即比重力沉降速度大10^3倍 。

尽管离心分离沉降速度大、分离效率高，但离心分离设备较重力沉降设备复杂，投资费用大，且需要消耗能量，操作严格而费用高。因此，综合考虑，不能认为对任何情况，采用离心沉降都优于重力沉降，例如，对分离要求不高或处理量较大的场合采用重力沉降更为经济合理，有时，先用重力沉降再进行离心分离也不失为一种行之有效的方法。

2.1.1 气固分离设备

沉降分离一般原理：非均相混合物流入沉降设备，沿一定的途径从入口流向出口，在此过程中颗粒与流体间产生相对运动，颗粒向器底（或其他表面）沉降。

如果流体在流出设备以前，颗粒能沉到器底，则颗粒就能留到器中与流体分开，否则仍随流体流出而不能分离。

混合物从设备入口流到出口的时间称为停留时间θ，颗粒从设备入口处位置沉降到器底的时间为沉降时间θ_t。那么当$\theta \geqslant \theta_t$，颗粒就能分离出来，因此，用沉降方法使颗粒分离出来的必要条件为

$$\theta \geqslant \theta_t \tag{2-19}$$

2.1.1.1 降尘室

凭借重力沉降以除去气体中的尘粒的设备称为降尘室，如图 2-1（a）所示。

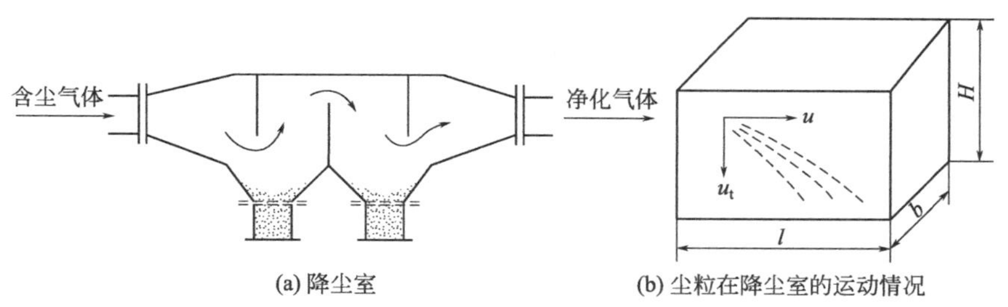

图 2-1 降尘室及尘粒在降尘室的运动情况

如图 2-1（b）所示，含尘气体沿水平方向缓慢通过降尘室，气流中的颗粒除了与气体一样具有水平速度u外，受重力作用，还具有向下的沉降速度u_t。设含尘气体的流量为q_V（m^3/s），降尘室的高为H，长为L，宽为B，三者的单位均为 m。若气流在整个流动截面上分布均匀，则流体在降尘室的平均停留时间（从进入降尘室到离开降尘室的时间）为

$$\theta = \frac{L}{u} = \frac{L}{q_V / BH} = \frac{BHL}{q_V}$$

若要使气流中直径大于等于d的颗粒全部除去，则需在气流离开设备前，使直径为d的颗粒全部沉降至器底。气流中位于降尘室顶部的颗粒沉降至底部所需时间最长，因此，沉降所需时间θ_t应以顶部颗粒计算。

$$\theta_t = \frac{H}{u_t}$$

很显然，要达到沉降要求，停留时间必须大于至少等于沉降时间，即 $\theta \geqslant \theta_t$，亦即

$$\frac{BLH}{q_V} \geqslant \frac{H}{u_t}$$

整理，得

$$q_V \leqslant BLu_t$$

即

$$q_{V_{max}} = BLu_t \tag{2-20}$$

由式（2-20）可知，降尘室的生产能力（达到一定沉降要求单位时间所能处理的含尘气体量）只取决于降尘室的沉降面积（BL），而与其高度（H）无关。因此，降尘室一般都设计成扁平形状，或设置多层水平隔板称为多层降尘室。但必须注意控制气流的速度不能过大，一般应使气流速度小于 1.5m/s，以免干扰颗粒的沉降或将已沉降的尘粒重新卷起。

降尘室结构简单，但体积大，分离效果不理想，即使采用多层结构可提高分离效果，也有清灰不便等问题。通常只能作为预除尘设备使用，一般只能除去直径大于 50μm 的颗粒。

2.1.1.2 旋风分离器

（1）结构及工作原理　旋风分离器是从气流中分离出尘粒的离心沉降设备，因此，又称为旋风除尘器。旋风分离器主要用于除去 5μm 以上的颗粒。标准型旋风分离器的基本结构如图 2-2 所示。主体上部为圆筒形，下部为圆锥形。各部分尺寸比例见图 2-2 说明，从中可以得知，只要确定了圆筒直径，就可以按比例确定出其他各部分的尺寸。下面简单分析旋风除尘器的除尘过程。

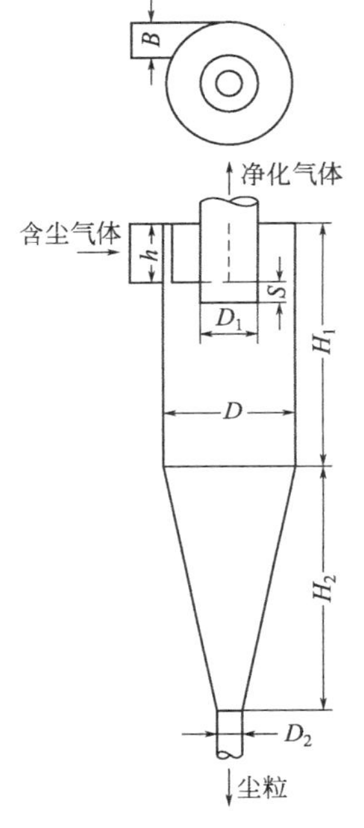

图 2-2　标准型旋风分离器

含尘气体由圆筒形上部的切向长方形入口进入筒体，在器内形成一个绕筒体中心向下作螺旋运动的外旋流，在此过程中，颗粒在离心力的作用下，被甩向器壁与气流分离，并沿器壁滑落至锥底排灰口，定期排放；外旋流到达器底后（已除尘）变成向上的内旋流，最终，内旋流（净化气）由顶部排气管排出。

旋风分离器结构简单、造价较低，没有运动部件，操作不受温度、压力的限制，因而广泛用作工业生产中的除尘分离设备。旋风分离器一般可分离 5μm 以上的尘粒，对 5μm 以下的细微颗粒分离效率较低，可在其后接袋滤器和湿法除尘器来捕集。其离心分离因数在 5～2500 之间。旋风分离器的缺点是气体在器内的流动阻力较大，对器壁的磨损比较严重，分离效率对气体流量的变化比较敏感，且不适合用于分离黏性的、湿含量高的粉尘及腐蚀性粉尘。

除了标准型旋风分离器，还有一些其他型号的旋风分离器，如 CLT、CLT/A、XLP/A、XLP/B 以及扩散式旋风分离器。

（2）性能参数

① 临界粒径　是指理论上能够完全被旋风分离器分离下来的最小颗粒直径，临界粒径 d_c 可用下式计算

$$d_c = \sqrt{\frac{9\mu B}{\pi N \rho_s u}} \tag{2-21}$$

式中　d_c——临界粒径，m；

B——进口管宽度，m；

N——气体在旋风分离器中的旋转圈数，对标准型旋风分离器，可取 $N=5$；

u——气体作螺旋运动的切向速度，通常可取气体在进口管中的流速，m/s。

从式（2-21）可以看出：

a. 临界粒径随气速增大而减小，表明气速增加，分离效率提高。但气速过大会将已沉降颗粒卷起，反而降低分离效率，同时使流动阻力急剧上升。

b. 临界粒径随设备尺寸的减小而减小，因旋风分离器的各部分尺寸成一定比例，尺寸越小，则 B 越小，从而临界粒径越小，分离效率越高。

② 压降　气体通过旋风分离器的压降可用下式计算

$$\Delta p=\zeta\frac{\rho u^2}{2} \tag{2-22}$$

式中，阻力系数 ζ 决定于旋风分离器的结构和各部分尺寸的比例，与筒体直径大小无关，一般由经验式计算或实验测取。对于标准型旋风分离器，可取 $\zeta=8$。旋风分离器压降一般为 500～2000Pa。

压降大小是评价旋风分离器性能好坏的一个重要指标。受整个工艺过程对总压降的限制及节能降耗的需要，气体通过旋风分离器的压降应尽可能低。压降的大小除了与设备的结构有关外，主要决定于气体的速度，气体速度越小，压降越低，但气速过小，又会使分离效率降低。因而要选择适宜的气速以满足对分离效率和压降的要求。一般进口气速在 10～25m/s 为宜，最高不超过 35m/s，同时压降应控制在 2kPa 以下。

（3）旋风分离器的类型　旋风分离器的分离效率不仅受含尘气的物理性质、含尘浓度、粒度分布及操作的影响，还与设备的结构尺寸密切相关。只有各部分结构尺寸恰当，才能获得较高的分离效率和较低的压强降。

近年来，在旋风分离器的结构设计中，主要对以下几个方面进行改进，以提高分离效率或降低气流阻力。

采用细而长的器身。减小器身直径可增大惯性离心力，增加器身长度可延长气体停留时间，所以，细而长的器身有利于颗粒的离心沉降，使分离效率提高。

减小涡流的影响。含尘气体自进气管进入旋风分离器后，有一小部分气体向顶盖流动，然后沿排气管外侧向下流动，当达到排气管下端时汇入上升的内旋气流中，这部分气流称为上涡流。分散在这部分气流中的颗粒由短路而逸出器外，这是造成旋风分离器低效的主要原因之一。采用带有旁路分离室或采用异形进气管的旋风分离器，可以改善上涡流的影响。

在标准旋风分离器内，内旋流旋转上升时，会将沉集在锥底的部分颗粒重新扬起，这是影响分离效率的另一重要原因。为抑制这种不利因素，设计了扩散式旋风分离器。

此外，排气管和灰斗尺寸的合理设计都可使除尘效率提高。

鉴于以上考虑，对标准旋风分离器加以改进，设计出一些新的结构型式。现列举几种化工中常见的旋风分离器类型。

① CLT/A 型　这是具有倾斜螺旋面进口的旋风分离器，其结构如图 2-3（a）所示。这种进口结构型式，在一定程度上可以减小涡流的影响，并且气流阻力较低（阻力系数 ζ 值可取 5.0～5.5）。

② XLP 型　XLP 型是带有旁路分离室的旋风分离器，采用蜗壳式进气口，其上沿较器体顶盖稍低。含尘气进入器内后即分为上、下两股旋流。“旁室”结构能迫使被上旋流带到顶部的细微尘粒聚结并由旁室进入向下旋转的主气流而得以捕集，对 5μm 以上的尘粒具有

较高的分离效果。根据器体及旁路分离室形状的不同，XLP 型又分为 A 和 B 两种型式，如图 2-3（b）所示，其阻力系数 ζ 值可取 4.8～5.8。

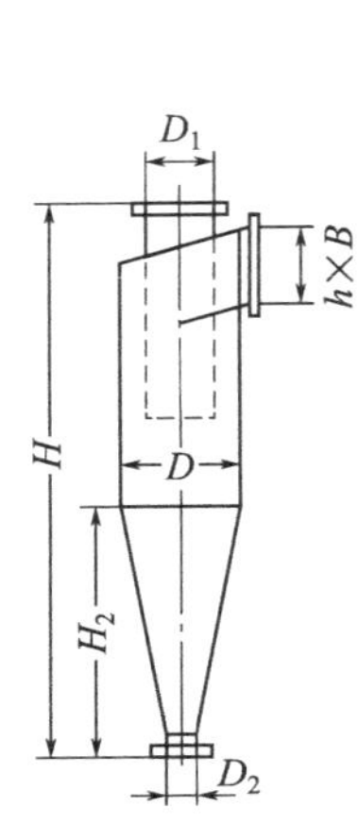

(a) CLT/A型旋风分离器

$h=0.66D$　$B=0.26D$
$D_1=0.6D$　$D_2=0.3D$
$H_2=2D$
$H=(4.5\sim4.8)D$

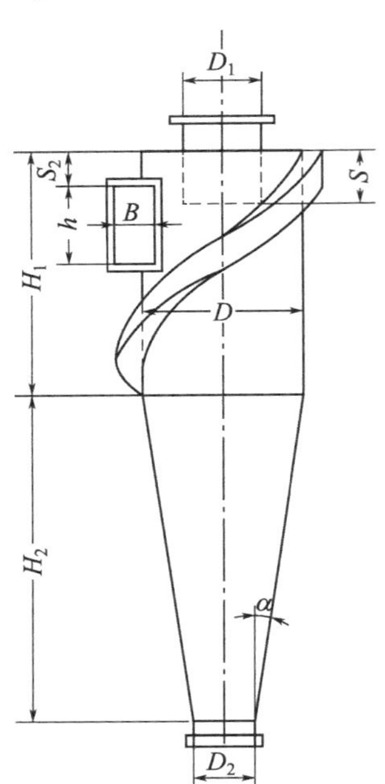

(b) XLP/B型旋风分离器

$h=0.6D$　$B=0.3D$　$D_1=0.6D$
$D_2=0.43D$　$H_1=1.7D$
$H_2=2.3D$　$S=0.28D+0.3h$
$S_2=0.28D$　$\alpha=14°$

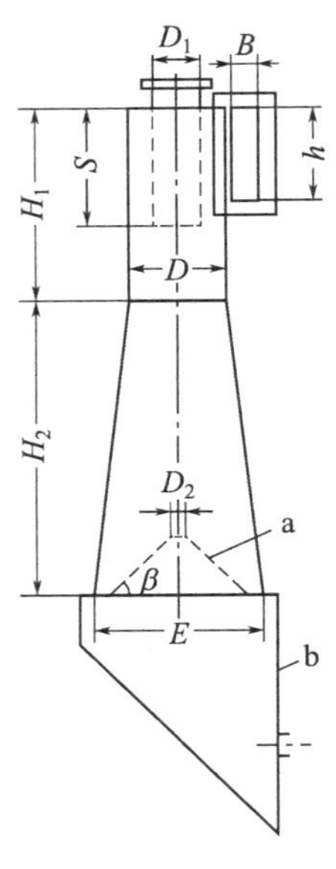

(c) 扩散式旋风分离器

$h=D$　$B=0.26D$　$D_1=0.5D$
$D_2=0.1D$　$H_1=2D$　$H_2=3D$
$S=1.1D$　$E=1.65D$　$\beta=45°$

图 2-3　工业上常见的旋风分离器类型

③ 扩散式　扩散式旋风分离器的结构如图 2-3（c）所示，其主要特点是具有上小下大的外壳，并在底部装有挡灰盘。挡灰盘 a 为倒置的漏斗形，顶部中央有孔，下沿与器壁底圈留有缝隙。沿壁面落下的颗粒经此缝隙降至集尘箱 b 内，而气流主体被挡灰盘隔开，少量进入箱内的气体则经挡灰盘顶部的小孔返回器内，与上升旋流汇合后经排气管排出。挡灰盘有效地防止了已沉下的细粉被气流重新卷起，因而使效率提高，尤其对 10μm 以下的颗粒，分离效果更为明显。其阻力系数 ξ 值可取 7～8。

面对分离含尘气体的具体任务，决定所应采用的旋风分离器型式、尺寸与台数时，要首先根据系统的物性与任务的要求，结合各型设备的特点，选定旋风分离器的型式，而后通过计算决定尺寸与个数。

旋风分离器计算的主要依据有三个方面，一是含尘气的体积流量，二是要求达到的分离效率，三是允许的压降。严格地按照上述三项指标计算指定型式的旋风分离器尺寸与台数，需要知道该型设备的粒级效率及气体含尘的粒度分布数据或曲线。但实际往往缺乏这些数据。此时则不能对分离效率作出较为确切的计算，只能在保证满足规定的生产能力及允许压降的同时，对效率作粗略的考虑。

具体步骤如下：

在选定旋风分离器的型式之后，便可查阅该型旋风分离器的主要性能表。表中载有各种尺寸的该型设备在若干个压降数值下的生产能力，可据以确定型号。型号是按圆筒直径大小编排的。CLT/A、XLP/B及扩散式旋风分离器的性能见表2-1～表2-3。表中所列生产能力的数值为气体流量，单位为m^3/h；所列压降是当气体密度为$1.2kg/m^3$时的数值，当气体密度不同时，压降数值应予校正。

表2-1 CLT/A型旋风分离器的生产能力 单位：m^3/h

型号	圆筒直径 D/mm	进口气速 u_i/(m/s)		
		12	15	18
		压降 Δp/Pa		
		755	1187	1707
CLT/A-1.5	150	170	210	250
CLT/A-2.0	200	300	370	440
CLT/A-2.5	250	400	580	690
CLT/A-3.0	300	670	830	1000
CLT/A-3.5	350	910	1140	1360
CLT/A-4.0	400	1180	1480	1780
CLT/A-4.5	450	1500	1870	2250
CLT/A-5.0	500	1860	2320	2780
CLT/A-5.5	550	2240	2800	3360
CLT/A-6.0	600	2670	3340	4000
CLT/A-6.5	650	3130	3920	4700
CLT/A-7.0	700	3630	4540	5440
CLT/A-7.5	750	4170	5210	6250
CLT/A-8.0	800	4750	5940	7130

表2-2 XLP/B型旋风分离器的生产能力 单位：m^3/h

型号	圆筒直径 D/mm	进口气速 u_i/(m/s)		
		12	16	20
		压降 Δp/Pa		
		412	687	1128
XLP/B-3.0	300	700	930	1160
XLP/B-4.2	420	1350	1800	2250
XLP/B-5.4	540	2200	2950	3700
XLP/B-7.0	700	3800	5100	6350
XLP/B-8.2	820	5200	6900	8650
XLP/B-9.4	940	6800	9000	11300
XLP/B-10.6	1060	8550	11400	14300

表 2-3 扩散式旋风分离器的生产能力 单位：m^3/h

型号	圆筒直径 D/mm	进口气速 u_i/(m/s)			
		14	16	18	20
		压降 Δp/Pa			
		785	1030	1324	1570
1	250	820	920	1050	1170
2	300	1170	1330	1500	1670
3	370	1790	2000	2210	2500
4	455	2620	3000	3380	3760
5	525	3500	4000	4500	5000
6	585	4380	5000	5630	6250
7	645	5250	6000	6750	7500
8	695	6130	7000	7870	8740

化工中常用的若干种旋风分离器主要性能列于表 2-4 中。

表 2-4 若干种旋风分离器的性能

类型	CLT 型	XLP 型	CLK 型
适宜气速/(m/s)	12～18	12～20	12～20
除尘范围/μm	>10	>5	>5
含尘浓度/(g/m^3)	4.0～50	>0.5	1.7～200
阻力系数 ξ 值	5.0～5.5	4.8～5.8	7～8

按照规定的允许压降，可同时选出几种不同的型号。若选直径小的分离器，效率较高，但可能需要数台并联才能满足生产能力的要求。反之，若选直径大的，则台数可以减少，但效率要低些。

采用多台旋风分离器并联使用时，须特别注意解决气流的均匀分配及排除出灰口的窜漏问题，以便在保证气体处理量的前提下兼顾分离效率与气体压降的要求。

选用旋风分离器时，一般是先确定其类型，然后根据气体的处理量和允许压降，选定具体型号。如果气体处理量较大，可以采用多个旋风分离器并联操作。

已经规定了分离含尘气体的具体任务，要求决定拟采用的旋风分离器类型、尺寸与个数时，首先应根据被处理物系的物质与任务要求，结合各类型设备特点，选定适宜旋风分离器类型，然后通过计算决定尺寸及个数。

选择旋风分离器类型，确定其主要尺寸的依据有三个方面：一是含尘气体的处理量；二是允许的压降；三是要达到的分离效率。严格地按照上述三项指标计算指定类型的旋风分离器尺寸与台数，需要提供该设备的粒级效率及含尘气体中颗粒的粒度分布数据。当缺乏这些数据时，只能在保证满足规定的生产能力及允许压降的前提下，对效率作粗略估算。

选用旋风分离器需要注意如下三点：

a. 按照规定的允许压降，可以同时选出几种不同型号的旋风分离器。若选用小尺寸的旋风分离器，分离效率高，但需要数台并联方可满足生产能力要求；反之，选用大直径，则可减少台数，然而效率下降。此时，需要在投资和效率之间做出选择。

b. 当选用数台小尺寸旋风分离器并联操作时，特别注意解决气体均匀分配及排除出灰口的窜漏问题。

c. 旋风分离器性能表中的压降是当气体密度为 $1.2kg/m^3$ 时的数据，当气体密度不同时，应校正压降数据。

青霉素发酵所需空气预除尘的旋风分离器的选型

青霉素发酵所用空气需经过冷却器，旋风分离器除油、水两级空气过滤等过程进行净化处理。

分离要求：处理总气量为 $1176m^3/min$，除去最小颗粒或液滴直径为 $5\mu m$，旋风分离器的压降不超过 900Pa，温度为常温。

根据分离要求，可选择分离精度较高的、压降较低的 XLP 型旋风分离器。

确定旋风分离器进口气速：$u_1=\left(\dfrac{2\Delta p}{\rho\zeta}\right)^{1/2}=\left(\dfrac{2\times 900}{1.2\times 5.8}\right)^{1/2}=16.1(m/s)$

选择旋风分离器规格型号，按进口气速 16m/s，每发酵罐所需气量为 $1176\times 60/12=5880(m^3/h)$，查表 2-2，可查得旋风分离器的规格为 XLP/B-8.2，其筒体直径为 820mm，可处理 $6900m^3/h$ 空气。

2.1.1.3 袋滤器

袋滤器是利用含尘气体穿过做成袋状而由骨架支撑起来的滤布，以滤除气体中尘粒的设备。袋滤器可除去 $1\mu m$ 以下的尘粒，常用作最后一级的除尘设备。

袋滤器的型式有多种，含尘气体可以由滤袋内向外过滤，也可以由外向内过滤。图 2-4 为各种形式袋滤器的结构。含尘气体由下（上）部进入袋滤器，气体由外（内）向内（外）穿过支撑于骨架上的滤袋，洁净气体汇集于上（下）部由出口管排出，尘粒被截留于滤袋外表面。清灰操作时，开启压缩空气以反吹系统，使尘粒落入灰斗。

袋滤器具有除尘效率高、适应性强、操作弹性大等优点，但占用空间较大，受滤布耐温、耐腐蚀的限制，不适宜于高温（>300℃）的气体，也不适宜带电荷的尘粒和黏结性、吸湿性强的尘粒的捕集。图 2-5 为脉冲式袋滤器结构，清灰时，由袋的上部输入压缩空气，

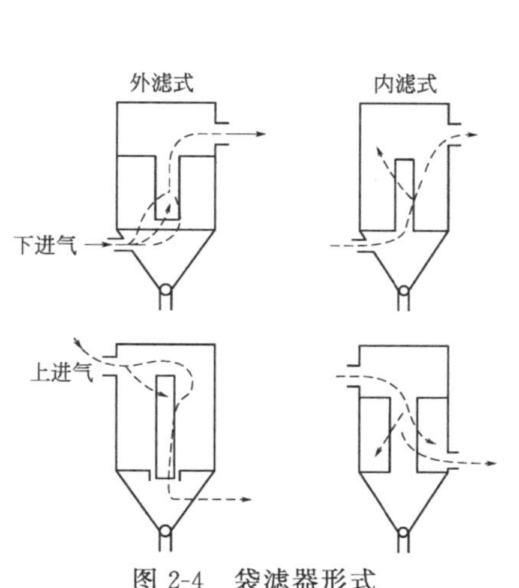

图 2-4 袋滤器形式

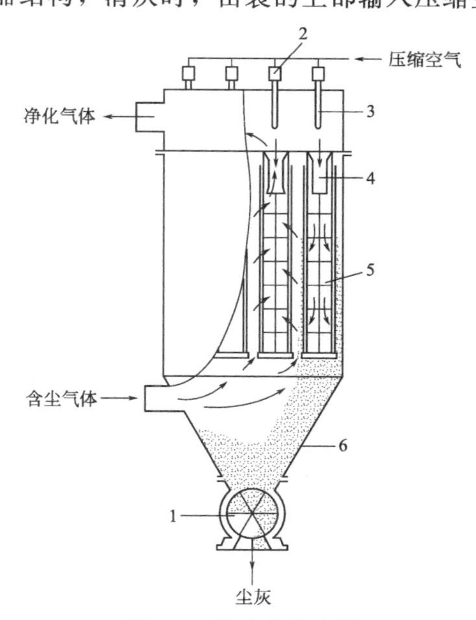

图 2-5 脉冲式袋滤器

1—滤袋；2—电磁阀；3—喷嘴；4—自控器；5—骨架；6—灰斗

通过文氏喉管进入袋内。气流速度较高，清灰效果比较理想。

2.1.2 气固分离方案

某硫酸厂，采用硫铁矿制硫酸工艺。硫铁矿经过焙烧得到的炉气，其中除含有转化工序所需要的有用气体 SO_2 和 O_2 以及惰性气体 N_2 之外，还含有三氧化硫、水分、三氧化二砷、二氧化硒、氟化物及矿尘等，它们均为有害物质。

炉气中的矿尘不仅会堵塞设备与管道，而且会造成后续工序催化剂失活。砷和硒则是催化剂的毒物；炉气中的水分及三氧化硫极易生成酸雾，不仅对设备产生腐蚀，而且很难被吸收除去。因此，在炉气送去转化前，必须先对炉气进行净化，应达到下述净化指标（标准状况）：

砷 $<0.001g/m^3$ 尘 $<0.005g/m^3$ 酸雾 $<0.03g/m^3$

水分 $<0.1g/m^3$ 氟 $<0.001g/m^3$

对焙烧硫铁矿所得炉气中杂质的成分及特点分析，初步确定净化方案如下。

（1）粉尘的清除 根据炉气中矿尘粒径的大小，可以相应采取不同的净化方案。对于尘粒加大的（10μm 以上）可以采用自由沉降室或者旋风分离设备；对于尘粒较小的（0.1～10μm）可以采用电除尘器；对于更小的颗粒的粉尘（0.05μm 以下）可采用液相洗涤法。

（2）砷和硒的清除 焙烧后产生的 As_2O_3 和 SeO_2，当温度下降时，它们在气体中的饱和含量迅速下降，因此可以采用水或者稀硫酸来降温洗涤炉气。从气体中析出凝固成固相的砷、硒氧化物，一部分被洗涤液带走，其余悬浮在气相中成为酸雾冷凝中心。当温度降至50℃时，气体中的砷、硒氧化物已经降至规定指标以下。炉气净化时，由于采用硫酸溶液或者水洗涤炉气，洗涤液中有相当数量的水蒸气进入气相，使炉气中的水蒸气含量增加。当水蒸气与炉气中的三氧化硫接触时，则可以生成硫酸蒸气。当温度降到一定程度，硫酸蒸气就会达到饱和，直至过饱和。当过饱和度等于或者大于过饱和度的临界值时，硫酸蒸气就会在气相中冷凝，形成在气相中的悬浮的小液滴，即为酸雾。

（3）酸雾的清除 酸雾的清除，通常采用电除尘来完成。电除雾器的除雾效率和酸雾微粒的直径有关。直径越大，效率越高。

实际生产中采取逐级增大酸雾粒径逐级分离的方法，以提高除雾效率。增大酸雾粒径，一方面逐级降低洗涤液酸度，使气体中的水蒸气含量增大，酸雾吸收水分被稀释，使粒径增大；另一方面气体被逐级冷却，酸雾同时也被冷却，气体中的水蒸气在酸雾微粒表面冷凝而增大粒径。另外，可以采取增加电除雾器的段数，在两极电除雾器中间设置增湿塔，降低气体在电除雾器中的流速等措施。

根据以上分析，以硫铁矿为原料的接触法制酸装置的炉气净化流程可以有许多种。下面介绍一种我国自行设计的“文泡冷电”酸洗流程。如图 2-6 所示。

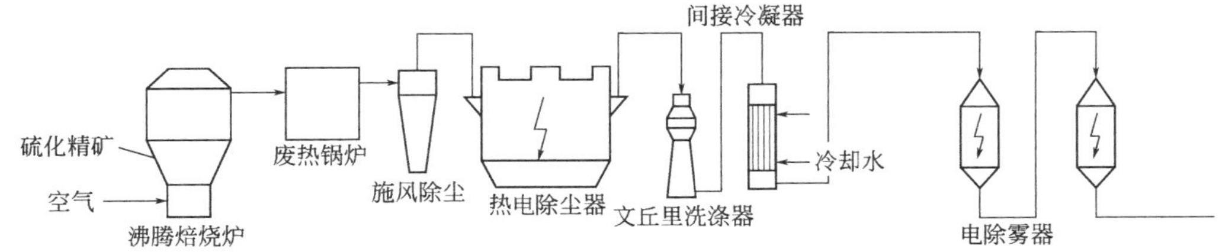

图 2-6 硫铁矿接触法制硫酸炉气净化工艺流程

由焙烧工序来的 SO_2 炉气，首先进入文丘里洗涤器（文氏管），用 15%～20%的稀酸进行第一级洗涤。洗涤后的气体经复挡除沫器除沫后进入泡沫塔，用 1%～3%的稀酸进行第二级洗涤。经两级酸洗后。矿尘、杂质被除去，炉气中的部分 As_2O_3、SeO_2 凝固为颗粒被除掉，部分成为酸雾的中心。同时炉气中 SO_3 的也与水蒸气形成酸雾，在凝聚中心形成酸雾颗粒。两级酸洗后的炉气，经复挡除沫器除沫，进入冷却塔列管间，使炉气进一步冷却，同时，使水蒸气进一步冷凝，并且使酸雾粒径再进一步长大。由间接冷却塔出来的炉气进入管束式电除雾器，借助于直流电场，使炉气中的酸雾被除去，净化后的炉气去干燥塔进行干燥。

青霉素发酵所需空气的净化方案

可以设置空气净化工艺流程如下：

空气吸气口→粗过滤器→空气压缩机→一级空气冷却器→二级空气冷却器→分水器→空气贮罐→旋风分离器→丝网除沫器→空气加热器→总空气过滤器→分空气过滤器→无菌空气

空气吸气口：提高空气吸气口的高度可以减少吸入空气的微生物含量。

粗过滤器：空气进入压缩机前，先通过粗过滤器过滤，可以减少进入空气压缩机的灰尘和微生物，减少压缩机的磨损。常用的粗过滤器有油浸铁丝网。

一级空气冷却器：用 30℃左右的水，把从压缩机出来的 120℃或 150℃的空气冷却到 40～50℃。

二级空气冷却器：用 9℃冷冻水或 15～18℃地下水，把 40～50℃的空气冷却到 20～25℃。冷却后的空气，其相对湿度提高到 100%，由于温度处于露点以下，其中的油、水即凝结为油滴和水滴。

分水器：用以沉降大的油滴和水滴及稳定压力。

旋风分离器：用以分离 10μm 以上的大多数液滴。

丝网除沫器：用以分离 5μm 以上的液滴。

空气加热器：用加热器来提高空气温度，降低空气的相对湿度（要求在 60%以下），以免析出水来。

总空气过滤器：用来作第一级灭菌，常用纤维或活性炭等过滤介质。

分空气过滤器：用来作第二级灭菌，常用超细纤维纸。

2.2 液固分离

在化工生产中，广泛地采用过滤操作来分离悬浮液以获得澄清的液体或固体物料。利用一种具有许多毛细孔的间隔层（或称多孔介质），使非均相混合物达到分离的操作称为过滤。一般用在悬浮液的分离，主要讨论液固体系。在过滤操作中，通常称原料悬浮液为滤浆，被截留在过滤介质上的滤渣层称为滤饼（滤渣），通过滤饼及过滤介质的澄清液称为滤液。

(1) 过滤操作的分类　在工业生产中，过滤的分离对象各种各样，分离的要求也各不相同。这里简单介绍过滤的分类。

按机制分类：表面过滤，对颗粒拦截较多在介质表面；深层过滤，颗粒沉积在孔道中。

按介质与滤饼的变化分类：澄清过滤、滤饼过滤和限制滤饼增长过滤。

按过滤推动力分类：重力过滤、压差过滤和离心过滤。

(2) 过滤介质　过滤介质对过滤操作是至关重要的，工业上对过滤介质的基本要求：具有多孔性、阻力小、能耐腐蚀、耐热，并具有一定的机械强度。

常用的有下列几类：

① 滤布　棉、毛、麻、多种合成纤维、金属网等，应用最广泛，阻力小、清洗易。

② 多孔固体介质、陶管等　孔道细、阻力大。

③ 颗粒介质　砂、木炭等。

④ 多孔膜　高分子材料，最新、最有发展的一类，超滤、微滤。

(3) 过滤操作周期

① 初滤　由于滤浆所含的固体颗粒往往不一样，而一般所用的过滤介质孔径基本是一致的，且比其中的一部分颗粒大，故在过滤开始时，过滤介质往往不能完全阻止细小颗粒的通过，因此开始阶段所得的滤液常常是浑浊的，循环使用。

随着过程的进行，细小的颗粒可能在孔道上及孔道中发生架桥现象，拦截后来的颗粒不能通过，同时滤饼开始形成，由于滤饼中的孔道常常比过滤介质小，更能拦截细小的粒子，所以过滤进行一段时间后可得到澄清的溶液，这时过滤的阻力主要来自过滤介质。

② 过滤　当过滤介质上形成了滤饼以后，真正是过滤的有效操作，这时滤饼逐渐加厚，过滤的主要阻力来自滤饼，过滤介质阻力可忽略不计。

③ 洗涤　有时考虑到滤饼中含有较多滤液，为了充分回收这部分滤液，或因滤饼是产物，不能允许滤液污染时，都必须将这部分滤液分离出来，一般采用洗涤的方法。先置换，后冲走，大致洗涤只需少量洗涤液，而完全洗净则需大量洗涤液。在洗涤时，要防止滤饼开裂而发生沟流现象，使洗涤效果下降。

④ 卸料　在洗涤完毕后还要进行去湿，一般以压缩空气通过滤饼，使滤饼中残留的滤液或洗涤液尽可能排除。将滤饼从过滤装置中卸除。

归纳起来，过滤过程的一个操作周期包括过滤、洗涤、卸渣、清理 4 个阶段，

(4) 过滤速率及其影响因素

① 过滤速率与过滤速度　过滤速率是指过滤设备单位时间所能获得的滤液体积，表明了过滤设备的生产能力；过滤速度是指单位时间单位过滤面积所能获得的滤液体积，表明了过滤设备的生产强度，即设备性能的优劣。同其他过程类似，过滤速率与过滤推动力成正比与过滤阻力成反比。在压差过滤中，推动力就是压差，阻力则与滤饼的结构、厚度以及滤液的性质等诸多因素有关，比较复杂。

② 恒压过滤与恒速过滤　在恒定压差下进行的过滤称为恒压过滤。此时，由于随着过滤的进行，滤饼厚度逐渐增加，阻力随之上升，过滤速率则不断下降。维持过滤速率不变的过滤称为恒速过滤。为了维持过滤速率恒定，必须相应地不断增大压差，以克服由于滤饼增厚而上升的阻力。由于压差要不断变化，因而恒速过滤较难控制，所以生产中一般采用恒压过滤，有时为避免过滤初期因压差过高引起滤布堵塞和破损，也可以采用先恒速后恒压的操作方式，过滤开始后，压差由较小值缓慢增大，过滤速率基本维持不变，当压差增大至系统允许的最大值后，维持压差不变，进行恒压过滤。

③ 影响过滤速率的因素　如上所述，过滤速率与过滤推动力和过滤阻力有关，下面具体介绍各方面的影响因素以及在实际生产中如何利用好这些影响因素。

a. 悬浮液的性质 悬浮液的黏度对过滤速率有较大影响。黏度越小，过滤速率越快。因此对热料浆不应在冷却后再过滤，有时还可将滤浆先适当预热；由于滤浆浓度越大，其黏度也越大，为了降低滤浆的黏度，某些情况下也可以将滤浆加以稀释再进行过滤，但这样会过滤容积增加，同时稀释滤浆也只能在不影响滤液的前提下进行。

b. 过滤推动力 要使过滤操作得以进行，必须保持一定的推动力，即在滤饼和介质的两侧之间保持有一定的压差。如果压差是靠悬浮液自身重力作用形成的，则称为重力过滤，如化学实验中常见的过滤；如果压差是通过在介质上游加压形成的，则称为加压过滤；如果压差是在过滤介质的下游抽真空形成的，则称为减压过滤（或真空抽滤）；若压差是利用离心力的作用形成的，则称为离心过滤。重力过滤设备简单，但推动力小，过滤速率慢，一般仅用来处理固体含量少且容易过滤的悬浮液；加压过滤可获得较大的推动力，过滤速率快，并可根据需要控制压差大小，但压差越大，对设备的密封性和强度要求越高，即使设备强度允许，也还受到滤布强度、滤饼的压缩性等因素的限制，因此，加压操作的压力不能太大，以不超过 500kPa 为宜；真空过滤也能获得较大的过滤速率，但操作的真空度受到液体沸点等因素的限制，不能过高，一般在 85kPa 以下；离心过滤的过滤速率快，但设备复杂，投资费用和动力消耗都较大，多用于颗粒粒度相对较大、液体含量较少的悬浮液的分离。一般说来，对不可压缩滤饼，增大推动力可提高过滤速率，但对可压缩滤饼，加压却不能有效地提高过程的速率。

c. 过滤介质与滤饼的性质 过滤介质的影响主要表现在对过程的阻力和过滤效率上，金属网与棉毛织品的空隙大小相差很大，生产能力和滤液的澄清度的差别也就很大。因此，要根据悬浮液中颗粒的大小来选择合适的过滤介质。滤饼的影响因素主要有颗粒的形状、大小、滤饼紧密度和厚度等，显然，颗粒越细，滤饼越紧密、越厚，其阻力越大。当滤饼厚度增大到一定程度，过滤速率会变得很慢，操作再进行下去是不经济的，这时只有将滤饼卸去，进行下一个周期的操作。

2.2.1 液固分离设备

2.2.1.1 板框过滤机

板框过滤机为最普遍使用的一种过滤机，它由许多块滤板与滤框交替排列组合而成，见图 2-7。滤板与滤框靠支耳架在一对横梁上，通过压紧装置将其压紧。

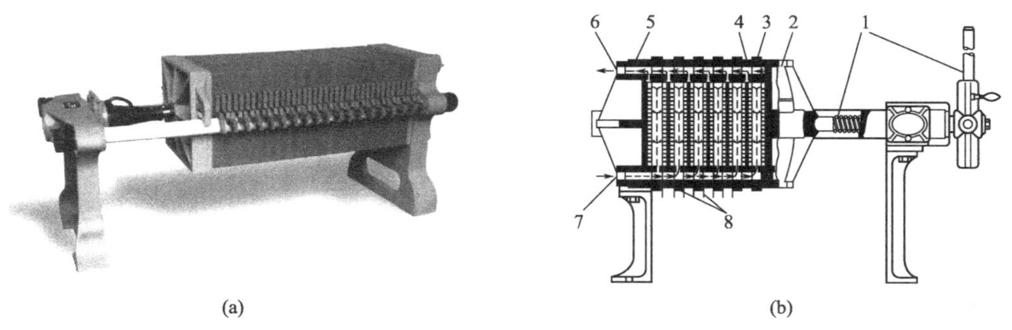

图 2-7 板框过滤机

1—压紧装置；2—可动头；3—滤框；4—滤板；5—固定头；6—滤液出口；7—滤浆进口；8—滤布

滤板和滤框多做成正方形。滤板和滤框的角上均开有小孔，组合后构成滤浆和洗水流动的通道。滤框的两侧覆以滤布，围成容纳滤浆及滤饼的空间，滤布的角上也开有对应的孔道。滤板的作用一方面支撑滤布，另一方面提供滤液流出的通道，为此板面制成凸凹形状。滤板又分为洗涤板和非洗涤板，其区别在于洗涤板左上角孔与板面两侧相通，洗水可由此进入。为便于组装时识别，在滤板和滤框外侧铸有小钮或其他标志，过滤板为一钮板，洗涤板为三钮板，滤框具有二钮。过滤机组装时按钮数 1-2-3-2-1-2……的顺序排列板与框（图 2-8）。

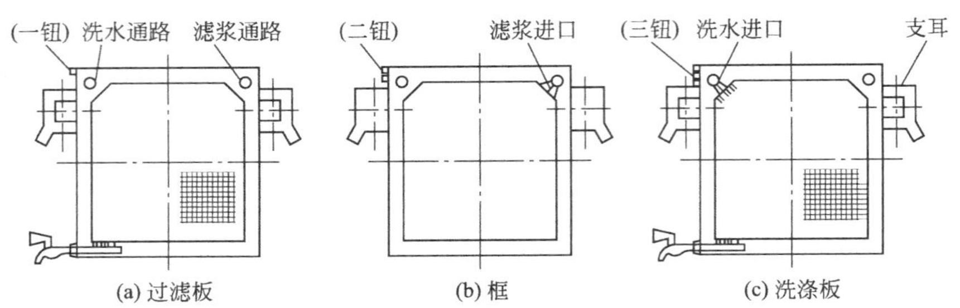

图 2-8　板框过滤机的板与框

板框过滤机为间歇操作，每一操作循环由组装、过滤、洗涤、卸饼、清理五个阶段组成。板框组装完毕，开始过滤，滤浆在指定压力下由滤框角上的滤浆通道并行进入各个滤框，滤液分别穿过滤框两侧的滤布，沿滤板面上的沟槽至滤液出口排出；颗粒则被滤布截留在框内，待滤渣充满每个框后，停止进料过滤结束，关闭进料浆阀及滤液出口阀（图 2-9）。

洗涤时洗水从洗涤板角上的洗水通道并行进入各洗涤板的两侧，在压差推动下先穿过一层滤布和整个滤饼层，再穿过一层滤布后沿过滤板面上的沟槽至洗液出口排出。这种洗涤方法称为横穿洗涤法，其特点是：洗水路径为过滤终了时过滤路径的两倍，洗涤面积为过滤面积的一半（图 2-10）。

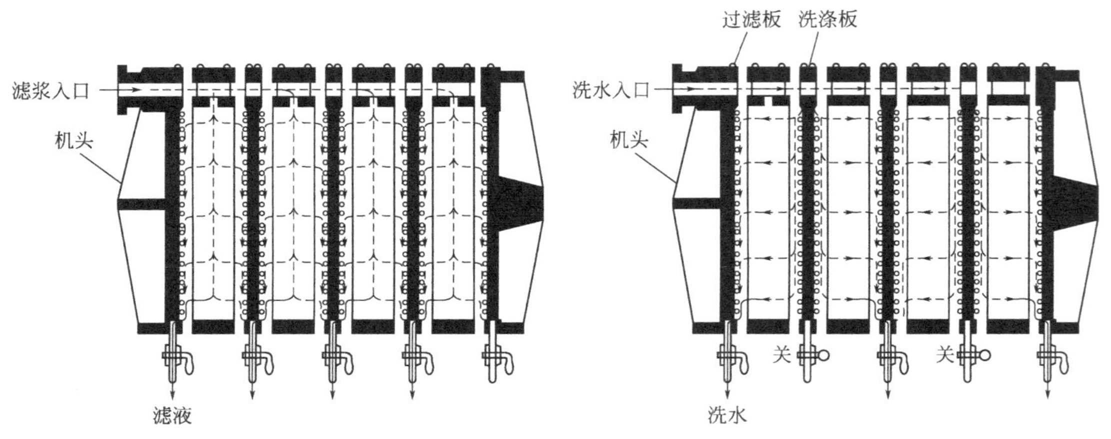

图 2-9　板框过滤机的过滤阶段　　图 2-10　板框过滤机的洗涤阶段

洗涤结束后，旋开压紧装置，将板框拉开卸出滤饼。对板、框和滤布进行清理后，重新组装进行下一个循环。

2.2.1.2　转筒真空过滤机

(1) 构造　主体为一转筒。沿转筒的周边用隔板分成若干小过滤室，每室单独与转筒转动盘上的孔相通。转动盘与安装在支架上的固定盘之间的接触面，用弹簧力紧密配合，保持密封。固定盘表面上有三个长短不等的圆弧凹槽，一端与转动盘的小孔连接，另一端分别与滤液排出管（真空）、洗水排出管（真空）和压缩空气管相接。因此转动盘与固定盘的这种配合，使得转筒内的过滤小室分别依次与滤液排出管、洗液排出管和压缩空气管连通。一般将转动盘与固定盘合称为分配头（图 2-11）。

（2）操作 借分配头的作用，转筒旋转一周时各小室可依次进行过滤、洗涤、吸干、吹松、卸渣等项操作，而整个转筒上在任何时候都在不同的部位同时进行过滤、洗涤、吸干、卸渣的操作。固定盘上的三个圆弧凹槽之间留有一定距离，以防转筒上操作区域过渡时互相串通，刮刀固定在滤浆槽之上，与滤布相贴（图 2-12）。

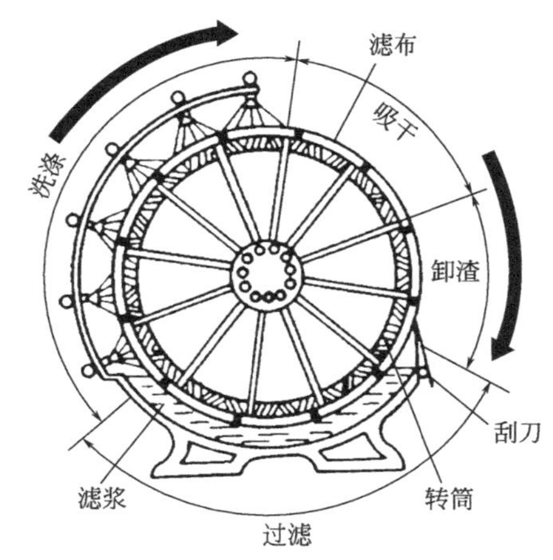

图 2-11 转筒真空过滤机

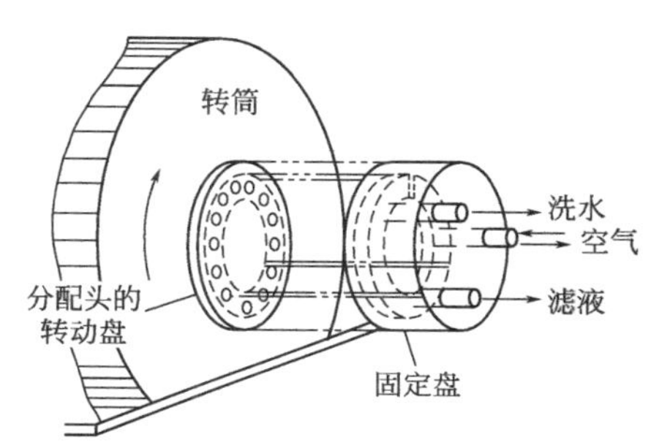

图 2-12 转筒真空过滤机的分配头

（3）技术参数 过滤面积一般为 5～40m²，转筒浸没部分占总面积的 30%～40%，转速可调，通常在 0.1～3r/min，滤饼厚度在 10～40mm 之间，含水量 10%～30%。

（4）特点 连续自动操作，节省人力，生产能力大，适用于处理量大、易过滤悬浮液的分离。附属设备多，投资费用高，过滤面积小，推动力有限，滤浆温度不能过高，洗涤不够充分，对滤浆的适应能力差，不适于难过滤的物系。

2.2.1.3 叶滤机

（1）构造 加压叶滤机是由若干不同宽度的长方形滤叶组装而成，滤叶由金属多孔板或金属网制成，内部具有空间，外部覆盖滤布，滤叶组装完毕后放入密闭圆筒内，见图 2-13。

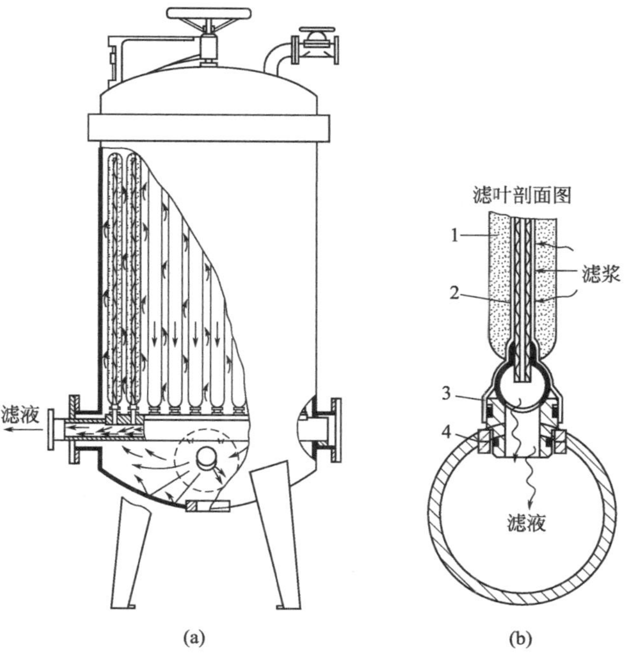

图 2-13 加压叶滤机

1—滤饼；2—滤布；3—拔出装置；4—橡胶圈

（2）过滤 将滤浆用泵送入圆筒内，滤液穿过滤布进入滤叶中心空间，汇集至总管后排出；颗粒则沉积在滤布上形成滤饼，当积到一定厚度时停止进料，过滤结束，滤饼厚度为5～35mm，视情况而定。

(3) 洗涤 过滤完毕放尽筒内残存滤浆通入洗水，洗涤方法与过滤完全相同，称为置换洗涤法，洗涤路径与过滤终了路径相同。洗涤面积与过滤终了面积相同，洗涤后可用压缩空气反吹滤饼，然后打开圆筒上盖，抽出滤叶经旋转卸出滤饼，清洗后重新装入圆筒中进行下一循环操作，因此亦为间歇过滤机。

(4) 特点 设备紧凑，密闭操作，过滤洗涤效果好。过滤面积小，滤布损坏更换费时。

2.2.1.4 离心过滤设备

离心过滤机主要部件是转鼓，转鼓上开有许多小孔，鼓内壁敷以滤布，悬浮液加入鼓内并随之旋转，液体受离心力作用被甩出而固体颗粒被截留在鼓内。

离心过滤也可分为间歇操作和连续操作两种，间歇操作又分为人工卸料和自动卸料两种。

(1) 三足式离心机 图2-14为一种常用的人工卸料的间歇三足式离心机。其主要部件为一篮式转鼓，整个机座和外罩借三根拉杆弹簧悬挂于三足支柱上，以减轻运转时的振动。操作时，先将料浆加入转鼓，然后启动，滤液穿过滤布和转鼓集中于机座底部排出，滤渣沉积于转鼓内壁，待一批料液过滤完毕，或转鼓内滤渣量达到设备允许的最大值时，可不再加料，并继续运转一段时间以沥干滤液或减少滤饼中含液量。必要时也可进行洗涤，然后停车卸料，清洗设备。三足式离心过滤机的转鼓直径在1m左右，设备结构简单，运转周期可灵活掌握。多用于小批量物料的处理，颗粒破损较轻。缺点是卸料不方便，转动部件位于机座下部，检修不方便。

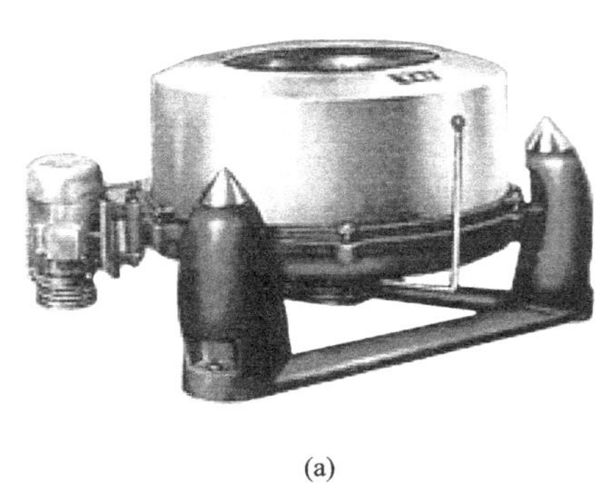

(a)

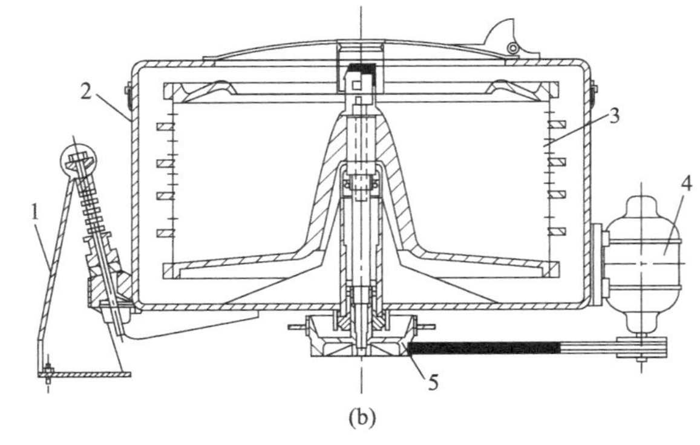

(b)

图2-14 三足式离心机

1—支脚；2—外壳；3—转鼓；4—电动机；5—皮带轮

(2) 刮刀卸料离心机 这种离心机的特点是在转鼓连续全速运转下，能按序自动进行加料、分离、洗涤、甩干、卸料、洗网等工序的操作，各工序的操作时间可在一定范围内根据实际需要进行调整，且全部自动控制。

其操作原理见图2-15，进料阀定时开启，悬浮液经加料管进入，均匀地分布在全速运转的转鼓内壁；滤液经滤网和转鼓上的小孔被甩到鼓外，固体颗粒则被截留在鼓内；当滤饼达到一定厚度时，停止加料，进行洗涤、甩干；然后刮刀在液压传动下上移，将滤饼刮入卸料斗卸出；最后清洗转鼓和滤网，完成一个操作周期。

卧式刮刀卸料离心机每一工作周期为35～90s，连续运转，生产能力大，适用于大规模生产。但在刮刀卸料时，颗粒会有一定程度的破损。

(3) 活塞往复式卸料离心机　这也是一种自动卸料连续操作的离心机。加料、过滤、洗涤、沥干、卸料等操作同时在转鼓内的不同部位进行。

其操作原理如图 2-16 所示，料液由旋转的锥形料斗连续地进入转鼓底部（图 2-16 左边），在一小段范围内进行过滤，转鼓底部有一与转鼓一起旋转的推料盘，推料盘与料斗一起做往复运动（其冲程较短，约为转鼓全长的 1/10，往复次数约为 30 次/min），将底部得到的滤渣沿轴向逐步推至卸料口（图 2-16 右边）卸出。滤饼在被推移过程中，可进行洗涤、沥干。

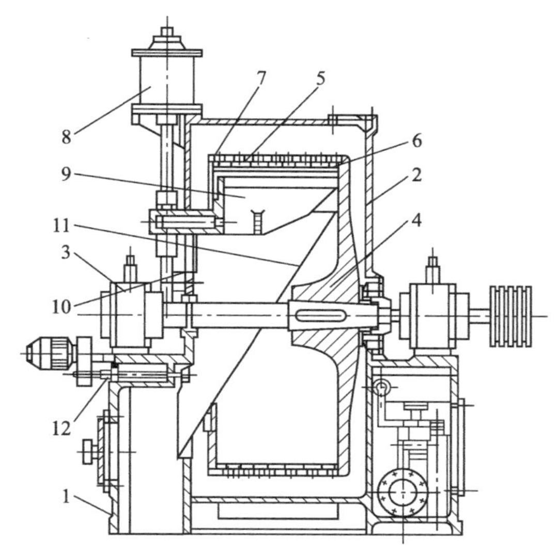

图 2-15　刮刀卸料离心机

1—机座；2—机壳；3—轴承；4—轴；5—转鼓体；6—底板；7—拦液板；8—油缸；9—刮刀；10—加料管；11—斜槽；12—振动器

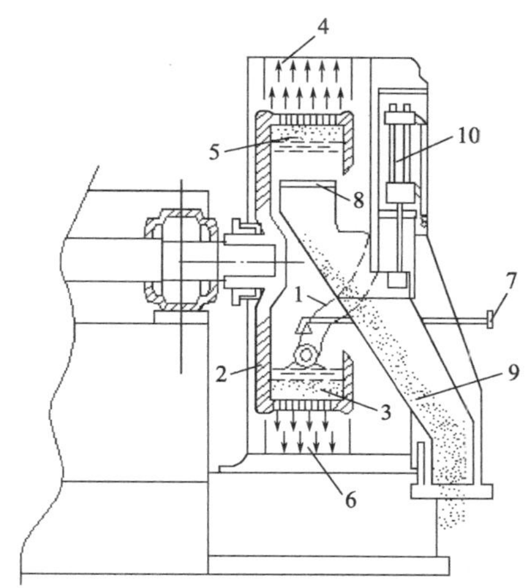

图 2-16　活塞往复式卸料离心机

1—转鼓；2—滤网；3—进料管；4—滤饼；5—活塞推送器；6—进料斗；7—滤液出口；8—冲洗管；9—固体排出；10—洗水出口

活塞往复式卸料离心机生产能力大，颗粒破损程度小，和卧式刮刀卸料离心机相比，控制系统较为简单，但对悬浮液的浓度较为敏感，若料浆太稀，则来不及过滤，料浆直接流出转鼓，若料浆太稠，则流动性差，使滤渣分布不均，引起转鼓振动。此种离心机常用于食盐、硫铵、尿素等生产中。

2.2.1.5　其他分离装置

(1) 静电除尘器　当对气体的除尘（雾）要求极高时，可用静电除尘器进行分离。

静电除尘器的工作原理：含有粉尘颗粒的气体，在接有高压直流电源的阴极线（又称电晕极）和接地的阳极板之间所形成的高压电场通过时，由于阴极发生电晕放电、气体被电离，此时，带负电的气体离子，在电场力的作用下，向阳板运动，在运动中与粉尘颗粒相碰，则使尘粒荷以负电，荷电后的尘粒在电场力的作用下，亦向阳极运动，到达阳极后，放出所带的电子，尘粒则沉积于阳极板上，而得到净化的气体排出防尘器外。静电除尘器如图 2-17 所示。

根据目前常见的电除尘器型式可概略地分为以下几类：按气流方向分为立式和卧式，按沉淀极板形式分为板式和管式，按沉淀极板上粉尘的清除方法分为干式和湿式等。

电除尘器的优点：①净化效率高，能够捕集 0.01μm 以上的细粒粉尘。在设计中可以通过不同的操作参数，来满足所要求的净化效率。②阻力损失小，一般在 $20mmH_2O$

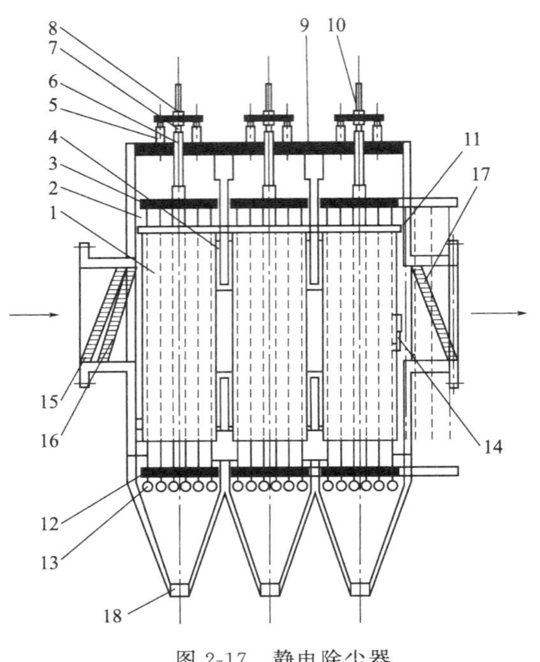

图 2-17 静电除尘器

1—阳极；2—阴极；3—阴极上架；4—阳极上部支架；5—绝缘支座；6—石英绝缘管；7—阴极悬吊管；8—阴极支撑架；9—顶板；10—阴极振打装置；11—阳极振打装置；12—阴极下架；13—阳极吊锤；14—外壳；15—进口第一块分布板；16—进口第二块分布板；17—出口分布板；18—排灰装置

（$1mmH_2O=9.8Pa$）以下，和旋风除尘器比较，即使考虑供电机组和振打机构耗电，其总耗电量仍比较小。③允许操作温度高，如SHWB型电路尘器最高允许操作温度250℃，其他类型还有达到350～400℃或者更高的。④处理气体范围量大。⑤可以完全实现操作自动控制。

电除尘器的缺点：①设备比较复杂，要求设备调运和安装以及维护管理水平高。②对粉尘电阻率有一定要求，所以对粉尘有一定的选择性，不能使所有粉尘都获得很高的净化效率。③受气体温、温度等的操作条件影响较大，同是一种粉尘如在不同温度、湿度下操作，所得的效果不同，有的粉尘在某一个温度、湿度下使用效果很好，而在另一个温度、湿度下由于粉尘电阻的变化几乎不能使用电除尘器了。④一次投资较大，卧式的电除尘器占地面积较大。

（2）文丘里除尘器 文丘里除尘器是一种湿法除尘设备。其结构如图 2-18 所示，由收缩管、喉管及扩散管三部分组成，喉管四周均匀地开有若干径向小孔，有时扩散管内设置有可调锥，以适应气体负荷的变化。操作中，含尘气体以 50～100m/s 的速度通过喉管时，液体由喉管外经径向小孔进入喉管内，并喷成很细的雾滴，促使尘粒润湿并聚结变大，随后引入旋风分离器或其他分离设备进行分离。

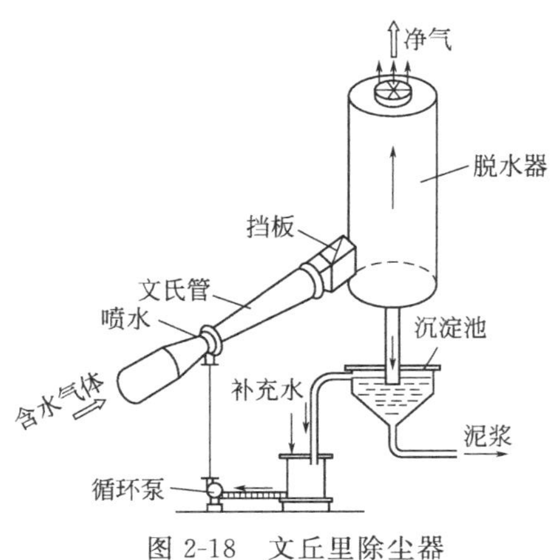

图 2-18 文丘里除尘器

文丘里除尘器结构简单紧凑、造价较低、操作简便，但阻力较大，其压降一般为 2000～5000Pa，需与其他分离设备联合使用。

（3）泡沫除尘器 泡沫除尘器也是常用的湿法除尘设备之一，其结构如图 2-19 所示，外壳为圆形或方形筒体，中间装有水平筛板，将内部分成上下两室。液体由上室的一侧靠近筛板处进入，并水平流过筛板，气体由下室进入，穿过筛孔与板上液体接触，在筛板上形成泡沫层，泡沫层内气液混合剧烈，泡沫不断破灭和更新，从而创造了良好的捕尘条件。气体中的尘粒一部分（较大尘粒）被从筛板泄漏下来的液体吸去，由器底排出，另一部分（微小尘粒）则在通过筛板后被泡沫层所截留，并随泡沫液经溢流板流出。

泡沫除尘器具有分离效率高、构造简单、阻力较小等优点，但对设备的安装要求严格，特别是筛板的水平度对操作影响很大。

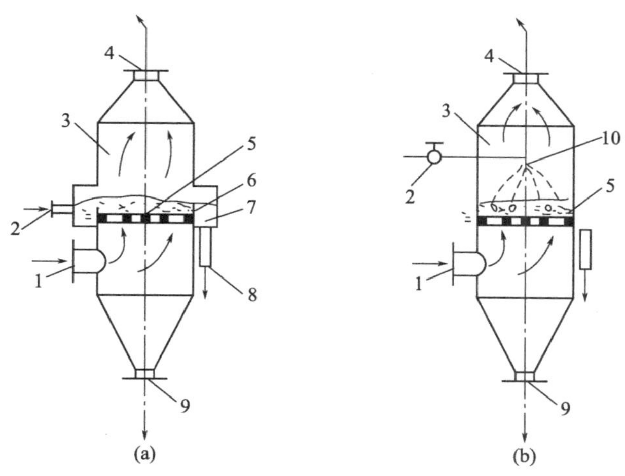

图 2-19 泡沫除尘器

1—烟气入口；2—洗涤液入口；3—泡沫除尘器；4—净气出口；5—筛板；6—水堰；7—溢流槽；8—溢流水管；9—污泥排出口；10—喷头

2.2.2 液固分离案例

青霉素结晶液（像其他物菌原料药一样）的过滤、洗涤、干燥三个过程可以选择使用“过滤洗涤干燥三合一机”来完成。过滤洗涤干燥三合一机结构如图 2-20 所示。

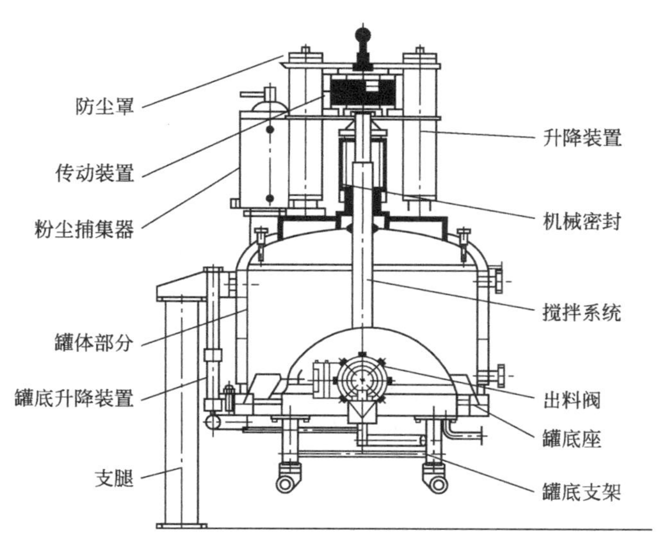

图 2-20 过滤洗涤干燥三合一机结构

2.2.2.1 过滤洗涤干燥三合一机的特点

（1）优点

① 减少污染概率，有利于保证产品无菌。

② 可实现在线清洗和在线来菌，便于清洁灭菌或拆卸后清洗灭菌。

③ 可实现无污染取样。

④ 提高生产效率，节约运行成本。

⑤ 节约劳动成本，也利于产品质量稳定，减少了生产工序，提高了自动化程度。

⑥ 符合清洁生产的发展趋势。

（2）缺点

① 每批次出料时，都有5%～10%的物料不能自动出清，即使用气刀或料筒倾斜，都无法解决此问题。

② 虽然集合了过滤和干燥的功能，但是过滤和干燥的效率低于离心机和干燥机。

2.2.2.2 过滤洗涤干燥三合一机的操作步骤

（1）过滤

① 提升搅拌桨到适当位置。

② 打开滤液出口阀，同时平衡球阀。

③ 逐步罐内加压，滤液抽真空，待滤液排放口玻璃管无液流时，再逐渐减压。

④ 在发现滤饼漏气时，搅拌桨就进行低速表面平料。

（2）洗涤

① 洗涤液通过旋转喷球或洗涤液口引入罐内。

② 罐内清洗，清洗液在0.2～0.3 MPa压力下旋转喷头进行清洗。

③ 浆化洗涤。

④ 清洗完毕后，提升搅拌桨至适当位置，停止搅拌，再重复过滤操作。

（3）干燥

① 打开加热部件阀门。

② 搅拌桨降至贴近物料表面，慢速旋转。

③ 按工艺要求控制气体温度，固相温度（即上下温度）及加热热媒温度。

④ 干燥过程中，上下温差会逐渐变小，控制下温度不得接近最终控制温度，真空度随着湿度减少而增加。物料不粘搅拌桨时，用慢下搅拌的方式刮松滤饼；若有粘桨、起球现象，则提升搅拌桨，平料抹平，继续干燥。在干燥过程中，转速以慢速为主，桨叶不得在物料中启动，故启动和停止桨叶旋转时，须脱离物料。

（4）出料

① 关闭加热热水阀，缓慢打开夹套冷却水阀，温度变化不得过快，避免产生温差应力。

② 打开冷却阀。

③ 缓慢下降搅拌桨，搅拌物料加速冷却，抽真空排热气。

④ 罐内充纯氮气使罐内压力为常压时，方可打开出料阀，依靠处于低位的搅拌桨，搅拌出物料，出料时罐内微压氮气，防止粉尘飞扬，防止静电危害。

（5）清洗　根据各生产工艺的要求，进行适当清洗。严禁搅拌桨叶旋转状况下清洗，打开出料口，也禁止任何物品移入罐内。

3 换热器选择

3.1 换热方案

青霉素发酵的空气净化工段换热方案

青霉素发酵所需空气净化过程中，压缩机出口空气温度为120℃，需将温度降至25℃，以便去除油、水汽、灰尘等，现在要设置换热装置。

现需完成下面的任务：

① 确定空气净化的换热方案；

② 选择合适的换热器类型；

③ 选择冷却介质，计算其用量；

④ 完成换热器工艺计算。

3.1.1 换热器工业应用

无论是气体、液体还是固体，凡是存在温度的差异，就必然导致热自发地从高温向低温传递，这一过程被称为热量传递，简称传热。传热设备是石油、化工生产中最普遍的单元操作设备。随着世界能源供应日趋紧张，应用传热理论提高热能的综合利用率就显得尤为重要。

3.1.1.1 传热在工业生产中的应用

(1) 为化学反应创造必要的条件　化学反应要求有一定的温度条件，需要对原料进行加热，如聚氯乙烯生产时，乳液聚合要保持在8atm（1atm＝101325Pa）、55℃的反应条件；化学反应可能还有反应热效应，在反应进行时及时移走或补充热量，合成氨的氨合成反应是在300atm、500℃下的放热反应，反应热需要移走。

(2) 为其他单元操作创造必要的条件　某些单元操作过程往往需要输入或输出热量，才能保证操作过程的正常进行。如蒸馏操作，塔釜需要输入热量加热釜液，塔顶需要移走热量将蒸气冷凝。

(3) 提高热能的综合利用和余热的回收　化工生产中常利用反应器出口或釜液的高温物料加热原料，提高热量的利用率。

(4) 减少设备的热量损失　化工生产中需要对设备和管路进行保温，以减少热量的损失，如暖气管道要保温。

3.1.1.2 传热的基本方式

根据传热机制的不同，热传递有三种基本方式：热传导、热对流和热辐射。

(1) 热传导　若物体各部分之间不发生相对位移，仅借分子、原子和自由电子等微观粒子的热运动而引起的热量传递称为热传导（又称导热）。

热传导的条件是系统两部分之间存在温度差，此时热量将从高温部分传向低温部分，或从高温物体传向与它接触的低温物体，直至整个物体的各部分温度相等为止。热传导在固体、液体和气体中均可进行，但它的微观机理因物态而异。固体中的热传导属于典型的导热方式。在金属固体中，热传导起因于自由电子的运动；在不良导体的固体中和大部分液体中，热传导是通过晶格结构的振动，即原子、分子在平衡位置附近的振动来实现的；在气体中，热传导则是由于分子不规则运动而引起的。对于纯热传导的过程，它仅是静止物质内的一种传热方式，也就是说没有物质的宏观位移。

（2）对流传热　流体各部分之间发生相对位移所引起的热传递过程称为对流传热（简称热对流）。热对流仅发生在流体中。

在流体中产生对流的原因：一是因流体中各处的温度不同而引起密度的差别，使轻者上浮、重者下沉，流体质点产生相对位移，这种对流称为自然对流；二是因泵（风机）或搅拌等外力所致的质点强制运动，这种对流称为强制对流。

在化工传热过程中，常遇到的并非单纯对流方式，而是流体流过固体表面时发生的对流和热传导联合作用的传热过程，即是热由流体传到固体表面（或反之）的过程，通常将它称为对流传热。对流传热的特点是靠近壁面附近的流体层中依靠热传导方式传热，而在流体主体中则主要依靠对流方式传热。由此可见，对流传热与流体流动状况密切相关。

虽然热对流是一种基本的传热方式，但是由于热对流总伴随着热传导，要将两者分开处理是困难的，因此一般并不讨论单纯的热对流，而是着重讨论具有实际意义的对流传热。

（3）热辐射　因热的原因而产生的电磁波在空间的传递，称为热辐射。所有物体（包括固体、液体和气体）都能将热能以电磁波形式发射出去，而不需要任何介质，也就是说它可以在真空中传播。

自然界中一切物体都在不停地向外发射辐射能，同时又不断地吸收来自其他物体的辐射能，并将其转变为热能。物体之间相互辐射和吸收能量的总结果称为辐射传热。由于高温物体发射的能量比吸收的多，而低温物体则相反，从而使净热量从高温物体传向低温物体。辐射传热的特点是：不仅有能量的传递，而且还有能量形式的转移，即在放热处，热能转变为辐射能，以电磁波的形式向空间传递；当遇到另一个能吸收辐射能的物体时，即被其部分地或全部地吸收而转变为热能。应予指出，任何物体只要在热力学温度零度以上，都能发射辐射能，但是只有在物体温度较高时，热辐射才能成为主要的传热方式。

实际上，上述的三种基本传热方式，在传热过程中常常不是单独存在的，而是两种或三种传热方式的组合，称为复杂传热。

3.1.1.3　工业的换热方法

传热过程中热、冷流体热交换可分为三种方式，各种热交换方式所用换热设备的结构也各不相同，简述如下。

（1）直接接触式换热和混合式换热器　对某些传热过程，例如气体的冷却或水蒸气的冷凝等，可使热、冷流体直接混合进行热交换。这种换热方式的优点是传热效果好，设备结构简单。所采用的设备称为混合式换热器。如图 3-1 所示。显然，仅对于工艺上允许两流体互相混合的情况，才能采用这种换热方式。直接接触换热的机制比较复杂，它在进行传热的同时往往伴有传质过程。

（2）蓄热式换热和蓄热器　蓄热式换热是在蓄热器中实现热交换的一种方式。蓄热器内装有固体填充物（如耐火砖等），冷、热流体交替地流过蓄热器，利用固体填充物来积蓄和释放热量而达到换热的目的。由于不能完全避免两种流体的混合，所以这类设备在化工生产中使用得不太多。如图 3-2 所示。

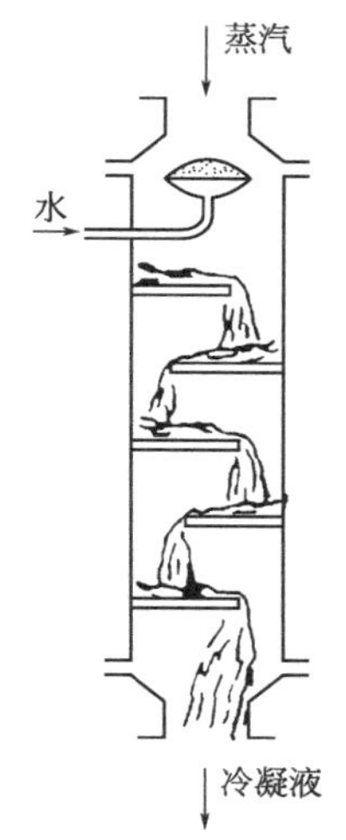

图 3-1 直接接触式换热

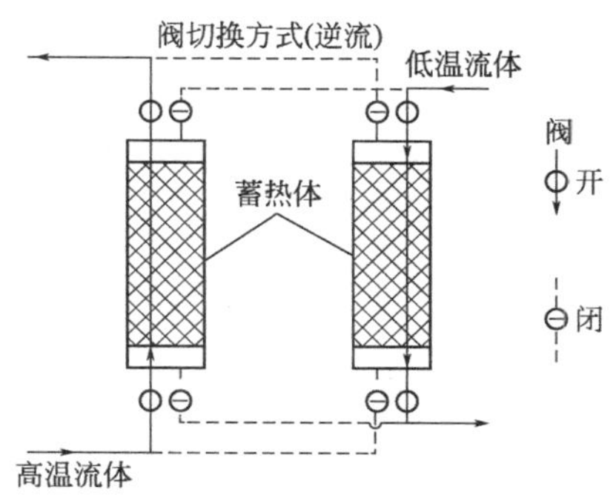

图 3-2 蓄热式换热

（3）间壁式换热和间壁式换热器 在化工生产中遇到的多是间壁两侧流体的热交换，即冷、热流体被固体壁面（传热面）所隔开，它们分别在壁面两侧流动。固体壁面即构成间壁式换热器，如图 3-3 所示。间壁式换热器的类型很多，它们都是典型的传热设备。

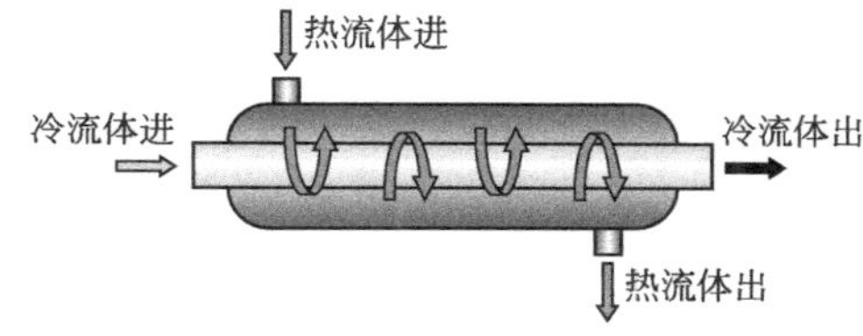

图 3-3 间壁式换热

热、冷流体通过间壁两侧的传热过程分为三个基本步骤：

① 热流体将热量传至固体壁面左侧（对流传热）；

② 热量自壁面左侧传至壁面右侧（热传导）；

③ 热量自壁面右侧传至冷流体（对流传热）。

3.1.2 常见换热器

用于交换热量的设备称为热量交换器，简称为换热器。

3.1.2.1 换热器分类

按换热器传热面的形状和结构分类如下。

（1）管式换热器 通过管子壁面进行传热，按传热管的结构不同，可分为列管式换热器、套管式换热器、蛇管式换热器和翅片管式换热器等几种。管式换热器应用最广。

（2）板式换热器 通过板面进行传热，按传热板的结构形式，可分为平板式换热器、螺旋板式换热器、板翅式换热器和热板式换热器等几种。

（3）特殊形式换热器 根据工艺特殊要求而设计的具有特殊结构的换热器。如回转式换热器、热管换热器、同流式换热器等。

3.1.2.2 间壁式换热器

（1）列管式换热器

列管式换热器又称管壳式换热器，是一种通用的标准换热设备。它具有结构简单、坚固耐用、用材广泛、清洗方便、适用性强等优点，在生产中得到广泛应用，在换热设备中占主导地位。列管式换热器根据结构特点分为以下几种，见表 3-1。

表 3-1　列管式换热器的分类

名　称	结　构	特　点	应　用
固定管板式换热器	由壳体、封头、管束、管板等部件构成，管束两端固定在两管板上。如图 3-4 所示	优点是结构简单、紧凑、管内便于清洗。缺点是壳程不能机械清洗，当管壁和壳壁的温度相差较大时，会产生很大的热应力，甚至将管子从管板上拉脱。解决方法补偿圈（或称膨胀节）	适用于壳程流体清洁且不结垢，两流体温差不大或温差较大但壳程压力不高的场合
浮头式换热器	结构如图 3-5 所示，其结构特点是一端管板不与壳体固定连接，可以在壳体内沿轴向自由伸缩，该端称为浮头	优点是当换热管与壳体有温差存在，壳体或换热管膨胀时，互不约束，消除了热应力；管束可以从管内抽出，便于管内和管间的清洗。其缺点是结构复杂，用材量大，造价高	应用十分广泛，适用于壳体与管束温差较大或壳程流体容易结垢的场合
U 形管式换热器	结构如图 3-6 所示，其结构特点是只有一个管板，管子为 U 形，管子两端固定在同一个管板上。管束可以自由伸缩，解决了热补偿问题	优点是结构简单，运行可靠，造价低；管间清洗较方便。其缺点是管内清洗较困难；管板利用率低	适用于管、壳程温差较大或壳程介质易结垢而管程介质不结垢的场合
填料函式换热器	结构如图 3-7 所示。其结构特点是管板只有一端与壳体固定，另一端采用填料函密封。管束可自由伸缩，不会产生热应力	优点是结构较浮头式换热器简单，造价低；管束可以从壳体内抽出，管、壳程均能进行清洗，维修方便。其缺点是填料函耐压不高，一般小于 4.0MPa；壳程介质可能通过填料函外漏	适用于管、壳程温差较大或介质易结垢需要经常清洗且壳程压力不高的场合
釜式换热器	结构如图 3-8 所示。其结构特点是在壳体上部设置蒸发空间。管束可以为固定管板式、浮头式或 U 形管式	清洗方便，并能承受高温、高压	适用于液-气式换热（其中液体沸腾汽化），可作为简单的沸热锅炉

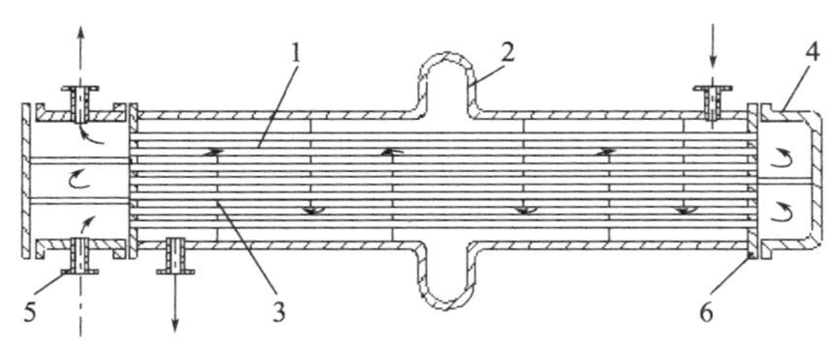

图 3-4　固定管板式换热器

1—管束；2—壳体；3—折流挡板；4—封头；5—接管；6—管板

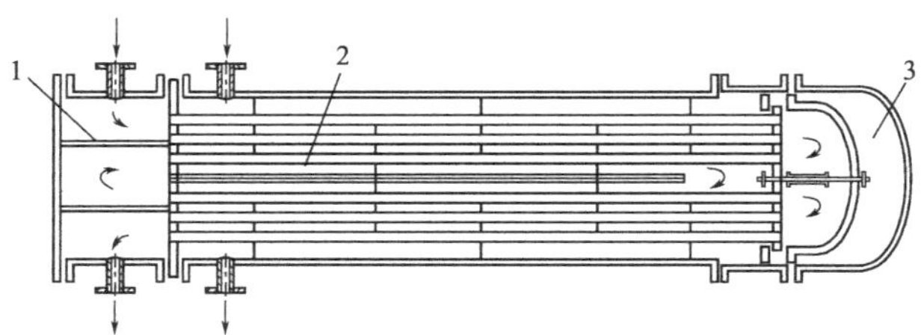

图 3-5　浮头式换热器

1—浮头；2—壳程隔板；3—管程隔板

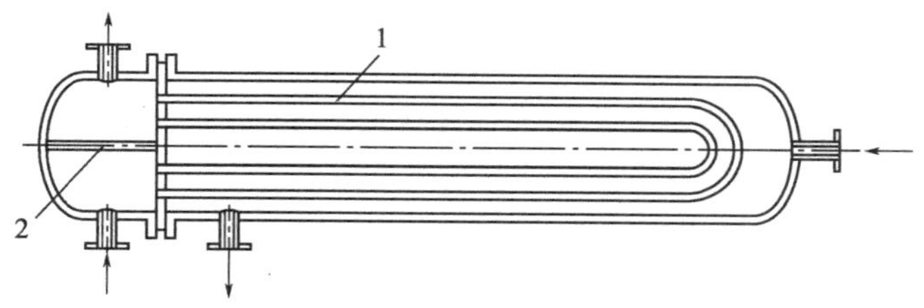

图 3-6 U形管式换热器
1—U形管；2—管程隔板

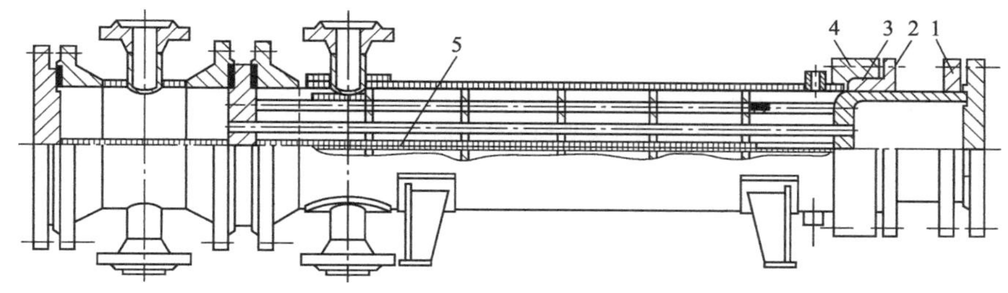

图 3-7 填料函式换热器
1—活动管板；2—填料压盖；3—填料；4—填料函；5—纵向隔板

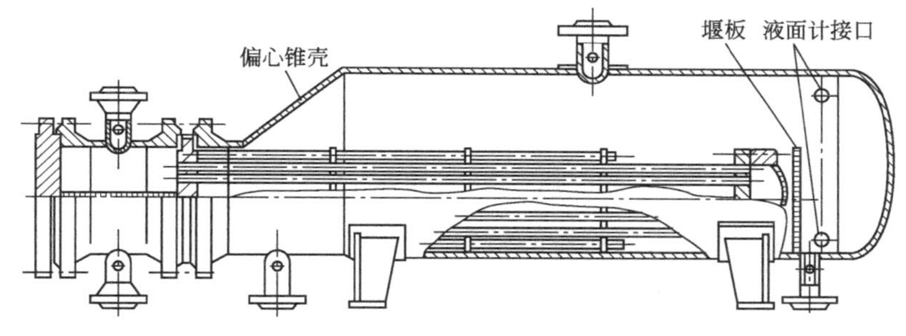

图 3-8 釜式换热器

为了改善换热器的传热，工程上常用多程换热器。若流体在管束内来回流过多次，则称为多管程，一般除单管程外，管程数为偶数，有二、四、六、八等，但随着管程数的增加，流动阻力迅速增大，因此管程数不宜过多，一般为二、四管程。在壳体内，也可在与管束轴线平行方向设置纵向隔板使壳程分为多程，但是由于制造、安装及维修上的困难，工程上较少使用，通常采用折流挡板，以改善壳程传热。

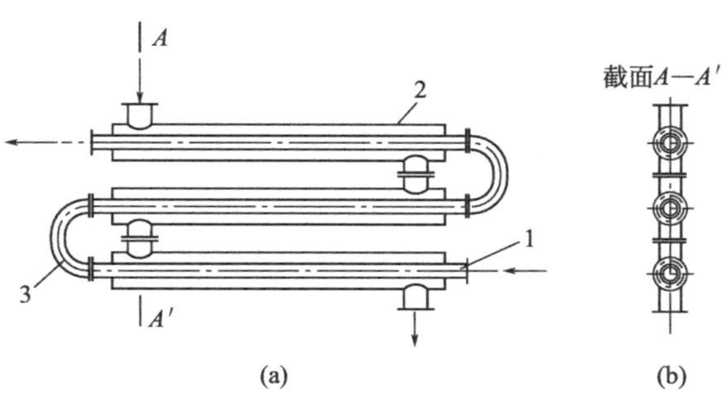

图 3-9 套管式换热器
1—内管；2—外管；3—肘管

(2) 套管式换热器 套管换热器是由两个直径不同的圆筒同心套在一起，然后有若干段这样的套管连接而成，其结构如图 3-9 所示。每段套管称为一程，程数可根据所需传热面积的多少而增减。换热时一种流体在管内流动，另一种流体在环隙中流动，通过内管壁面进行热量交换。因此内管壁面面积即为传热面积。

套管式换热器的优点是传热效能高、结构简单，能承受较高压力，应用灵活；其缺点是耗材多，占地面积大，难以构成很大的传热面积，故一般适合于流体流量不大、传热负荷较小的场合。

(3) 蛇管式换热器 蛇管式换热器根据操作方式不同，分为浸没式和喷淋式两类，见表 3-2。

表 3-2 蛇管式换热器

名 称	结 构	特 点
浸没式蛇管换热器	以金属管弯绕而成，制成适应容器的形状，浸没在容器内的液体中，管内流体与容器内液体隔着管壁进行换热。几种常用的蛇管形状如图 3-10 所示	结构简单、造价低廉，便于防腐，能承受高压，为提高传热效果，常需加搅拌装置
喷淋式蛇管换热器	各排蛇管均垂直地固定在支架上，结构如图 3-11 所示，冷却水由蛇管上方的喷淋装置均匀地喷洒在各排蛇管上，并沿着管外表面淋下	优点是检修清洗方便、传热效果好，蛇管的排数根据所需的传热面积而定。缺点是体积庞大，占地面积多；冷却水耗量较大，喷淋不均匀，通常置于室外通风处，常用于冷却管内热流体

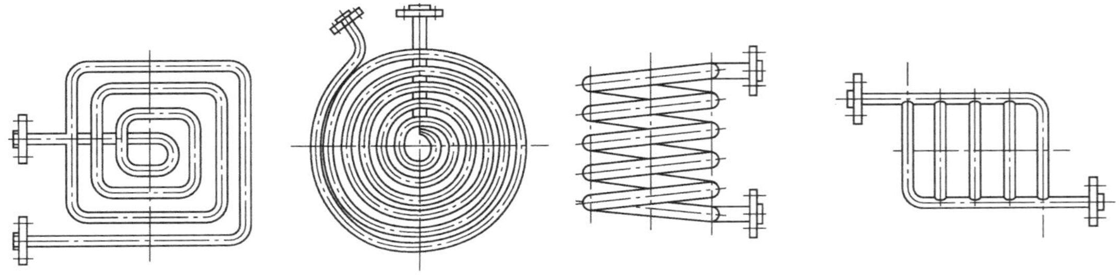

图 3-10 浸没式蛇管换热器

(4) 夹套式换热器 夹套式换热器的结构如图 3-12 所示，主要用于反应器的加热或冷却。将反应器的筒体制成夹套，将加热剂或冷却剂通入夹套内，通过夹套的间壁与反应器内的物料进行换热，器壁就是换热器的传热面。其优点是结构简单、制造容易。其缺点是传热面积小，器内流体处于自然对流状态，传热效率低；夹套内部清洗困难。夹套内的加热剂和冷却剂一般只能使用不易结垢的水蒸气、冷却水和氨等。夹套内通蒸汽时，蒸汽由上部连接

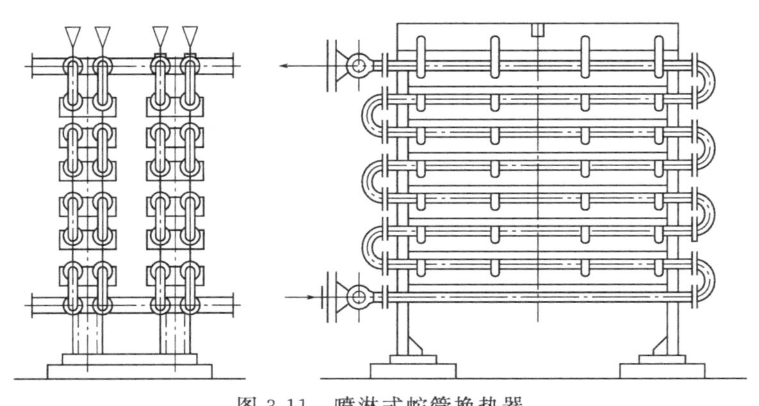

图 3-11 喷淋式蛇管换热器

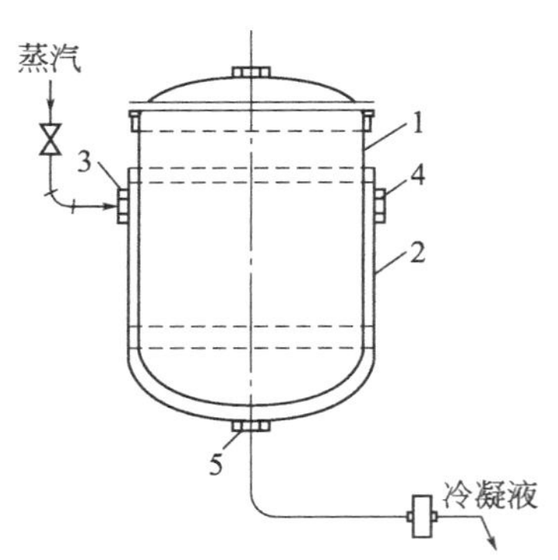

图 3-12 夹套式换热器

1—反应器；2—夹套；3,4—蒸汽或冷却水接管；5—冷凝水或冷却水接管

管通入夹套内，冷凝水由下部连接管排出，当冷却时，冷却水从下部进入，而由上部流出。

（5）其他类型的换热器　见表 3-3。

表 3-3　其他类型的换热器

名　称	结　构	特　点
螺旋板式换热器	结构如图 3-13 所示，由焊接在中心隔板上的两块金属薄板卷制而成，两薄板之间形成螺旋形通道，两板之间焊有定距柱以维持通道间距，螺旋板的两端焊有盖板。两流体分别在两通道内流动，通过螺旋板进行换热	优点是结构紧凑；单位体积传热面积大；流体在换热器内作严格的逆流流动，可在较小的温差下操作，能充分利用低温能源；由于流向不断改变，且允许选用较高流速，故传热效果好；又由于流速较高，同时有惯性离心力的作用，污垢不易沉积。其缺点是制造和检修都比较困难；流动阻力较大；操作压力和温度不能太高，一般压力在 2MPa 以下，温度则不超过 400℃
翅片式换热器	在换热管的外表面或内表面同时装有许多翅片，常用翅片有纵向和横向两类，如图 3-14 所示	气体的加热或冷却，当换热的另一方为液体或发生相变时，在气体一侧设置翅片，既可增大传热面积又可增加气体的湍动程度，提高传热效率
平板式换热器	结构如图 3-15 所示。它是有若干块长方形薄金属板叠加排列，夹紧组装于支架上构成。两相邻板的边缘衬有垫片，压紧后板间形成流体通道。板片是板式换热器的核心部件，常将板面冲压成各种凹凸的波纹状	优点是结构紧凑，单位体积的传热面积大；组装灵活方便；有较高的传热速率，可随时增减板数，有利于清洗和维修。其缺点是处理量小；受垫片材料性能的限制，操作压力和温度不能过高。适用于需要经常清洗、工作环境要求十分紧凑，操作压力在 2.5MPa 以下，温度在 −35～200℃的场合
板翅式换热器	基本单元体由翅片、隔板及封条组成，如图 3-16(a)所示。翅片上下放置隔板，两侧边缘由封条密封，即组成一个单元体。将一定数量的单元体组合起来，并进行适当排列，然后焊在带有进出口集流箱上，如图 3-16(b)、(c)、(d)所示。一般用铝合金制造	轻巧、紧凑、高效的换热装置，优点是单位体积传热面积大，传热效果好；操作温度范围较广，适用于低温或超低温场合；允许操作压力较高，可达 5MPa。其缺点是易堵塞，流动阻力大；清洗检修困难，故要求介质洁净。其应用领域已从航空、航天、电子的少数部门逐渐发展到石油化工、天然气液化、气体分离等更多的工业部门

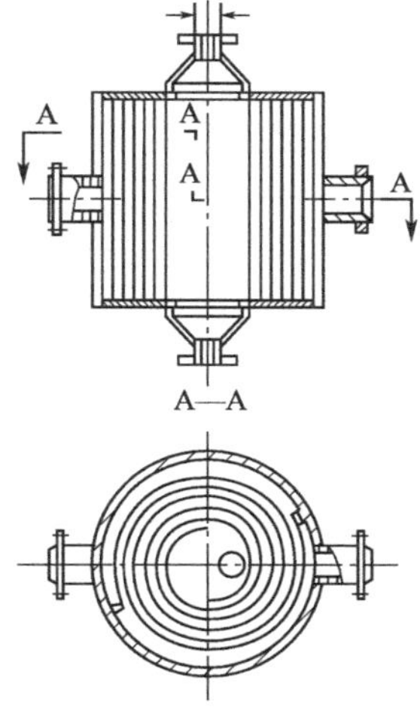

图 3-13　螺旋板式换热器

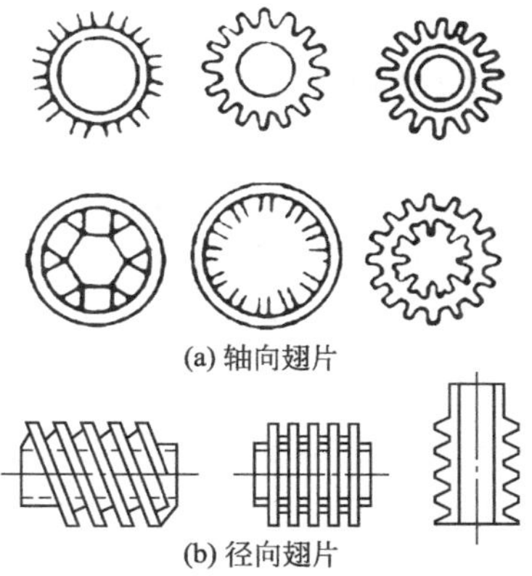

图 3-14　常见的翅片形式

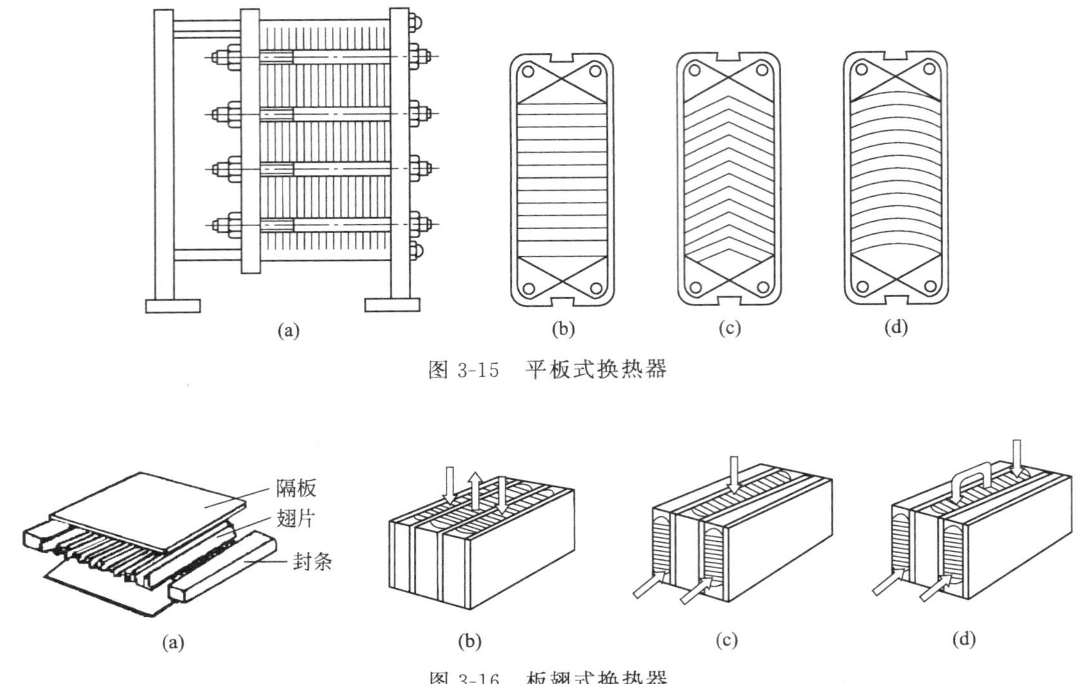

图 3-15　平板式换热器

图 3-16　板翅式换热器

3.1.3　换热流程选择

3.1.3.1　换热介质的选择

在化工生产中，物料在换热器内被冷却或加热时，通常需要用某种流体取走或供给热量，此种流体称为载热体，其中起冷却或冷凝作用的载热体称为冷却剂（或冷却介质）；起加热作用的载热体称为加热剂（或加热介质）。

对一定的换热过程，待冷却或加热物料的初始与终了温度常由工艺条件所决定，因此需要取出或提供的热量是一定的。热量的多少决定了传热过程的操作费用。但是，单位热量的费用因载热体而异。例如，当冷却时，温度要求越低，费用越高；当加热时，温度要求越高，费用越高。因此为了提高传热过程的经济效益，必须选择适当温度的载热体。同时选择载热体时应考虑以下原则：

① 满足工艺要求的温度。

② 载热体的温度要易于调节。

③ 饱和蒸气压低，热稳定性好。

④ 载热体应具有化学稳定性，使用过程中不会分解或变质。

⑤ 为了安全起见，载热体应无毒或毒性较小、不易燃、不易爆、腐蚀性小、安全可靠。

⑥ 价格低廉、来源广泛。

工业上常用的冷却剂有水、空气和各种冷冻剂。水和空气可将物料最低冷却至环境温度，其值随地区和季节而异，一般不低于 20～30℃。在水资源紧缺地区，常采用空气冷却。

工业上常用的加热剂有热水、饱和蒸汽、矿物油、联苯混合物、熔盐及烟道气等。它们适用的温度范围见表 3-4，若所需的加热温度很高，则需采用电加热。

表 3-4 热载体的种类及适用范围

载热体名称		温度范围/℃	优 点	缺 点
电热法		可达 3000	温度范围大,可达特高温度,易调节	成本高
热载热体	热水	40～100	可利用工业废水和冷凝水废热作为回收	只能用于低温,传热状况不好,本身易冷却,温度不易调节
	饱和水蒸气	100～180	易于调节,冷凝潜热大,热利用率高	温度升高,压力也升高,设备有难度。180℃时对应的压力 10MPa
	联苯混合物	液体:15～255 蒸气:255～380	加热均匀,热稳定性好,温度范围宽,易于调节,高温时蒸气压很低,热焓值与水蒸气接近,对普通金属不腐蚀	易渗透软性昂贵石棉填料,蒸气易燃烧,但不爆炸,会刺激人的鼻黏膜
	水银蒸气	400～800	热稳定性好,沸点高,加热温度范围大,蒸气压低	剧毒,设备操作困难
	氧化铝-溴化铝共熔混合物蒸气	200～300	500℃以下,混合蒸气是热稳定的,不含空气时对黑色金属无腐蚀,不燃烧不爆炸,无毒,价廉,来源较方便	蒸气压较大,300℃以上 1.22MPa
	矿物油	≤250	不需要高压加热,温度较高	黏度大,传热系数小,热稳定性差,超过 250℃时易分解,易着火,调节困难
	甘油	200～250	无毒,不爆炸,价廉,来源方便,加热均匀	极易吸水,且吸水后沸点急剧下降
	四氯联苯	100～300	400℃以下有较好的热稳定性,蒸气压低,对铁、钢、不锈钢、青铜等均不腐蚀	蒸气可使人肝脏发生疾病
	熔盐	142～530	常压下温度高	比热容小
	烟道气	≥1000	温度高	传热差,比热容小,易局部过热
冷载热体	水	0～80	价廉,来源方便	
	空气	>30	价廉,在缺水地区尤为适宜	
	盐水	−15～30	用于低温冷却	
	氨蒸气	<−15	用于冷冻工业	

(1) 加热剂（或冷却剂）的选择　根据具体的传热任务选择合适的加热剂或冷却剂。应该本着能量综合利用的原则来选型。一般以水蒸气为加热剂，以水或空气为冷却剂。

(2) 加热剂（或冷却剂）进、出口温度的确定　考虑气候条件，加热剂的进口温度应按冬季状况确定，冷却剂的进口温度应按夏季状况确定。还要综合考虑其他因素（流量、热源、保温等)。冷却水的进、出口温度差一般控制在 5～10℃。

青霉素发酵所需空气净化过程的空气冷却器的流程及冷却剂选择

使换热过程的换热器投资费用和冷却剂的操作费用之和最小，是选择换热过程的原则。可以用两个换热器串联构成空气冷却过程，一个换热器用30℃的水将120℃的空气冷却到50℃，另一个换热器用9℃的盐水将空气的温度从50℃降到25℃。这样是最经济的换热方案。

3.1.3.2 流体流过空间的选择

换热器类型确定为固定管板式换热器后，在列管换热器的选择和设计中，哪种流体走管程，哪种流体走壳程，需要合理安排，一般考虑以下原则：

① 不清洁或易结垢的物料应当流过易于清洗的一侧，对于直管管束，一般通过管内，直管内易于清洗。

② 需通过增大流速、提高对流传热系数的流体宜选管程，因管程流通面积小于壳程，易采用多程来提高流速。

③ 腐蚀性流体宜走管程，以免管束和壳体同时受腐蚀，管子便于维修和更换。

④ 压力高的流体宜选管程，以防止壳体受压。

⑤ 饱和蒸气宜走壳程，冷凝液易于排出，其对流传热系数与流速无关。

⑥ 被冷却的流体一般走壳程，便于散热。

⑦ 高温加热剂与低温冷却剂宜走管程，以减少热量损失。

⑧ 黏度大、流量小的流体宜选壳程，因壳程的流道截面和流向都在不断变化，在 $Re>100$ 即可达到湍流。

⑨ 对流传热系数大的流体宜走壳程，以减小管子与壳体的温差，减小温差应力。

⑩ 有毒害的流体宜走管程，以减少泄漏量。

以上各点往往不能同时满足，应抓住主要矛盾进行选择，例如，首先从流体的压力、腐蚀性及清洗等方面来考虑，然后再考虑满足其他方面的要求。

青霉素提取工艺中的空气冷却器中流体流向

空气冷却过程的第一个冷却器选择空气走壳程、冷却水走管程的理由：便于空气从壳体散热、空气在壳程比在管程的对流传热系数较大等。

空气冷却过程的第二个冷却器选择冷盐水走管程、空气走壳程的理由：减少低温冷却剂的热损失、被冷却的空气在壳程便于散热等。

因为冷热流体的进出口温度差别不大，且第一个冷却器的管壁温度较接近水温，所以，两个换热器均采用单壳程双管程的固定管板换热器。

3.2 换热器选型

3.2.1 传热方程式

确定换热器型号，首先要了解传热基本方程。

图 3-17 为单程套管式换热器。

在此换热器内两种流体呈逆流流动，假定热流体在管内流动并放出热量，进口温度为 T_1，出口温度下降到 T_2；冷流体在管外流动吸收热量，进口温度为 t_1，出口温度上升到 t_2。这一总传热过程系由下列步骤组成：首先是热流体和管壁面之间的对流传热，将热量传给管壁面；然后，热量由管的壁面以热传导的方式传给管的另一壁面；最后，热量再由管壁面和冷流体间进行对流传热，而将热量传给冷流体。上述两种流体间之所以能进行热交换，是由于热流体与冷流体之间存有温度差，即传热推动力，所以热量就从热流体自动经过管壁壁面传向冷流体。此传递热量的管壁壁面称为换热器的传热面。

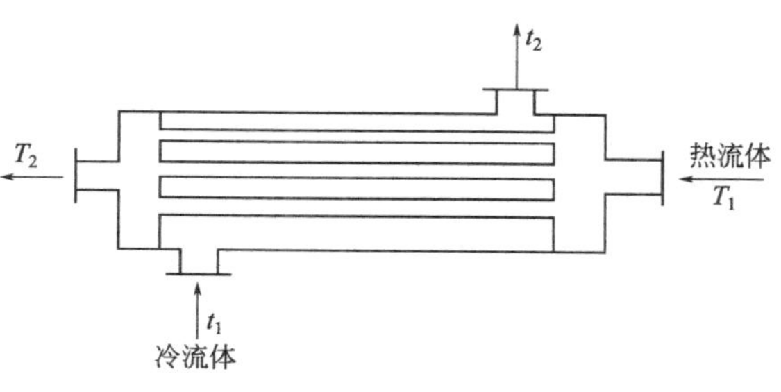

图 3-17 单程套管式换热器

根据长期的生产和科学实验的经验总结，可知在上述这一总的传热过程中，单位时间内通过换热器传递的热量和传热面积成正比，和冷热流体间的温度差亦成正比。倘若温度差沿传热面是变化的，则取换热器两端的温度差的平均值。上述关系可用数学式表示为：

$$Q=KA\Delta t_m \tag{3-1}$$

式中 Q——单位时间内通过换热器传递的热量，即传热速率，W；

A——换热器的传热面积，m^2；

Δt_m——冷、热流体间传热温度差的平均值，它是传热的推动力，℃。

K——传热系数，W/(m^2 · ℃)。

传热系数是表示传热过程强弱程度的数值。其物理意义和单位可由下式看出

$$K=\frac{Q}{A\Delta t} \tag{3-2}$$

传热系数 K 为当冷热两流体之间温度差为 1℃时，在单位时间内通过单位传热面积，由热流体传给冷流体的热量。所以 K 值愈大，在相同的温度差条件下，所传递的热量就越多，即热交换过程越强烈。在传热操作中，总是设法提高传热系数的数值以强化传热过程。影响传热系数数值大小的因素十分复杂，以后还要作专门讨论。

式（3-1）称为传热基本方程式。此式也可以写成如下形式

$$Q=\frac{\Delta t_m}{\frac{1}{KA}}=\frac{\Delta t_m}{R} \tag{3-3}$$

则 $R=\frac{1}{KA}$，称为传热总热阻。式（3-3）表明传热速率等于传热推动力与传热热阻之比。

由传热基本方程式 $Q=KA\Delta t_m$ 可知，当传热速率（或热负荷）Q、传热平均温度差 Δt_m 及传热系数 K 确定后，传热面积 A 则很容易算出：

$$A=\frac{Q}{K\Delta t_m} \tag{3-4}$$

下面就分别讨论传热基本方程式中各项：Q、K、Δt_m 在不同情况下的计算方法。

3.2.2 换热器热负荷

在换热器计算时，首先需要确定换热器的热负荷，若热损失忽略，根据能量守恒，热流

体放出的热量等于冷流体吸收的热量。热负荷可采用以下方法计算。

(1) 焓差法

$$Q=q_{m,h}(H_1-H_2)=q_{m,c}(h_2-h_1) \tag{3-5}$$

式中 $q_{m,h}$——热流体的质量流量，kg/s；

$q_{m,c}$——冷流体的质量流量，kg/s；

H_1——热流体的进口焓，kJ/kg；

H_2——热流体的出口焓，kJ/kg；

h_1——冷流体的进口焓，kJ/kg；

h_2——冷流体的出口焓，kJ/kg。

(2) 显热法　无相变化时

$$Q=q_{m,h}C_{p,h}(T_1-T_2)=q_{m,c}C_{p,c}(t_2-t_1) \tag{3-6}$$

式中 $C_{p,h}$——热流体定压温度下的比热容，kJ/(kg·℃)；

$C_{p,c}$——冷流体定压温度下的比热容，kJ/(kg·℃)；

T_1——热流体的进口温度，℃；

T_2——热流体的出口温度，℃；

t_1——冷流体的进口温度，℃；

t_2——冷流体的出口温度，℃。

(3) 潜热法　此法用于载热体在热交换中发生相的变化

$$Q=q_{m,h}r_h=q_{m,c}r_c \tag{3-7}$$

式中 r_h——热流体的汽化潜热，kJ/kg；

r_c——冷流体的汽化潜热，kJ/kg。

热负荷是生产上要求换热器单位时间传递的热量，是换热器的生产任务。传热速率是换热器单位时间能够传递的热量，是换热器的生产能力，主要由换热器自身的性能决定。为保证换热器完成传热任务，应使换热器的传热速率大于或至少等于其热负荷。

在换热器的选型（或设计）中，可这样处理：先用热负荷代替传热速率，利用传热方程式求得传热面积后，再考虑一定的安全余量。这样选择（或设计）出来的换热器，就能够按要求完成传热任务。

对于间壁式换热器，以单位时间为基准，换热器中热流体放出的热量（或称热流体的传热量）等于冷流体吸收的热量（或称冷流体的传热量）加上散失到空气中的热量（热量损失，简称热损），即：

$$Q_h=Q_c+Q_L \tag{3-8}$$

式中 Q_h——热流体放出的热量，kJ/s 或 kW；

Q_c——冷流体吸收的热量，kJ/s 或 kW；

Q_L——热损失，kJ/s 或 kW。

当换热器保温性能良好，热损失可以忽略不计时，$Q_h=Q_c$。此时，热负荷取 Q_h 或 Q_c 均可。当需要考虑热损失时，应取管程流体的传热量作为换热器的热负荷。

青霉素发酵所需空气净化的空气冷却器的热负荷

在第一换热器中空气的定性温度为 (120＋50)/2＝85(℃)，冷却水的定性温度为 (40＋30)/2＝35(℃)。在第二换热器中空气的定性温度为 (50＋25)/2＝37.5(℃)，冷盐水的定性温度为 (18＋9)/2＝13.5(℃)。

空气的质量流量为 39.2kg/s；可查到空气在两个换热器中的平均密度分别为：0.986kg/m³和 1.137kg/m³，平均黏度分别为：2.13×10^{-5} Pa·s 和 1.88×10^{-5} Pa·s，平均比热容分别为：1.009kJ/(kg·℃) 和 1.005kJ/(kg·℃)，平均热导率分别为 0.0308W/(m·℃)和 0.0271W/(m·℃)。冷却水的密度、黏度、比热容、热导率分别为 992.6kg/m³、7.28×10^{-4} Pa·s、4.174kJ/(kg·℃)、0.626W/(m·℃)。冷盐水的密度、黏度和比热容、热导率分别为 999.5kg/m³、1.21×10^{-3} Pa·s、4.188kJ/(kg·℃)、0.58W/(m·℃)。

第一换热器的热负荷 $Q_1=w_1C_{p1}(T_1-T_2)=39.2\times0.986\times1.009\times(120-50)=2730$kW。所需冷却水量 2730/[4.174×(40−30)]=65.4(kg/s)。

第二换热器的热负荷 $Q_2=w_1C_{p2}(T_2-T_3)=39.2\times1.137\times1.005\times(50-25)=1120$kW。所需盐水量为 1120/[4.188×(18−9)]=29.71(kg/s)。

3.2.3 换热器传热温差

在间壁式换热器中，按照参加热交换的两种流体在沿着换热器的传热面流动时，各点温度变化的情况，可将传热过程分为恒温传热和变温传热两种。而这两种传热过程的传热温度差计算方法是不相同的。

(1) 恒温传热时的传热温度差　恒温传热即两流体在进行热交换时，每一流体在换热器内的任一位置、任一时间的温度皆相等。例如换热器内间壁一边为液体沸腾，另一边为蒸汽冷凝，则两边流体的温度都不发生变化。

显然，由于恒温传热时，冷热两种流体的温度都维持不变，所以两流体间的传热温度差亦为定值，可表示如下：

$$\Delta t_{\mathrm{m}}=T-t \tag{3-9}$$

式中　T——热流体的温度，℃；

t——冷流体的温度，℃。

(2) 变温传热时的传热温度差　在热交换过程中，间壁一边或两边流体的温度仅沿传热面随流动的距离而变化，但不随时间而变化的传热，称为稳定变温传热。变温传热平均温度差 Δt_{m}的计算与流体的流向有关。

间壁式换热器两侧流体的流动有以下形式：

逆流　参与热交换的两种流体在间壁的两边分别以相反的方向运动。

并流　参与热交换的两种流体在间壁的两边以相同的方向运动。

错流　参与热交换的两种流体在间壁的两边，呈垂直方向流动。

折流　参与热交换的两种流体在间壁的两边，其中之一只沿一个方向流动，而另一侧流体反复改变流向，称为简单折流，或既有折流又有错流的称为复杂折流。

变温传热时，沿传热面冷热流体的温差是变化的，因此在传热计算中应求取传热过程的平均温度差 Δt_{m}。

$$\Delta t_{\mathrm{m}}=\frac{\Delta t_1-\Delta t_2}{\ln\dfrac{\Delta t_1}{\Delta t_2}} \tag{3-10}$$

式中　Δt_m——对数平均温度差，K；

Δt_1，Δt_2——换热器两端热、冷流体温度差，K。

并流、逆流传热过程的温差变化见图 3-18。

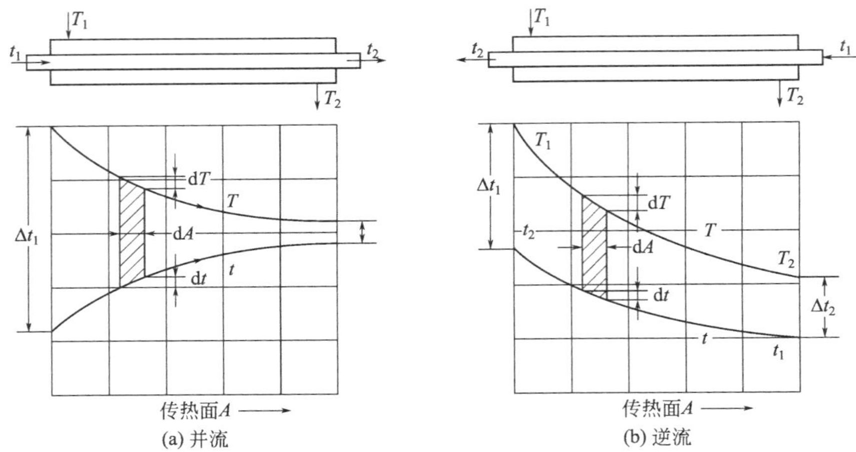

图 3-18 并流、逆流传热过程的温差变化

a. 逆流时 $\Delta t_1 = T_1 - t_2$ $\Delta t_2 = T_2 - t_1$

并流时 $\Delta t_1 = T_1 - t_1$ $\Delta t_2 = T_2 - t_2$

b. $\Delta t_1/\Delta t_2 \leqslant 2$ 时，在工程计算中，可以用算术平均温度差 $\left(\frac{\Delta t_1 + \Delta t_2}{2}\right)$ 代替对数平均温度差。

c. 对于错流和折流时的平均温度差，先按逆流计算对数平均温度差 $\Delta t_{m逆}$，再乘以考虑流动形式的温差校正系数 $\varphi_{\Delta t}$，即

$$\Delta t_m = \varphi_{\Delta t} \Delta t_{m逆} \tag{3-11}$$

$\varphi_{\Delta t} < 1$，一般 $\varphi_{\Delta t}$ 不宜小于 0.8，否则使 Δt_m 过小，很不经济。

根据参数 R、P，查图 3-19，可知道 $\varphi_{\Delta t}$

$$P = \frac{t_2 - t_1}{T_1 - t_1} \tag{3-12}$$

$$R = \frac{T_1 - T_2}{t_2 - t_1} \tag{3-13}$$

青霉素发酵所需空气的净化过程的空气冷却器的传热温度差

已知条件：第一冷却器中，$T_1 = 120℃$，$T_2 = 50℃$，$t_1 = 30℃$，$t_2 = 40℃$；第二冷却器中，$T_1 = 50℃$，$T_2 = 25℃$，$t_1 = 9℃$，$t_2 = 18℃$。

第一冷却器逆流时的传热温度差：$\Delta t_{m逆} = \frac{\Delta t_1 - \Delta t_2}{\ln \frac{\Delta t_1}{\Delta t_2}} = \frac{(120-40)-(50-30)}{\ln \frac{120-40}{50-30}} = 43.3$（℃）

$$P = \frac{t_2 - t_1}{T_1 - t_1} = \frac{40-30}{120-30} = 0.11;\ R = \frac{T_1 - T_2}{t_2 - t_1} = \frac{120-50}{40-30} = 7.0$$

查图 3-19（a），得 $\varphi_{\Delta t}=0.97$，所以，$\Delta t_m=\varphi_{\Delta t}\Delta t_{m逆}=0.97\times 43.3=42.0$（℃）。第二冷却器逆流时的传热温度差：

$$\Delta t_{m逆}=\frac{\Delta t_1-\Delta t_2}{\ln\dfrac{\Delta t_1}{\Delta t_2}}=\frac{(50-18)-(25-9)}{\ln\dfrac{50-18}{25-9}}=23.1\text{（℃）}$$

$$P=\frac{t_2-t_1}{T_1-t_1}=\frac{18-9}{50-9}=0.22;R=\frac{T_1-T_2}{t_2-t_1}=\frac{50-25}{18-9}=2.78$$

查图 3-19（a），得 $\varphi_{\Delta t}=0.91$，所以，$\Delta t_m=\varphi_{\Delta t}\Delta t_{m逆}=0.91\times 23.1=21.0$（℃）。

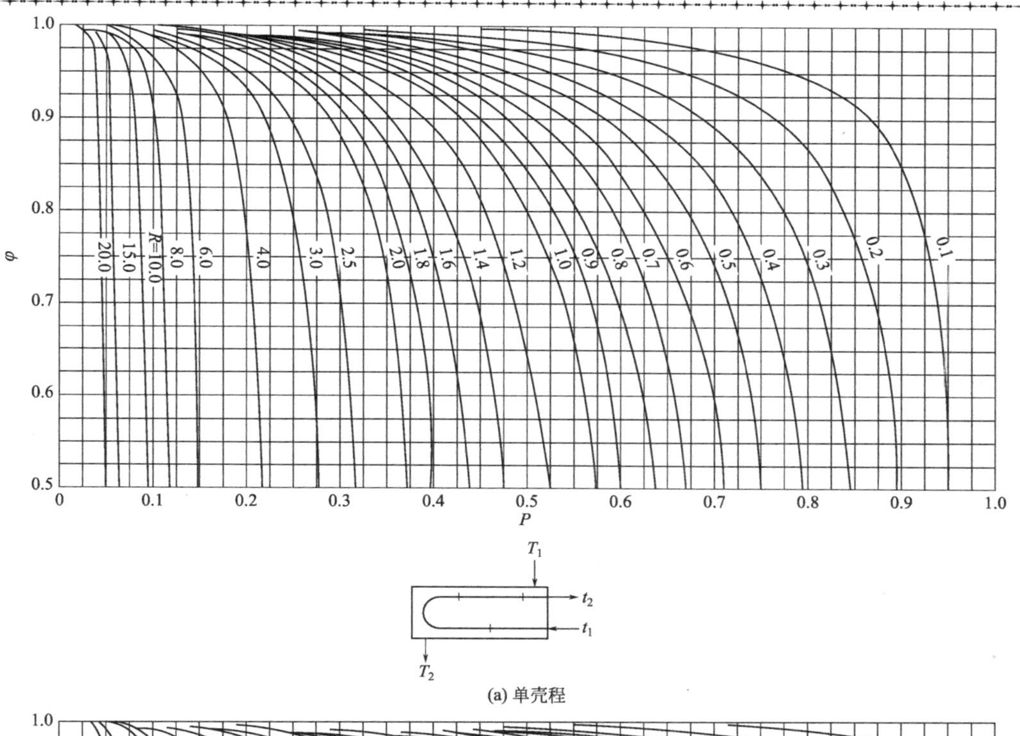

(a) 单壳程

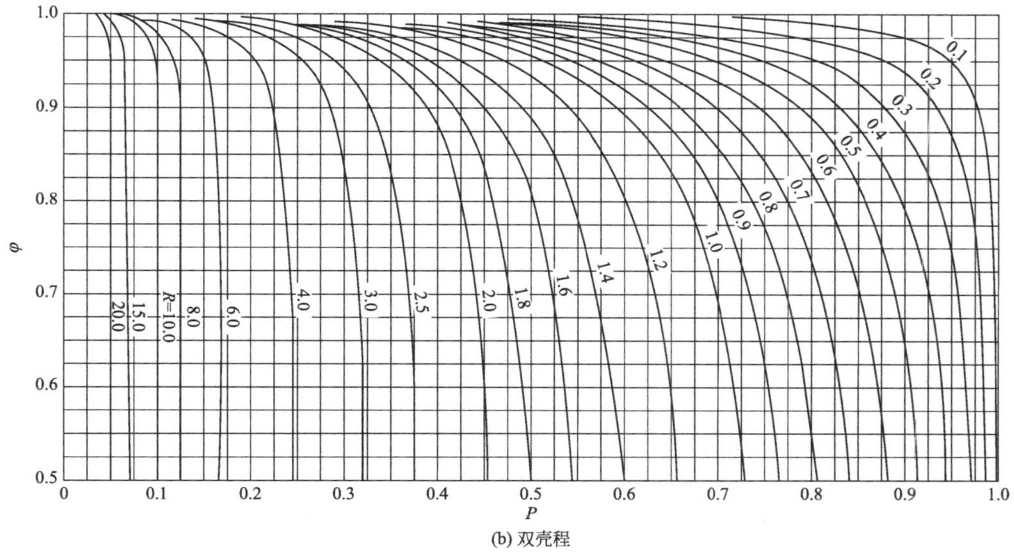

(b) 双壳程

图 3-19　对数平均温度差校正系数

3.2.4 换热器的保温隔热

3.2.4.1 保温材料的选择

不同的物体传导热的本领是不同的。人们把善于传导热的物体叫做热的良导体，把不善于传导热的物体叫做热的不良导体。固体中的金属是热的良导体，其中银和铜的热传导本领最强；其他的固体大都是不良导体，如石头、陶瓷、玻璃、木头、皮革、棉花等。我们用来做饭、烧菜的锅都是用善于传热的金属制成的，目的就是能让热尽快地传给待加工的食物。冬季人们穿的是棉衣、毛衣或羽绒衣，因为这类东西都是热的不良导体，可以保存身体发出的热量，达到保暖的目的。

(1) 热导率　热导率是物质的一种物理性质，表示物质的导热能力的大小，用 λ 表示。热导率值越大，物质的导热性能越好。物质的热导率与物质组成、结构、密度、温度和压力有关。一般，金属的热导率最大，非金属的固体次之，液体的较小，而气体的最小。各种物质的热导率都由实验测定，在一般手册中可以查到。现分别介绍固体、液体和气体的热导率。

① 固体的热导率　固体的热导率随着组成和结构的不同而有很大差别。金属是良好的导热体，这是由于金属中自由电子作用的缘故。金属的纯度越高，则热导率越大。固体的热导率随温度的升高而增大，但大多数纯金属的热导率随温度的升高而下降。工程计算中固体壁两侧温度是不同的，选用热导率时常取算术平均温度下的热导率。

非金属的建筑材料或绝缘材料的导热材料与其组成、结构的致密程度以及温度有关。通常热导率值随密度的增大或温度的升高而增加。表 3-5 是某些固体的热导率。

表 3-5　某些固体在 0～100℃时的平均热导率

金属材料		建筑或绝缘材料	
物　料	λ/[W/(m·℃)]	物　料	λ/[W/(m·℃)]
铝	204	石棉	0.15
紫铜	65	混凝土	1.1～1.4
黄铜	93	绒毛毡	0.047
铜	384～390	松木	0.15～0.38
铅	35	建筑用砖	0.7～0.8
钢	46	耐火砖	1.05
不锈钢	17	绝热砖	1.12～0.21
铸铁	45～90	85%氧化镁粉	0.07
银	411	锯木屑	0.07
镍	88	软木片	0.047
		玻璃	0.78

② 液体的热导率　非金属液体以水的热导率最大，除水和甘油外，绝大多数热导率随温度的升高略有减少。一般来说，纯液体的热导率比其溶液的热导率大。表 3-6 为某些液体在 20℃时的热导率。

表 3-6 某些液体在 20℃ 时的热导率

名称	λ/[W/(m·℃)]	名称	λ/[W/(m·℃)]	名称	λ/[W/(m·℃)]
水	0.6	硝基苯	0.151	甲酸	0.256
苯	0.148	苯胺	0.175	醋酸	0.175
甲苯	0.139	甲醇	0.212	煤油	0.151
邻二甲苯	0.142	乙醇	0.172	汽油	0.186 (30℃)
间二甲苯	0.168	甘油	0.594		
对二甲苯	0.129	丙酮	0.175		

③ 气体的热导率 气体的热导率最小，对导热不利，但却有利于保温、绝热。气体的热导率随温度的升高而增大；气体的热导率随压力的变化很小，可以忽略不计。表 3-7 为某些气体的热导率和温度的关系。

表 3-7 某些气体在常压下的热导率和温度的关系

温度/K	λ×10³/[W/(m·℃)]									
	空气	氮	氧	水蒸气	一氧化碳	二氧化碳	氢	氨	甲烷	乙烯
273	24.4	24.3	24.7	16.2	21.5	14.7	174.5	16.3	30.2	17.7
323	27.9	26.8	29.1	19.8	24.4	18.6	186	18.7	36.1	24.4
373	32.5	31.5	32.9	24.0	27.9	22.8	216	21.1	44.2	31.6
473	39.3	38.5	40.7	33.0	33.2	30.9	258	25.8	61.6	47.5
573	46.0	44.9	48.1	43.4	39.0	39.1	300	30.5	82.3	62.8
673	52.2	50.7	55.1	55.1	43.0	47.3	342	34.9	102.3	79.1
773	57.5	55.8	61.5	68.0	47.3	54.9	384	39.2		94.2
873	62.2	60.4	67.5	82.3	51.4	62.1	426	43.4		
973	66.5	64.2	72.8	98.0	55.0	68.9	467	47.4		
1073	70.5	67.5	77.7	115.0	58.7	75.2	510	51.2		
1173	74.1	70.2	82.0	133.1	62.0	81.0	551	54.8		
1273	77.4	72.4	85.9	152.4	65.1	86.4	593	58.3		

(2) 常见的保温隔热材料 利用热导率很低、导热热阻很大的保温隔热材料对高温和低温设备进行保温隔热，以减少设备与环境间的热交换，减少热损失，即削弱传热。常见的保温隔热材料见表 3-8。

表 3-8 常见的保温隔热材料

材料名称	主要成分	密度/(kg/m³)	热导率/[W/(m·℃)]	特性
碳酸镁石棉	85%石棉纤维、15%碳酸镁	180	50℃,0.09～0.12	保温用涂抹材料 耐温 300℃

续表

材料名称	主要成分	密度/(kg/m³)	热导率/[W/(m·℃)]	特性
碳酸镁砖	碳酸镁、氧化镁	380～360	50℃,0.07～0.12	泡花碱黏结剂 耐温 300℃
碳酸镁管	85%石棉纤维、15%碳酸镁	280～360	50℃,0.07～0.12	泡花碱黏结剂 耐温 300℃
硅藻土材料	SiO_2,Al_2O_3,Fe_2O_3	280～450	<0.23	耐温 800℃
泡沫混凝土	SiO_2和 Al_2O_3	300～570	<0.23	耐温 250～300℃ 大规模保温
矿渣棉	高炉渣制成棉	200～300	<0.08	耐温 700℃ 大面积保温填料
膨胀蛭石	镁、铝、铁含水硅酸盐	60～250	<0.07	耐温<1000℃
蛭石水泥管	复杂的铁、镁含水硅铝酸盐类矿物	430～500	0.09～0.14	耐温<800℃
蛭石水泥板	复杂的铁、镁含水硅铝酸盐类矿物	430～500	0.09～0.14	耐温<800℃
沥青蛭石管	镁、铝、铁含水硅酸盐	350～400	0.08～0.1	保冷材料
超细玻璃棉	石英砂、长石、硅酸钠、硼酸等	18～30	0.032	－120～400℃
软木	常绿树木栓层制成	120～200	0.035～0.058	保冷材料

3.2.4.2 保温层厚度的确定

1807 年傅里叶通过实验得到了导热的基本规律——傅里叶定律

$$Q=\frac{t_1-t_2}{\frac{b}{\lambda S}}=\frac{\Delta t}{R}=\frac{\text{传热推动力}}{\text{热阻}} \tag{3-14}$$

式中 Q——导热速率，W；

λ——热导率，W/(m·℃)；

S——导热面积，m^2；

Δt——平壁两侧表面的温度差,℃；

b——平壁的厚度，m。

$$q=\frac{Q}{S}=\frac{t_1-t_2}{\frac{b}{\lambda}}$$

式中 q——单位面积上的传热速率，称为热通量，W/m^2。

导热速率的大小即导热量的大小与导热的温度差（导热的推动力）成正比，与导热面积成正比，与热导率成正比，而与壁面的厚度成反比。

应用热阻的概念，对传热过程的分析和计算都是非常有用的。对于导热，壁面越厚，导热面积和热导率越小，其热阻越大。

【例 3-1】 普通砖平壁厚度为 500mm，一侧为 300℃，另一侧温度为 30℃，已知平壁的平均热导率为 0.9W/(m·℃)，试求：

① 通过平壁的导热通量，W/m^2；

② 平壁内距离高温侧 168.8℃处的厚度。

解 ① 由式（3-14）有：

$$q=\frac{Q}{S}=\frac{t_1-t_2}{\frac{b}{\lambda}}=\frac{300-30}{\frac{0.5}{0.9}}=486\ (\mathrm{W/m^2})$$

② 由式（3-14）可得：

$$b=\frac{\lambda}{q}(t_1-t_2)=\frac{0.9}{486}(300-168.8)=0.243\mathrm{m}=243\mathrm{mm}$$

由计算可知，热量散失很快，壁面越厚，温度降低得越多。

工程上常常遇到多层不同材料组成的平壁，例如工业用的窑炉，其炉壁通常由耐火砖、保温砖以及普通建筑砖由里向外构成，其中的导热称为多层平壁导热。下面以如图 3-20 所示的三层平壁为例，说明多层平壁导热的计算方法。由于是平壁，各层壁面面积可视为相同，设均为 S，各层壁面厚度分别为 b_1、b_2和 b_3，热导率分别为 λ_1、λ_2和 λ_3，假设层与层之间接触良好，即互相接触的两表面温度相同。各表面温度分别为 t_1、t_2、t_3和 t_4，且 $t_1>t_2>t_3>t_4$，则在稳态导热时，通过各层的导热速率必定相等，即：$Q_1=Q_2=Q_3=Q$

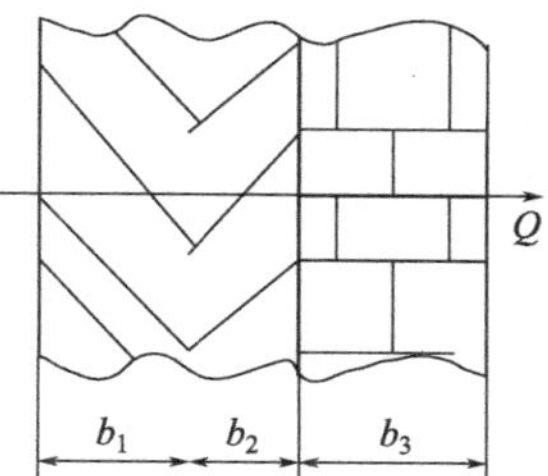

图 3-20 多层平壁导热

$$Q=\frac{\Delta t_1}{R_1}=\frac{\Delta t_2}{R_2}=\frac{\Delta t_3}{R_3}=\frac{\Delta t_1+\Delta t_2+\Delta t_3}{R_1+R_2+R_3} \tag{3-15}$$

$$Q=\frac{t_1-t_4}{\frac{b_1}{\lambda_1 S}+\frac{b_2}{\lambda_2 S}+\frac{b_3}{\lambda_3 S}}=\frac{\sum\Delta t}{\sum R}=\frac{\text{总推动力}}{\text{总热阻}} \tag{3-16}$$

对 n 层平壁，其导热速率方程式为：

$$Q=\frac{\sum_{i=1}^{n}\Delta t_i}{\sum_{i=1}^{n}R_i}=\frac{t_1-t_{n+1}}{\sum_{i=1}^{n}\frac{b_i}{\lambda_i S}} \tag{3-17}$$

某层的热阻越大，则该层两侧的温度差（推动力）也越大，换言之，温度差与相应的热阻成正比；三层壁面的导热，可看成是三个热阻串联导热，导热速率等于任一分热阻的推动力与对应的分热阻之比，也等于总推动力与总热阻之比，总推动力等于各分推动力之和，总热阻等于各分热阻之和，这一规律对其他传热场合同样适用。

化工生产中，经常遇到圆筒壁的导热问题，它与平壁导热的不同之处在于圆筒壁的传热面积和热通量不再是常量，而是随半径而变，同时温度也随半径而变，但传热速率在稳态时依然是常量。对单层圆筒壁，工程上可用圆筒壁的内、外表面积的平均值来计算圆筒壁的导热速率。

$$Q=2\pi l\lambda\frac{t_1-t_2}{\ln\frac{r_2}{r_1}}=\frac{t_1-t_2}{\frac{b}{\lambda S_{\mathrm{m}}}}=\frac{\text{传热推动力}}{\text{热阻}} \tag{3-18}$$

其中：

$$S_{\mathrm{m}}=2\pi r_{\mathrm{m}}l \tag{3-19a}$$

对数平均半径：

$$r_{\mathrm{m}}=\frac{r_2-r_1}{\ln\frac{r_2}{r_1}} \tag{3-19b}$$

在工程上，多层圆筒壁的导热情况也比较常见，例如：在高温或低温管道的外部包上一层乃至多层保温材料，以减少热损（或冷损）；在反应器或其他容器内衬以工程塑料或其他材料，以减小腐蚀；在换热器换热管的内、外表面形成污垢等。

以三层圆筒壁为例，假设各层之间接触良好，各层的热导率分别为 λ_1、λ_2 和 λ_3，厚度分别为 $b_1=r_2-r_1$，$b_2=r_3-r_2$ 和 $b_3=r_4-r_3$，根据串联导热过程的规律，可写出三层圆筒壁的导热速率方程式为：

$$Q=\frac{t_1-t_4}{\dfrac{b_1}{\lambda_1 S_{m1}}+\dfrac{b_2}{\lambda_2 S_{m2}}+\dfrac{b_3}{\lambda_3 S_{m3}}}=\frac{\sum\Delta t}{\sum R}=\frac{\text{总推动力}}{\text{总热阻}} \tag{3-20}$$

【例 3-2】 在【例 3-1】中，如果炉体是由厚 20mm 钢板及一层耐火砖和一层普通砖（厚度均为 100mm）组成，钢的热导率 $\lambda=58$ W/(m·K)，保温层的热导率分别为 0.9W/(m·K)及 0.7 W/(m·K)。要使烃类裂解完全，必须保持炉壁的温度在 1015～1100K（初期～末期），待起其操作稳定后，测得炉壁的内表面温度为 1015K，外表面温度为 403K，要使其外表面温度不超过 303K。试求要再加多厚的保温层［取其热导率为 0.06 W/(m·K)］才能符合要求？

解 加保温层后热传导速率为：

$$\frac{Q}{S}=\frac{t_1-t_4}{\dfrac{b_1}{\lambda_1}+\dfrac{b_2}{\lambda_2}+\dfrac{b_3}{\lambda_3}}=\frac{1015-403}{\dfrac{0.02}{58}+\dfrac{0.1}{0.9}+\dfrac{0.1}{0.7}}=2406(\text{W/m}^2)$$

根据导热速率不变，当 $t_5=303$K 时，需加保温层的厚度为 b_4。

$$\frac{Q}{S}=\frac{t_1-t_5}{\dfrac{b_1}{\lambda_1}+\dfrac{b_2}{\lambda_2}+\dfrac{b_3}{\lambda_3}+\dfrac{b_4}{\lambda_4}}=\frac{1015-303}{\dfrac{0.02}{58}+\dfrac{0.1}{0.9}+\dfrac{0.1}{0.7}+\dfrac{b_4}{0.06}}=2406(\text{W/m}^2)$$

得 $b_4=2.5$mm

计算结果表明，虽然保温层的厚度不大，但由于其热导率很小，所以它的保温效果很好。

3.2.5 换热器中的对流传热

冷、热流体进行热交换时，可做如下分析：如图 3-21 所示，热、冷流体在间壁式换热器内被固体壁面（如列管换热器的管壁）隔开，它们分别在壁面的两侧流动，热量由热流体通过壁面传给冷流体的过程为：

热流体以对流传热（给热）方式将热量传给壁面一侧，壁面以导热方式将热量传到壁面另一侧，再以对流传热（给热）方式传给冷流体。

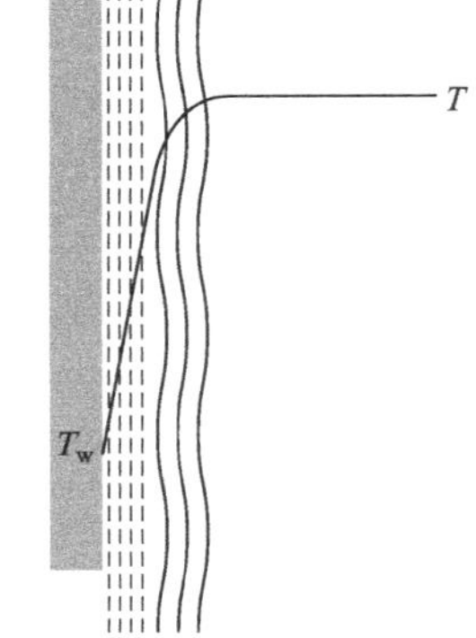

图 3-21 间壁一侧对流传热

（1）对流传热热量计算 对流传热与流体的流动状况及流体的性质有关，其影响因素很多。其传热速率可用下式表示：

$$Q=\alpha S\Delta t=\frac{\Delta t}{\dfrac{1}{\alpha S}} \tag{3-21}$$

式中 $1/(\alpha S)$——对流传热热阻，℃/W；

Δt——流体与壁面（或反之）间温度差的平均值，是对流传热的推动力，℃。

式（3-21）是将复杂的对流传热问题，用一简单的关系式来表达，实质上是将矛盾集中

在对流传热系数 α 上，因此，研究对流传热系数的影响因素及其求取方法，便成为解决对流传热问题的关键。

对流传热系数反映了对流传热的强度，对流传热系数 α 越大，说明对流强度越大，对流传热热阻越小。对流传热系数 α 不同于热导率 λ，它不是物性，而是受诸多因素影响的一个参数。

（2）影响对流传热系数的因素　流体的种类及相变情况：流体的相态不同，如液体、气体和蒸气，它们的对流传热系数各不相同。流体有无相变，对传热有不同的影响，一般流体有相变时的对流传热系数较无相变时的为大。

流体的性质：影响对流传热系数的因素有热导率、比热容、黏度和密度等。对同一种流体，这些物性又是温度的函数，有些还与压力有关。

流体的流动状态：当流体呈湍流时，随着 Re 的增大，滞流内层的厚度减薄，对流传热系数增大。当流体呈滞流时，流体在传热方向上无质点位移，故其对流传热系数较湍流时的为小。

传热面的形状、位置及大小——传热面的形状（如管内、管外、板、翅片等）、传热面的方位、布置（如水平或垂直放置、管束的排列方式等）及传热面的尺寸（如管径、管长、板高等）都对对流传热系数有直接的影响。

流体流动的原因：自然对流与强制对流的流动原因不同，其传热规律也不相同。一般强制对流传热时的对流传热系数较自然对流传热的为大。

对在圆形直管内作强制湍流且无相变，其黏度小于 2 倍常温水的黏度的流体，在流体温度一定的情况下，流体的物性均为定值，此时，对流传热系数式可以写成：

$$\alpha = 0.023 \frac{\lambda}{d_i} \left(\frac{d_i u \rho}{\mu}\right)^{0.8} \left(\frac{C_p \mu}{\lambda}\right)^n \tag{3-22}$$

当温度不变时，流体的物性不变，上式可写成：

$$\alpha = B \frac{u^{0.8}}{d^{0.2}}$$

式中　B——常数。

α 与流体的流速 $u^{0.8}$ 成正比，与管子的管径 $d^{0.2}$ 成反比。即增大流速和减小管径都能增大对流传热系数，但以增大流速更为有效。这一规律对流体无相变时的其他情况也基本适用。此外，不断改变流体的流动方向，也能使 α 得到提高。α 值的范围见表 3-9。

表 3-9　α 值的范围

对流传热类型（无相变）	α/[W/(m^2·℃)]	对流传热类型（有相变）	α/[W/(m^2·℃)]
气体加热或冷却	5～100	有机蒸气冷凝	500～2000
油加热或冷却	60～1700	水蒸气冷凝	5000～15000
水加热或冷却	200～15000	水沸腾	2500～25000

青霉素发酵所需空气的净化过程的第一冷却器管内的对流传热系数

若空气走管程，管内径为 20mm，流速为 20m/s，空气的定性温度为 85℃，此温度下的空气密度为 0.986kg/m^3，黏度为 2.13×10^{-5} Pa·s，比热容为 1.009kJ/(kg·℃)，热导率为 0.0308W/(m·℃)。空气被冷却，$n=0.3$。

$$\alpha = 0.023\frac{\lambda}{d_i}\left(\frac{d_i\mu\rho}{\mu}\right)^{0.8}\left(\frac{C_p\mu}{\lambda}\right)^{0.3}$$

$$=0.023\times\frac{0.0308}{0.02}\times\left(\frac{0.02\times 20\times 0.986}{2.13\times 10^{-5}}\right)^{0.8}\times\left(\frac{1009\times 2.13\times 10^{-5}}{0.0308}\right)^{0.3}$$

$$=82.5[\mathrm{W/(m^2\cdot ℃)}]$$

若空气走壳程，管外径为25mm，流速为12m/s，$C=1.2$，$\varepsilon=0.29$。

$$\alpha = C\varepsilon\frac{\lambda}{d_o}\left(\frac{d_o u\rho}{\mu}\right)^{0.6}\left(\frac{C_p\mu}{\lambda}\right)^{0.4}$$

$$=1.2\times 0.29\times\frac{0.0308}{0.025}\times\left(\frac{0.025\times 12\times 0.986}{2.13\times 10^{-5}}\right)^{0.6}\times\left(\frac{1009\times 2.13\times 10^{-5}}{0.0308}\right)^{0.4}$$

$$=113.6[\mathrm{W/(m^2\cdot ℃)}]$$

冷却水走管程，流速为1.0m/s，冷却水的密度、黏度、比热容、热导率分别为992.6kg/m^3、7.28×10^{-4}Pa·s、4.174kJ/(kg·℃)、0.626W/(m·℃)。

$$\alpha = 0.023\frac{\lambda}{d_i}\left(\frac{d_i\mu\rho}{\mu}\right)^{0.8}\left(\frac{C_p\mu}{\lambda}\right)^{0.4}$$

$$=0.023\times\frac{0.626}{0.02}\times\left(\frac{0.02\times 1\times 992.6}{7.28\times 10^{-4}}\right)^{0.8}\times\left(\frac{4174\times 7.28\times 10^{-4}}{0.626}\right)^{0.4}$$

$$=4789[\mathrm{W/(m^2\cdot ℃)}]$$

3.2.6 换热器传热系数

传热系数是表示间壁两侧流体间传热过程强弱程度的一个数值，影响其大小的因素十分复杂。此值主要决定于流体的物性，传热过程的操作条件及换热器的类型等，因此 K 值变化范围很大。例如，某些情况下在列管换热器中，传热系数 K 的经验值可见表3-10。下面分别讨论 K 值的计算和测定法。

表3-10 化工中常见传热过程的 K 经验值

换热流体	K/[W/(m^2·℃)]	换热流体	K/[W/(m^2·℃)]
气体-水	17～280	冷凝水蒸气-气体	30～300
气体-有机物	280～850	冷凝水蒸气-水	1420～4250
水-水	850～1700	冷凝水蒸气-沸腾水	2000～4350
轻油-水	340～910	有机物冷凝-水	455～1140
重油-水	60～280	冷凝水蒸气-沸腾轻油	450～1020

现以两种流体通过间壁的恒温传热为例，推导传热系数的计算式。如图3-22所示，设管内热流体的温度为 T，管外冷流体的温度为 t，热流体一侧的壁面温度为 T_w，冷流体一侧的壁面温度为 t_w，A_i和A_o分别为内、外两侧的传热面积，A_m为管壁的平均面积，α_i和α_o分别为热流体与冷流体的对流传热系数，λ 为管壁的热导率，δ 为壁厚。

则热流体向内壁面的对流传热

$$Q_1=\alpha_i A_i\ (T-T_w)=\frac{T-T_w}{\dfrac{1}{\alpha_i A_i}} \tag{3-23}$$

通过管壁的导热

$$Q_2=\frac{\lambda A_m}{\delta}(T_w-t_w)=\frac{T_w-t_w}{\frac{\delta}{\lambda A_m}} \tag{3-24}$$

管外壁面向冷流体的对流传热

$$Q_3=\alpha_o A_o(t_w-t)=\frac{t_w-t}{\frac{1}{\alpha_o A_o}} \tag{3-25}$$

在稳定传热的情况下

$$Q_1=Q_2=Q_3=Q$$

所以

$$Q=\frac{T-T_w}{\frac{1}{\alpha_i A_i}}=\frac{T_w-t_w}{\frac{\delta}{\lambda A_m}}=\frac{t_w-t}{\frac{1}{\alpha_o A_o}} \tag{3-26}$$

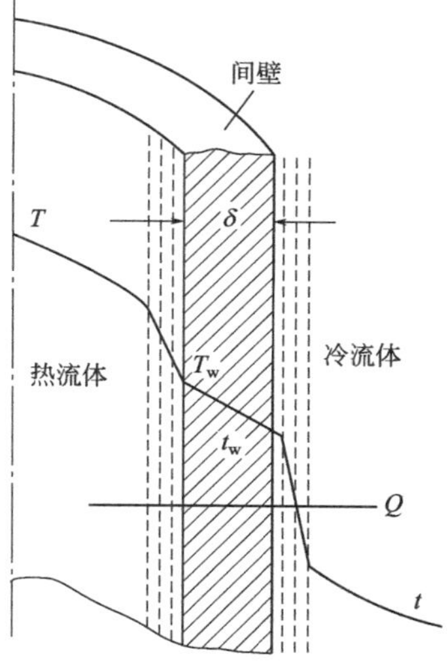

图 3-22 流体通过间壁的热交换

应用加比定律可得

$$Q=\frac{(T-T_w)+(T_w-t_w)+(t_w-t)}{\frac{1}{\alpha_i A_i}+\frac{\delta}{\lambda A_m}+\frac{1}{\alpha_o A_o}}=\frac{T-t}{\frac{1}{\alpha_i A_i}+\frac{\delta}{\lambda A_m}+\frac{1}{\alpha_o A_o}}=\frac{\Delta t_m}{\frac{1}{\alpha_i A_i}+\frac{\delta}{\lambda A_m}+\frac{1}{\alpha_o A_o}} \tag{3-27}$$

式中 Δt_m——冷热流体的传热温度差。对于恒温传热即（$T-t$），对于变温传热则用前述的平均传热温度差。

式（3-24）与 $Q=KA\Delta t_m$ 比较，可得

$$\frac{1}{KA}=\frac{1}{\alpha_i A_i}+\frac{\delta}{\lambda A_m}+\frac{1}{\alpha_o A_o} \tag{3-28}$$

即传热的总热阻，等于间壁两边对流传热热阻与间壁本身导热热阻之和。

当传热面为平壁时，$A_i=A_m=A_o=A$，则式（3-26）为

$$\frac{1}{K}=\frac{1}{\alpha_i}+\frac{\delta}{\lambda}+\frac{1}{\alpha_o} \tag{3-29}$$

或

$$K=\frac{1}{\frac{1}{\alpha_i}+\frac{\delta}{\lambda}+\frac{1}{\alpha_o}} \tag{3-30}$$

若传热面为圆筒壁，$A_i \neq A_o \neq A_m$，这时传热系数 K 则随着所取的传热面不同而异。若以管内表面 A_i为基准，则将式（3-28）分子、分母乘以管内表面积 A_i得

$$\frac{1}{K}=\frac{1}{\alpha_i}+\frac{\delta A_i}{\lambda A_m}+\frac{A_i}{\alpha_o A_o} \tag{3-31}$$

式中，K 为基于管壁内表面积 A_i的传热系数，为区别以 K_i表示。也可写成

$$K_i=\frac{1}{\frac{1}{\alpha_i}+\frac{\delta A_i}{\lambda A_m}+\frac{A_i}{\alpha_o A_o}} \tag{3-32}$$

同理可写出基于管外表面积 A_o的传热基本方程式：

$$Q=K_oA_o\Delta t_m \tag{3-33}$$

以及传热系数：

$$K_o=\frac{1}{\dfrac{A_o}{\alpha_iA_i}+\dfrac{\delta A_o}{\lambda A_m}+\dfrac{1}{\alpha_o}} \tag{3-34}$$

式中，K_o为基于管壁外表面积A_o的传热系数，W/(m^2·℃)。

相应也可写出基于管壁平均面积A_m的传热基本方程式：

$$Q=K_mA_m\Delta t_m \tag{3-35}$$

$$K_m=\frac{1}{\dfrac{A_m}{\alpha_iA_i}+\dfrac{\delta}{\lambda}+\dfrac{A_m}{\alpha_oA_o}} \tag{3-36}$$

式中，K_m为基于管壁平均面积A_m的传热系数，W/(m^2·℃)。

式（3-33）～式（3-36）就是计算传热系数的关系式。在计算圆筒壁的传热系数时应与所取的基准传热面积相对应，因为所取的基准传热面不同，所得K值也不相同。

如管壁较薄或管径较大，即管内、外壁表面积大小很接近时，可近似取$A_i\approx A_o\approx A_m$，则圆筒壁可近似当成平壁计算，从而使计算简化。

在估算传热系数K值时，尚需考虑污垢热阻。因为换热器在实际运转过程中，传热面上常有污垢积存，对传热产生附加热阻，由于垢层的热导率很小，垢层虽薄，但对传热影响很大，使传热系数降低。所以在设计热交换器时，还必须根据流体的情况，对污垢的热阻加以考虑，以保证在一定的时间内运转时，有足够的传热面。由于污垢厚度及其热导率不易估计，工程计算时，通常是选用污垢热阻的经验值作为计算K值的依据。如传热面两侧表面上的污垢热阻分别用$R_{S,i}$及$R_{S,O}$表示，则传热系数计算式为

$$K_o=\frac{1}{\dfrac{d_0}{\alpha_id_i}+R_{S,i}\dfrac{d_0}{d_i}+\dfrac{bd_0}{\lambda d_m}+R_{S,O}+\dfrac{1}{\alpha_o}} \tag{3-37}$$

工业上某些常遇到的污垢热阻经验值，可参考有关专业书籍中所载的数值范围。

对于流体易结垢或换热器使用时间过长，污垢热阻往往会增加到使换热器的传热速率严重下降。所以换热器要根据具体工作条件，定期进行清洗。

若传热过程中无垢层存在，传热间壁由很薄金属材料构成，且λ值很大，使间壁导热热阻可以忽略时，则式（3-37）便简化为

$$K=\frac{1}{\dfrac{1}{\alpha_i}+\dfrac{1}{\alpha_o}} \tag{3-38}$$

若：$\alpha_i\gg\alpha_o$，则：$K\approx\alpha_o$。

由此可知，总热阻是由热阻大的那一侧的对流传热所控制，即当两个对流传热系数相差较大时，要提高K值，关键在于提高对流传热系数小的一侧α值，亦即要尽量设法减小其中最大的分热阻。若两侧α值相差不大时，则应同时考虑提高两侧的α值，以达提高传热系数K值的目的。

【例 3-3】 换热器一侧为沸腾液体的α_1为5000W/(m^2·℃)，另一侧的α_2为50W/(m^2·℃)，壁厚为4mm，λ为40W/(m·℃)。求传热系数K值。

为了提高K值，在其他条件不变的情况下，设法提高对流传热系数，即

①将α_1提高一倍；②将α_2提高一倍。

解
$$K=\frac{1}{\frac{1}{\alpha_1}+\frac{\delta}{\lambda}+\frac{1}{\alpha_2}}=\frac{1}{\frac{1}{5000}+\frac{0.004}{40}+\frac{1}{50}}=49.26[\mathrm{W/(m^2\cdot ℃)}]$$

① 其他条件不变时，$\alpha_1=2\times5000=10000[\mathrm{W/(m^2\cdot ℃)}]$，可得

$$K=\frac{1}{\frac{1}{\alpha_1}+\frac{\delta}{\lambda}+\frac{1}{\alpha_2}}=\frac{1}{\frac{1}{10000}+\frac{0.004}{40}+\frac{1}{50}}=49.50[\mathrm{W/(m^2\cdot ℃)}]$$

② 其他条件不变时，$\alpha_2=2\times50=100[\mathrm{W/(m^2\cdot ℃)}]$，可得

$$K=\frac{1}{\frac{1}{\alpha_1}+\frac{\delta}{\lambda}+\frac{1}{\alpha_2}}=\frac{1}{\frac{1}{5000}+\frac{0.004}{40}+\frac{1}{100}}=97.10[\mathrm{W/(m^2\cdot ℃)}]$$

青霉素发酵用空气的净化过程中的第一冷却器的传热系数

若冷却水走管程，$\alpha_i=4789\mathrm{W/(m^2\cdot ℃)}$；空气走壳程，$\alpha_o=131.1\mathrm{W/(m^2\cdot ℃)}$。有：

$$K=\frac{1}{\frac{1}{\alpha_i}+\frac{1}{\alpha_o}}=\frac{1}{\frac{1}{4789}+\frac{1}{131.1}}=127.6[\mathrm{W/(m^2\cdot ℃)}]$$

3.2.7 换热器传热面积

列管换热器选型设计的步骤：

① 根据换热任务，选择合适的加热剂或冷却剂。

② 确定基本数据（包括两流体的流量、进出口温度、定性温度下的有关物性、操作压力等）。

③ 确定流体在换热器内的流动空间。

④ 根据两流体的温度差和流体类型，确定换热器的结构形式。

⑤ 确定并计算热负荷。

⑥ 先按逆流（即单壳程、单管程）计算平均温度差。

⑦ 选取总传热系数，并根据传热基本方程，初步算出传热面积，并确定初选换热器的实际换热面积，以及在实际换热面积下所需的传热系数。

⑧ 压力降校核，根据初选设备的情况，计算管、壳程流体的压力差是否合理。若压力降不符合要求，则需重新选择其他型号的换热器，重新完成上面的计算，直至压力降满足要求。

⑨ 核算总传热系数，计算换热器管、壳程流体的传热膜系数，确定污垢热阻，再计算总传热系数，由传热基本方程求出所需传热面积，再与换热器的实际换热面积比较，若实际换热面积与所需换热面积之比在 1.1～1.25 之间，则认为合理，否则需另选总传热系数，重复上述计算步骤，直到符合要求。

【例 3-4】 某换热器用外径 20mm，厚 2mm 的铜管制成传热面。管内走某气体，其流量为 400kg/h，由 50℃冷却到 20℃，平均比热容为 830J/(kg·℃)。管外冷却水与管内气体逆流流动，流量为 100kg/h，其初温为 10℃。已知热流体一侧的对流传热系数为 60W/(m^2·℃)，管壁对水的对流传热系数为 1150W/(m^2·℃)。若忽略污垢热阻，不计热损失。求：①冷却水的

终温；②传热系数 K；③换热器的传热面积。

解　① 冷却水的出口温度可由热量衡算求得

$$Q=q_{m,\mathrm{h}}C_{\mathrm{h}}(T_1-T_2)=q_{m,\mathrm{c}}C_{\mathrm{c}}(t_2-t_1)$$

即：$\dfrac{400}{3600}\times830\times(50-20)=\dfrac{100}{3600}\times4190\times(t_2-10)$

可求得：$t_2=33.8$ ℃

② 因管壁很薄，可按平壁计算。在管壁热阻和污垢热阻忽略的情况下，可得

$$K=\frac{1}{\dfrac{1}{\alpha_{\mathrm{i}}}+\dfrac{1}{\alpha_{\mathrm{o}}}}=\frac{1}{\dfrac{1}{60}+\dfrac{1}{1150}}=57[\mathrm{W/(m^2\cdot ℃)}]$$

③ $Q=q_{m,\mathrm{h}}C_{\mathrm{h}}(T_1-T_2)=\dfrac{400}{3600}\times830\times(50-20)=2767(\mathrm{W})$

$$\Delta t_{\mathrm{m}}=\frac{\Delta t_1-\Delta t_2}{\ln\dfrac{\Delta t_1}{\Delta t_2}}=\frac{(50-33.8)-(20-10)}{\ln\dfrac{50-33.8}{20-10}}=12.9(℃)$$

$$A=\frac{Q}{K\Delta t_{\mathrm{m}}}=\frac{2767}{57\times12.9}=3.76(\mathrm{m^2})$$

青霉素发酵所需空气净化的空气冷却器的换热面积

(1) 选择合适的冷却剂　在第一冷却器中，用30℃的冷却水将120℃的空气冷却到50℃；在第二冷却器中用9℃的冷盐水将空气的温度从50℃降到25℃。

(2) 确定基本数据　在第一换热器中空气的定性温度为85℃，水的定性温度为35℃。在第二换热器中空气的定性温度为37.5℃，盐水的定性温度为13.5℃。可查到空气在两个换热器中的平均密度分别为：0.986kg/m³和1.137kg/m³，平均比热容分别为：1.009kJ/(kg·℃)和1.005kJ/(kg·℃)。冷却水的密度和比热容分别为992.6kg/m³、4.174kJ/(kg·℃)。冷盐水的密度和比热容分别为999.5kg/m³、4.188kJ/(kg·℃)

(3) 确定流体在换热器内的流动空间　第一个冷却器选择空气走管程；第二个冷却器选择冷盐水走管程。

(4) 确定换热器的结构形式　选择单壳程双管程的固定管板换热器。

(5) 确定并计算热负荷　第一冷却器的热负荷为2730kW。所需冷却水量为65.4kg/s。第二冷却器的热负荷为1131kW。所需盐水量为30.01kg/s。

(6) 计算平均温度差　第一冷却器的平均温度差为42.0℃；第二冷却器的平均温度差为21.0℃。

(7) 初步算出传热面积　根据生产经验，取传热系数初值为125W/(m²·℃)。根据传热方程式算出第一冷却器的传热面积 $A_{估1}=\dfrac{Q}{K\Delta t_{\mathrm{m}}}=\dfrac{2730000}{125\times42}=520(\mathrm{m^2})$，初选固定管板换热器BEM1300Ⅱ-4.5/25-1.6-546。第二冷却器的传热面积 $A_{估2}=\dfrac{Q}{K\Delta t_{\mathrm{m}}}=\dfrac{1131000}{125\times21}=431\mathrm{m^2}$，初选换热器BEM1200Ⅱ-4.5/25-1.6-477。

(8) 压力降校核（略）。

(9) 第一冷却器的 $K_{计}=127.6\mathrm{W/(m^2\cdot ℃)}$，$A_{计}=509.4\mathrm{m^2}$。

3.3　传热过程分析

3.3.1　强化传热过程

强化传热过程．就是指提高冷、热流体间的传热速率。从传热速率方程$Q=KS\Delta t_m$不难看出，增大总传热系数K、传热面积S和平均温度差Δt_m，都可提高传热速率Q，在换热器的设计和生产操作中，或在换热器的改进开发中，大多从这一方面来考虑强化传热过程的途径。

（1）增大平均温度差Δt_m　增大平均温度差，可以提高换热器的传热速率。平均温度差的大小取决于两流体的温度条件和两流体在换热器中的流动形式。一般来说，流体的温度由生产工艺条件所规定，因此Δt_m可变动的范围是有限的。但是在某些场合采用加热或冷却介质，这时因所选介质的不同，它们的温度可以有很大的差别。例如，在化工厂中常用的饱和水蒸气，若提高蒸汽的压力就可以提高蒸汽的温度，从而增大平均温度差。但是改变介质的温度必须考虑经济上的合理性和技术上的可行性。当换热器中两侧流体均变温时，采用逆流操作或增加壳程数，均可得到较大的平均温度差。在螺旋板式换热器和套管式换热器中可使两流体作严格的逆流流动，因而可获得较大的平均温度差。

（2）增大传热面积S　增大传热面积，可以提高换热器的传热速率。但是增大传热面积不能依靠增大换热器的尺寸来实现，应从改进设备的结构入手，即提高单位体积的传热面积。工业上主要采用如下方法。

① 翅化面（肋化面）　用翅片来增大传热面积，并加剧流体的湍动，以提高传热速率。

翅化面的种类和形式很多，前面介绍的翅片管式换热器和板翅式换热器均属此类。翅片结构通常用于传热面两侧中传热系数较小的一侧。

② 异形表面　将传热面制造成各种凹凸形、波纹形、扁平状等，板式换热器属于此类。此外常用波纹管、螺纹管代替光滑管，这不仅可增大传热面积，而且可增加流体的扰动，从而强化传热。例如板式换热器每立方米体积可提供传热面积为250～1500m^2，而管壳式换热器单位体积的传热面积为40～160m^2。

③ 多孔物质结构　将细小的金属颗粒涂结于传热表面，可增大传热面积。

④ 采用小直径传热管　在管壳式换热器中采用小直径管，可增加单位体积的传热面积。

（3）增大总传热系数K　增大总传热系数，可以提高换热器的传热速率。这是在强化传热中应重点考虑的。

从总传热系数计算公式可见，欲提高总传热系数，就须减小管壁两侧的对流传热热阻、污垢热阻和管壁热阻。但因各项热阻在总热阻中所占比例不同，应设法减小对K值影响较大的热阻，才能有效地提高K值。一般来说，金属壁面较薄且其热导率较大，故壁面热阻不会成为主要热阻。污垢热阻是可变的因素，在换热器使用初期，污垢热阻很小，随着使用时间增长，垢层逐渐增厚，可能成为主要热阻。对流传热热阻经常是主要控制因素。为减小热阻可采用如下方法。

① 提高流体的流速　在管壳式换热器中增加管程数和壳程的挡板数，可提高换热器管程和壳程的流速。由于加大流速，加剧了流体的湍动程度，可减小传热边界层中层流内层的厚度，提高对流传热系数，减小对流传热热阻。

② 增强流体的扰动　对管壳式换热器采用各种异形管或在管内加装螺旋圈、金属卷片

等添加物，也可采用板式或螺旋板式换热器，均可增强流体的扰动。由于流体的扰动，使层流内层减薄，可提高对流传热系数，减小对流传热热阻。

③ 在流体中加固体颗粒　在流体中加入固体颗粒后，由于颗粒的扰动作用，使对流传热系数增大，减小了对流传热热阻。同时由于颗粒不断地冲刷壁面，减轻了污垢的形成，使污垢热阻降低。

④ 采用短管换热器　由于流动进口段对传热的影响，即在进口处附近层流内层很薄，故采用短管可提高对流传热系数。

⑤ 防止垢层形成和及时清除垢层　增加流体的速度和加剧流体的扰动，可防止垢层的形成；让易结垢的流体在管程流动或采用可拆式换热器结构，便于清除垢层；采用机械或化学的方法，定期进行清垢。

3.3.2 换热过程操作分析

(1) 换热器的数学分析　换热器有 Q、A、K、w_h、w_c、t_1、t_2、T_1、T_2 共 9 个变量。共有热量衡算式和传热速率方程式等两个方程。须给出其中 7 个变量，才能确定另外两个变量。

换热器的操作问题：

换热器操作问题的特点是换热面积已经确定。

对给定的生产任务，校核现有换热器是否适用。如已知 A、K、w_h、w_c、T_1、t_1，校核 Q 或 T_2 能否满足要求。

考察某一操作条件改变时，传热量或冷、热流体出口温度的变化情况。

或为达到指定生产任务或生产要求，可采取的调节措施，如对给定换热器的 w_h、w_c、t_1 不变，而 T_1 增高，分析 Q、T_2、t_2 的变化；或 w_h、t_1 不变，T_1 增高，为维持 T_2 不变，分析 w_c 该作怎样的调节。

(2) 换热器操作的定性分析方法　平均推动力法是联合利用传热速率方程式和热量衡算式来确定操作条件改变后传热效果（Q、T_2、t_2）的变化情况。

【例 3-5】 如图 3-23 所示，冷热流体在套管换热器中进行无相变逆流传热，管内、管外两侧对流传热系数基本不变，问在新的操作条件下，Q、T_2、t_2 将如何变化？① T_1 增加（t_1、w_h、w_c 不变）；② w_h 增加（T_1、t_1、w_c 不变）。

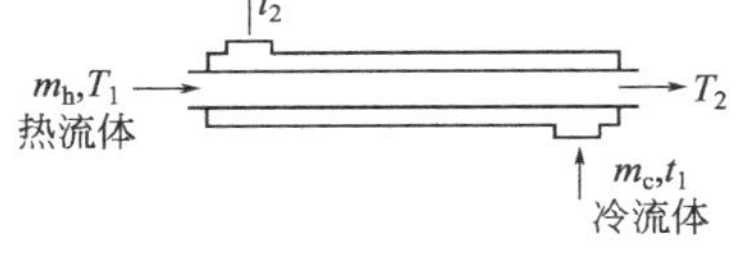

图 3-23　【例 3-5】附图

解　建立热量衡算式和传热方程式：

$$Q_h = Q_c = w_h C_{p,h}(T_1 - T_2) = w_c C_{p,c}(t_2 - t_1) \quad \text{(a)}$$

$$Q = KA\Delta t_m \approx KA(T_1 + T_2 - t_1 - t_2)/2 \quad \text{(b)}$$

① 在换热面积 A、传热系数 K、冷流体进口温度 t_1 等不变的情况下，T_1 增加，会使 Δt_m 增加，由式 (b) 可知传热速率 Q 增加。

在 w_c、$C_{p,c}$、t_1 等不变的情况下，Q_c 增加，由式 (a) 可知 t_2 增加。

T_1 增加时，会使 Q 小幅增大，即也会使 $(T_1 - T_2)$ 小幅增加，使 T_2 与 T_1 差别更大点；另外，在传热量变化不大时，T_1 增加，也会使 T_2 有同幅度增加。综合两方面，可知 T_2 是增大的。

② 在 A、T_1、t_1、w_c 等保持不变的情况下，w_h 增加，会使 K 增加，由式 (b) 可知 Q 会增加；另外，w_h 增加，也会使 Q_h 增加。所以由式 (a) 可知 t_2 会增大。

在 A、T_1、t_1 等不变、K 增大时，由式 (b) 可知：只有 T_2 增加的比 t_2 增加的还多时，才会保持 Q 增大，所以，T_2 是增大的。

【例 3-6】 如图 3-24 所示在一列管换热器中用饱和水蒸气预热某有机溶液（无相变），蒸汽走壳程。问在下面两种情况下，Q、t_2将如何变化？①饱和蒸汽压力 p_s增加（w_c、t_1不变）；②w_c增加（t_1、p_s不变）。

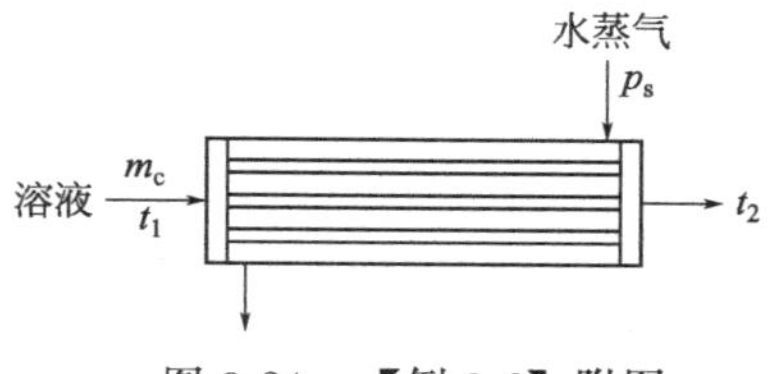

图 3-24 【例 3-6】附图

解 建立热量衡算式和传热方程式：

$$Q_c = w_c C_{p,c}(t_2 - t_1) \tag{a}$$

$$Q = KA\Delta t_m \approx KA(2T_s - t_1 - t_2)/2 \tag{b}$$

① 饱和蒸汽压力增大，即其温度 T_s增大。A、w_c不变，可认为 K 不变，T_s增大，传热推动力 Δt_m增大，由式（b）可得 Q 增大；Q_c增大，由式（a）可得 t_2增大。回过来看：因为两倍 T_s增加值肯定大于 t_2的增加值，由式（b）可以看出 Q 是增加的。

② w_c增大，使溶液这侧的对流传热系数增大，K 增大，但 K 值的增加幅度要比 w_c小。在 w_c增大较多、Q_c增大较少的情况下，由式（a）可看出：t_2是减小的。

3.3.3 换热过程的节能

（1）改进工艺装置，提高燃料的热利用率

① 合理利用能源，采用热-电联合系统。

② 改进工艺，提高热能利用率。

（2）热量的充分回收利用

① 最有效地利用工厂中大量低位热能。

② 化学反应热的充分利用。

（3）减少热量传输过程中的热损失

① 减少设备及管道的热损失。

② 降低换热器的传热温差，以减少热有效能损失。

（4）减少换热器的压降损失，以降低动力消耗。

（5）加强生产管理，杜绝“跑、冒、滴、漏”。

（6）提高传热系数 K 值。

（7）强化传热过程，采用新型高效的传热元件与传热设备

① 换热表面粗糙法。

② 应用流体旋转法以强化传热过程。

③ 换热表面扩展法。

④ 换热表面特殊处理法。

⑤ 采用新型高效的换热设备。

（8）热管技术应用。

3.4 换热器的操作

3.4.1 列管式换热器的基本操作

（1）开车步骤

① 检查装置上的仪表、阀门等是否齐全好用。

② 打开冷凝水阀，排放积水；打开放空阀，排除空气和不凝性气体，放净后逐一关闭。

③ 打开冷流体进口阀并通入流体，而后打开热流体入口阀，缓慢或逐次地通入。做到先预热后加热，防止骤冷骤热对换热器寿命的影响。通入的流体应干净，以防结垢。

④ 调节冷、热流体的流量，以达到工艺要求所需的温度。

⑤ 经常检查冷热流体的进出口温度和压力变化情况，如有异常现象，应立即查明原因，排除故障。

⑥ 在操作过程中，换热器的一侧若为蒸汽的冷凝过程，则应及时排放冷凝液和不凝气体，以免影响传热效果。

⑦ 定时分析冷热流体的变化情况，以确定有无泄漏，如泄漏及时修理。

⑧ 定期检查换热器及管子与管板的连接处是否有损，外壳有无变形以及换热器有无振动现象。若有应及时排除。

(2) 停车步骤　在停车时，应先停热流体，后停冷流体，并将壳程及管程内的液体排净，以防换热器冻裂和锈蚀。

在操作使用换热器时，必须注意如下几个方面：

① 投产前应检查压力表、温度计、液位计以及有关阀门是否齐全好用。

② 输进蒸汽前先打开冷凝水排放阀门，排除积水和污垢；打开放空阀，排除空气和其他不凝性气体。

③ 换热器投产时，要先通入冷流体，缓慢或数次通入热流体，做到先预热后加热，切忌骤冷骤热。

④ 如果含有大颗粒固体杂质和纤维质，一定要提前过滤和清除，防止堵塞通道。

⑤ 经常检查两种流体的进出口温度和压力，发现温度、压力超出正常范围时，要立即查出原因，采取措施，使之恢复正常。

⑥ 定期分析流体的成分，以确定有无内漏，以便及时处理。

⑦ 定期检查换热器有无渗漏、外壳有无变形以及有无振动。定期排放不凝性气体和冷凝液，定期进行清洗。

具体操作要点：

① 蒸汽加热时，必须不断排除冷凝水，同时还必须经常排除不凝性气体。

② 热水加热时，要定期排放不凝性气体。

③ 烟道气加热时，必须时时注意被加热物料的液位、流量和蒸汽产量，还必须做到定期排污。

④ 导热油加热时，必须严格控制进出口温度，定期检查进出管口及介质流道是否结垢，做到定期排、定期放空，过滤或更换导热油。

⑤ 水和空气冷却时，注意根据季节变化调节水和空气的用量，用水冷却时，还要注意定期清洗。

⑥ 冷冻盐水冷却时，应严格控制进出口温度，防止结晶堵塞介质通道，要定期放空和排污。

⑦ 冷凝时，要定期排放蒸汽侧的不凝性气体，特别是减压条件下不凝性气体的排放。

3.4.2 换热器的维护与保养

(1) 列管换热器的维护和保养

① 保持设备外部整洁、保温层和油漆完好。

② 保持压力表、温度计、安全阀和液位计等仪表和附件的齐全、灵敏和准确。

③ 发现阀门和法兰连接处渗漏时，应及时处理。

④ 开停换热器时，不要将阀门开得太猛，否则容易造成管子和壳体受到冲击，以及局部骤然胀缩，产生热应力，使局部焊缝开裂或管子连接口松弛。

⑤ 尽可能减少换热器的开停次数，停止使用时，应将换热器内的液体清洗放净，防止冻裂和腐蚀。

（2）板式换热器的维护和保养

① 保持设备整洁、油漆完好，紧固螺栓的螺纹部分应涂防锈油并加外罩，防止生锈和黏结灰尘。

② 保持压力表、温度计灵敏、准确，阀门和法兰无渗漏。

③ 定期清理和切换过滤器，预防换热器堵塞。

④ 组装板式换热器时，螺栓的拧紧要对称进行，松紧适宜。

3.4.3 换热器的常见故障和处理方法

（1）列管换热器的常见故障与处理方法 见表 3-11。

表 3-11 列管换热器的常见故障与处理方法

故 障	产 生 原 因	处 理 方 法
传热效率下降	① 列管结垢 ② 壳体内不凝气或冷凝液增多 ③ 列管、管路或阀门堵塞	① 清洗管子 ② 排放不凝气和冷凝液 ③ 检查清理
振 动	① 壳程介质流动过快 ② 管路振动所致 ③ 管束与折流板的结构不合理 ④机座刚度不够	① 调节流量 ② 加固管路 ③ 改进设计 ④ 加固机座
管板与壳体连接处开裂	① 焊接质量不好 ② 外壳歪斜，连接管线拉力或推力过大 ③ 腐蚀严重，外壳壁厚减薄	① 清除补焊 ② 重新调整找正 ③ 鉴定后修补
管束、胀口渗漏	① 管子被折流板磨破 ② 壳体和管束温差过大 ③ 管口腐蚀或胀(焊)接质量差	① 堵管或换管 ② 补胀或焊接 ③ 换管或补胀(焊)

（2）板式换热器的主要故障和处理方法 见表 3-12。

表 3-12 板式换热器的主要故障和处理方法

故 障	产 生 原 因	处 理 方 法
密封处渗漏	① 胶垫未放正或扭曲 ② 螺栓紧固力不均匀或紧固不够 ③ 胶垫老化或有损伤	① 重新组装 ② 调整螺栓紧固度 ③ 更换新垫
内部介质渗漏	① 板片有裂缝 ② 进出口胶垫不严密 ③ 侧面压板腐蚀	① 检查更新 ② 检查修理 ③ 补焊、加工
传热效率下降	① 板片结垢严重 ② 过滤器或管路堵塞	① 解体清理 ② 清理

（3）换热器的清洗方法　换热器的清洗有化学清洗和机械清洗两种方法，对清洗方法的选定应根据换热器的形式、污垢的类型等情况而定。一般化学清洗适用于结构较复杂的情况，如列管换热器管间、U形管内的清洗，由于清洗剂一般呈酸性，对设备多少会有一些腐蚀。机械清洗常用于坚硬的垢层、结焦或其他沉积物，但只能清洗清洗工具能够到达之处，如列管换热器的管内（卸下封头），喷淋式蛇管换热器的外壁、板式换热器（拆开后），常用的清洗工具有刮刀、竹板、钢丝刷、尼龙刷等。另外，还可以用高压水进行清洗。

4 蒸发操作方案

将含有不挥发性溶质的稀溶液加热沸腾，使部分溶剂汽化并使溶液得到浓缩的过程称为蒸发。

（1）蒸发操作的目的

① 浓缩稀溶液直接制取产品或将浓溶液再处理（如冷却结晶）制取固体产品，如：果汁、烧碱溶液的制取等。

② 制取或回收纯溶剂，如：海水淡化。

③ 同时制取浓缩液和回收溶剂，如有机磷农药苯溶液的浓缩脱苯，中药生产中酒精浸出液的蒸发等。

（2）蒸发操作的分类

① 按蒸发的效数分类，可将蒸发分为单效蒸发和多效蒸发。若蒸发出来的二次蒸汽直接冷凝而不再利用，称为单效蒸发（图 4-1）；将几个蒸发器按一定方式组合起来，利用前一个蒸发器的二次蒸汽作为后一个蒸发器的加热蒸汽进行操作，称为多效蒸发（图 4-2）。利用多效蒸发是减小加热蒸汽消耗量，节约热能的主要途径。

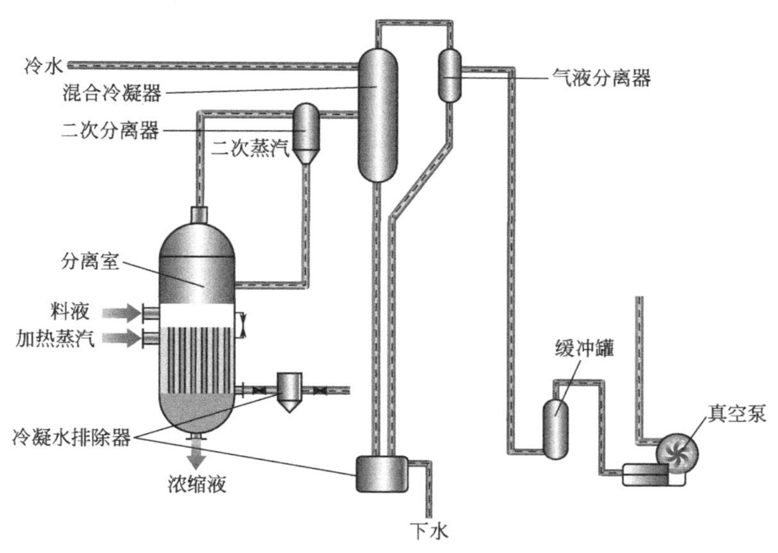

图 4-1　单效蒸发流程

② 按操作压力来分类，可分为常压蒸发、加压蒸发和减压蒸发。常压蒸发的特点是可采用敞口设备，二次蒸汽可直接排放到大气中，但会造成对环境的污染，适用于临时性或小批量的生产。加压操作则可提高二次蒸汽的温度，从而提高其利用价值，但要求加热蒸汽的压力相对较高，在多效蒸发中，前面几效通常采用加压操作。减压操作由于溶液沸点（操作温度）降低，从而具有传热温度差大、可以利用低压蒸汽或废蒸汽作为加热蒸汽、可防止热敏性物料变质或分解、系统的热损失相应减小等优点，特别适用于热敏性物料。

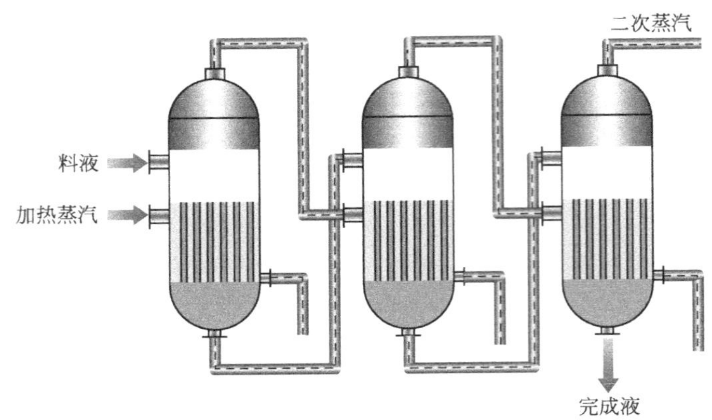

图 4-2 多效蒸发流程

③ 按操作方式，可分为间歇蒸发和连续蒸发。间歇蒸发特点是蒸发过程中，溶液的浓度和沸点随时间改变，所以是不稳定操作，适用于小规模、多品种的场合。连续蒸发为稳定操作，适用于大规模的生产过程。

(3) 蒸发操作的特点

① 蒸发的目的是为了使溶剂汽化，因此被蒸发的溶液应由具有挥发性的溶剂和不挥发性的溶质组成，这一点与蒸馏操作中的溶液是不同的。整个蒸发过程中溶质数量不变，这是本章物料衡算的基本依据。

② 溶剂的汽化可分别在低于沸点和沸点时进行。在低于沸点时进行，称为自然蒸发。如海水制盐用太阳晒，此时溶剂的汽化只能在溶液的表面进行，蒸发速率缓慢，生产效率较低，故该法在其他工业生产中较少采用。若溶剂的汽化在沸点温度下进行，则称为沸腾蒸发，溶剂不仅在溶液的表面汽化，而且在溶液内部的各个部分同时汽化，蒸发速率大大提高。本章只讨论工业生产中普遍采用的沸点汽化。

③ 蒸发操作是一个传热和传质同时进行的过程，蒸发的速率决定于过程中较慢的那一步过程的速率，即热量传递速率，因此工程上通常把它归类为传热过程。

④ 由于溶液中的溶质的存在，在溶剂汽化过程中溶质易在加热表面析出而形成污垢，影响传热效果。当该溶质为热敏性物质时，还有可能因此而分解变质。

⑤ 蒸发操作需在蒸发器中进行。沸腾时，由于液沫的夹带而可能造成物料的损失，因此蒸发器在结构上与一般加热器是不同的。

⑥ 蒸发操作中要将大量溶剂汽化，需要消耗大量的热能，因此，蒸发操作的节能问题将比一般传热过程更为突出。由于目前工业上常用水蒸气作为加热热源，而被蒸发的物料大多为水溶液，汽化出来的蒸汽仍然是水蒸气，为区别起见，我们将用来加热的蒸汽称为生蒸汽，将从蒸发器中蒸发出的蒸汽称为二次蒸汽。

4.1 蒸发操作原理

(1) 单元蒸发的计算 单效蒸发计算的主要内容有：水分蒸发量；加热蒸汽消耗量；蒸发器的传热面积。

计算的依据是：物料衡算、热量衡算和传热速率方程。

① 水分蒸发量的计算 对如图4-3所示单效蒸发器作溶质的衡算，得

$$Fw_0=(F-W)w_1$$

或

$$W=F\left(1-\frac{w_0}{w_1}\right) \tag{4-1}$$

式中 F——原料液的流量，kg/h；

W——单位时间从溶液中蒸发的水分量，即蒸发量，kg/h；

w_0——原料液中溶质的质量分数；

w_1——完成液中溶质的质量分数。

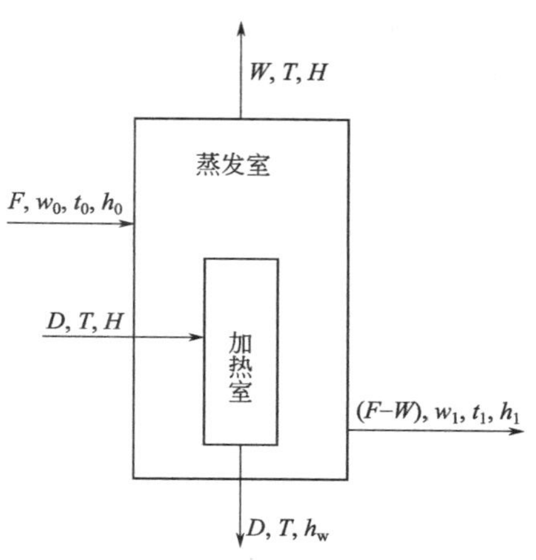

图4-3 蒸发单元

② 加热蒸汽消耗量 加热蒸汽消耗量通过热量衡算求得。通常，加热蒸汽为饱和蒸汽，且冷凝后在饱和温度下排出，则加热蒸汽仅放出潜热用于蒸发。若料液在低于沸点温度下进料，对热量衡算式整理得：

$$Q=Dr=FC_{p0}(t_1-t_0)+Wr'+Q_{损} \tag{4-2}$$

式中 Q——蒸发器的热负荷或传热量，kJ/h；

D——加热蒸汽消耗量，kg/h；

C_{p0}——原料液比热容，kJ/(kg·℃)；

t_0——原料液的温度,℃；

t_1——溶液的沸点,℃；

r——加热蒸汽的汽化潜热，kJ/kg；

r'——二次蒸汽的汽化潜热，kJ/kg；

$Q_{损}$——蒸发器的热损失，kJ/h。

原料液的比热容可按下面的经验式计算

$$C_{p0}=C_{p水}(1-w_0)+C_{pB}w_0 \tag{4-3}$$

式中 $C_{p水}$——水的比热容，kJ/(kg·℃)；

C_{pB}——溶质的比热容，kJ/(kg·℃)。

由式（4-2）得加热蒸汽消耗量为

$$D=\frac{FC_{p0}(t_1-t_0)+Wr'+Q_{损}}{r} \tag{4-4}$$

若溶液为沸点进料，则 $t_1=t_0$，设蒸发器的热损失忽略不计，则式（4-4）可简化为

$$D=\frac{Wr'}{r} \tag{4-5}$$

或

$$\frac{D}{W}=\frac{r'}{r} \tag{4-6}$$

式中 D/W——蒸发1kg水时的蒸汽消耗量，称为单位蒸汽消耗量。

由于蒸汽的潜热随压力变化不大，即 $r\approx r'$，故 $D/W\approx 1$。但实际上因蒸发器有热损失等的影响，D/W 约为1.1或稍高。

【例 4-1】 今欲将操作条件下比热容为 3.7kJ/(kg·℃) 的 11.6%（质量分数）的 NaOH 溶液浓缩到 18.3%，已知溶液的初始温度为 293K，溶液的沸点为 337.2K，加热蒸汽的压力约为 0.2MPa，每小时处理的原料量为 1t，设备的热损失按热负荷的 5%计算。试求加热蒸汽消耗量。

解 已知 $F=1000\text{kg/h}$；$C_{p1}=3.7\text{kJ/(kg·℃)}$；$t_f=337.2\text{K}$；$t_1=293\text{K}$；$Q_L=0.05DR$

从附录十三中可查得：加热蒸汽压力为 0.2MPa 时的汽化潜热 $R=2202.7\text{kJ/kg}$，

温度为 337.2 K 时的二次蒸汽的汽化潜热 $r=2344.7\text{kJ/kg}$

根据式（4-1）得：

$$W=1000\times\left(1-\frac{0.116}{0.183}\right)=366(\text{kg/h})$$

根据式（4-4）得：

$$D=\frac{FC_{p1}(t_f-t_1)+Wr+Q_L}{R}$$

$$=\frac{1.05\times[FC_{p1}(t_f-t_1)+Wr]}{R}$$

$$=\frac{1.05\times[1000\times3.7\times(337.2-293)+366\times2344.7]}{2202.7}$$

$$=487(\text{kg/h})$$

③ 蒸发器的传热面积计算 根据传热基本方程，得出传热面积 A 为

$$A=\frac{Q}{K\Delta t_m}\tag{4-7}$$

式中 A——换热器的传热面积，m^2；

Q——蒸发器的热负荷，W；

Δt_m——传热平均温差，℃；

K——换热器的总传热系数，$W/(m^2·℃)$。

根据热量衡算，蒸发器的热负荷 $Q=Dr$；蒸发过程为加热蒸汽冷凝和溶液沸腾之间的恒温传热，$\Delta t_m=T-t_1$；K 值可按传热章提供的公式计算，由于管内沸腾对流传热系数，其值受溶液性质、蒸发器的结构及操作条件等诸多因素的影响，目前还缺乏可靠的计算方法，因此，蒸发器的总传热系数主要是通过实验测定或选用经验数值。

（2）提高蒸发强度的途径

① 提高传热温度差 提高传热温度差可从提高热源的温度或降低溶液的沸点等角度考虑，工程上通常采用下列措施来实现。

a. 真空蒸发 真空蒸发可以降低溶液沸点，增大传热推动力，提高蒸发器的生产强度，同时由于沸点较低，可减少或防止热敏性物料的分解。另外，真空蒸发可降低对加热热源的要求，即可利用低温位的水蒸气作热源。但是，应该指出，溶液沸点降低，其黏度会增高，并使总传热系数 K 下降。当然，真空蒸发要增加真空设备并增加动力消耗。图 4-1 即为典型的单效真空蒸发流程。其中真空泵主要作用是抽吸由于设备、管道等接口处泄漏的空气及物料中溶解的不凝性气体等。

b. 高温热源 提高 Δt_m 的另一个措施是提高加热蒸汽的压力，但这时要对蒸发器的设计和操作提出严格要求。一般加热蒸汽压力不超过 0.6～0.8MPa。对于某些物料如果加压

蒸汽仍不能满足要求时，则可选用高温导热油、熔盐或改用电加热，以增大传热推动力。

② 提高总传热系数　蒸发器的总传热系数主要取决于溶液的性质、沸腾状况、操作条件以及蒸发器的结构等。这些已在前面论述，因此，合理设计蒸发器以实现良好的溶液循环流动，及时排除加热室中不凝性气体，定期清洗蒸发器（加热室内管），均是提高和保持蒸发器在高强度下操作的重要措施。

4.2　蒸发流程选择

多效蒸发的操作流程有：顺流加料、逆流加料和平流加料三种。

（1）顺流加料蒸发流程　原料液和加热蒸汽都加入第Ⅰ效，溶液顺序流过第Ⅰ、Ⅱ、Ⅲ效，从第Ⅲ效取出完成液。加热蒸汽在第Ⅰ效加热室中被冷凝后，经冷凝水排除器排出。从第Ⅰ效出来的二次蒸汽进入第Ⅱ效加热室供加热用；第Ⅱ效的二次蒸汽进入第Ⅲ效加热室；第Ⅲ效的二次蒸汽进入冷凝器中冷凝后排出（图 4-4）。

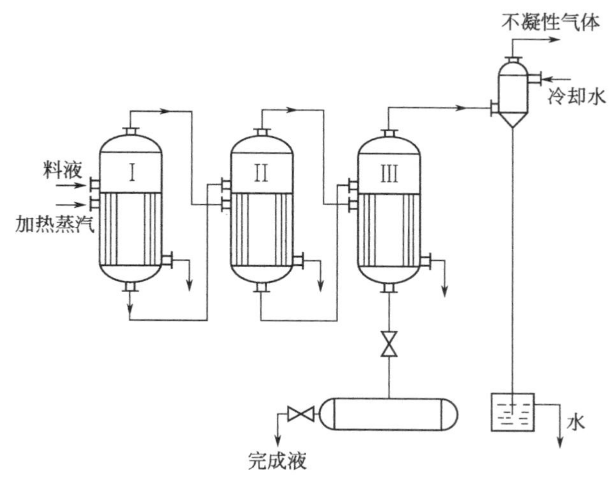

图 4-4　顺流加料蒸发流程

顺流加料流程的优点是：各效的压力依次降低，溶液可以自动地从前一效流入后一效，不需用泵输送；各效溶液的沸点依次降低，前一效的溶液进入后一效时将发生自蒸发而蒸发出更多的二次蒸汽。缺点是：随着溶液的逐效增浓，温度逐效降低，溶液的黏度则逐效增高，使传热系数逐效降低。因此，顺流加料不宜处理黏度随浓度的增加而迅速加大的溶液。

烧碱的三效顺流蒸发工艺

将来自电解工序的含氢氧化钠 10% 的电解液，分别通过一、二、三级淡碱预热器预热至 120℃以上，进入Ⅰ效蒸发器蒸发至 12%，进入Ⅱ效蒸发器蒸发至 18%，再进入Ⅲ效蒸发器蒸发浓缩至 30%，经过冷却澄清过滤除盐，再经配碱合格后进成品库销售。

0.5～0.8MPa 的生蒸汽经蒸汽分配台后，进入Ⅰ效蒸发器的加热室加热Ⅰ效料液，蒸汽凝结水经恒水位疏水控制装置后送至三级、一级淡碱预热器预热淡碱后，再送至电站锅炉。产生的碱液蒸汽（Ⅰ效二次汽）作为Ⅱ效蒸发器的加热蒸汽，凝结水预热回收母液后再至热水贮槽。Ⅱ效被蒸发出的碱蒸汽（Ⅱ效二次汽）作为Ⅲ效蒸发器的加热蒸汽，凝结水至热水贮槽。Ⅲ效被蒸发的碱蒸汽（Ⅲ效二次汽）经大气冷凝器水冷凝后进凉水塔，经凉水塔冷却后循环冷却Ⅲ效二次汽。由于Ⅲ效二次汽冷凝后体积急剧收缩，从而使Ⅲ效形成真空。不凝气体从大气冷凝器顶部被真空泵抽出，从而保持Ⅲ效真空的持续、稳定。热水贮槽内热水用热水泵送至脱硝热水槽加酸调节pH值，合格后送电站回收利用。

(2) 逆流加料蒸发流程　原料液从末效加入，然后用泵送入前一效，最后从第Ⅰ效取出完成液。蒸汽的流向则顺序流过第Ⅰ、Ⅱ、Ⅲ效，料液的流向与蒸汽的流向相反（图4-5）。

① 溶液在效间的输送需要泵。

② 无自蒸发现象，产生的二次蒸汽量少。

③ 完成液在第一效排出，温度较高，损失的热量多，且不利于热敏性材料的蒸发。

④ 传热系数均匀，保持在较高的水平。

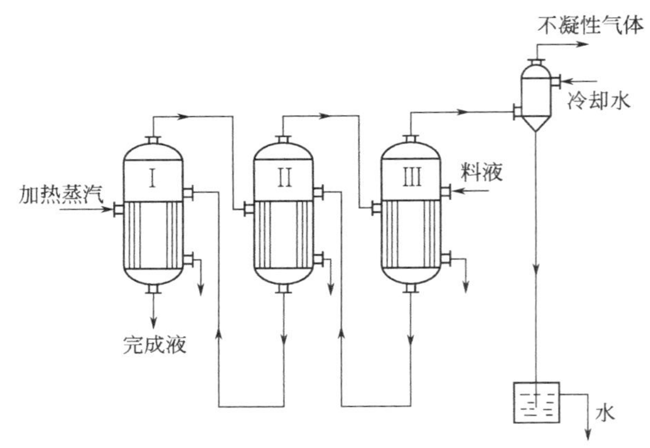

图4-5　逆流加料蒸发流程

烧碱三效逆流降膜蒸发工艺

来自离子膜电解系统的电解液经过加压进入Ⅲ效蒸发器，蒸发部分水分；碱液由泵打到预热器后，进入Ⅱ效蒸发器进一步浓缩；碱液经泵、预热器进入Ⅰ效蒸发器浓缩至成品碱。成品碱经泵、预热器及冷却器冷却后进入成品碱贮罐。

中压蒸汽进入Ⅰ效蒸发器，冷凝水经预热器后排入冷凝水贮罐，Ⅰ效二次蒸汽作为Ⅱ效热源进入Ⅱ效蒸发器；Ⅱ效产生的冷凝水排入Ⅲ效蒸发器，Ⅱ效二次蒸汽作为Ⅲ效热源经增湿后进入Ⅲ效蒸发器；Ⅲ效产生的二次蒸汽进入冷凝器换热后进入冷凝水槽，未被冷凝的气体由真空泵抽出，使Ⅱ效和Ⅲ效维持一定的真空度。

三效逆流降膜蒸发流程的优点：①充分回收了Ⅰ效碱和高温蒸汽冷凝水的热量，提高了换热效率；②气液分离器分离效果较好，冷凝水含碱量低；③真空系统稳定可靠，决定着装置的加工能力、产品品质、汽耗和设备腐蚀速率；④设置安全阀，保护蒸发器；⑤碱浓度控制精确，保证了产品品质；⑥自动化程度高，劳动强度低。

(3) 平流加料蒸发流程 每一效中都送入原料液，放出完成液。这种加料法主要用在蒸发过程中有晶体析出的场合。溶液不在效间流动，有利于有结晶析出的情况或得到不同浓度的料液（图 4-6）。

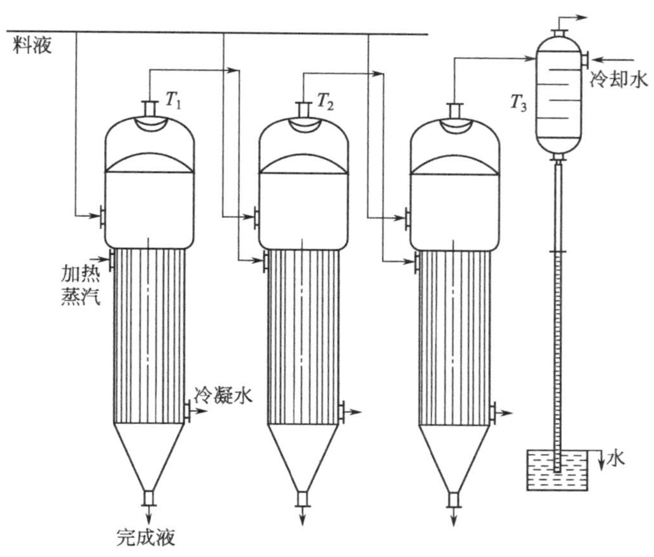

图 4-6 平流加料蒸发流程

多效蒸发的经济性：

① 加热蒸汽的经济性，蒸发过程的单位蒸汽消耗量，见表 4-1。

② 多效蒸发效数的限制，根据设备费和操作费之和为最小来确定。

③ 蒸发操作节能措施

a. 抽出额外蒸汽；

b. 冷凝水显热的利用；

c. 热泵蒸发。

将二次蒸汽通过压缩机压缩后送回蒸发器作为加热蒸汽再次使用。

表 4-1 蒸发过程的单位蒸汽消耗量

效数 n	单效	双效	三效	四效	五效
理想值	1	0.5	0.33	0.25	0.2
实际平均值	1.1	0.57	0.4	0.3	0.27

4.3 蒸发设备

蒸发器的类型有：循环型和非循环型（单程型）两种。

(1) 循环型

① 中央循环管式蒸发器 这种蒸发器目前在工业上应用最广泛，其结构如图 4-7 所示，加热室如同列管式换热器一样，为 1～2m 长的竖式管束组成，称为沸腾管，但中间有一个直径较大的管子，称为中央循环管，它的截面积等于其余加热管总截面积的 40%～100%，由于它的截面积较大，管内的液体量比小管中要多；而小管的传热面积相对较大，使小管内

的液体的温度比大管中高，因而造成两种管内液体存在密度差，再加上二次蒸汽在上升时的抽吸作用，使得溶液从沸腾管上升，从中央循环管下降，构成一个自然对流的循环过程。

蒸发器的上部为分离室，也称蒸发室。加热室内沸腾溶液所产生的蒸汽带有大量的液沫，到了蒸发室的较大空间内，液沫相互碰撞结成较大的液滴而落回到加热室的列管内，这样，二次蒸汽和液沫分开，蒸汽从蒸发器上部排出，经浓缩以后的完成液从下部排出。

中央循环管蒸发器的主要优点是：结构简单、紧凑，制造方便，操作可靠，投资费用少。缺点是：清理和检修麻烦，溶液循环速度较低，一般仅在 0.5m/s 以下，传热系数小。它适用于黏度适中，结垢不严重，有少量的结晶析出及腐蚀性不大的场合。中央循环管式蒸发器在工业上的应用较为广泛。

② 悬筐式蒸发器　其结构如图 4-8 所示，它的加热室像个篮筐，悬挂在蒸发器壳体的下部，作用原理与中央循环管式相同，加热蒸汽从蒸发器的上部进入到加热管的管隙之间，溶液仍然从管内通过，并经外壳的内壁与悬筐外壁之间的环隙中循环，环隙截面积一般为加热管总面积的 100％～150％。这种蒸发器的优点是溶液循环速度比中央循环管式要大（一般在 1～1.5m/s），而且，加热器被液流所包围，热损失也比较小；此外，加热室可以由上方取出，清洗和检修比较方便。缺点是结构复杂，金属耗量大。它适用于容易结晶的溶液的蒸发，这时可增设析盐器，以利于析出的晶体与溶液分离。

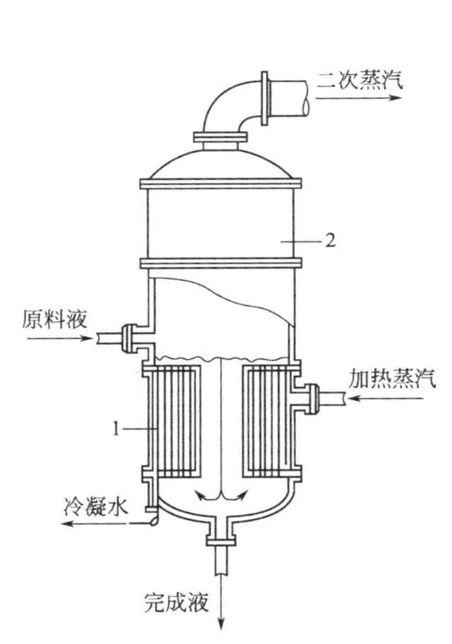

图 4-7　中央循环管式蒸发器

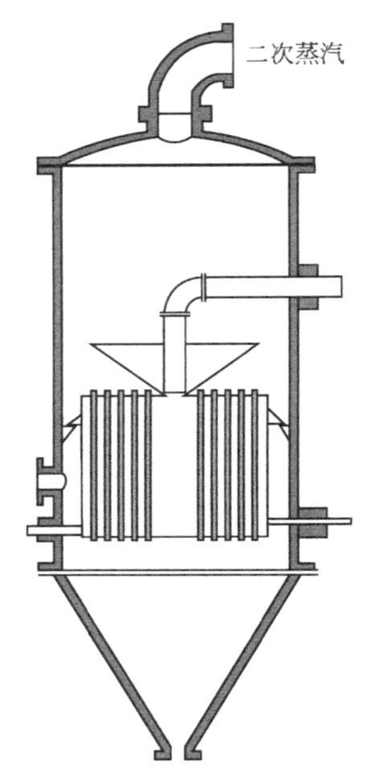

图 4-8　悬筐式蒸发器

优点：循环速度加快，清洗、检修方便，传热系数高，热损失小；缺点：结构复杂，设备费用高。

③ 外热式蒸发器　其结构如图 4-9 所示，它的特点是把管束较长的加热室装在蒸发器的外面，即将加热室与蒸发室分开。这样，一方面降低了整个设备的高度，另一方面由于循环管没有受到蒸汽加热，增大了循环管内与加热管内溶液的密度差，从而加快了溶液的自然循环速度，同时还便于检修和更换。

优点：便于清洗和更换，降低蒸发器的总高度，循环速度快，传热系数大。缺点：单位面积金属耗量大，热损失大。

④ 列文蒸发器 列文蒸发器（如图 4-10 所示）是自然循环蒸发器中比较先进的一种型式，主要部件为加热室、沸腾室、循环管和分离室。它的主要特点是在加热室的上部有一段大管子，即在加热管的上面增加了一段液柱。这样，使加热管内的溶液所受的压力增大，因此溶液在加热管内不致达到沸腾状态。随着溶液的循环上升，溶液所受的压力逐步减小，通过工艺条件的控制，使溶液在脱离加热管时开始沸腾，这样，溶液的沸腾层移到了加热室外进行，从而减少了溶液在加热管壁上因沸腾浓缩而析出结晶或结垢的机会。由于列文蒸发器具有这种特点，所以又称为管外沸腾式蒸发器。

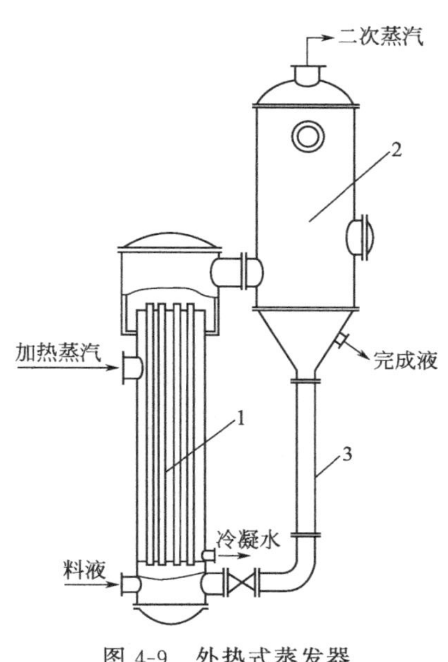

图 4-9 外热式蒸发器

1—加热室；2—蒸发室；3—循环管

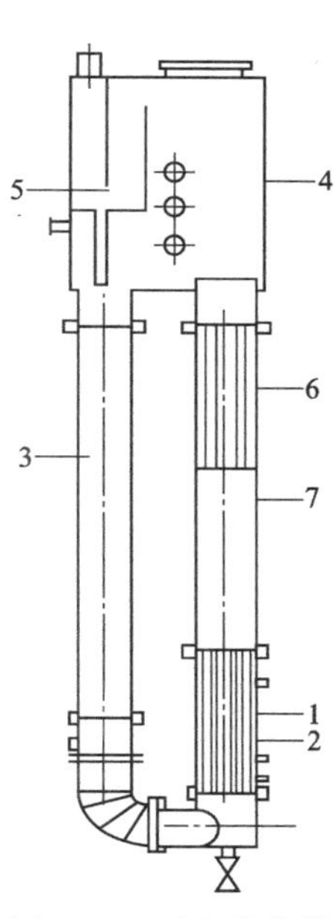

图 4-10 列文蒸发器

1—加热室；2—加热管；3—循环管；4—分离室；5—除沫器；6—挡板；7—沸腾室

列文蒸发器中循环管的截面积比一般自然循环蒸发器的截面积都要大，通常为加热管总截面积的 2～3.5 倍，这样，溶液循环时的阻力减小；加之加热管和循环管都相当长，通常可达 7～8m，循环管不受热，因此，两个管段中溶液的温差较高、密度差较大，从而造成了比一般自然循环蒸发器要大的循环推动力，溶液的循环速度可以达到 2～3m/s，整个蒸发器的传热系数可以接近于强制循环蒸发器的数值，而不必付出额外的动力。因此，这种蒸发器在国内化工企业中，特别是一些大中型电化厂的烧碱生产中应用较广。列文蒸发器的主要缺点是设备相当庞大，金属消耗量大，需要高大的厂房；另外，为了保证较高的溶液循环速度，要求有较大的温度差，因而要使用压力较高的加热蒸汽等。适用范围：适于处理易结晶、结垢及黏度大的溶液。

⑤ 强制循环型蒸发器 在一般自然循环蒸发器中，循环速度比较低，一般小于 1m/s，为了处理黏度大或容易析出结晶与结垢的溶液，必须加大溶液的循环速度，以提高传热系数，为此，采用了强制循环型蒸发器，其结构如图 4-11 所示。蒸发器内的溶液，依靠泵的作用，沿着一定的方向循环，其速度一般可达 1.5～3.5m/s，因此，其传热速度和生产能力都较高。溶液的循环过程是这样进行的：溶液由泵自下而上地送入加热室内，并在此流动过程中因受热而沸腾，沸腾的气液混合物以较高的速度进入蒸发室内，室内的除沫器（挡板）

促使其进行气液分离，蒸汽自上部排出，液体沿循环管下降被泵再次送入加热室而循环。

这种蒸发器的传热系数比一般自然循环蒸发器大得多，因此，在相同的生产任务下，蒸发器的传热面积比较小。缺点是动力消耗比较大，每平方米加热面积需要0.4～0.8kW。适用范围：适于处理高黏度、易结垢或有结晶析出的溶液。

(2) 单程型蒸发器（膜式蒸发器） 上述几种蒸发器，溶液在器内停留的时间都比较长，对于热敏性物料的蒸发，容易造成分解或变质。膜式蒸发器的特点是溶液仅通过加热管一次，不作循环，溶液在加热管壁上呈薄膜状，蒸发速度快（数秒至数十秒），传热效率高，对处理热敏性物料的蒸发特别适宜，对于黏度较大、容易产生泡沫的物料的蒸发也比较适用。目前已成为国内外广泛应用的先进蒸发设备。膜式蒸发器的结构型式比较多，其中比较常用的有升膜式、降膜式、升降膜式和回转式薄膜蒸发器等。

① 升膜式蒸发器 结构如图4-12所示，它的加热室由一根或数根垂直长管组成。通常加热管径为25～50mm，管长与管径之比为100～150。原料液预热后由蒸发器底部进入加热器管内，加热蒸汽在管外冷凝。当原料液受热后沸腾汽化，生成二次蒸汽在管内高速上升，带动料液沿管内壁成膜状向上流动，并不断地蒸发汽化、加速流动，气液混合物进入分离器后分离，浓缩后的完成液由分离器底部放出。

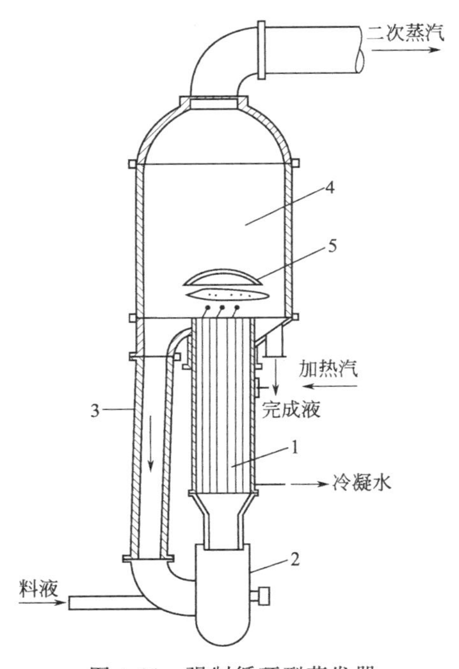

图4-11 强制循环型蒸发器

1—加热管；2—循环泵；3—循环管；4—蒸发室；5—除沫器

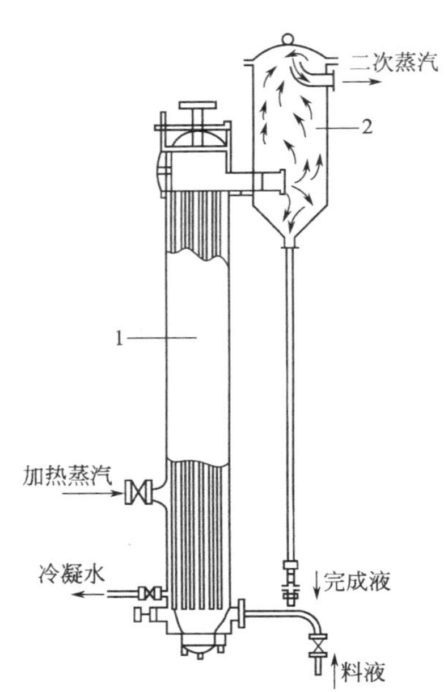

图4-12 升膜式蒸发器

1—蒸发器；2—分离室

这种蒸发器需要精心设计与操作，即加热管内的二次蒸汽应具有较高速度，并获较高的传热系数，使料液一次通过加热管即达到预定的浓缩要求。通常，常压下，管上端出口处速度以保持20～50m/s为宜，减压操作时，速度可达100～160m/s。

升膜蒸发器适宜处理蒸发量较大、热敏性、黏度不大极易起沫的溶液，但不适于高黏度、有晶体析出和易结垢的溶液。

② 降膜式蒸发器 降膜式蒸发器的加热室可以是单根套管，也可由管束及外壳组成。

原料液是从加热室的顶部加入，在重力作用下沿管内壁成膜状下降并进行蒸发，浓缩后的液体从加热室的底部进入到分离器内，并从底部排出，二次蒸汽由顶部逸出。在该蒸发器中，每根加热管的顶部必须装有降膜分布器，以保证每根管子的内壁都能为料液所润湿，并不断有液体缓缓流过，否则，一部分管壁出现干壁现象，不能达到最大生产能力，甚至不能保证产品质量。

降膜式蒸发器同样适用于热敏性物料，可用于蒸发黏度较大（0.05～0.45Pa·s)、浓度较高的溶液，但不适于处理易结晶和易结垢的溶液，这是因为这种溶液形成均匀液膜较困难，传热系数也不高。

5 蒸馏操作

化工生产过程中，常有两种以上组分的液体混合物需要对粗产品进行纯化或将溶剂回收提纯。

蒸馏即是根据均相液态混合物中各组分挥发度的不同，用部分汽化、部分冷凝的方法分离液态混合物的一种操作过程。蒸馏是分离液体混合物的典型单元操作。例如，将乙醇水溶液加热至部分汽化，由于乙醇的挥发性比水强（乙醇的沸点比水低），故乙醇较水易于从液相中汽化出来。若将所得蒸气冷凝，即可得到乙醇浓度更高的冷凝液，从而使乙醇和水得到初步分离。通常将沸点低的组分称为易挥发组分（或轻组分），沸点高的组分称为难挥发组分（或重组分）。

蒸馏属于相间传质过程或分离过程。即将物质从一相通过相界面转移到另一相的过程。化工生产中常见的传质过程有蒸馏、吸收、萃取及干燥等单元操作。

蒸馏按操作方式可分为简单蒸馏、精馏及特殊精馏等方法，工业生产中以精馏的应用最为广泛。按操作压力蒸馏可分为常压、加压和减压蒸馏。按被分离混合物中所含组分数目可分为双组分蒸馏及多组分蒸馏，工业生产中以多组分蒸馏为常见。按操作方式可分为连续蒸馏和间歇蒸馏等。

蒸馏在工业上的应用：

① 石油炼制工业（原油炼制得到汽油、煤油、柴油等）；

② 石油化工工业（基本有机原料、石油裂解气等分离）；

③ 空气的分离（氧气、氮气的制备）；

④ 食品加工及医药生产。

氯乙烯精馏过程的分离方案、精馏塔设计及操作

聚氯乙烯树脂生产包括：乙炔生产、氯乙烯合成、氯乙烯精制、树脂聚合四个过程。

氯乙烯精制过程中，粗氯乙烯通过精馏方法获得纯净氯乙烯。

分离要求：获得氯乙烯含量$\geqslant 99.99\%$，乙炔$\leqslant 5\times 10^{-6}$；二氯乙烷等高沸物$\leqslant 20\times 10^{-6}$；水$\leqslant 200\times 10^{-6}$。

要完成的任务：

① 制定氯乙烯精馏分离方案；

② 选择合适的精馏分离设备类型；

③ 设计计算出精馏装置的主要工艺尺寸；

④ 掌握精馏分离操作方法和规程。

5.1 蒸馏分离方案

5.1.1 获取汽液平衡关系

蒸馏是气液间的传质过程，传质推动力是气相或者液相的实际浓度与平衡浓度的差距，传质过程的极限程度是汽液两相达到相平衡，因此，汽液平衡关系是分析蒸馏原理和进行设备设计计算的基础。

5.1.1.1 拉乌尔定律

根据溶液中同分子间作用力与异分子间作用力的差异程度，可将溶液分为理想溶液和非理想溶液。理想溶液是指同分子间作用力与异分子间作用力相同或相近，溶液中各个组分在全部浓度范围内（$x=0\sim1$）服从拉乌尔定律，即

$$p_A=p_A^0x_A \qquad (x_A=0\sim1) \tag{5-1}$$

$$p_B=p_B^0x_B=p_B^0(1-x_A) \qquad (x_B=0\sim1) \tag{5-2}$$

若溶液各组分与拉乌尔定律偏离较远，就称为非理想溶液。

一般而言，如果溶液中各个组分的物性和分子结构相似，分子大小相近，其行为就接近于理想溶液。例如苯-甲苯、甲醇-乙醇等二元混合溶液可视为理想溶液。

5.1.1.2 沸点-组成图（t-x-y 图）

如汽液平衡时总压 P 不高（一般小于 10atm），则道尔顿分压定律适用于气相，即

$$P=p_A+p_B \tag{5-3}$$

若溶液为理想溶液，则有

$$P=p_A^0x_A+p_B^0x_B=p_A^0x_A+p_B^0(1-x_A) \tag{5-4}$$

由上式得

$$x_A=\frac{P-p_B^0}{p_A{}^0-p_B^0} \tag{5-5}$$

又由道尔顿分压定律得

$$y_A=\frac{p_A}{P}=\frac{x_Ap_A^0}{P} \tag{5-6}$$

对于二元物系，表示组分组成的下标可去掉。

当总压为定值时，任选取一个温度值 t_1，查得该温度下的各纯组分的饱和蒸气压 p_A^0 和 p_B^0（如果没有实验数据可查取时可用经验公式如 Antoine 方程进行计算），然后据式（5-5）计算相应的 x_1 值，又据式（5-6）计算相应的 y_1 值，注意 x_1 和 y_1 是互相达成平衡的两个组成值；再取一个温度值 t_2，用同样的方法求得 x_2 和 y_2……如此重复进行，得到一组 t_k，x_k，y_k（$k=1$，2，3，…）数据。将得到的 t_k，x_k 数据以 x 为横坐标，以 t 为纵坐标作图得到一系列的点，将这些连接成一条光滑的曲线，称为 t-x 线；相似地，将得到的 t_k，y_k 数据以 y 为横坐标，以 t 为纵坐标作图得到一系列的点，将这些连接成一条光滑的曲线，称为 t-y 线。将 t-x 线和 t-y 线绘制在同一张图上，则称为 t-x-y 图，如图 5-1 所示，该图的物系为苯-甲苯二元物系。

在 t-x-y 图中，有两条线和三个区域。两条线即 t-x 线和 t-y 线，三个区域分别是：在 t-x 线以下为液相区，在 t-y 线以上为气相区，在 t-x 线和 t-y 线之间为气液两相共存区。

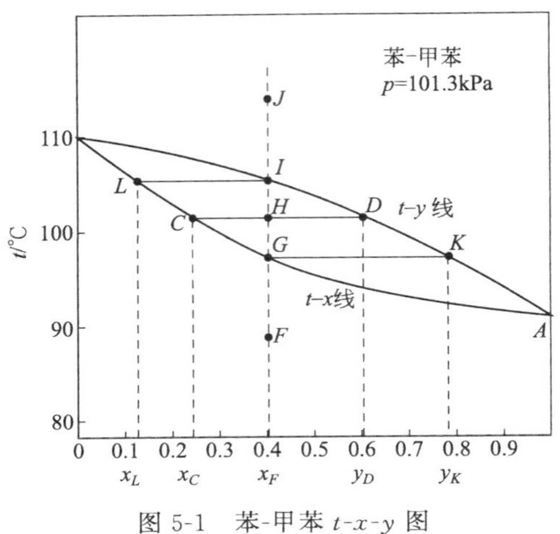

图 5-1 苯-甲苯 t-x-y 图

下面讨论某种初始组成的液体或气体混合物在升温或降温过程中的相态及组成将如何变化（见图 5-1）。

设对初始组成为苯的摩尔分数 $x_F=0.4$ 的苯和甲苯混合溶液在室温下进行加热升温，当温度低于 95℃时，混合液一直处于液体单相状态；当温度达到 95℃时（图 5-1 中 G 点），液体达到饱和温度，此时开始有气泡产生，因此这个温度又称为泡点温度，t-x 线又称为泡点线，产生的第一个气泡的组成为图示的 y_K；继续升温，产生的气体的数量渐渐增多，剩余液体渐渐减少；

当温度上升到图 5-1 中 H 点所对应的温度时，混合物分为 C 点所代表的液体和 D 点所代表的气体两部分，气体和液体呈平衡状态，相应的液体组成为 x_C，气体组成为 y_D。当温度上升到图 5-1 中 I 点所对应的温度 101.5℃时，所有的液体全部汽化变成该温度下的饱和蒸气，最后一滴液体的组成为图示的 x_L。当温度从 G 点的 95℃上升到 I 点的 101.5℃时，平衡的液相组成从 G 点的 $x(=x_F)$ 沿着 t-x 线的 GL 段变化到 L 点的 x_L，平衡的气相组成同步地从 K 点的 y_K 沿着 t-y 线的 KI 段变化到 I 点的 y（其值等于 x_F）。

在气液两相共存区域内某一个温度值下的气相和液相的数量符合杠杆规则。例如，在 H 点所代表的温度下，平衡的液相 C 和气相 D 的数量满足

$$\frac{C}{D}=\frac{\overline{HD}}{\overline{CH}} \tag{5-7}$$

当温度高于 I 点时，蒸气由饱和状态变成过热状态。

相反地，当对一处于过热状态的蒸气混合物进行冷却冷凝时，其相态随温度的变化与上述相反。当蒸气从过热冷却到 I 点所代表的温度下的饱和状态时，开始有第一个液滴冷凝下来，就像露珠一样，故 I 点温度又称为露点温度，t-y 线又称为露点线；到了 G 点，所有的气体全部冷凝成饱和液体；当温度低于 G 点时，液体就成为非饱和的（过冷）液体。

由 t-x-y 图可以看出：只要液体或气体混合物加热或冷却到气液两相区域内，就能实现一定程度的分离。

由 t-x-y 图可知，在一定的总压下，混合溶液和纯液体在下述两方面存在差别：

① 与纯液体的沸点是一个定值的情况不同，混合溶液的沸点或泡点有一个范围。以苯-甲苯混合溶液为例，其沸点范围为 80.1～110.6℃（两组分各为纯态时的沸点区间），混合溶液的沸点与组成有关，溶液中易挥发组分的含量越大，沸点越低。苯-甲苯混合溶液为例，当 $x=0.4$ 时，$t_b=95$℃；当 $x=0.8$ 时，$t_b=83$℃。

② 同样组成下，混合溶液开始沸腾时温度即泡点与蒸气开始冷凝时的温度即露点不相等。以苯-甲苯混合物为例，当 $x=y=0.4$ 时，$t_b=95$℃，$t_f=101.5$℃。而对于纯液体，泡点与露点一致。例如，水在常压下的泡点与露点都是 100℃。

5.1.1.3 x-y 图

t-x-y 图中的 t-x 线和 t-y 线随总压的变化较大，应用较为方便，在蒸馏研究和计算中广泛应用的是汽液平衡组成相图，简称 x-y 图。

x-y 图的绘制方法：将前述得到的 t_k，x_k，y_k（$k=1$，2，3，…）系列数据的 x_k，y_k（$k=1$，2，3，…）部分以 x 为横坐标，以 y 为纵坐标作图，得到一系列的点，将这些点连接成一条光滑的曲线即为 x-y 平衡线，该图即为 x-y 图，如图 5-2 所示。

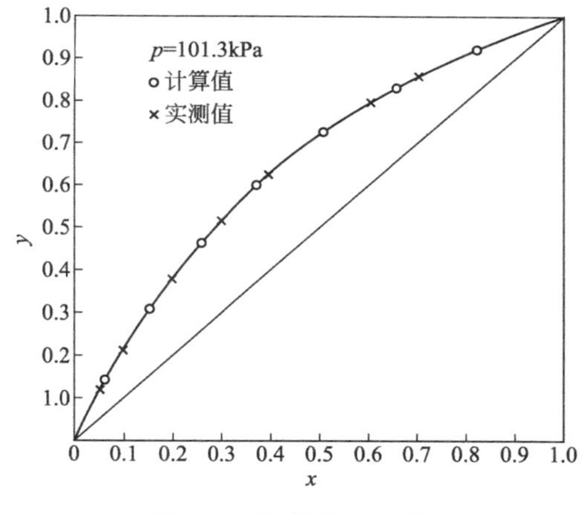

图 5-2 苯-甲苯 x-y 图

在 x-y 图中画出了对角线（对角线上的组成关系为 $y=x$）作为参考线。由于气相的易挥发组分的摩尔分数大于液相的，故平衡曲线在对角线之上，只是在两个端点（分别对应于 $x=0$，纯 B；$x=1$，纯 A）才与对角线相交。平衡线离对角线越远，意味着气相组成与液相组成差别越大。

图 5-2 为苯-甲苯二元物系的 x-y 图，图中的圆点为理想溶液计算的组成值，叉点为组成实测值，由图可见，两者差别很小，说明苯-甲苯二元物系可视为理想溶液。

5.1.1.4 挥发度和相对挥发度

蒸馏是利用混合物中各组分挥发性大小的差异进行分离的，那么，物质的挥发性大小如何表征，而如果有两种物质，比如甲醇和乙醇，按通常的说法它们都是挥发性物质，能否通过蒸馏将它们进行分离，为此，我们定义挥发度的概念。

对于纯液体，液体在某温度下的饱和蒸气压定义为其在该温度下的挥发度，用 v 表示。这样，不同的纯物质的挥发度的大小可通过比较它们在相同温度下的饱和蒸气压得知，蒸气压越大，挥发度越大；反之亦然。表 5-1 为相同温度下几种物质的蒸气压，通过比较它们蒸气压可知，表中所列的几种物质的挥发度的大小顺序为：甲醇＞苯＞水＞甲苯。

表 5-1 几种物质在相同温度（90℃）下的饱和蒸气压比较

物　质	甲　醇	苯	水	甲　苯
蒸气压/kPa	252.6	136.3	70.1	54.3

对于混合溶液，某组分 i 的挥发度 v_i 定义为该组分的平衡分压 p_i 与该组分的摩尔分数 x_i 之比，以二元混合溶液为例，即

$$v_A=\frac{p_A}{x_A} \qquad v_B=\frac{p_B}{x_B} \tag{5-8}$$

如果溶液为理想溶液，则有

$$v_A=\frac{p_A^0 x_A}{x_A}=p_A^0 \qquad v_B=p_B^0 \tag{5-9}$$

即理想溶液某组分的挥发度与其为纯态时相同。对于非理想溶液，式（5-9）不成立。

由物质的挥发度的大小还不能直接判断能否通过蒸馏将它们进行分离，或者说用起来不方便，能直接用来判断能否通过蒸馏将它们进行分离的依据是表征两种物质的挥发度相对大小的参数，称为相对挥发度，用 α 表示。相对挥发度是混合物中两种物质的挥发度的比值，习惯上，挥发度大的作为分子，小的作为分母。根据这个定义，混合物中 A 和 B 两组分的相对挥发度由下式计算：

$$\alpha_{AB}=\frac{v_A}{v_B}=\frac{\frac{p_A}{x_A}}{\frac{p_B}{x_B}}=\frac{p_A x_B}{p_B x_A} \tag{5-10}$$

式中，下标表明此相对挥发度为 A 和 B 的相对挥发度。如果操作压力不高，气体遵循道尔顿分压定律，则得

$$\alpha_{AB}=\frac{P y_A x_B}{P y_B x_A}=\frac{y_A x_B}{y_B x_A} \tag{5-11}$$

如果物系为二元物系，则只有两种组分，即易挥发组分和难挥发组分，因此表示组分的下标可去掉，所有的组成全部默认为易挥发组分的组成，则上式可表示为

$$\alpha=\frac{y(1-x)}{(1-y)x} \tag{5-12}$$

式（5-12）可整理为

$$y=\frac{\alpha x}{1+(\alpha-1)x} \tag{5-13}$$

式（5-13）是有关二元物系蒸馏计算经常应用的关系式，它通过相对挥发度关联达成平衡的气相组成和液相组成，当已知相对挥发度的数值时，依据该式由液相组成可计算气相组成，反之，由气相组成可计算液相组成。

对于理想溶液，有

$$\alpha_{AB}=p_A^0/p_B^0 \tag{5-14}$$

注意，由于达成平衡的组成与温度有关，故即使对同一物系的相同的两个组分，相对挥发度的数值也与温度有关。对于理想溶液，相对挥发度的数值随温度的变化较小。对于非理想溶液，相对挥发度的数值随温度的变化相当大。

显然，两个组分的相对挥发度越大，通过蒸馏将它们进行分离越容易。

两个组分的相对挥发度一般随温度升高而减小，所以进行加压蒸馏操作时，压力较高，因而溶液沸点较高，相对挥发度较小，对分离不利；相反，减压蒸馏操作时，相对挥发度较大，对分离有利。

确定高沸塔汽液平衡数据

根据高沸塔分离要求和生产数据，可知进料、塔顶、塔釜的温度分别为：25.1℃、24.8℃、69.5℃。(如果没数据，可以用泡点法或露点法求算)

如果把高沸塔的分离物质看成双组分的理想溶液，可从手册查取三个温度下的氯乙烯和二氯乙烷的饱和蒸气压数据，由 $\alpha=\frac{p_A^0}{p_B^0}$，算出进料、塔顶、塔釜三处的相对挥发度分别为：11.66、11.71、6.80。可得平均相对挥发度为三个值的几何平均值 9.756。

所以，可得高沸塔的汽液平衡关系为：

$$y=\frac{\alpha x}{1+(\alpha-1)x}=\frac{9.756x}{1+8.756x}$$

5.1.2 选择精馏流程

由于蒸馏有简单蒸馏、平衡蒸馏、精馏等不同的方式，本模块我们就要认识各种蒸馏方

式，最终选择一种方式。

5.1.2.1 工业常见蒸馏方式

（1）简单蒸馏 简单蒸馏又称微分蒸馏，是一种单级蒸馏操作，常以间歇方式进行。如图 5-3 所示。将一批料液加入蒸馏釜中，在恒压下加热至沸腾，使液体不断汽化。陆续产生的蒸气经冷凝后作为顶部产品，其中易挥发组分相对地富集。在蒸馏过程中，釜内液体的易挥发组分含量不断下降，蒸气中易挥发组分的含量也相应地随之降低。因此，通常是分罐收集顶部产物，最终将釜液一次排出。

（2）平衡蒸馏 平衡蒸馏又称闪蒸，是一种单级连续的蒸馏操作。其流程如图 5-4 所示。原料经泵加压后连续地进入加热器，在加热炉内被加热升温至高于分离器压力下的沸点，然后经节流阀减压至预定压力。由于压力的突然降低，液体成为过热液体，其高于沸点的显热随即转变为潜热发生自蒸发，液体部分汽化。气、液两相在分离器中分开，气相为顶部产物，其中难挥发组分获得了增浓。

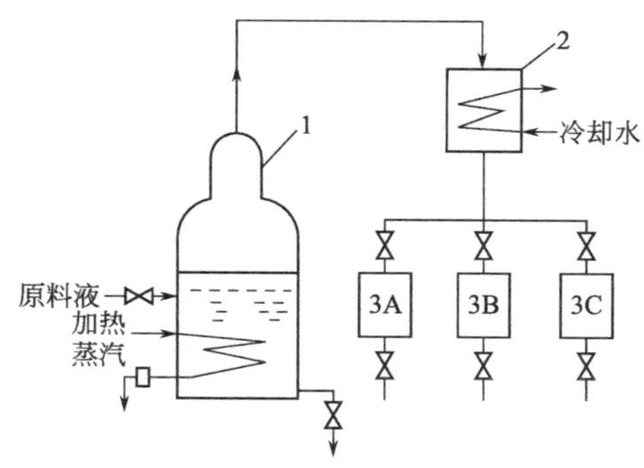

图 5-3 简单蒸馏装置

1—蒸馏器；2—冷凝器；3—馏出液贮罐

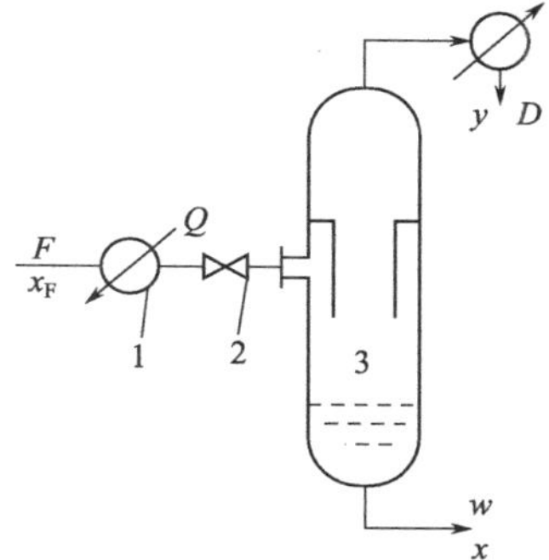

图 5-4 平衡蒸馏装置

1—加热器；2—节流阀；3—蒸馏器

简单蒸馏与平衡蒸馏的异同如下。

相同：都是单级蒸馏（一次部分汽化和部分冷凝）。

不同：① 过程方式不同，前者常以间歇式方式进行，后者既可间歇又可连续。

② 加热温度不同，前者边受热边汽化，后者加热到沸点汽化。

③ 前者只是部分汽化（然后将部分气液冷凝下来），不强调汽液平衡；后者也只是部分汽化，但必须使气相与液相处于平衡状态。

（3）精馏 由简单蒸馏和平衡蒸馏分析可知：对混合液进行加热使之部分汽化能使混合液分离，同理若对混合蒸气进行部分冷凝也能实现分离目的。但一次部分汽化或一次部分冷凝只能使混合物有一定程度的分离，若要使混合物能被较完全地分离，则需同时进行多次部分汽化和多次部分冷凝操作，这就是精馏。

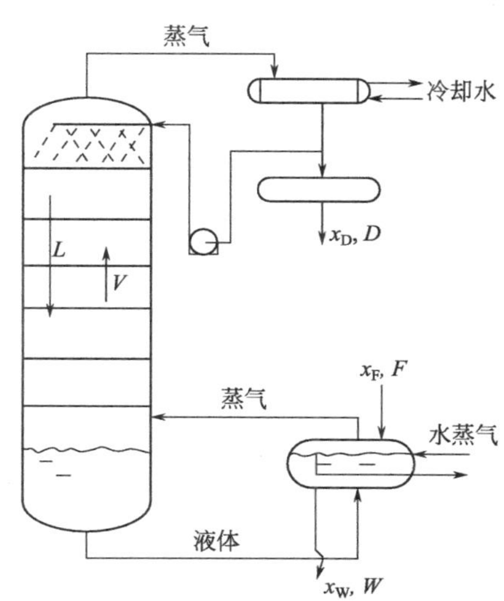

图 5-5 精馏装置

图 5-5 就是工厂常用精馏装置模型。在这个装置中核心设备是精馏塔，但单有精馏塔还不能完成精馏操作，必须同时有塔底再沸器和塔顶冷凝器，有时还要配

原料液预热器、回流液泵等附属设备，才能实现整个操作。再沸器的作用是提供一定量的上升蒸汽流，冷凝器的作用是提供塔顶液相产品及保证有适宜的液相回流，因而使精馏能连续稳定地进行。

精馏分离具有如下特点：

① 通过精馏分离可以直接获得所需要的产品，产品纯度高；

② 精馏分离的适用范围广，它不仅可以分离液体混合物，而且可用于气态或固态混合物的分离；

③ 精馏过程适用于各种组成混合物的分离；

④ 精馏操作是通过对混合液加热建立气液两相体系，所得到的气相还需要再冷凝化。因此，精馏操作耗能较大。

5.1.2.2 精馏原理

（1）汽化过程与冷凝过程　图 5-6 为苯与甲苯混合物的 t-x-y 图。设在 1atm，苯-甲苯混合液的温度为 t_1，组成为 x_1，其状况以 A 点表示，将此混合液加热，当温度到达 t_2（J 点），液体开始沸腾，所产生的蒸气组成为 y_1（如 D 点），y_1 与 x_1 成平衡，而且 $y_1>x_1$，当继续加热，且不从物系中取出物料，使其温度升高到 t_3（E 点），这时物系内，气液两相共存，液相的组成为 x_2（F 点），蒸气相的组成为与 x_2 成平衡的 y_2（G 点），且 $y_2>x_2$。若再升高温度达到 t_4（H 点），液相终于完全消失，而在液相消失之前，其组成为 x_3（C 点）。这时蒸气量与最初的混合液量相等，蒸气组成为 y_3，并与混合液的最初组成 x_1 相同。倘再加热到 H 点以上，蒸气组成为过热蒸气，温度升高而组成不变的为 y_3。自 J 点向上至 H 点的前阶段，称为部分汽化过程，若加热到 H 点或 H 点以上则称全部汽化过程，反之当自 H 点开始进行冷凝、则至 J 点以前的阶段称为部分冷凝过程，至 J 点及 J 点以下称为全部冷凝过程。部分汽化和部分冷凝过程实际上是混合液分离过程。

（2）精馏原理——多次部分汽化和多次部分冷凝　全部汽化、全部冷凝与部分汽化、部分冷凝的区别：①不从物系中取出物料；②温度范围不同。

将液体进行一次部分汽化、部分冷凝，只能起到部分分离的作用，因此这种方法只适用于要求粗分或初步加工的场合。

显然，要使混合物中的组分得到几乎完全的分离，必须进行多次部分汽化和部分冷凝的操作过程。

多次部分汽化：在图 5-7 中，将混合液自 A 点加热到 B 点，使其在 B 点温度 t_1 下部分汽化，这时混合液分成气液两相，气相浓度为 y_1，液相为 x_1（$x_1<x_0$），气液两相分开后、

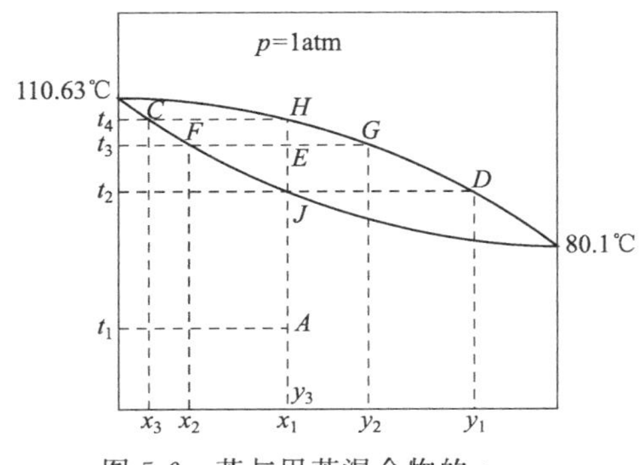

图 5-6　苯与甲苯混合物的 t-x-y

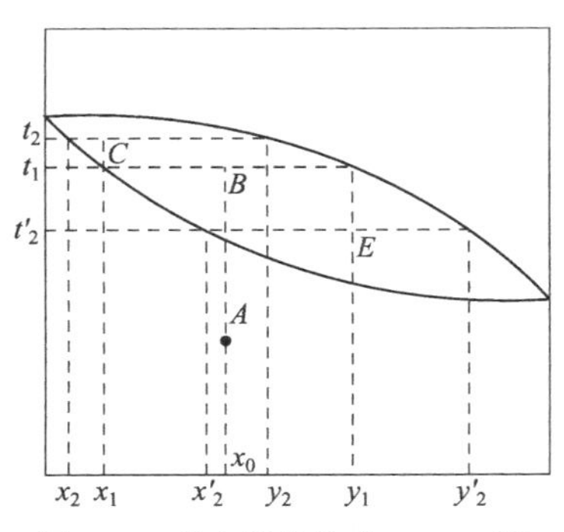

图 5-7　多次部分汽化 t-x-y 图

再将 x_1 饱和液体单独加热到 C 点，在温度 t_2 下部分汽化，这时又出现新的平衡或得 x_2 的液相及与之平衡的气相 y_2，如果依次类推，只要部分汽化的次数足够多，最终可得易挥发组分苯含量很低的液相，即可获得近似于纯净的甲苯。

多次部分冷凝：将上述 y_1 蒸气分离出来冷凝至 t_2'，即经部分冷凝至 E 点，可以得到浓度为 y_2' 的气相及 x_2' 液相，y_2' 与 x_2' 成平衡 $y_2'>y_2$，依次类推，只要气相部分冷凝的次数足够多最后可得较近于纯净的气态苯。

(3) 部分汽化、部分冷凝的工程实施模型　图 5-8 就是多次部分汽化获得较纯易挥发组分过程示意图。

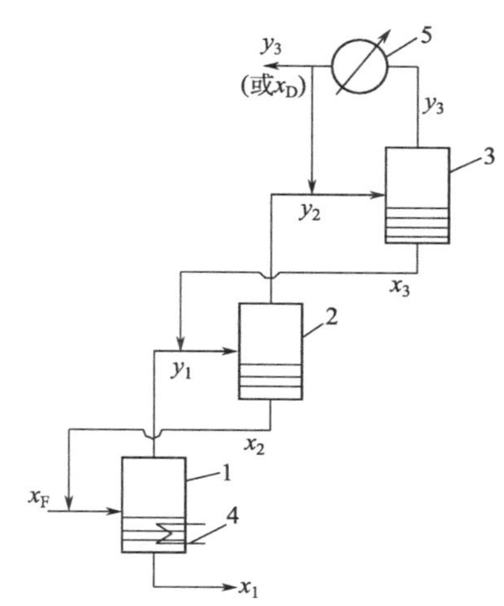

图 5-8　多次部分汽化示意图
1,2,3—分离器；4—加热器；5—冷凝器

如去掉第一级和第二级冷凝器与第二级和第三级加热器，则当第一级所产生的蒸气 y_1 与第三级下降的液体 x_3 直接混合时，由于液相温度 t_3 低于气相温度 t_1，因此高温的蒸气将加热低温的液体 x_3，而使液体部分汽化，蒸气本身则被部分冷凝。由此可见，不同温度且互不平衡的气液两相接触时，必然会同时产生传热和传质的双重作用。所以，使上一级的液相回流（如液相 x_3）与下一级的气相（如气相 y_1）直接接触，而省去了逐级使用的中间加热器和冷凝器。

总之，精馏就是将挥发度不同的组分所组成的混合液，在精馏塔中多次而且同时地进行部分汽化和部分冷凝，以获得几乎纯净的易挥发组分和几乎纯净的难挥发组分的过程。

强调：回流和汽化是精馏得以连续稳定操作的必不可少的两个条件，所以精馏塔必须包括冷凝器与再沸器。

5.1.2.3　精馏流程

(1) 一般精馏装置流程　一般的精馏装置流程如图 5-9 所示，包括精馏塔、再沸器、冷凝器三个主要设备。原料液直接从塔中间某个位置连续进入精馏塔中，塔底部溶液经再沸器一部分被汽化为蒸气回到塔内后从塔底逐板上升，剩余的残液排出塔外；塔顶蒸气进入冷凝器冷凝为液体后，一部分作为馏出液连续排出作为塔顶产品，另一部分作为回流液，依靠重力从塔顶连续返回塔内。

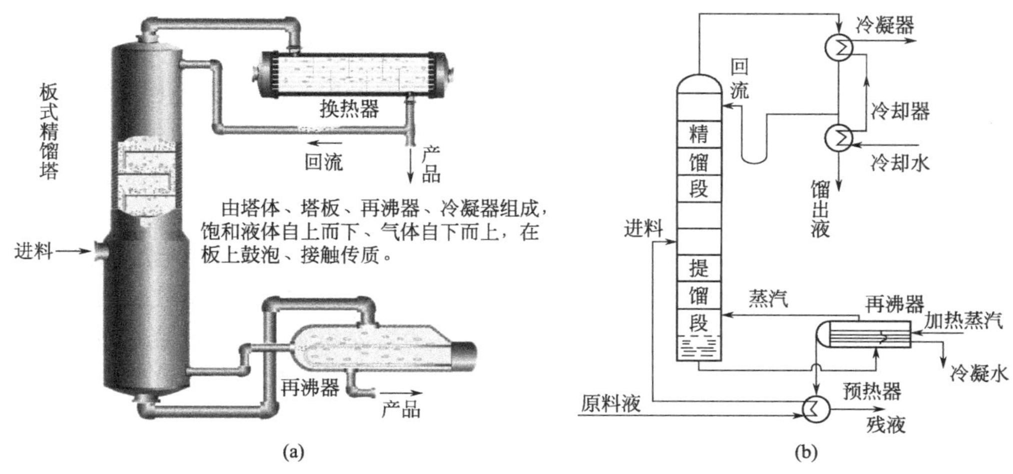

图 5-9　精馏装置流程

加料板把精馏塔分为两段，加料板以上的部分，气体每经过一块塔板就被部分冷凝一次，气相中的难挥发组分就被部分冷凝下来，可见塔的上半部完成了上升蒸气的精制，即除去其中的难挥发组分，因而称为精馏段。加料板以下（包括加料板）的部分，即塔的下半部完成了下降液体中难挥发组分的提浓，因为在塔的下半部分液体依靠重力向下流淌的过程中，每经过一块塔板都与塔底上来的热蒸气接触，在接触的过程中液体被加热部分汽化，由于汽化的主要是易挥发组分，可见塔的下半部完成了下降液体中的易挥发组分的提取工作，因而称为提馏段；当然这里的“提馏”两字是针对易挥发组分而言的。对于难挥发组分而言则相反，加料板以上部分是精制，而加料板以下部分则是提取。

一个完整的精馏塔应包括精馏段和提馏段。仅有提馏段或仅有精馏段的塔只能在其一端得到一种高纯度的产品，而在另一端得到的是一种纯度不高、仅经过粗分离的产品。

在连续精馏塔内，回流液与上升的蒸气逆流接触，同时发生热量传递和物质传递。因而回流液体在下降过程中被部分汽化，并将轻组分向气相传递而重组分含量逐渐增多；蒸气在上升过程中被部分冷凝，并将重组分向液相传递而轻组分含量逐渐增多。最终在塔顶获得较纯的轻组分，而在塔底可获得较纯的重组分。

在精馏装置中，冷凝器顾名思义其作用就是将塔顶引出的蒸气全部冷凝成液体。一部分作为塔顶产品取出，另一部分作为塔顶液相回流，以维持塔的正常操作。冷凝器就是间壁式换热器，可以是 U 形管式的也可以是浮头式的换热器。

塔底再沸器也称重沸器是管壳式换热器的一种特殊形式，安装于塔的底部。作用是使塔底液体中轻组分汽化后重新返回塔内，以提供精馏所需的热量和气相回流。再沸器有釜式再沸器和热虹吸式再沸器两种形式，详细内容请查阅有关资料。

（2）其他的精馏装置流程　图 5-9（b）是一个强制回流的精馏装置的流程，与基本流程相比多了一个原料液预热器和回流液泵，此流程适用于因分离要求高、所需的精馏塔高度比较高时。装置工作流程说明如下。

原料液在预热器中利用塔釜产品加热到指定温度后，送入精馏塔的进料板，与塔上部下来的液体和塔下部上来的蒸气，进行传热与传质。然后，气相逐板上升，每经过一块塔板被部分冷凝一次，最后离开塔顶进入全凝器全部冷凝，冷凝后的液体通过冷凝液贮槽，分为两部分，一部分作为塔顶产品取出，另一部分利用回流泵送到精馏塔顶的第一块塔板上，作为整个塔的回流液（也就是整个塔中多次蒸气部分冷凝的冷却剂），逐板向下流；而加料板上的液体则逐板下流，在下流的过程中与底部上升的蒸气进行接触，每接触一次被部分汽化一次，最后的液体流入塔底再沸器中。在再沸器被加热进行最后一次部分汽化，汽化产生的蒸气回到塔内逐板上升，作为精馏塔内液体多次部分汽化的热源；最后剩下的不被汽化的液体就是易挥发组分含量很少、难挥发组分含量很高的塔釜产品。由于塔釜再沸器出来的液体温度很高，因此可作为预热原料液的热源。

由此可见，不管是重力回流，还是用泵进行强制回流，只要是精馏装置就必须有回流。回流是精馏区别于简单蒸馏的标志。只有保证一定程度的回流，才能创造气液两相充分接触的条件，才能保证塔内正常的浓度分布和温度分布，为塔内物质传递、热量传递提供了必需的传质与传热推动力，达到多次而且同时进行部分冷凝和部分汽化的目的；其中的液相回流还可以取走塔内多余的热量，维持全塔的热平衡；以利于产品质量的控制。

因此，塔顶液相回流与塔底蒸气回流是精馏能实现高效分离的工程手段，是精馏操作能够连续稳定进行的必备条件。

5.1.2.4 精馏塔内传质过程分析

精馏分离是根据溶液中各组分挥发度（或沸点）的差异，使各组分得以分离。它通过气、液两相的直接接触，使易挥发组分由液相向气相传递，难挥发组分由气相向液相传递，是气、液两相之间的传递过程。

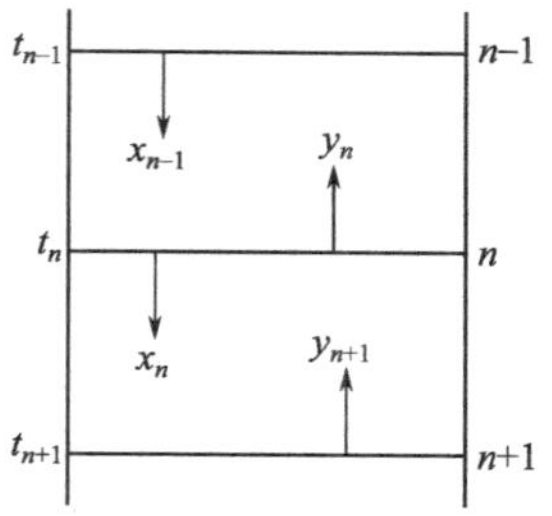

现取第 n 板（如图 5-10 所示）为例来分析精馏过程和原理。

塔板的形式有多种，最简单的一种是板上有许多小孔（称筛板塔），每层板上都装有降液管，从第 $n+1$ 块板上升到第 n 块板的蒸气遇冷部分冷凝，放出热量；此热量用于加热从第 $n-1$ 块板下降的液体，使其部分汽化。下降液体部分汽化所需热量正好等于上升蒸气部分冷凝所放出的热量。温度 t_n 是热量平衡的结果。

图 5-10 第 n 块板的热量和质量传递

从第 $n+1$ 块板上来的蒸气在第 n 块板上部分冷凝，较多的难挥发组分转移到液相，随着液体逐板下降，难挥发组分浓度越来越高，在塔底会得到更纯的难挥发组分。从第 $n-1$ 块板下降的液体在第 n 块板上部分汽化，较多的易挥发组分转移到气相，随着蒸气逐板上升，易挥发组分浓度越来越高，在塔顶会得到更纯的易挥发组分，形成难挥发组分向液相传递、易挥发组分向气相传递的双向传质。质量传递的结果是离开第 n 块板的气相与液相趋于平衡，通常称这种板为理论板（y_n，x_n成平衡）。精馏塔中每层板上都进行着与上述相似的过程，其结果是上升蒸气中易挥发组分浓度逐渐增高，而下降的液体中难挥发组分越来越浓，只要塔内有足够多的塔板数，就可使混合物达到所要求的分离纯度（共沸情况除外）。

精馏操作涉及气、液两相间的传热和传质过程。塔板上两相间的传热速率和传质速率不仅取决于物系的性质和操作条件，而且还与塔板结构有关，因此它们很难用简单方程加以描述。引入理论板的概念，可使问题简化。

所谓理论板，是指在其上气、液两相都充分混合，且传热和传质过程阻力为零的理想化塔板。因此不论进入理论板的气、液两相组成如何，离开该板时气、液两相达到平衡状态，即两温度相等，组成互相平衡。

实际上，由于板上气、液两相接触面积和接触时间是有限的，因此在任何形式的塔板上，气、液两相难以达到平衡状态，即理论板是不存在的。理论板仅用作衡量实际板分离效率的依据和标准。通常，在精馏计算中，先求得理论板数，然后利用塔板效率予以修正，即求得实际板数。引入理论板的概念，对精馏过程的分析和计算是十分有用的。

确定氯乙烯精馏过程的方案

聚氯乙烯产量很大，为确保生产稳定、精确控制，选择连续操作方式。

氯乙烯分离要求精度很高（纯度≥99.99%），是简单蒸馏过程难以完成的分离任务，应选择连续精馏装置。

产品是氯乙烯（VC），待分离的物料中有 C_2H_2、N_2、H_2 等低沸点组分，也有 $C_2H_4Cl_2$、$C_2H_2Cl_2$、C_2H_4O 等高沸物。应设置一个低沸塔，以除去比 VC 沸点低的组分；设置一个高沸塔，以除去比 VC 沸点高的物质。

选择先低沸塔后高沸塔的氯乙烯精馏精制工艺，理由：①先除低沸物更节省能量；②低沸塔压力高，高沸塔压力低，容易控制；③高沸塔液体进料，所用塔板数少，产品纯度高；④产品以气相出高沸塔，所含铁等杂质更少，自聚物更少。

5.1.3 选择精馏塔

精馏塔分板式塔与填料塔两类，一般处理量大时用板式塔，处理量小则多用填料塔。在精馏中，目前普遍采用板式塔；而填料塔在吸收中的应用则更加广泛。在此我们重点讨论板式塔。

5.1.3.1 板式塔结构

板式塔通常是由一个呈圆柱形的壳体及沿塔高按一定的间距，水平设置的若干层塔板所组成，如图 5-11 所示。在操作时，液体靠重力作用由顶部逐板向塔底排出，并在各层塔板的板面上形成流动的液层；气体则在压力差推动下，由塔底向上经过均布在塔板上的开孔依次穿过各层塔板由塔顶排出。塔内以塔板作为气液两相接触传质的基本构件。

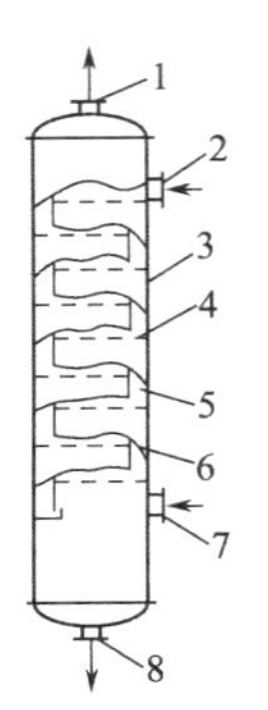

图 5-11 板式塔结构

1—气体出口；2—液体入口；3—塔壳；4—塔板；5—降液管；6—出口溢流堰；7—气体入口；8—液体出口

工业生产中的板式塔，常根据塔板间是否设有降液管而分为有降液管及无降液管两大类，用得最多的是有降液管式的板式塔（如图 5-11 所示）。它主要由塔体、溢流装置和塔板构件等组成。

(1) 塔体 通常为圆柱形，常用钢板焊接而成，有时也将其分成若干塔节，塔节间用法兰盘连接。

(2) 溢流装置 包括出口堰、降液管、受液盘、进口堰等部件。

① 出口堰 为保证气液两相在塔板上有充分接触的时间，塔板上必须贮有一定量的液体。为此，在塔板的出口端设有溢流堰，称出口堰。塔板上的液层厚度或持液量很大程度上由堰高决定。生产中最常用的是弓形堰，小塔中也有用圆形降液管升出板面一定高度作为出口堰的。

② 降液管 降液管是塔板间液流通道，也是分离溢流液中所夹带气体的场所。正常工作时，液体从上层塔板的降液管流出，横向流过塔板，翻越溢流堰，进入该层塔板的降液管，流向下层塔板。降液管有圆形和弓形两种，弓形降液管具有较大的降液面积，气液分离效果好，降液能力大，因此生产上广泛采用。

为了保证液流能顺畅地流入下层塔板，并防止沉淀物堆积和堵塞液流通道，降液管与下层塔板间应有一定的间距。为保持降液管的液封，防止气体由下层塔进入降液管，此间距应小于出口堰高度。

③ 受液盘 降液管下方部分的塔板通常又称为受液盘，有凹形及平形两种，一般较大的塔采用凹形受液盘，平形则就是塔板面本身。

④ 进口堰 在塔径较大的塔中，为了减少液体自降液管下方流出的水平冲击，常设置进口堰。可用扁钢或 $\phi 8 \sim 10\text{mm}$ 的圆钢直接点焊在降液管附近的塔板上而成。为保证液流畅通，进口堰与降液管间的水平距离不应小于降液管与塔板之间距。

(3) 塔板及其构件 塔板是板式塔内气、液接触的场所，操作时气、液在塔板上接触的好坏，对传热、传质效率影响很大。在长期的生产实践中，人们不断地研究和开发出新型塔板，以改善塔板上的气、液接触状况，提高板式塔的效率。目前工业生产中使用较为广泛的塔板类型有筛孔塔板、浮阀塔板、泡罩塔板、舌形塔板等几种。

精馏装置的辅助设备主要是各种型式的换热器，包括塔底溶液再沸器、塔顶蒸气冷凝器、料液预热器、产品冷却器，另外还需管线以及流体输送设备等。其中再沸器和冷凝器是保证精馏过程能连续进行稳定操作所必不可少的两个换热设备。

再沸器的作用是将塔内最下面的一块塔板流下的液体进行加热，使其中一部分液体发生汽化变成蒸气而重新回流入塔，以提供塔内上升的气流，从而保证塔板上气、液两相的稳定传质。

冷凝器的作用是将塔顶上升的蒸气进行冷凝，使其成为液体，之后将一部分冷凝液从塔顶回流入塔，以提供塔内下降的液流，使其与上升气流进行逆流传质接触。

再沸器和冷凝器在安装时应根据塔的大小及操作是否方便而确定其安装位置。对于小塔，冷凝器一般安装在塔顶，这样冷凝液可以利用位差而回流入塔；再沸器则可安装在塔底。对于大塔（处理量大或塔板数较多时），冷凝器若安装在塔顶部则不便于安装、检修和清理，此时可将冷凝器安装在较低的位置，回流液则用泵输送入塔。再沸器一般安装在塔底外部。

安装于塔顶或塔底的冷凝器、再沸器均可用夹套式或内装蛇管、列管的间壁式换热器，而安装在塔外的再沸器、冷凝器则多为卧式列管换热器。

5.1.3.2 板式塔的特点

为有效地实现气液两相之间的传质，板式塔应具有以下两方面的功能：

① 在每块塔板上气液两相必须保持密切而充分的接触，为传质过程提供足够大而且不断更新的相际接触表面，减小传质阻力；

② 在塔内应尽量使气液两相呈逆流流动，以提供最大的传质推动力。

板式塔具有空塔速度较高、生产能力较大、板式塔效率稳定、造价低、检修清理方便的特点。

5.1.3.3 塔板形式

塔板可分为有降液管式塔板（也称溢流式塔板或错流式塔板）及无降液管式塔板（也称穿流式塔板或逆流式塔板）两类，在工业生产中，以有降液管式塔板应用最为广泛，在此只讨论有降液管式塔板。

（1）泡罩塔板　泡罩塔板是工业上应用最早的塔板，它主要由升气管及泡罩构成。泡罩安装在升气管的顶部，分圆形和条形两种，以前者使用较广。泡罩的下部周边开有很多齿缝，齿缝一般为三角形、矩形或梯形。泡罩在塔板上为正三角形排列。泡罩塔板如图 5-12 所示。

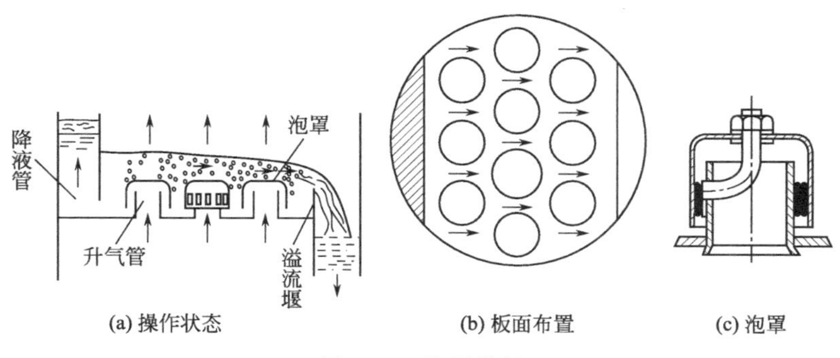

(a) 操作状态　(b) 板面布置　(c) 泡罩

图 5-12　泡罩塔板

操作时，液体横向流过塔板，靠溢流堰保持板上有一定厚度的液层，齿缝浸没于液层之中而形成液封。升气管的顶部应高于泡罩齿缝的上沿，以防止液体从中漏下。上升气体通过齿缝进入液层时，被分散成许多细小的气泡或流股，在板上形成鼓泡层，为气液两相的传热和传质提供大量的界面。

泡罩塔板的优点是操作弹性较大，塔板不易堵塞；缺点是结构复杂、造价高，板上液层厚，塔板压降大，生产能力及板效率较低。泡罩塔板已逐渐被筛板、浮阀塔板所取代，在新建塔设备中已很少采用。

(2) 筛孔塔板　筛孔塔板简称筛板，塔板上开有许多均匀的小孔，孔径一般为 3～8mm。筛孔在塔板上为正三角形排列。塔板上设置溢流堰，使板上能保持一定厚度的液层。筛孔塔板如图 5-13 所示。

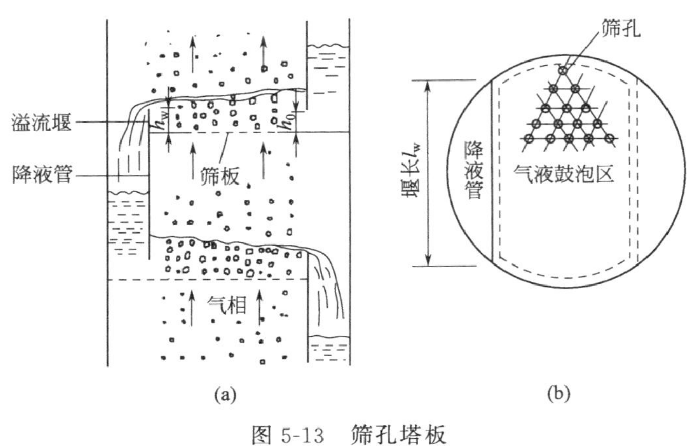

图 5-13　筛孔塔板

操作时，气体经筛孔分散成小股气流，鼓泡通过液层，气液间密切接触而进行传热和传质。在正常的操作条件下，通过筛孔上升的气流，应能阻止液体经筛孔向下泄漏。

筛板的优点是结构简单、造价低，板上液面落差小，气体压降低，生产能力大，传质效率高。其缺点是筛孔易堵塞，不宜处理易结焦、黏度大的物料。

应予指出，筛板塔的设计和操作精度要求较高，过去工业上应用较为谨慎。近年来，由于设计和控制水平的不断提高，可使筛板塔的操作非常精确，故应用日趋广泛。

(3) 浮阀塔板　浮阀塔板具有泡罩塔板和筛孔塔板的优点，应用广泛。浮阀的类型很多，国内常用的有 F1 型、V-4 型及 T 型等（图 5-14）。

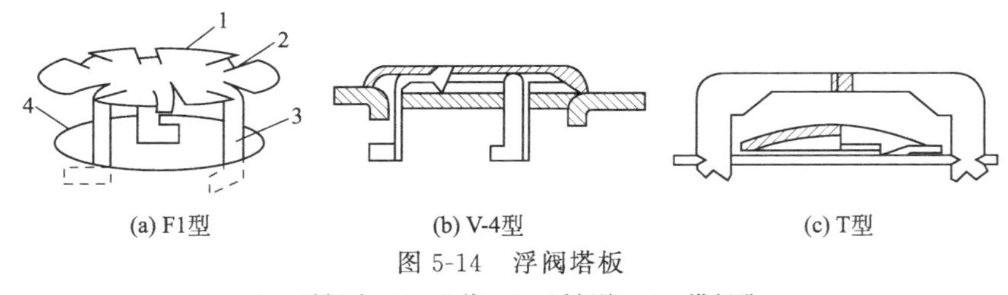

图 5-14　浮阀塔板

1—浮阀片；2—凸缘；3—浮阀脚；4—塔板孔

浮阀塔板的结构特点是在塔板上开有若干个阀孔，每个阀孔装有一个可上下浮动的阀片，阀片本身连有几个阀腿，插入阀孔后将阀腿底脚拨转 90°，以限制阀片升起的最大高度，并防止阀片被气体吹走。阀片周边冲出几个略向下弯的定距片，当气速很低时，由于定距片的作用，阀片与塔板呈点接触而坐落在阀孔上，在一定程度上可防止阀片与板面的黏结。

操作时，由阀孔上升的气流经阀片与塔板间隙沿水平方向进入液层，增加了气液接触时间，浮阀开度随气体负荷而变，在低气量时，开度较小，气体仍能以足够的气速通过缝隙，避免过多的漏液；在高气量时，阀片自动浮起，开度增大，使气速不致过大。

浮阀塔板的优点是结构简单、造价低，生产能力大，操作弹性大，塔板效率较高。其缺点是处理易结焦、高黏度的物料时，阀片易与塔板黏结；在操作过程中有时会发生阀片脱落或卡死等现象，使塔板效率和操作弹性下降。

(4) 喷射型塔板　上述几种塔板，气体是以鼓泡或泡沫状态和液体接触，当气体垂直向上穿过液层时，使分散形成的液滴或泡沫具有一定向上的初速度。若气速过高，会造成较为严重的液沫夹带，使塔板效率下降，因而生产能力受到一定的限制。为克服这一缺点，近年来开发出喷射型塔板，大致有以下几种类型。

① 舌型塔板　如图 5-15 所示，舌型塔板在塔板上冲出许多舌孔，方向朝塔板液体流出口一侧张开。舌片与板面成一定的角度，有 18°、20°、25°三种（一般为 20°），舌片尺寸有 50mm×50mm 和 25mm×25mm 两种。舌孔按正三角形排列，塔板的液体流出口一侧不设溢流堰，只保留降液管，降液管截面积要比一般塔板设计得大些。

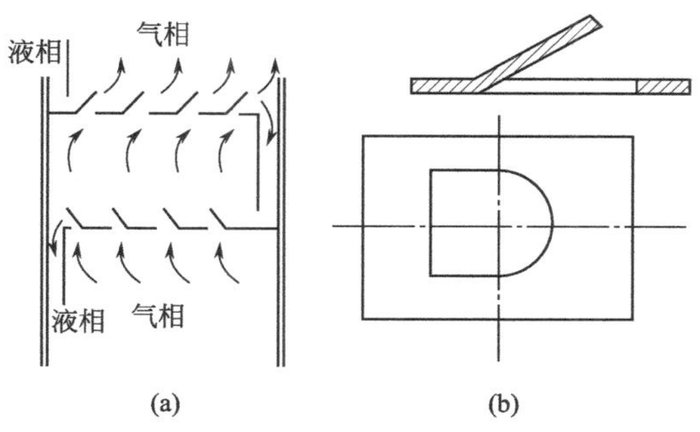

图 5-15　舌型塔板

操作时，上升的气流沿舌片喷出，其喷出速度可达 20～30m/s。当液体流过每排舌孔时，即被喷出的气流强烈扰动而形成液沫，被斜向喷射到液层上方，喷射的液流冲至降液管上方的塔壁后流入降液管中，流到下一层塔板。

舌型塔板的优点是：生产能力大，塔板压降低，传质效率较高；缺点是：操作弹性较小，气体喷射作用易使降液管中的液体夹带气泡流到下层塔板，从而降低塔板效率。

② 浮舌塔板　如图 5-16 所示，与舌型塔板相比，浮舌塔板的结构特点是其舌片可上下浮动。因此，浮舌塔板兼有浮阀塔板和固定舌型塔板的特点，具有处理能力大、压降低、操作弹性大等优点，特别适宜于热敏性物系的减压分离过程。

③ 斜孔塔板　如图 5-17 所示，斜孔塔板在板上开有斜孔，孔口向上与板面成一定角度。斜孔的开口方向与液流方向垂直，同一排孔的孔口方向一致，相邻两排开孔方向相反，使相邻两排孔的气体向相反的方向喷出。这样，气流不会对喷，既可得到较大的水平方向气速，又阻止了液沫夹带，使板面上液层低而均匀，气体和液体不断分散和聚集，其表面不断更新，气液接触良好，传质效率提高。

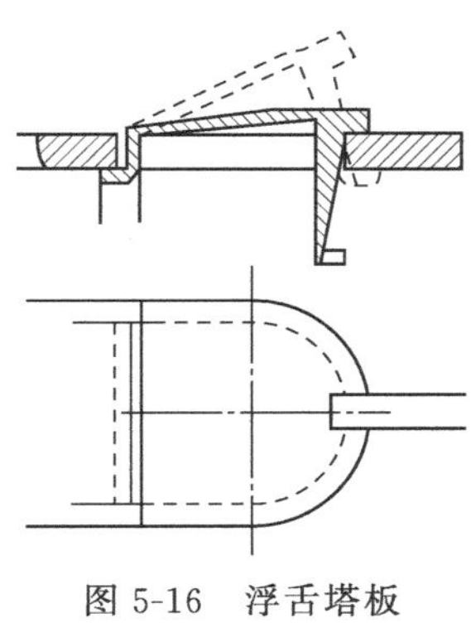
图 5-16　浮舌塔板

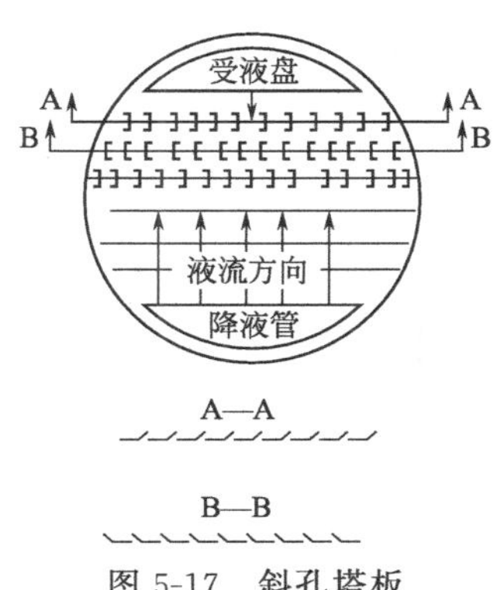

图 5-17　斜孔塔板

斜孔塔板克服了筛孔塔板、浮阀塔板和舌型塔板的某些缺点。斜孔塔板的生产能力比浮阀塔板大 30%左右，效率与之相当，且结构简单、加工制造方便，是一种性能优良的塔板。

(5) 其他新型塔板

① 垂直筛板　如图 5-18 所示，新型垂直筛板塔其传质单元是由塔板上开有文丘里喷嘴形式的升气孔及罩于其上的帽罩组成，是目前综合性能最为优越的板式塔。气液接触传质、传热过程是这样的：由下层塔板上升的气体经升气孔后气流收缩静压降低，板上的液体靠本身的液柱静压及气流的吸力进入帽罩内与上升气流形成气液混合物边进行传质、传热边上升，完成相当于普通鼓泡型塔板传质过程的第一阶段传质过程；气液混合物打到罩顶后进行液体的表面更新，并在罩内空间完成第二阶段传质；然后，气液混合物经帽罩上部侧壁上的开孔水平喷出，液体被分散成大量直径不等的液滴，形成很大的传质表面，在液层上部空间完成第三次传质、传热过程后，液滴返回板上液层内，气体继续上升至上层塔板。

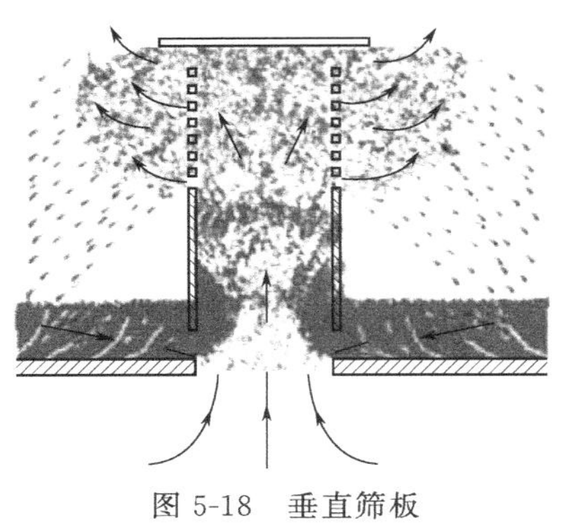

图 5-18　垂直筛板

特点：

a. 传质效率高、传质空间利用率好。比浮阀塔的效率高 10%～20%。

b. 处理能力大。处理能力比浮阀、筛板等高 50%以上，比高效板波纹填料的处理能力也要大 10%～20%。

c. 操作弹性大。正常操作范围比浮阀塔还要大。

d. 结构简单、可靠。基本无维修工作量。板上液面梯度小，液面横向混合好、无流动及传质死区。

e. 阻力小。使单板阻力降低约 40%。

② DJ 塔板　DJ 塔板是浙江工业大学研制开发的一种新型塔板。DJ 塔板继承了 MD 塔板降液管的特色，并在结构形式、通量和效率等方面有所创新、有所突破，形成了具有我国特色的新型塔板系列。DJ-1 型塔板是为了使用特大液气比的吸收操作而开发的。主要特点是采用宽型降液管，对降液管的根数和排列作改进和优化。随着塔径的增大和溢流量的增加，调整降液管的宽度和长宽比，按等溢流强度原则来排列降液管，同时兼顾各个溢流区的鼓泡面积分配合理。如图 5-19 所示，DJ-2 型塔板上设置了导流装置，在相应位置上开设导流孔，安装导流板，改善液流的初始分布，使塔板上的液流接近于活塞流。该类塔盘具有大通量和大处理能力的优点，但不适用于液相负荷较小的体系。它的传质效率相对较低，与 F1 浮阀塔板相当或略低。

③ 板填复合塔板　板填复合塔板有多种形式，如图 5-20 所示，其工作原理是：气体从塔板下方以一定的气速通过塔板上的开孔而进入提液管，液体也通过提液管与塔板间隙被带

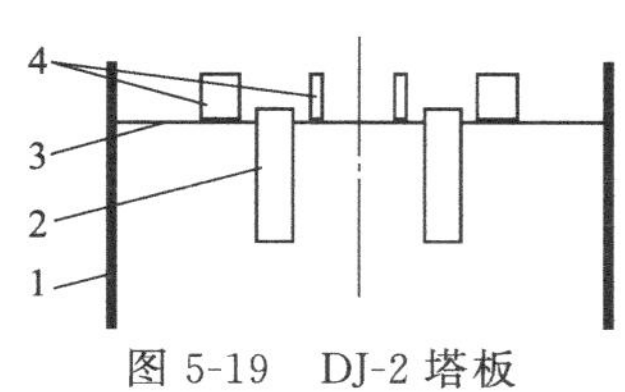

图 5-19　DJ-2 塔板

1—塔壁；2—降液管；3—塔板；4—导流板

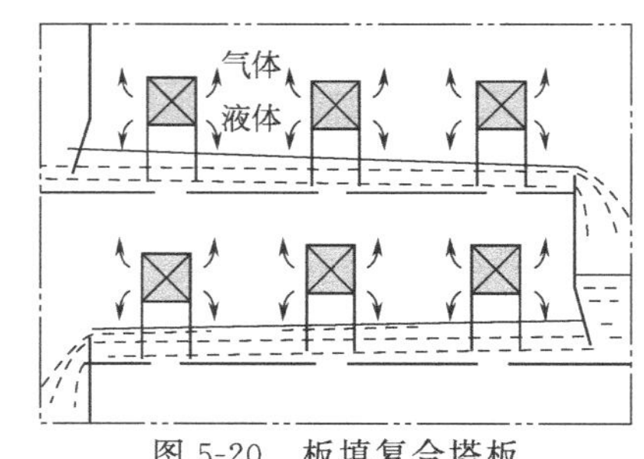

图 5-20　板填复合塔板

入提液管中并被拉成液膜，两者并流上升，在上升过程中在液膜表面进行气液传质，接着气液并流进入填料中，在填料表面液体被碰碎，进一步实现与气体的传质。从填料中喷出的气体进入上层填料，而液体下降到下一层塔板，继续进行传质与分离。

由于气流高速通过塔板开孔并将液膜夹带进入填料层，因此板填复合塔板生产能力大，一般空塔动能因子气速可达 0.8～3.5m/s，且经过提液管与填料两类传质，故其板效率高，可达 75%～90%。这种塔板压降很低，一般每板为 30～50mmH_2O。

氯乙烯精馏塔板结构选择

氯乙烯精馏过程的低沸塔和高沸塔常规采用浮阀塔板。最近几年，大多氯碱厂家都改成了高效导向塔板或垂直筛板之类的立体结构高效塔板，好处是：气相处理能力可提高较大，传质效率比浮阀塔较高，压降较小，操作弹性较大，更少发生自聚堵塞情况。

5.2　板式精馏塔设计

5.2.1　全塔物料衡算

连续精馏过程中，塔顶和塔底产品的流量与组成，是和进料的流量与组成有关的。这些流量和组成之间的关系受着全塔物料平衡的约束。根据质量守恒定律，对于连续稳态过程，总物料及任一组分的物料都是平衡的。衡算范围如图 5-21 所示虚线，并以单位时间为基准。

总物料平衡：
$$F=D+W \tag{5-15}$$

易挥发组分平衡：
$$Fx_F=Dx_D+Wx_W \tag{5-16}$$

式中　F——原料液摩尔流量，kmol/h；

D——馏出液摩尔流量，kmol/h；

W——釜残液摩尔流量，kmol/h；

x_F——料液中易挥发组分的摩尔分数；

x_D——馏出液中易挥发组分的摩尔分数；

x_W——釜残液中易挥发组分的摩尔分数。

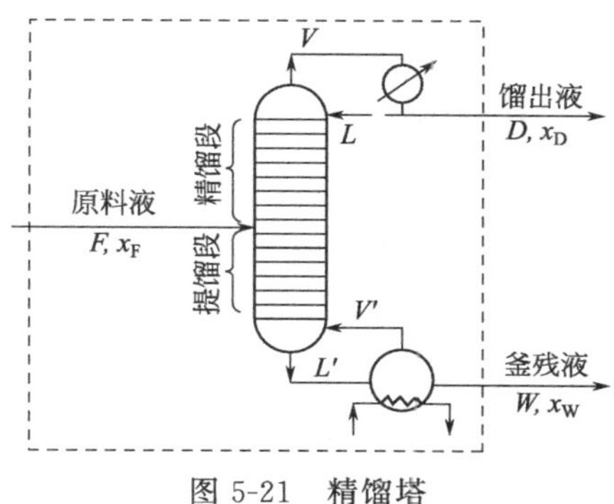

图 5-21　精馏塔

以上六个参数中，只要已知其中 4 个参数，就可以求出其他两个参数。一般情况下 F、x_F、x_D、x_W由生产任务规定。上式中 F，D，W 也可采用质量流量，相应地 x_F、x_D、x_W用质量分数。

联立式 (5-15) 和式 (5-16) 求解可得

$$D=\frac{F(x_F-x_W)}{x_D-x_W} \qquad W=\frac{F(x_D-x_F)}{x_D-x_W} \tag{5-17}$$

或
$$\frac{D}{F}=\frac{x_F-x_W}{x_D-x_W} \tag{5-18}$$

$$\frac{W}{F}=\frac{x_D-x_F}{x_D-x_W}=1-\frac{D}{F} \tag{5-19}$$

式中　D/F，W/F 工程上分别称其为馏出液采出率和残液采出率。

精馏生产中还常用到回收率的概念，所谓回收率，是指某组分通过精馏回收的量与其在原料中的总量之比，可用来衡量该组分的回收利用情况。其中，易挥发组分的回收率为 $\frac{Dx_D}{Fx_F}$，难挥发组分的回收率为 $\frac{W(1-x_W)}{F(1-x_F)}$。

全塔物料衡算方程虽然简单，但对指导精馏生产却是至关重要的。实际生产中，精馏塔的进料是由前一工序送来的，因此进料组成 x_F 为定值。由式（5-18）、式（5-19）可知，塔的产品产量和组成是相互制约的。

工业精馏分离指标一般有以下几种形式：

① 规定馏出液与釜残液组成 x_D、x_W。此种情况下，D/F、W/F 为定值，该塔的产率已经确定，不能任意选择。

② 规定馏出液组成 x_D 和采出率 D/F。此时塔底产品的采出率 W/F 和组成 x_W 也不能自由选定，反之亦然。

③ 规定某组分在馏出液中的组成和它的回收率。由于回收率≤100%，即 $Dx_D \leqslant Fx_F$，或 $\frac{D}{F} \leqslant \frac{x_F}{x_D}$，因此采出率 D/F 是有限制的。当 D/F 取得过大时，即使此精馏塔有足够大的分离能力，塔顶也无法获得高纯度的产品。

【例 5-1】 某白酒厂年产 52°白酒 2000t，采用含乙醇 10%（摩尔分数）的发酵液作为原料进行精馏，该工程问题要求出需投入精馏塔的原料量，需要进行物料衡算。已知 $x_F=0.10$，$D=2000\text{t/a}$，塔顶馏出液中乙醇含量为每 100mL 溶液中含乙醇 52mL。

因 F、D、W、x_F、x_D、x_W 六个参数中只有 x_F、D 为已知，其余需进行有关换算或查找资料。

解 塔顶产品组成：取年平均气温 20℃，查得在此温度下乙醇的密度 $\rho=789\text{kg/m}^3$，水的密度 $\rho=998.2\text{kg/m}^3$，

则 $x_D=(52\times10^{-6}\times789/46)/(52\times10^{-6}\times789/46+48\times10^{-6}\times998.2/18)=0.25$

塔顶馏出液平均摩尔质量为：$M_D=0.25\times46+0.75\times18=25$（kg/kmol）

精馏塔的年平均工作时间为 8000h，

则 $D=2000\times10^3/25/8000=10$（kmol/h）

塔底残液组成，经调查，取 $x_W=0.02$

由式（5-15）和式（5-16）的全塔物料衡算式得：

$$F=10+W \tag{1}$$

$$F\times0.10=10\times0.25+W\times0.02 \tag{2}$$

联立式（1）、式（2）两式，得

原料量 $F=28.75\text{kmol/h}$

残液量 $W=18.75\text{kmol/h}$

氯乙烯精制过程中高沸塔的全塔物料衡算

年产 10×10^4 t 聚氯乙烯树脂折算成高沸塔进料为 205.95kmol/h，其中氯乙烯 98%（摩尔分数，下同），二氯乙烷 2%。要求塔顶产品中二氯乙烷不超过 0.0001%，塔底出料中氯乙烯不高于 20%。确定塔顶产品量和塔底出料量。

$$F=D+W$$

$$Fx_F = Dx_D + Wx_W$$

即：205.95＝$D+W$

$$0.98\times 205.95 = 0.999999D + 0.2W$$

两式联解，得到：$D=200.802$kmol/h；$W=5.1485$kmol/h。

5.2.2 精馏塔操作线

在对精馏塔的操作分析中，除须了解各段气、液摩尔流量之外，还须掌握塔内相邻两层塔板间的气、液相浓度之间的数量关系，这种关系称为操作线关系，表达这种关系的数学式叫操作线方程。对精馏段进行物料衡算可得出精馏段的操作线方程，对提馏段进行物料衡算可得出提馏段的操作线方程。

为简化计算，引入气、液恒摩尔流的基本假设如下。

① 恒摩尔汽化　在精馏过程中，精馏段内每层板上升的蒸气摩尔流量相等，以 V 表示。提馏段内也如此，以 V' 表示。但两段的上升蒸气摩尔流量不一定相等。

② 恒摩尔溢流　在精馏过程中，精馏段内每层板下降的液体摩尔流量相等，以 L 表示。提馏段内也如此，以 L' 表示。但两段的液体摩尔流量不一定相等。

若塔板上气液两相接触时，有 1kmol 的蒸气冷凝，相应就有 1kmol 的液体汽化，恒摩尔流的假定即成立。为此，必须满足以下条件：①各组分的摩尔汽化潜热相等；②气液两相接触时，因温度不同而交换的显热可以忽略；③精馏塔保温良好，热损失可以忽略。

在精馏操作时，满足上述三个条件有基本的事实依据，很多物系，尤其是结构相似、性质相近的组分构成的物系，各组分的摩尔汽化潜热相近；显热与潜热相比要小得多，忽略显热是允许的；精馏塔的塔体外都包有隔热层，热损失可以忽略不计。上述条件基本符合，本章研究的对象均可按符合假定处理。

5.2.2.1 精馏段操作线

对如图 5-22 所示的虚线范围（包括精馏段部分塔板及塔顶冷凝器）作物料衡算可得精馏段操作线方程。

图 5-22 中对浓度下标的规定如下：来自哪一块塔板就用该塔板的编号作下标。塔板号码自上而下从第 1 号开始顺序编号，浓度皆以摩尔分数表示。

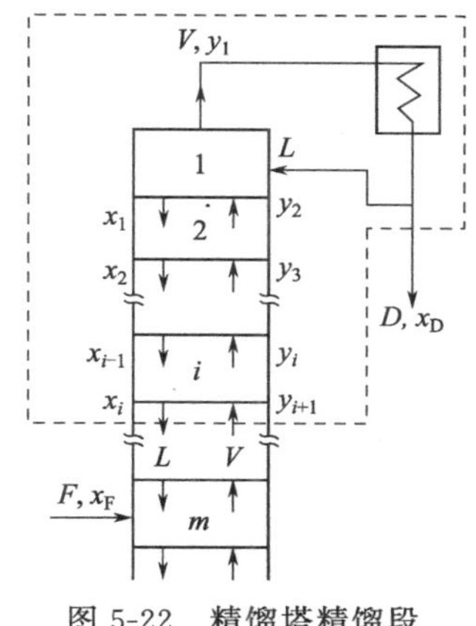

图 5-22　精馏塔精馏段

总物料平衡　　$V=L+D$

易挥发组分平衡　$Vy_{i+1}=Lx_i+Dx_D$

联立两式得：

$$y_{i+1}=\frac{L}{L+D}x_i+\frac{D}{L+D}x_D \tag{5-20}$$

或

$$y_{i+1}=\frac{\frac{L}{D}}{\frac{L}{D}+1}x_i+\frac{1}{\frac{L}{D}+1}x_D \tag{5-21}$$

令 $R=\frac{L}{D}$，R 称为回流比（reflux ratio），是塔顶回流液量与塔顶产品量的比值，它是精馏操作中很重要的操作参数，后面将对其进行讨论。

则
$$y_{i+1}=\frac{R}{R+1}x_i+\frac{1}{R+1}x_D \tag{5-22}$$

式（5-22）中，由于第 i 块板是任选的，只要是在精馏段部分即能满足。因此可去掉下标，得

$$y=\frac{R}{R+1}x+\frac{x_D}{R+1} \tag{5-23}$$

式（5-21）～式（5-23）皆称为精馏段的操作线方程，其意义表示在一定操作条件下，精馏段内任意两块相邻塔板间，从上一块塔板下降的液体组成与从下一块塔板上升蒸气组成之间的关系。其中式（5-23）用得比较普遍。

显然，精馏段操作线方程在 y-x 直角坐标图上的图形为一条直线。其作法如下：以操作线上两个特殊点作连线画出操作线。a. 在式（5-23）中，令 $x=x_D$，则可算得 $y=x_D$，因此表明点（x_D，x_D）是精馏段操作线上的一个特殊点，该点可在 y-x 图的对角线上由 $x=x_D$方便地标出。b. 另一个特殊点由操作线方程的截距求得，即点（0，$\frac{x_D}{R+1}$）。图 5-23 表明由这两个特殊点连直线作出精馏段操作线的方法。

5.2.2.2 提馏段操作线

对如图 5-24 所示的虚线范围（含提馏段部分塔板及再沸器）进行物料衡算：

总物料平衡 $L'=V'+W$

易挥发组分平衡 $L'x_j=V'y_{j+1}+Wx_W$

联立两式得：
$$y_{j+1}=\frac{L'}{L'-W}x_j-\frac{W}{L'-W}x_W \tag{5-24}$$

因第 j 块板是任意选取的，故可去掉下标，则

$$y=\frac{L'}{L'-W}x-\frac{W}{L'-W}x_W \tag{5-25}$$

式（5-24）和式（5-25）称为提馏段操作线方程。其意义表明在一定操作条件下，在提馏段内任一 j 层板流到下一 $j+1$ 层板的液相组成 x_j 与从下一层 $j+1$ 板上升到 j 层板上的气相组成 y_{j+1}之间的关系。

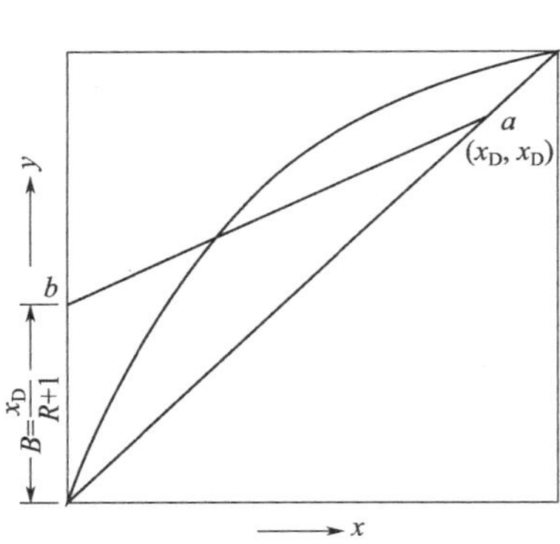

图 5-23 精馏段操作线的作图求法

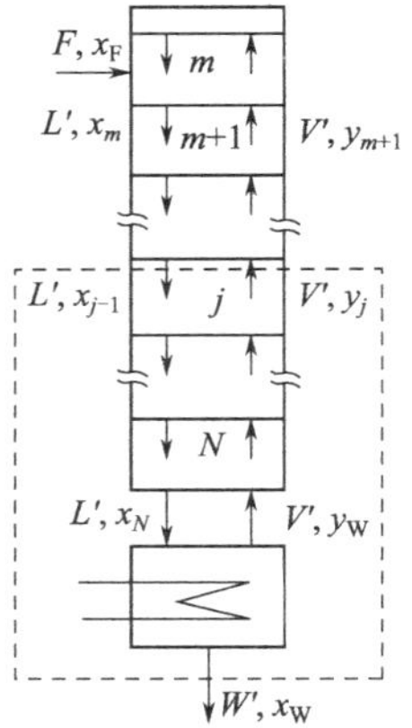

图 5-24 精馏塔提馏段

根据恒摩尔流的假定，提馏段中各板的 L'为定值，当稳态操作时 W 和 x_W也为定值，

因此，式（5-25）在 y-x 图上的图形也是直线，并且当 $x=x_W$ 时，由式（5-25）算得 $y=x_W$，说明该直线经过对角线上的（x_W，x_W）点。

应予指出，提馏段液体流量 L' 除了与精馏段的回流液量 L 有关外，还受进料量及进料热状况的影响。如进料为饱和液体时，$L'=L+F$。故当考虑进料热状况后，提馏段操作线方程式（5-25）将会变化成为另外的形式。

【例 5-2】 分离【例 5-1】的溶液时，若进料为饱和液体（$L'=L+F$），所用回流比为 2.3，试求精馏段和提馏段操作线方程式，并写出其斜率和截距。

解 （1）精馏段操作线方程式的通式为

$$y=\frac{R}{R+1}x+\frac{x_D}{R+1}$$

因 $R=2.3$，$x_D=0.935$，得方程式为：

$$y=\frac{2.3}{2.3+1}x+\frac{0.935}{2.3+1}$$

$$=0.697x+0.283$$

则精馏段操作线的斜率为 0.697，截距为 0.283。

（2）提馏段操作线方程的形式为

$$y=\frac{L'}{L'-W}x-\frac{W}{L'-W}x_W$$

由【例 5-1】知：$F=175\text{kmol/h}$，$W=95\text{kmol/h}$，$L=RD=2.3\times80=184$（kmol/h），$x_W=0.0235$；

$$L'=L+F=184+175=359\ (\text{kmol/h})$$

代入式（5-25）得： $y=1.36x-0.0084$

故提馏段操作线的斜率为 1.36，截距为 −0.0084。

5.2.2.3 进料热状况的影响

在生产实际中，引入塔内的原料可能有五种不同的状况：①饱和液体（泡点）进料；②饱和蒸气；③气液混合物；④低于泡点的冷液体；⑤过热蒸气。

用图 5-26 说明五种进料状况。

设以 q 代表各种状况下进料的液相分率（也称为进料热状况参数），即，若进料量为 F，则提馏段的回流量将比精馏段的回流量增加 qF，于是：

$$L'=L+qF \quad 即 \quad q=\frac{L'-L}{F} \tag{5-26}$$

（1）饱和液体（泡点）进料　因为塔中液体和蒸气都呈饱和状态，即沸腾状态，且进料板上、下处的温度及气、液相组成各自都比较接近，如图 5-25（a）所示。

所以 $L'=L+F \quad V'=V \quad q=L'-L/F$

式中 q——进料中的液相分数，区别于 $q=W/F$（液化分数）；

F——引入精馏塔的原料液流量。

由于泡点进料，原料液温度与板上液体相近，可视为传热、传质量相等。

（2）饱和蒸气进料　$L=L'$　$V=V'+F$ $q=\dfrac{L'-L}{F}$　$q=0$

显热，对于饱和液体进料（泡点进料），$q=1$，$L'=L+F$

对于饱和蒸气进料（露点进料），如图 5-25（b）所示，$q=0$，$L'=L$

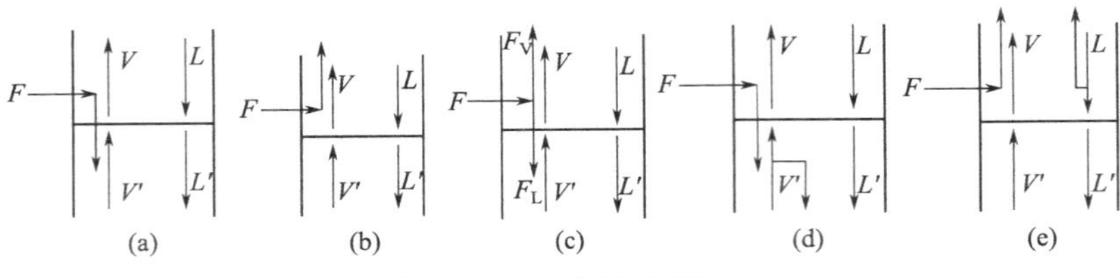

图 5-25　五种进料状况

如果进料是其他情况，则问题复杂些。

(3) 气液混合物进料

$$L'=L+F_L \qquad V=V'+F_V \quad q=L'-L/F=F_L/F$$

若为气液混合进料，如图 5-26 (c) 所示，则 q 就应在 0～1 之间

因为 $0<F_L$，$0<F$　　　所以 $q>0$

因为 $F_L<F$　　　所以 $q<1$　　　所以 $0<q<1$

(4) 若进料为低于泡点温度的冷液体　由于进料低于泡点温度，所以要由提馏段上升的蒸气把进料加热到泡点温度，而蒸气则被冷凝为部分液体随料液一块下流到提馏段，如图 5-26 (d) 所示。

$$L'>L+F \qquad V'>V$$

因为 $L'-L>F$

所以 $q>1$

(5) 过热蒸气进料　因为过热蒸气温度高于进料板的泡点温度，所以过热蒸气要释放部分显热使精馏段下降的液体部分汽化与提馏段上升的气体混合一块进入精馏段，如图 5-26 所示。

因为 $V>V'+F$　　　$L'<L$

所以 $q<0$

提馏段的操作线方程可表示为

$$y=\frac{L+qF}{L+qF-W}x-\frac{W}{L+qF-W}x_W \tag{5-27}$$

上式的斜率和截距中已消除了难于直接计算的 L'。

5.2.2.4　回流比的确定

回流是保证精馏操作过程能连续稳定进行的必要条件之一，在精馏操作中，回流比是影响设备费用和操作费用的一个最重要因素。在生产中，回流比的正确控制与调节，是优质、高产、低消耗的重要因素之一。

对于一定的分离要求，增加回流比，使精馏段的操作线斜率增大，截距减小，操作线离平衡线越远，每一梯级的水平线段和垂直线段均加长，说明每一块理论板的分离程度增大，为完成一定分离任务所需的理论板数减少，即塔本身的设备费用减少，但与此同时，却增加了塔内的气液负荷量，从而导致冷凝器、再沸器负荷增大，使操作费用提高，同时这些附属设备尺寸的增加又会使设备投资有所增加。反过来对于一个操作中的精馏塔，增加回流比，必然使分离能力增加，使产品的纯度提高。

回流比有两个极限值：全回流和最小回流比。

(1) 全回流　$R\to+\infty$　若塔顶蒸气全部冷凝后，不采出产品，全部流回塔内，这种情况称为全回流，此时 $D=0$，$R\to+\infty$。全回流时要达到给定的分离任务，所需的理论板数最少，以 N_{min}表示，其值可由芬斯克方程求得：

$$N_{min}=\frac{\lg\left[\frac{\left(\frac{x_A}{x_B}\right)_D}{\left(\frac{x_A}{x_B}\right)_W}\right]}{\lg\alpha_m} \tag{5-28}$$

式中　$\left(\frac{x_A}{x_B}\right)_D$——塔顶蒸气中易挥发组分与难挥发组分的摩尔比；

$\left(\frac{x_A}{x_B}\right)_W$——塔釜液中易挥发组分与难挥发组分的摩尔比。

$$N_{min}=\frac{\lg\left(\frac{x_D}{1-x_D}\frac{1-x_W}{x_W}\right)}{\lg\alpha_m} \tag{5-29}$$

全回流是回流比的上限，全回流时不加料，也不出产品，对正常生产无实际意义，主要用于设备的开停车和调试阶段。

(2) 最小回流比 R_{min}　回流比从全回流逐渐减小时，精馏段操作线和提馏段操作线的交点逐渐向平衡线靠近，当回流比减小到使两操作线的交点正落在平衡线上时，此时，液相和气相处于平衡状态，传质推动力为零，不论画多少梯级都不能越过交点 x_e，y_e 点称为挟紧点，此时再多的塔板也不能起分离作用，精馏操作的分离任务无法完成。此种情况下的回流比称为最小回流比，如图 5-26 所示。

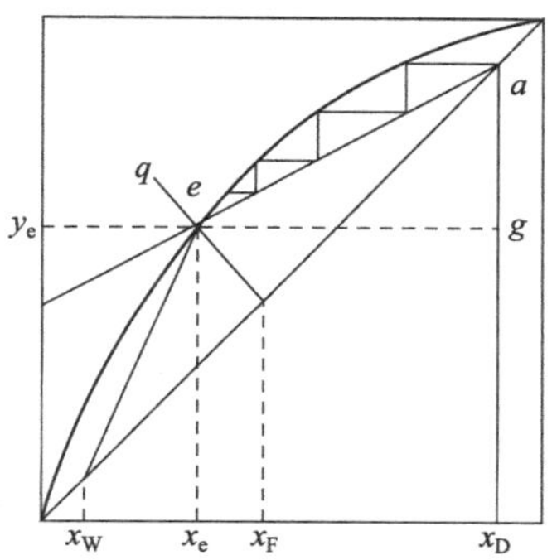

图 5-26　最小回流比的求取

最小回流比的求法如下。

① 正常的相平衡线　当有挟紧点时精馏段操作线方程的斜率得：

$$\frac{R_{min}}{R_{min}+1}=\frac{x_D-y_e}{x_D-x_e}$$

变换后得：

$$R_{min}=\frac{x_D-y_e}{y_e-x_e} \tag{5-30}$$

式中，x_e，y_e是 q 线与平衡线的交点坐标，可由图中读得，或由 q 线方程与平衡线的方程联立求解得到。

② 对于有恒沸点的平衡曲线　需通过相平衡图中的点 a（x_D，x_D）向平衡线作切线，再由切线的斜率求得。详细可查有关资料。

(3) 最适宜回流比的选择　从上面的讨论可知，全回流和最小回流比都是无法正常生产的，实际操作回流比应介于两者之间。适宜的操作回流比是根据经济核算确定的。

精馏过程的运行成本费用包括操作费和设备折旧费两方面。

精馏过程的操作费主要是再沸器中加热蒸汽的消费量和冷凝器中冷却水的用量及动力消耗，在加料量和产量一定的条件下，随着 R 的增加，V 与 V' 均增大；因此，加热蒸汽，冷却水消耗量均增加，操作费用增加。操作费用随 R 的变化关系如图 5-27 中曲线 2 所示。

精馏装置的设备包括精馏塔、再沸器和冷凝器。当回流比取最小回流比时，需无穷多块理论板，精馏塔无限高，故设备费用无限大，增加回流比，所需的理论板数急剧下降，设备

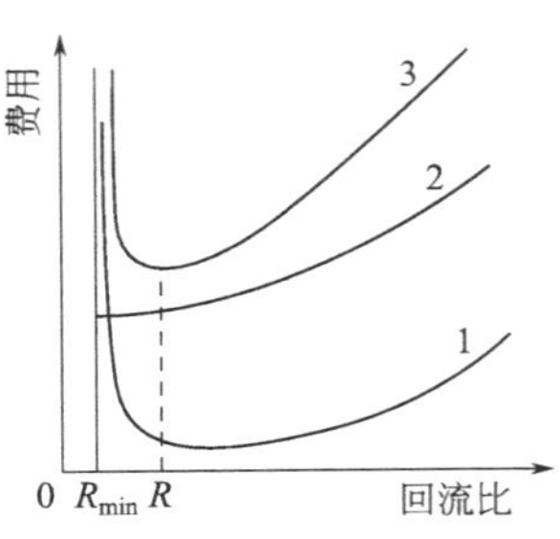

图 5-27 适宜回流比的确定

费用迅速回落，但随着 R 的进一步增大，V 和 V'加大，塔径需增加，再沸器和冷凝的传热面积需要增加，因而辅助设备费用会增加，装置设备费用随回流比的变化关系如图 5-27 中曲线 1 所示。

运行成本的总费用为装置设备折旧费和操作费之和，如图 5-27曲线 3 所示。图 5-27 中操作费用及设备折旧费用之和为最小时的回流比称为最适宜回流比。由于最适宜回流比的影响因素很多，无精确的计算公式，在通常情况下，一般取适宜回流比为最小回流比的 1.1～2.0 倍，即 $R=(1.1\sim2.0)R_{min}$ 。

确定氯乙烯精馏过程中高沸塔的操作关系

条件：$F=205.95\text{kmol/h}$；$D=200.8015\text{kmol/h}$；$W=5.1485\text{kmol/h}$；$x_D=0.999999$；$x_W=0.2$；泡点进料。平衡关系为 $y=\dfrac{\alpha x}{1+(\alpha-1)x}=\dfrac{9.756x}{1+8.756x}$ 。

求取最小回流比：

$$x_F=0.98,\ x_e=0.98,\ y_e=\frac{9.756x_e}{1+8.756x_e}=\frac{9.756\times0.98}{1+8.756\times0.98}=0.9979$$

$$R_{min}=\frac{x_D-y_e}{y_e-x_e}=\frac{0.999999-0.9979}{0.9979-0.98}=0.1173$$

$R=(1.1\sim2.0)R_{min}$ ，取 $R=0.2$。

精馏段操作线方程为：

$$y=\frac{R}{R+1}x+\frac{x_D}{R+1}=\frac{0.2}{0.2+1}x+\frac{0.999999}{0.2+1}=0.166667x+0.833333$$

提馏段操作线方程为：

$L=RD=0.2\times200.8015=40.1603$（kmol/h）

$$y=\frac{L+qF}{L+qF-W}x-\frac{W}{L+qF-W}x_W$$

$$=\frac{40.1603+205.95}{40.1603+205.95-5.1485}x-\frac{5.1485\times0.2}{40.1603+205.95-5.1485}$$

$$=1.021366x-0.0042733$$

5.2.3 理论塔板数

对于板式塔，其塔高的计算公式为

$$H=N_Ph \tag{5-31}$$

式中 H——板式塔高度，m；

N_P——实际塔板数，$N_P=\dfrac{N_T}{\eta}$ ；

η——总板（全塔）效率；

N_T——理论塔板数；

h——板间距，m。

对于板式精馏塔：先计算理论板数，再利用塔板效率将理论板层数折算成实际板层数，然后再由实际板层数和板间距（指相邻两层板之间的距离，可取经验值）确定塔高。

对于填料塔：由理论板层数和等板高度相乘即可求得填料层的高度。

求取理论塔板数的常用方法有三种：逐板计算法、图解法和简捷法。求算理论板层数时利用：①气液相平衡关系；②相邻两板之间气液两相组成之间的操作关系。

（1）逐板计算法　逐板计算法中利用的平衡关系是：气液相平衡方程

$$y=\frac{ax}{1+(a-1)x} \tag{5-32}$$

逐板计算法中利用的操作关系是：

精馏段的操作线方程　$$y_{n+1}=\frac{R}{R+1}x_n+\frac{1}{R+1}x_D \tag{5-33}$$

提馏段的操作线方程　$$y'_{m+1}=\frac{L+qF}{L+qF-W}x'_m-\frac{W}{L+qF-W}x_W \tag{5-34}$$

参见图 5-28，若塔顶采用全凝器，从塔顶最上层塔板（第 1 层板）上升的蒸气进入冷凝器中被全部冷凝，因此塔馏出液组成及回流液组成均与第 1 层板的上升蒸气组成相同，即：$y_1=x_D$（x_D为已知值）。

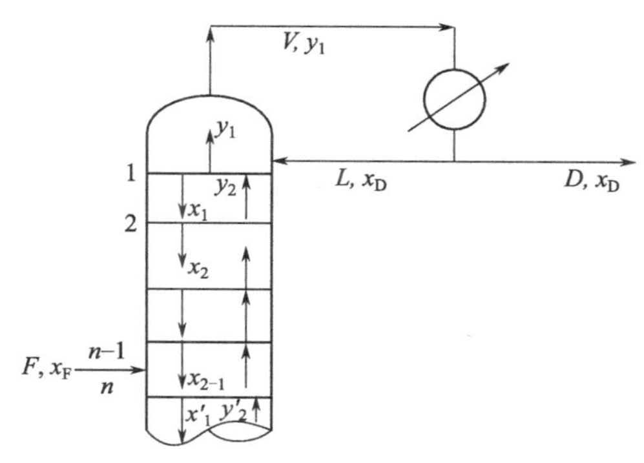

图 5-28　逐板计算分析

因为是理论板，离开每层理论板的气液相组成是互成平衡的，故可由 y_1 用气液两相平衡方程式（5-32）求得 x_1。

由于从下一层塔板（第 2 层塔板）上升的蒸气组成 y_2与 x_1 符合精馏段的操作关系，故用精馏段的操作线方程可由 x_1 求得 y_2。即：

$$y_2=\frac{R}{R+1}x_1+\frac{1}{R+1}x_D$$

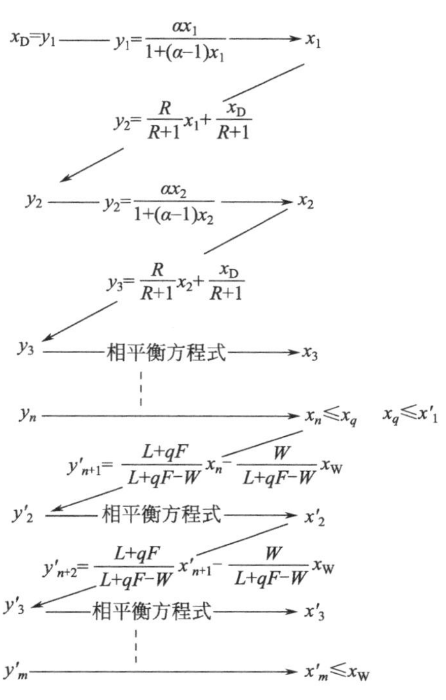

图 5-29　逐板计算过程

同理，y_2与 x_1 互成平衡，即可用平衡方程由 y_2 求 x_2，以及再用精馏段操作线方程由 x_2求 y_3，如此重复计算，直到 $x_n<x_d$为止（x_d为精馏段操作线与提馏段操作线交点的横坐标，也就是精馏段方程与提馏段方程组的解的 x 值。饱和液体进料时 $x_d=x_F$），说明第 n 层板是加料板，因此精馏段的理论塔板层数为（$n-1$）。第 n 板是加料板也是提馏段的第 1 块板。

当计算到 $x_n<x_d$后，改用提馏段操作线方程继续逐板向下计算，来确定提馏段理论塔板数，直到 $x'_m\leqslant x_W$（x_W 为塔底产品——残液的组成）为止。逐板计算过程如图 5-29 所示。

应予注意：在计算过程中，每使用一次平衡关系，表示需要一层理论板。

由于物料在再沸器中停留时间较长，离开再沸器的气液两相已达平衡，它起到了一块理论板的分离效果，所以，第 m 块理论板就是再沸器，因此塔内的提馏段的理论板层数为$m-1$块。

【例 5-3】 在一常压连续精馏塔中分离含苯44%的苯-甲苯混合液，要求塔顶产品中含苯97.4%以上。塔底产品中含苯2.35%以下（以上均为摩尔分数）。采用回流比$R=2$。试求下列两种进料状况下的理论加料板位置和所需的理论塔板层数。

条件：(1) 饱和液体进料；(2) 20℃冷液进料。

已知：苯-甲苯混合液的平均相对挥发度为2.47；20℃冷液进料时，进料的热状况参数q为1.36。

解 (1) 饱和液体进料时

① 苯-甲苯的气液相平衡方程为：$y=\dfrac{2.47x}{1+(2.47-1)x}=\dfrac{2.47x}{1+1.47x}$ (1)

② 求进料线方程和操作线方程

a. 进料线方程式为： $x=x_F=0.44$ (2)

b. 精馏段的操作线方程式为：$y=\dfrac{R}{R+1}x+\dfrac{1}{R+1}x_D=\dfrac{2}{3}x+0.325$ (3)

c. 提馏段操作线方程式为：$y=1.428x-0.0101$ (4)

③ 将方程式 (2) 和式 (3) 联立［或将方程式 (3) 和式 (4)］联立求解得：

$$\begin{cases}x=0.44\\y=0.6183\end{cases}\text{亦即}\begin{cases}x_q=0.44\\y_q=0.6183\end{cases}$$

④ 逐板计算结果如下：

$$y_1=0.9740,\ x_1=0.9381$$
$$y_2=0.9504,\ x_2=0.8858$$
$$y_3=0.9155,\ x_3=0.8143$$
$$y_4=0.8679,\ x_4=0.7268$$
$$y_5=0.8095,\ x_5=0.6324$$
$$y_6=0.7466,\ x_6=0.5440$$
$$y_7=0.6877,\ x_7=0.4713$$
$$y_8=0.6392,\ x_8=0.4177<x_q=0.44$$

（说明第8块板为理论加料板）

$$y_9=0.5864,\ x_9=0.3647$$
$$y_{10}=0.5107,\ x_{10}=0.2970$$
$$y_{11}=0.4140,\ x_{11}=0.2224$$
$$y_{12}=0.3075,\ x_{12}=0.1524$$
$$y_{13}=0.2075,\ x_{13}=0.0958$$
$$y_{14}=0.1267,\ x_{14}=0.0555$$
$$y_{15}=0.0684,\ x_{15}=0.0289$$
$$y_{16}=0.0312,\ x_{16}=0.0129<x_W=0.0235$$

总共用了16次平衡关系，故共需16块理论板（包括再沸器）。

(2) 20℃冷液进料时

① 苯-甲苯的气液相平衡方程为：$y=\dfrac{2.47x}{1+(2.47-1)x}=\dfrac{2.47x}{1+1.47x}$ (5)

② 求进料线方程和操作线方程

a. 进料线方程式为：$y=\frac{q}{q-1}x-\frac{1}{q-1}x_F=3.778x-1.2222$ (6)

b. 精馏段的操作线方程式为：$y=\frac{R}{R+1}x+\frac{1}{R+1}x_D=\frac{2}{3}x+0.325$ (7)

c. 提馏段操作线方程式为：$y=1.338x-0.00794$ (8)

③ 将方程式（6）和式（7）联立［或将方程式（7）和式（8）］联立求解得：

$$\begin{cases}x=0.497\\y=0.657\end{cases} \text{亦即} \begin{cases}x_q=0.497\\y_q=0.657\end{cases}$$

④ 逐板计算结果如下：

$y_1=0.9740$，$x_1=0.9381$

$y_2=0.9504$，$x_2=0.8858$

$y_3=0.9155$，$x_3=0.8143$

$y_4=0.8679$，$x_4=0.7268$

$y_5=0.8095$，$x_5=0.6324$

$y_6=0.7466$，$x_6=0.5440$

$y_7=0.6877$，$x_7=0.4713<x_q=0.497$

（说明第 7 块板为理论加料板）

$y_8=0.6227$，$x_8=0.4005$

$y_9=0.5279$，$x_9=0.3116$

$y_{10}=0.4090$，$x_{10}=0.2189$

$y_{11}=0.2849$，$x_{11}=0.1389$

$y_{12}=0.1779$，$x_{12}=0.0806$

$y_{13}=0.0999$，$x_{13}=0.0430$

$y_{14}=0.0496$，$x_{14}=0.0207<x_W=0.0235$

总共用了 14 次平衡关系，故共需 14 块理论板（包括再沸器）。

(2) 图解法　图解法求理论板层数的依据与逐板计算法完全相同，只不过是用相平衡曲线和操作分别代替气液两相平衡方程和操作线方程，用图解代替方程的求解。图解法中以 x-y 图图解法最为常用。

图解法步骤如下：

① 在 x-y 图上作出相平衡线和对角线。

② 在 x-y 图上作精馏段操作线 ab。

精馏段操作线作法：由于精馏段操作线 $y=\frac{R}{R+1}x+\frac{x_D}{R+1}$ 的斜率大于1。与对角线$y=x$斜率不等，则精馏段操作线与对角线不平行必然相交，而且公共解则是交点坐标联立解得。

精馏段操作线与对角线的交点：$x=x_D$　$y=x_D$

解出 $\frac{x_D}{R+1}$，可定出操作线与 y 轴的交点即图 5-30 中 b 点。连 a、b 两点，便是精馏段操作线。

③ 在 x-y 图上作提馏段操作线 cd。

a. 找 c 点，c 点是提馏段操作线与对角线的交点。

由于提馏段操作线 $y=\frac{L+qF}{L+qF-W}x-\frac{W}{L+qF-W}x_W$ 的斜率小于 1 与对角线 $y=x$ 斜率不等，则提馏段操作线与对角线不平行也必然相交，交点用 c 表示，c 点的坐标是联立后方程组的解：$x=x_W$，$y=x_W$。

b. 找 d 点，d 点是提馏段操作线与精馏段操作线的交点。

因为精馏段操作线的斜率大于 1，提馏段操作线的斜率小于 1，所以两操作线不平行必然有交点，用 d 表示。

当两操作线方程已知时，d 点的坐标就是两方程联立后的解。

但由于提馏段操作线方程 $y=\frac{L+qF}{L+qF-W}x-\frac{W}{L+qF-W}x_W$ 与进料状况 q 有关，因此 d 点的位置也与进料状况 q 有关。

c. 连接 cd，cd 线即为提馏段操作线。

小结　提馏段操作线的作图步骤：在对角线上找 c 点（$x=x_W$，$y=x_W$）；在对角线线上找 e 点（$x=x_F$，$y=x_F$）；过 e 点作斜率为 $\frac{q}{q-1}$ 的直线 ef 线；找 ef 线与 ab 线的交点 d；连接 c 点和 d 点，所得直线 cd 即为提馏段操作线。

④ 图解求理论塔板数　用图解法求理论塔板数步骤如下：如图 5-30 所示，从 a 点开始在精馏段操作线和平衡线之间作水平线和垂线组成的梯级，当梯级跨过点 d，改在平衡线和提馏段操作线之间画梯级，直至梯级跨过 c 点为止；每一级水平线表示应用一次汽液平衡关系，即代表一层理论板，每一根垂线表示应用一次操作线关系，梯级的总数即为理论板总数。由于塔釜作为一块理论板，因此，理论板总数为总梯级数减去 1。

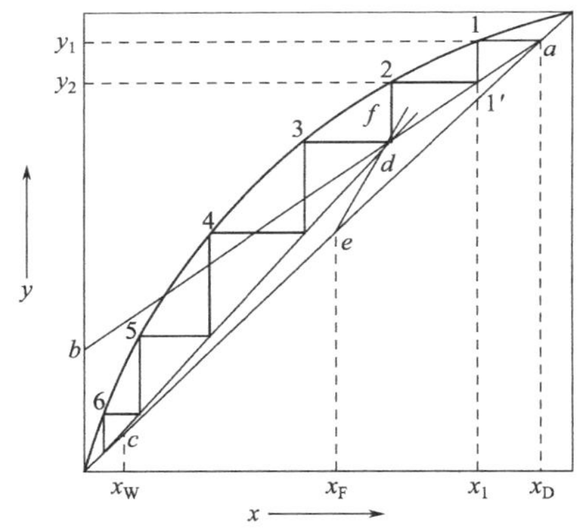

图 5-30　图解法求理论塔板数

图 5-30 中 1 点表示气相浓度 y_1 与液相浓度 x_1 互成平衡，相当于逐板计算法中使用一次平衡关系，由 y_1 求 x_1，因此代表一块理论板，再由 1 点引垂线与操作线相交于 $1'$ 点，$1'$ 点即离开第一板的液相浓度 x_1 与来自下一块板（第二板）的气相浓度 y_2 之间的关系（即操作线所表示的关系）相当于逐板计算法中利用一次操作线方程式由 x_1 求 y_2。继续由 $1'$ 点引水平线与平衡线交于 2 点，相当于逐板计算法又用一次平衡关系由 y_2 求 x_2，故又代表一块理论板。

综上所述：每个梯级的水平线代表两相邻理论板的液相推动力；竖直线代表两相邻理论板的气相推动力。

平衡线上的点代表每块板上气相平衡时，轻组分气液相组成关系。操作线上的点代表上下两块理论板之间操作时，轻组分气液组成关系。

图解法基于塔内恒摩尔流的假设，上下两块板间液相推动力或气相推动力，即以实际浓度与平衡浓度之间差值表示。

总结图解法求理论塔板数步骤：

a. 在方格坐标纸上绘出 x-y 平衡曲线，并作出对角线。

b. 从 $x=x_D$ 处引垂线与对角线交于 a 点，再按 $\frac{x_D}{R+1}$ 定出 b 点，连接 ab 得精馏段操作线。

c. 作出 q 线，如饱和液体进料，$q=1$，从 $x=x_F$ 处引垂线与对角线交于 e 点，与精馏段操作线 ab 交于 d 点。

d. 从 $x=x_W$ 处引垂线与对角线交于 c 点，连接 cd 便得提馏段操作线。

e. 从 a 点开始，在精馏段操作线与平衡线之间画出水平线及垂直线组成的梯级。当梯级跨过 d 点时，则改在提馏段操作线与水平线之间画梯级，直至梯级跨过 c 点为止。所画的每一个梯级代表一块理论板。

【例 5-4】 需用一常压连续精馏塔分离含苯 40%的苯-甲苯混合液，要求塔顶产品含苯 97%以上。塔底产品含苯 2%以下（以上均为质量分数）。采用的回流比 $R=3.5$。试求下述两种进料状况时的理论板数：(1) 饱和液体；(2) 20℃液体。

解 应用图解法。由于相平衡数据是用摩尔分数，故需将各个组成从质量分数换算成摩尔分数。换算后得到：$x_F=0.44$，$x_D \geqslant 0.974$，$x_W \leqslant 0.0235$。

现按 $x_D=0.974$，$x_W=0.0235$ 进行图解。

(1) 饱和液体进料

① 在 x-y 图上作出苯-甲苯的平衡线和对角线如图 5-31 所示。

② 在对角线上定点 $a(x_D, y_D)$，点 $e(x_F, y_F)$ 和点 $c(x_W, y_W)$ 三点。

③ 绘精馏段操作线　依精馏段操作线截距 $=x_D/(R+1)=0.974/(3.5+1)=0.216$，在 y 轴上定出点 b，连 a、b 两点间的直线即得，如图 5-31 所示中 ab 直线。

④ 绘 q 线　对于饱和液体进料，q 线为通过点 e 向上作垂线，如图 5-31 中 ef 直线。

⑤ 绘提馏段操作线　将 q 线与精馏段操作线之交点 d 与点 c 相连即得，如图 5-31 中 dc 直线。

⑥ 绘梯级线　自图 5-31 中点 a 开始在平衡线与精馏操作线之间绘梯级，跨过点 d 后改在平衡线与提馏线之间绘梯级，直到跨过 c 点为止。

由图 5-31 中的梯级数得知，全塔理论板层数共 12 层，减去相当于一层理论板的再沸器，共需 11 层，其中精馏段理论层数为 6，提馏段理论板层数为 5，自塔顶往下数第 7 层理论板为加料板。

(2) 20℃冷液加料

①、②、③项与 (1) 的解法相同，其结果如图 5-32 所示。

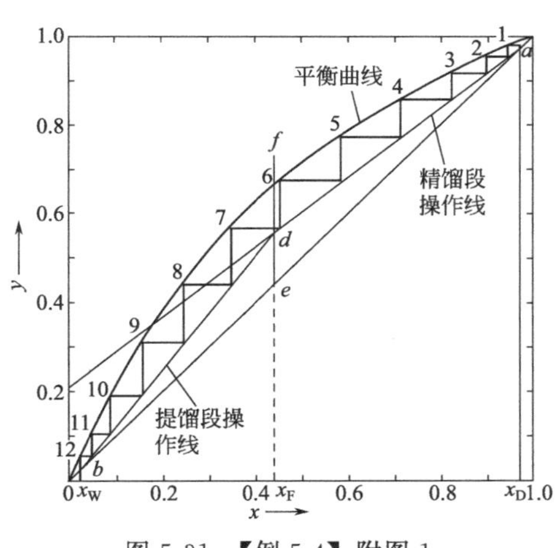

图 5-31 【例 5-4】附图 1

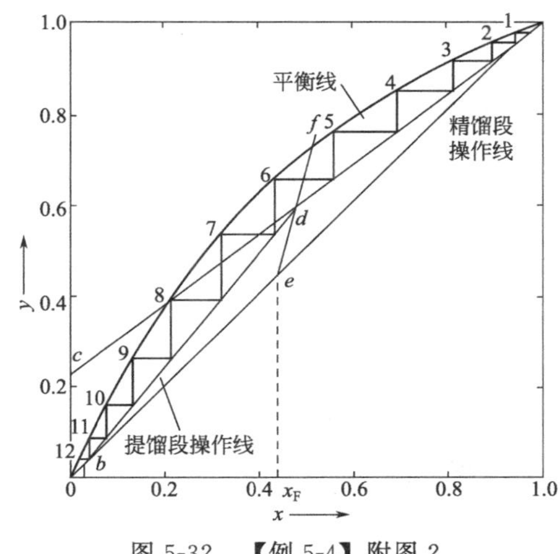

图 5-32 【例 5-4】附图 2

④ 绘 q 线　已算出 20℃冷液进料状况下 $q=1.36$，$q/(q-1)=3.78$。过 e 点作斜率为 3.78 的直线即得 q 线，q 线与精馏段操作线交于 d。

⑤ 绘提馏段操作线　连接 dc 即得如图 5-32 所示 dc 直线。

⑥ 依图解法绘梯级　仍从 a 点起作梯级，可知全塔理论板层数共 12 层，减去再沸器相当的一层理论板，共需 11 层，其中精馏段理论板层数为 5，提馏段理论板层数为 6，自塔顶往下数第 6 层理论板为加料板。

确定氯乙烯精馏过程高沸塔的理论塔板数

前面得到：$x_D=0.999999$，$x_F=0.98$，$x_W=0.2$

精馏段操作关系：$y=0.166667x+0.833333$

提馏段操作关系：$y=1.021366x-0.0042733$

平衡关系：$y=\dfrac{9.756x}{1+8.756x}$，即 $x=\dfrac{y}{9.756-8.756y}$

$x_D=y_1=0.999999$，由平衡关系→$x_1=0.99999$，由精馏段操作关系→$y_2=0.999998$；

由平衡关系→$x_2=0.999837$，由精馏段操作关系→$y_3=0.999972$；

由平衡关系→$x_3=0.999734$，由精馏段操作关系→$y_4=0.999956$；

由平衡关系→$x_4=0.999568$，由精馏段操作关系→$y_5=0.999928$；

由平衡关系→$x_5=0.999298$，由精馏段操作关系→$y_6=0.999883$；

由平衡关系→$x_6=0.99886$，由精馏段操作关系→$y_7=0.99981$；

由平衡关系→$x_7=0.99815$，由精馏段操作关系→$y_8=0.999692$；

由平衡关系→$x_8=0.99700$，由精馏段操作关系→$y_9=0.99950$；

由平衡关系→$x_9=0.99514$，由精馏段操作关系→$y_{10}=0.99919$；

由平衡关系→$x_{10}=0.99216$，由精馏段操作关系→$y_{11}=0.99869$；

由平衡关系→$x_{11}=0.98739$，由精馏段操作关系→$y_{12}=0.99790$；

由平衡关系→$x_{12}=0.97987\leqslant x_F$，换提馏段操作关系→$y_{13}=0.99653$；

由平衡关系→$x_{13}=0.96716$，由提馏段操作关系→$y_{14}=0.98355$；

由平衡关系→$x_{14}=0.85971$，由提馏段操作关系→$y_{15}=0.87380$；

由平衡关系→$x_{15}=0.4151$，由提馏段操作关系→$y_{16}=0.4197$；

由平衡关系→$x_{16}=0.069\leqslant x_W$；

可知精馏段需要 11 块理论板，提馏段需要 5 块理论板，进料加在第 12 块板上。

5.2.4 塔高及塔径

5.2.4.1 板效率

对于工程上实际使用的精馏塔板，由于接触时间的有限和塔板结构的限制，因此离开塔板的气液两相是不可能达到平衡状态的，也就是说实际塔板的分离效果，不如理论塔板好，因此，完成一定分离任务所需的实际塔板层数肯定比理论塔板层数要多。实际塔板与理论塔板分离效果的差异可用塔板效率来反映。塔板效率有单板效率和总板效率（全塔效率）之分，下面分别介绍。

(1) 单板效率 E_M 单板效率又称默弗里效率是针对某一块板而言的，它是以气相（或液相）经过实际板的组成变化值与经过理论板的组成变化值之比来表示的。对于任意的第 n 层塔板，单板效率可分别按气相组成及液相组成的变化来表示（图 5-33）。

全回流时 $y_{n+1}=x_n$ $\triangle ABC$ 是理论板，$\triangle A'B'C'$是实际板。

即：

$$E_{MV}=\frac{y_n-y_{n+1}}{y_n^*-y_{n+1}}=\frac{B'C}{BC}$$

$$E_{ML}=\frac{x_{n-1}-x_n}{x_{n-1}-x_n^*}=\frac{A'B'}{A'B''}=\frac{A'B'}{AB} \tag{5-35}$$

式中 y_n^* ——与 x_n 成平衡的气相中易挥发组分的摩尔分数；

x_n^* ——与 y_n 成平衡的液相中易挥发组分的摩尔分数；

E_{MV} ——气相组成表示的默弗里效率；

E_{ML} ——液相组成表示的默弗里效率。

式 (5-35) 表示从 $n-1$ 极下来的液体 x_{n-1} 与 $n+1$ 板上去的气体组成为 y_{n+1} 的蒸气在 n 板相遇。

液体 $x_{n-1}\rightarrow x_n^*$ A′B″（理论板）（x_n^*，y_n）在平衡线上 B''

$x_{n-1}\rightarrow x_n$ A′B′（实际板）（x_n，y_{n+1}）在操作线上 C

气体 $y_{n+1}\rightarrow y_n^*$ CB（理论板）（x_n，y_n^*）在平衡线上 B

$y_{n+1}\rightarrow y_n$ CB′（实际板）（x_{n-1}，y_n）在操作线上 A'

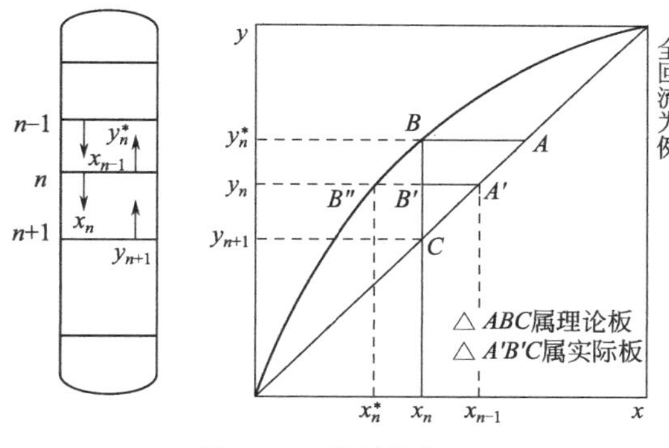

图 5-33 单板效率 E_M

平衡线上的点，反映了同一块塔板上气液相平衡时状态，如（x_n，y_n^*）。操作线上的点反映了相邻两块塔板之间气液相操作的实际状态（y_{n+1}，x_n）。

x-y 相图上的水平线，反映了在上下相邻两块塔板上（从上至下）液相中易挥发组分不断减少的过程，垂直线（气相从下向上）反映了在上下相邻两块塔板上气相中易挥发组分不断增浓的过程。

单板效率通常由实验测定。

(2) 全塔效率 E 全塔效率又称总板效率，一般来说，精馏塔中各层板的单板效率并不相等，为简便起见，常用全塔效率来表示，即：

$$E=\frac{N_T}{N_P}\times 100\% \tag{5-36}$$

式中 E——全塔效率；

N_T ——理论板层数；

N_P ——实际板层数。

全塔效率反映塔中各层塔板的平均效率，因此它是理论板层数的一个校正系数，其值恒小于 1。

由于影响板效率的因素很多，且非常复杂，不仅与气液体系、物性、塔板类型、结构尺寸有关，而且与操作状况有关。总板效率是个影响因素甚多的综合指标，难以从理论导出，一般均由实验测得，并将 E_T与主要影响因素归纳、整理成曲线或计算式供估算用。总板效率表示全塔的平均效率，使用较为方便，故被广泛采用。

5.2.4.2 塔高求算

$$Z=\frac{N_{\mathrm{T}}}{E_{\mathrm{T}}}H_{\mathrm{T}} \tag{5-37}$$

式中 Z——塔高，m；

N_{T}——塔内所需的理论板层数；

E_{T}——总板效率；

H_{T}——塔板间距，m。

氯乙烯精馏过程中高沸塔的塔板数确定

前面得到高沸塔精馏段和提馏段理论塔板数分别为：11 和 5。

根据实际经验，高沸塔采用浮阀塔板的全塔效率约为 40%。

故可得到高沸塔精馏段实际塔板数为：11/0.4≈28。

高沸塔提馏段实际塔板数为：5/0.4≈13。其中，再沸器算 1 块板，提馏段需设置 12 块塔板。

5.2.4.3 确定塔径

塔径是根据塔内上升蒸气的流量与空塔气速来计算的。上升蒸气的流量取决于生产任务的要求，而上升蒸气的空塔气速须根据不发生严重液沫夹带、避免发生液泛的要求，计算出适宜的空塔气速。

根据流量方程式，可知：

$$D=\sqrt{\frac{4q_V}{\pi u}} \tag{5-38}$$

式中 D——塔径，m；

q_V——塔内上升蒸气的体积流量，m^3/s；

u——适宜的空塔气速，m/s。

算出的塔径需圆整，其值若在 1m 以内，应圆整为按 100mm 递增值的尺寸，若超过 1m，则按 200mm 递增值进行圆整。

上面所得塔径只是初估尺寸，要进行流体力学验算后，才能确定为设计值。

若精馏塔的精馏段和提馏段上升气量差别较大，应分别计算精馏段和提馏段的塔径。

确定氯乙烯精馏过程中的高沸塔的塔径

高沸塔的精馏段和提馏段的上升气量均为 $0.109m^3/s$。

采用板间距为 450mm 的浮阀塔最大操作气速为 0.28m/s。

选取适宜气速为 0.8×0.28=0.224（m/s）。

$$D=\sqrt{\frac{4q_V}{\pi u}}=\sqrt{\frac{4\times0.109}{3.1416\times0.224}}=0.787\ (\mathrm{m})$$

圆整为 800mm。

5.2.5 精馏塔的热量衡算

化工生产的各种单元操作中，蒸馏的能量消耗是比较大的，这是由于蒸馏过程需向系统加入或取出热量以产生气相和液相，而气、液相间的相变热通常较大，蒸馏的能耗较大，因此，降低能量消耗是改进蒸馏过程的一个极为重要的方面。

精馏装置的能耗主要由塔底再沸器中的加热剂和塔顶冷凝器中冷却介质的消耗量所决定，两者用量可以通过对精馏塔进行热量衡算得出。下面以确定再沸器内加热蒸汽消耗量为例说明精馏的热量衡算。

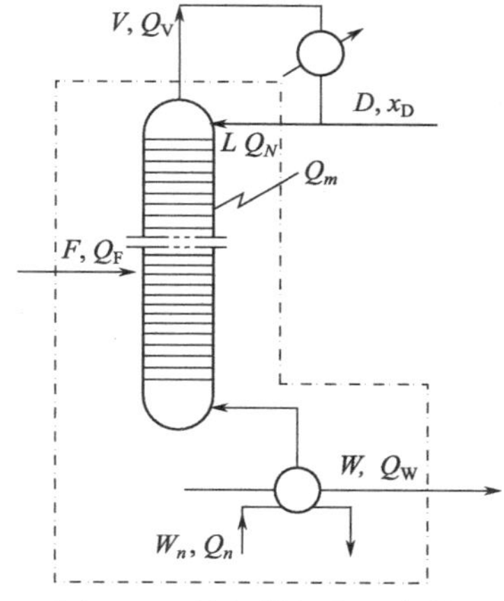

图 5-34 精馏塔的热量衡算

按图 5-34 的虚线范围内以单位时间为基准，作全塔热量衡算。

(1) 加热蒸汽带入的热量 Q_h(kJ/h)

$$Q_h = W_h(I - i)$$

式中 W_h——加热蒸汽消耗量，kg/h；

I——加热蒸汽的焓，kJ/h；

i——冷凝水的焓，kJ/h。

(2) 原料带入的焓 Q_F(kJ/h) 此项焓值与进料热状况有关。如，原料为液体（$q \geqslant 1$）时，

$$Q_F = Fc_Ft_F$$

式中 F——原料液的质量流量，kg/h；

c_F——原料液的比热容，kJ/(kg·℃)；

t_F——原料液的温度，℃。

(3) 回流液带入的焓 Q_R(kJ/h)

$$Q_R = DRc_Rt_R$$

式中 D——馏出液的质量流量，kg/h；

R——回流比；

c_R——回流液的比热容，kJ/(kg·℃)；

t_R——回流液的温度，℃。

(4) 塔顶蒸气带出的焓 Q_V(kJ/h)

$$Q_V = D(R+1)I_V$$

式中 I_V——塔顶上升蒸气的焓，kJ/kg。

(5) 再沸器内残液带出的焓 Q_W(kJ/h)

$$Q_W = Wc_Wt_W$$

式中 W——残液的质量流量，kg/h；

c_W——残液的比热容，kJ/(kg·℃)；

t_W——残液的温度，℃。

(6) 损失于周围的热量 Q_n(kJ/h)。

故全塔热量衡算式为：

$$Q_h + Q_F + Q_R = Q_V + Q_W + Q_n$$

将上式改写为

$$Q_h = Q_V + Q_W + Q_n - Q_F - Q_R$$

因为 $$Q_h=W_h(I-i)$$

所以，再沸器内加热蒸汽消耗量为

$$W_h=\frac{Q_V+Q_W+Q_n-Q_F-Q_R}{I-i} \tag{5-39}$$

由式（5-39）可见，若原料液经过预热后使其带入的热量增加，则再沸器内加热剂的消耗量将减少。至于塔顶冷凝器中冷却介质的用量可通过对冷凝器的热量衡算得出，读者可尝试进行计算。

精馏过程中，除再沸器和冷凝器应严格符合热量平衡外，还必须维持整个精馏系统的热量平衡。即由塔器与这些换热器等组成的精馏系统是相互联系、有机的整体，因此，塔内某个参数的变化必然会反映到再沸器和冷凝器中。

精馏是化工生产中应用最广的分离操作，其能量消耗主要在再沸器内加热剂的消耗和塔顶冷凝器冷却介质的消耗。减少精馏操作的能耗，一直是工业生产和实验研究的重要课题。应用高效换热设备以及高效率、低压降的新型塔板和填料，均是实现节能的重要途径。除此之外，还开发和研究了多种节能方法，如对于塔顶、塔底温差较大的精馏塔，在精馏段设置中间冷凝器，在提馏段设置中间再沸器；采用多效精馏、热泵精馏等，有的已取得明显节能效果，有的具有良好的应用前景。

5.3 精馏过程操作分析

5.3.1 板式精馏塔操作

在化工生产各单元操作中，精馏塔的运行及控制难度是比较大的，这是由于精馏流程相对复杂、各控制参数间关联较大、影响运行的因素较多。由于生产不同产品的生产任务不同，操作条件多样，塔型也不一样，因此精馏过程的操作控制也是各不相同的。下面从共性角度说明精馏塔的运行和控制。

5.3.1.1 塔板上的流体力学现象

（1）塔板上气液接触状况　对精馏操作来讲，塔板上气液两相接触情况会影响传热传质效果，因而，有必要研究塔板上气液接触状况。实验观察发现，气体通过筛孔的速度不同，两相在塔板上的接触状态也不同。

① 鼓泡接触状态　当上升蒸气流量较低时，气体在液层中吹鼓泡的形式是自由浮升，塔板上存在大量的清液，气液湍动程度比较低，气液相接触面积不大。

② 蜂窝状接触状况　气速增加，气泡的形成速度大于气泡浮升速度，上升的气泡在液层中积累，气泡之间接触，形成气泡泡沫混合物，因为气速不大，气泡的动能还不足以使气泡表面破裂。因此，是一种类似蜂窝状泡结构。因气泡直径较大，很少搅动，在这种接触状态下，板上清液会基本消失，从而形成以气体为主的气液混合物，由于气泡不易破裂，表面得不到更新，所以这种状态对于传质、传热不利。

③ 泡沫状接触状态　气速连续增加，气泡数量急剧增加，气泡不断发生碰撞和破裂，此时，板上液体大部分均以膜的形式存在于气泡之间，形成一些直径较小、搅动十分剧烈的动态泡沫，是一种较好的操作状态。

④ 喷射接触的状态　当气速连续增加，由于气体动能很大，把板上的液体向上喷成大

小不等的液滴，直径较大的液滴受重力作用落回到塔板上，直径较小的液滴，被气体带走形成液沫夹带，液体的比表面积很大，气液湍动程度高，也是一种良好的操作状态。

泡沫接触状态与喷射状态均为优良的工作状态，但喷射状态是塔板操作的极限，液沫夹带较多，所以多数塔操作均控制在泡沫接触状态。

(2) 塔板上的不正常现象

① 漏液　正常操作时，液体应横穿塔板，在与气体进行充分接触传质后流入降液管。但当气速较低时，液体从塔板上的开孔处下落，这种现象称为漏液。严重漏液会使塔板上建立不起液层，会导致分离效率的严重下降。

② 液沫夹带和气泡夹带　当气速增大时，某些液滴被带到上一层塔板的现象称为液沫夹带。正常操作中，少量的液沫夹带是不可避免的。气泡夹带则是指在一定结构的塔板上，因液体流量过大使溢流管内的液体的流量过快，导致溢流管中液体所夹带的气泡等不及从管中脱出而被夹带到下一层塔板的现象。过量的液沫夹带和气泡夹带都会导致液体或气体的返混，削弱传质效果。

③ 液泛现象　当塔板上液体流量很大、上升气体的速度很高时，液体被气体夹带到上一层塔板上的流量猛增，使塔板间充满气液混合物，最终使整个塔内都充满液体，这种现象称为夹带液泛。还有一种是因降液管通道太小、流动阻力大，或因其他原因使降液管局部地区堵塞而变窄，液体不能顺利地通过降液管下流，使液体在塔板上积累而充满整个板间，这种液泛称为溢流液泛。液泛使整个塔内的液体不能正常下流，物料大量返混，严重影响塔的操作，在操作中需要特别注意和防止。

5.3.1.2　精馏塔的开、停车

(1) 原始开车　精馏塔系统安装或大修结束后，必须对其设备和管路进行检查、清洗、试压、试漏、置换及设备的单机试车、联动试车和系统试车等工作，这些准备工作和处理工作的好坏，对正常开车有直接影响。

原始开车的程序一般按六个阶段进行：

① 检查　按安装工艺流程图逐一进行核对检查。

② 吹除和清扫　一般采用空气或氮气把设备、管路内的灰尘、污垢等杂物吹扫干净，以免设备内的铁锈、焊渣等堵塞管道、设备等。

③ 试压、试漏　多采用具有一定压力的水进行静液压试验，以检查系统设备、管路的强度和气密性。

④ 单机试车和联动试车。

⑤ 设备的清洗和填料的处理。

⑥ 系统的置换和开车　一般采用氮气对精馏系统进行置换，使系统内的含氧量达到安全规定（0.2%）以下，以免系统内的空气与有机物形成爆炸性混合物。

(2) 正常开车

① 准备工作　检查仪器、仪表、阀门等是否齐全、正确、灵活，做好开车前的准备。

② 预进料　先打开放空阀，充氮置换系统中的空气，以防在进料时出现事故，当压力达到规定的指标后停止，再打开进料阀，打入指定液位高度的料液后停止。

③ 再沸器投入使用　打开塔顶冷凝器的冷却水（或其他冷却介质），再沸器通蒸汽加热。

④ 建立回流　在全回流情况下继续加热，直到塔温、塔压均达到规定指标，产品质量

符合要求。

⑤ 进料与出产品 打开进料阀进料，同时从塔顶和塔釜采出产品，调节到指定的回流比。

⑥ 控制调节 对塔的操作条件和参数逐步调整，使塔的负荷、产品质量逐步且尽快地达到正常操作值，转入正常操作。

精馏塔开车时，应注意进料要平稳，再沸器的升温速度要缓慢，再沸器通入蒸汽前务必要开启塔顶冷凝器的冷却水，以保证回流液的产生。控制升温速度的原因是塔的上部为干板，塔板上没有液体，如果蒸气上升过快，没有气液接触，就可能把过量的难挥发组分带到塔顶，塔顶产品长时间达不到要求。随着塔内压力的增大，应当开启塔顶通气口，排除塔内的空气或惰性气体，进行压力调节。待回流槽中的液面达到1/2以上，就开始打回流，并保持回流槽中的液面。当塔釜液面维持1/2～2/3时，可停止进料，进行全回流操作，同时对塔顶、塔釜产品进行分析，待产品质量合格后，就可以逐渐加料，并从塔顶和塔釜采出馏出液和釜残液，调节回流量和加热蒸汽量，逐步转入正常操作状态。

(3) 停车 化工生产中停车方法与停车前的状态有关，不同的状态，停车的方法及停车后的处理方法不同。

① 正常停车 生产进行一段时间后，设备需进行检查或检修而有计划的停车，叫正常停车。这种停车是逐步减少物料的加入，直到完全停止加入。待物料蒸完后，停止供汽加热，降温并卸掉系统压力；停止供水，将系统中的溶液排放干净（排到溶液贮槽）。打开系统排放阀，并对设备进行清洗。若原料气中含有易燃、易爆的气体，要用惰性气体对系统进行置换，当置换气中含氧量小于0.5%，易燃气总含量小于5%时为合格。最后用鼓风机向系统送入空气，置换气中含氧量大于20%即为合格。

停车后，对某些需要进行检修的设备，要用盲板切断设备上的物料管线，以免可燃物漏出而造成事故。

② 紧急停车 生产中由于一些意想不到的特殊情况而造成的停车，称为紧急停车。如一些设备的损坏、电气设备的电源发生故障、仪表失灵等，都会造成生产装置的紧急停车。

发生紧急停车时，首先应停止加料，调节塔釜加热蒸汽和凝液采出量，使操作处于待生产的状态，此时，应积极抢修、排除故障，待故障排除后，按开车程序恢复生产。

③ 全面紧急停车 当生产过程中突然停电、停水、停蒸汽或其他重大事故时，则要全面紧急停车。

对于自动化程度较高的生产装置，为防止全面紧急停车的发生，一般化工厂均有备用电源，当生产断电时，备用电源立即送电。

5.3.1.3 精馏塔的运行调节

精馏操作中，精馏塔的塔顶、塔釜温度及回流量、精馏塔的压力是影响精馏质量的主要参数，在大型装置中均已采用DCS和计算机对精馏塔的操作进行自动控制。下面说明各工艺参数的调节。

(1) 塔压的调节 精馏塔的正常操作中，稳定压力是操作的基础。在正常操作中，如果加料量、釜温以及塔顶冷凝器的冷凝量等条件都不变化，则塔压将随采出量的多少而发生变化。采出量太少的话，塔压将会升高；反之，若采出量太大，塔压降低。因此，可适当地采取调节塔顶采出量来控制塔压。

操作中有时釜温、加料量及塔顶采出量都未变化，塔压却升高，可能是冷凝器的冷剂量不足或冷剂温度升高，或冷剂压力下降所致，此时应尽快联系供冷单位予以调节。若一时冷剂不能恢复到正常操作情况，则应在允许的条件下，塔压可维持高一点或适当加大塔顶采出，并降低釜温，以保证不超压。

一定温度有与之相应的压力。在加料量和回流量及冷剂量不变的情况下，塔顶或塔釜温度的波动，引起塔压的相应波动，这是正常的现象。如果塔釜温度突然升高，塔内上升蒸气量增加，必然导致塔压的升高。这时除调节塔顶冷凝器的冷剂和加大采出量外，更重要的是设法降低塔釜温度，使其回归正常。如果处理不及时，重组分带到塔顶，会使塔顶产品不合格。如果单纯考虑调节压力，加大冷剂量，不去恢复釜温，则易产生液泛；如果单从采出量方面来调节压力，则会破坏塔内各板上的物料组成，严重影响塔顶产品质量。当釜温突然降低，情况与上述情况恰恰相反，其处理方法也对应地变化。至于塔顶温度的变化引起塔压的变化，这种可能性较小。

若是设备问题引起塔压的变化，则应适当地改变其他操作因素，进行适当调节，严重时停车修理。

(2) 塔釜温度的调节　影响塔釜温度的主要因素有釜液组成、釜压、再沸器的蒸汽量和蒸汽压力等。因此，在釜温波动时，除了分析再沸器的蒸汽量和蒸汽压力的变动外，还应考虑其他因素的影响。例如，塔压的升高或降低，也能引起釜温的变化，当塔压突然升高，虽然釜温随之升高，但上升蒸气量却下降，使塔釜轻组分变多，此时，要分析压力变高的原因并加以排除。如果塔压突然下降，此时釜温随之下降，上升蒸气量却增大，塔釜液可能被蒸空，重组分就会带到塔顶。

在正常操作中，有时釜温会随加料量或回流量的改变而改变。因此，在调节加料量或回流量时，要相应地调节塔釜温度和塔顶采出量，使塔釜温度和操作压力平稳。

(3) 回流量的调节　回流量是直接影响产品质量和塔的分离效果的重要因素，回流比是生产中涌来调节产品质量的主要手段。在精馏操作中，回流的形式有强制回流和位差回流两种。

一般，回流量是根据塔顶产品量按一定比例来调节的。位差回流是冷凝器按其回流比将塔顶蒸出的气体冷凝，冷凝液借冷凝器与回流入口的位差（静压头）返回塔顶的。因此，回流量的波动与冷凝的效果有直接的关系。冷凝效果不好，蒸出的气体不能按其回流比冷凝，回流量将减少。另外，采出量不均，也会引起压差的波动而影响回流量的波动。强制回流是借泵把回流液输送到塔顶，这样能克服压差的波动，保证回流量的平稳，但冷凝器的冷凝好坏及塔顶采出量的情况也会影响回流。

回流量增加，塔压差明显增大，塔顶产品纯度会提高；回流量减少，塔压差变小，塔顶产品纯度变差。在操作中，往往就是依据这两方面的因素来调节回流比。

(4) 塔压差的调节　塔压差是判断精馏塔操作加料、出料是否均衡的重要指标之一。在加料、出料保持平衡和回流量保持稳定的情况下，塔压差基本上变化很小。

如果塔压差增大，必然会引起塔身各板温度的变化，塔压差增大的原因可能是因塔板堵塞，或是采出量太少、塔内回流量太大所致，此时，应提高采出量来平衡操作，否则，塔压差将逐渐增大，会引起液泛。当塔压差减小时，釜温不太好控制，这可能是塔内物料太少，精馏塔处于干板操作，起不到分离作用，必然导致产品质量下降。此时，应减少塔顶产出量、加大回流量，使塔压差保持稳定。

(5) 塔顶温度的调节　在精馏操作中，塔顶温度是由回流温度来控制，影响回流温度的直接因素是塔顶蒸气组成和塔顶冷凝器的冷凝效果，间接因素则有多种。

在正常操作中，若加料量、回流量、釜温及操作压力都一定的情况下，塔顶温度处于正常状态。当操作压力提高时，塔顶温度会下降；反之，塔顶温度会上升。如遇到这种情况，必须恢复正常操作压力，方能使塔顶温度正常。另外，在操作压力正常的情况下，塔顶温度随塔釜温度的变化而变化。塔釜温度稍有下降，塔顶温度随之下降，反之亦然。遇到这种情况，且操作压力适当、产品质量很好时，可适当调节釜温，恢复塔顶温度。

生产中，如果由于塔顶冷凝器效果不好，或冷剂条件差，使回流温度升高而导致塔顶温度上升，进而塔压提高不易控制时，则应尽快解决塔顶冷凝器的冷却效果，否则，会影响精馏的正常运行。

(6) 塔釜液面的调节　精馏操作中，应控制塔釜液面高度在一定的高度，这样可起到塔釜液封的作用，使被蒸发的轻组分蒸气，不致从塔釜排料管跑掉；另外，使被蒸发的液体混合物在釜内有一定的液面高度和塔釜蒸发空间，并使塔釜液体在再沸器的蒸发液面与塔釜液面有一个位差高度，保证液体因静压头作用而不断循环去再沸器内进行蒸发。

塔釜的液面一般通过塔釜排出量来控制，正常操作中，当加料、采出、产品、回流比等条件一定时，塔釜液的排出量也应该是一定的。但是，塔釜液面随温度、压力、回流量等条件的变化而改变。如这些条件发生变化，将会引起塔釜排出物组成的改变，塔釜液面也随之改变，此时，应适当调整釜液排出量。例如，当加料量不变时，塔釜温度下降，塔釜液中易挥发组分增多，促使塔釜液增加，如不增大釜液排出量，塔釜必然被充满，此时，应提高釜温，或增大釜液排出量来稳定塔釜液面。

5.3.1.4 精馏操作中不正常现象及处理方法

实际生产中，由于原料及产品的性质不同、质量要求各异，因此流程和塔型的选择及精馏形式不同，随之产生的不正常现象和处理方法也就不同。精馏操作中，常出现的不正常现象及处理方法如表 5-2 所示

表 5-2　不正常现象及处理方法

不正常现象	原　因	处理方法
釜温及压力不稳	① 蒸汽压力不稳 ② 疏水器不畅通 ③ 加热器漏	① 调整蒸汽压力至稳定 ② 检查疏水器 ③ 停车检查漏处
塔压差增大	① 负荷升高 ② 回流量不稳定 ③ 液泛 ④ 设备堵塞	① 降低负荷 ② 调节回流量,使其稳定 ③ 查找原因,相应处理 ④ 疏通
开车升温釜温突然下降,提不起温度	① 疏水器失灵 ② 蒸发器内冷凝液未排除,蒸汽无法加入 ③ 蒸发器内水不溶物多	① 检查疏水器 ② 吹除凝液 ③ 清理蒸发器
正常操作釜温突然下降,提不起温度	① 循环管堵,蒸发釜内没有循环液 ② 蒸发器列管堵 ③ 排水阻气阀失灵 ④ 塔板堵,液体回不到塔釜	① 疏通循环管 ② 疏通列管 ③ 检修或予以更换 ④ 停车检查清洗

续表

不正常现象	原　因	处理方法
塔顶温度不稳定	① 釜温太高 ② 回流液温度不稳 ③ 回流管不畅通 ④ 操作压力波动 ⑤ 回流比小	① 调节釜温至规定值 ② 检查冷剂温度和冷剂量 ③ 疏通回流管 ④ 稳定操作压力 ⑤ 调节回流比
系统压力增高	① 冷剂温度高或循环量小 ② 采出量太小 ③ 塔釜温度突然上升 ④ 设备有损坏或堵塞	① 与供冷单位联系 ② 增大采出量 ③ 调节加热蒸汽 ④ 停车检修
液泛	① 釜温突然升高 ② 回流比大 ③ 液体下降不畅，降液管局部被污物堵塞 ④ 塔釜列管漏	① 调节加料量，降釜温 ② 减少回流，增大采出量 ③ 清理污物 ④ 停车检修
塔釜液面不稳定	① 塔釜排出量不稳定 ② 塔釜温度不稳定 ③ 加料组成有变化	① 稳定塔釜排出量 ② 稳定釜温 ③ 稳定加料组成

需要明确的是，一种异常现象发生的原因往往有多种，因此，必须了解这些原因，并在实际过程中，结合其他参数进行分析判断，采取正确措施处理。

5.3.2 精馏塔操作分析

精馏塔共有：F、D、W、x_F、x_D、x_W、α、q、R、N、N_1 11 个变量，共有总物料衡算式、A 组分物料衡算式、理论塔板数计算式 3 个方程，须给定其中 8 个变量，才能确定另外 3 个变量。

精馏塔操作问题：生产任务、精馏塔及效率、进料位置及进料状态等确定时，即已知 F、x_F、N、N_1、α、q、R、W，求 x_D、x_W、D。

设计问题只有一种，操作问题有许多种。

(1) 精馏塔操作的定性分析方法　操作条件改变所引起分离结果（x_D、x_W）的变化，必须同时满足全塔物料衡算和逐板组成变化两关系。

逐板组成变化关系可用图解法直观表示，其着眼点是 L/V、L'/V'变化的分析。也可以用考察理论板的分离能力，来确定 x_D、x_W的变化趋势。

(2) 精馏塔操作的定量计算方法

① 定量计算需用：精馏段操作线方程、提馏段操作线方程、进料线方程、平衡线方程等方程式从进料板分别向塔顶、塔底逐板计算。因为 x_D、x_W或 R 待求，须用试差法求解。可以用化工过程模拟软件 Aspen plus 的操作型精馏模型模拟的结果佐证（图 5-35）。

② 生产实例：45%（摩尔分数）的苯-甲苯 100kmol/s 以 80℃进入 10 块理论板的常压精馏的第 4 块理论板上，回流比为 1.5。

Aspen plus 模拟结果为：$x_D=0.9773$，$x_W=0.0186$。

【例 5-5】 分析回流比增加的影响。

若回流比从 1.5 增大到 1.8，精馏塔各操作参数 L、V、L'、V'、x_D、x_W怎么变化？

L、L'、V'、V 等随 R 增大而增大，L/V 增大、L'/V'减小。

		F	D	W
From			TOWER	TOWER
To		TOWER		
Substream: MIXED				
Phase: All				
Component Mole Fracti				
C6H6		0.4500	0.9773	0.0186
C7H8		0.5500	0.0227	0.9814
Substream: ALL				
Component Mole Flow				
C6H6	KMOL/SEC	45.00	43.98	1.02
C7H8	KMOL/SEC	55.00	1.02	53.98

图 5-35 苯-甲苯精馏过程模拟结果

保持塔板数不变，即平衡线与操作线之间所作阶梯数不变，故两操作线交点下降，塔顶易挥发组分组成提高，塔底易挥发组分组成降低。所以，x_D增大、x_W减小（图 5-36）。

Aspen plus 模拟结果为：$x_D=0.9812$，$x_W=0.0154$。

【例 5-6】 分析进料组成降低的影响：若 x_F（=0.4）下降，分析其他量的变化。

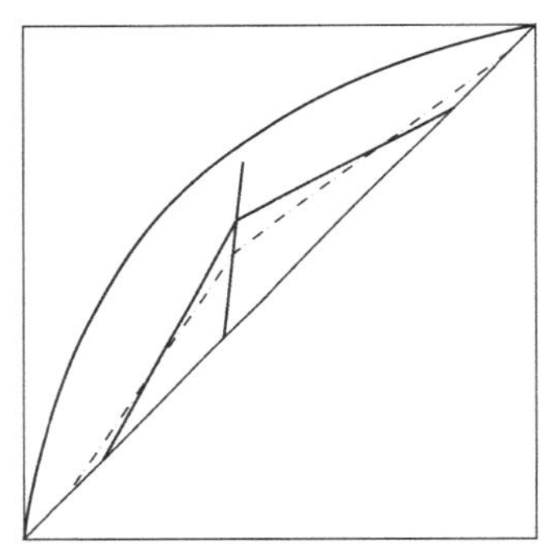

图 5-36 回流比增加的影响

L、V、L'、V'、L/V、L'/V'不变，故两操作线斜率不变。

在进料组成下降，与保持平衡线与操作线之间距离的前提下，两操作线向左下方平移。所以，x_D、x_W下降（图 5-37）。

Aspen plus 模拟结果为：$x_D=0.8877$，$x_W=0.0010$。

【例 5-7】 若 F、x_F、R、D 不变，进料 q 值增大（70℃），分析其他量的变化。

L、V 不变，L'、V'增大，L'/V'减小，精馏段操作线斜率不变，提馏段斜率减小，同时两操作线交点向右移。

保持平衡线与操作线距离一定，精馏操作线缩短并向右上移，提馏段操作线拉长并向右下移，所以，x_D增大、x_W减小（图 5-38）。

Aspen plus 模拟结果为：$x_D=0.9782$，$x_W=0.0179$。

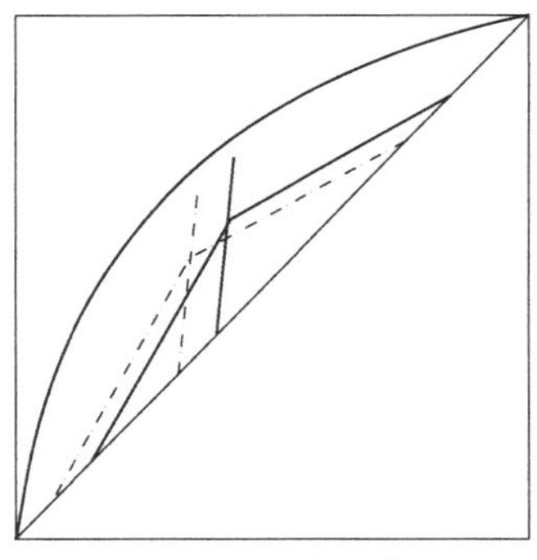

图 5-37 进料组成下降的影响

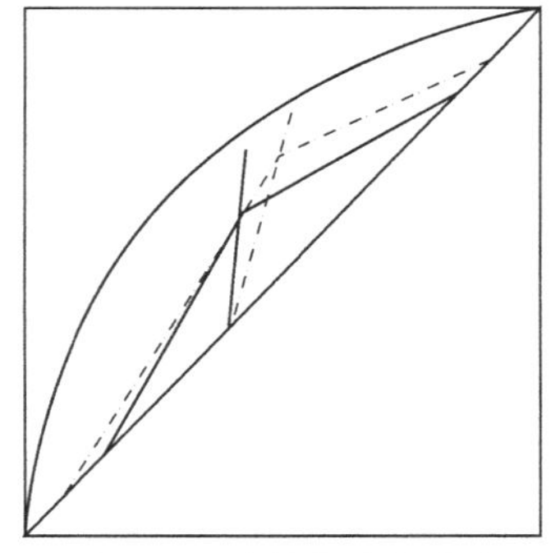

图 5-38 进料变冷的影响

【例 5-8】 若 F、x_F、q、R、V'不变，进料未在最佳位置，分析其他量的变化。

争议问题　进料未在最佳位置时，x_D与x_W分别怎么变化。

观点一：进料偏上时，x_D变小，x_W变小。

观点二：进料偏上时，x_D变小，x_W变大。

进料板为 4 时：Aspen plus 模拟结果为 $x_D=0.9632$，$x_W=0.0301$。

进料板为 5 时：Aspen plus 模拟结果为 $x_D=0.9812$，$x_W=0.0154$。

进料板为 6 时：Aspen plus 模拟结果为 $x_D=0.9810$，$x_W=0.0155$。

进料板为 7 时：Aspen plus 模拟结果为 $x_D=0.9761$，$x_W=0.0196$。

可以看出：进料位置越往下时，x_D和 x_W并不是越来越大（第 7 块板进料时，x_D相对不大）；进料位置越往上时，x_D和 x_W并不是越来越小（第 4 块板进料时，x_W相对不小）。第 5 块或者第 6 块板进料时，x_D差不多是最大，x_W差不多是最小，分离效果差不多是最好的；第 4 块板进料时，位置偏高，x_D相对较低，x_W相对较高，分离效果较差；第 7 块板进料时，位置偏低，x_D相对也较低，x_W相对也较高，分离效果也较差。进料位置最合适时，分离效果才是最好的。

解决问题　进料组成下降（$x_F=0.4$）的解决方案：

$x_F=0.4$ 时，$x_D=0.8877$，$x_W=0.0010$。

在保持塔顶（或塔底）产品浓度的前提下，可以下移进料口位置来提高塔顶组成。

进料板位置下移到第 5 块时：$x_D=0.8872$，$x_W=0.0014$。

进料板位置下移到第 6 块时：$x_D=0.8856$，$x_W=0.0027$。

进料板位置下移到第 7 块时：$x_D=0.8816$，$x_W=0.0059$。

可以看出：下移进料板位置并不能提高 x_D，与期望的不同。

可以采用另一种办法：增大回流比（回流比由 2.2 增大到 3.0），模拟结果为 $D=19.1$，$W=80.9$，$x_D=0.903$，$x_W=0.2812$。虽然塔顶组成有所提高，但还是没达到本来的要求。

5.3.3 精馏过程节能

蒸馏过程可以采取的节能措施如下。

(1) 热量的充分回收利用　蒸馏时，塔顶蒸气的余热、塔釜产品的热物料及再沸器为蒸汽冷凝水所带走的余热数量可观。

(2) 减少蒸馏过程所需能耗　蒸馏过程的热负荷在很大程度上取决于回流比的大小，在可能条件下，减少操作回流比，以较小的回流比达到相同的分离目的，可以减少系统本身对能量的需要。

(3) 严格控制产品的质量　产品的纯度应根据用户的实际需要，不要盲目追求高纯度，过分提高产品纯度会增加系统的能量消耗。

(4) 对蒸馏装置的技术改造

① 应根据物系性质，选择适宜的新型高效塔板，合理地确定结构参数及操作参数，强化相间传质过程，提高系统的分离效益，以便降低蒸馏系统对能耗的需求。

② 应精心设计，使分离效率最高、流体力学性能最好、操作状态最佳。

③ 更新陈旧仪表，采用精度较高的仪器仪表或用 DCS 控制，使操作条件控制在最佳状态。

④ 经常检查疏水器，也可采用液位指示控制的冷凝水槽代替疏水器。

(5) 采用蒸馏节能新技术　常规蒸馏的热力学效率很低，采用蒸馏节能新技术，在蒸馏节能中有广阔的发展前景。

① 中间加热-冷却精馏可以改变精馏过程的操作线，合理分布塔内传质传热推动力，减少过程的不可逆性。

② 多效精馏是利用压力高的塔顶蒸气作为相邻低压塔再沸器的热源，一个塔的冷凝器与另一个塔的再沸器结合起来，以增加热量的利用率，塔顶蒸气汽化潜热被精馏系统自身回收利用，从而降低能耗。

③ 热泵精馏是将温度较低的塔顶蒸气加压升温，供作再沸器的热源，既省去了冷凝器，又不需要冷却水，蒸气汽化潜热被系统回收利用，因此热泵精馏是一种较有效的节能方法。另外，热偶精馏、控制循环蒸馏、反应精馏等都有节能效果。

6 吸收操作

吸收是分离气体混合物的最常用的单元操作。它利用混合气体中各组分在所选择的液体中溶解程度的差异，有选择地使混合气体中一种或几种组分溶于此液体而形成溶液，其他未溶解的组分仍保留在气相中，以达到从混合气体中分离出某组分的目的。

吸收在化工生产中应用甚为广泛，主要有以下几个方面。

① 分离混合气体以获得一个或几个组分　如：从裂化气或天然气的高温裂解气中分离乙炔，从乙醇催化裂解气中分离丁二烯等。

② 除去有害组分以净化气体　如：合成氨工业中用水或碱液脱除原料气中的二氧化碳，用铜氨液除去原料气中的一氧化碳等。

③ 制取成品　如：用水吸收氯化氢制取盐酸，用水吸收甲醛制取福尔马林等。

④ 废气处理、尾气回收　如：磷肥生产中，放出的含氟废气具有强烈的腐蚀性，可采用水及其他盐类经吸收制成有用的氟硅酸钠、冰晶石等，硝酸尾气中含氮的氧化物可以用碱吸收制成硝酸钠等有用物质。

吸收是一个单向传质过程，即仅有气相中的易溶组分由气相向液相转移。在吸收操作过程中，能够溶解于液体中的气体组分称为吸收质（或溶质）；而不能溶解的气体组分称为惰性组分（或载体）；所用的液体称为吸收剂（或溶剂）；吸收操作所得到的液体称为溶液（或吸收液），其主要成分为吸收剂和溶质；被吸收后的气体称为吸收尾气，其主要成分应为惰性气体，还有残余的吸收质。

吸收可分为如下几类。

（1）物理吸收法　在吸收过程中，如果吸收质与吸收剂之间不发生显著的化学反应，可认为仅是气体溶解于液体的物理过程，则称为物理吸收。物理吸收操作的极限主要决定于当时条件下吸收质在吸收剂中的溶解度。利用二氧化碳能溶于水或者有机溶剂的性质完成，例如水洗法、低温甲醇法、碳酸丙烯酯法等。

（2）化学吸收法　在吸收过程中，吸收质与吸收剂之间发生显著的化学反应，则称为化学吸收。化学吸收操作的极限主要决定于当时条件下反应的平衡常数。利用二氧化碳具有酸性特征而与碱性物质反应将其吸收，主要有：

氨水法

$$CO_2+NH_3\cdot H_2O\longrightarrow (NH_4)HCO_3$$

乙醇胺法（改良乙醇胺法）

$$CO_2+H_2O+(HOCH_2CH_2)_2NCH_3\longrightarrow (HOCH_2CH_2)_2CH_3NH^++HCO_3^-$$

热钾碱法（热的碳酸钾水溶液）

$$CO_2+H_2O+K_2CO_3\longrightarrow 2KHCO_3$$

（3）物理-化学吸收法　吸收过程既具有物理吸收过程也具有化学吸收过程。例如环丁砜法和多胺法。

不管物理吸收还是化学吸收如果在吸收过程中，混合气体中只有一个组分进入吸收剂，其余组分皆可认为不溶解于吸收剂，这样的吸收过程称为单组分吸收。如果混合气体中有两个或更多个组分进入液相，则称为多组分吸收，如用热钾碱法中碳酸钾溶液吸收 CO_2 的同时也会对混合气体中的 H_2S 进行吸收，这就是典型的多组分吸收。

吸收质溶解于吸收剂时，有时会释放出相当大的溶解热或反应热，结果使液相温度逐渐升高。如果放热量很小或被吸收的组分在气相中浓度很低，而吸收剂的用量相对很大时，温度变化并不明显，则称为等温吸收。若放热量较大，所形成的溶液浓度又高，温度变化很剧烈，这样的吸收过程称为非等温吸收。通常物理吸收放出热量是由溶解热引起的，化学吸收热量主要是由反应热引起的，化学吸收热效应要比物理吸收大。

在循环吸收法中，为了得到较纯净的吸收质或回收吸收剂循环使用，常常需要将吸收质从吸收剂中分离出来。使溶解于液相中的气体释放出来的操作称为解吸或脱吸。解吸是吸收的相反过程，通常是使溶液与惰性气体或水蒸气在解吸装置中接触，气体溶质则逐渐从溶液中释放出来。在实际生产中往往采用吸收与解吸的联合流程，吸收后即进行解吸，在操作中两者相互影响和制约。应该注意的是对于化学吸收，如果吸收过程中发生了不可逆的化学反应，解吸就不能发生。

确定氯乙烯精制过程中采用吸收的办法去除 HCl 的方案

在氯乙烯合成时，为了提高乙炔的转化率，投入了过量 5%～10%的 HCl，所以，要在氯乙烯精制过程中首先除掉 HCl。

制定 HCl 吸收方案，需要解决如下问题：

① 选择合适的吸收操作流程；

② 选择合适的吸收装置；

③ 确定主要工艺操作参数；

③ 确定吸收装置的主要尺寸。

6.1 吸收方案

在循环吸收法中，为了得到较纯净的吸收质或回收吸收剂循环使用，常常需要将吸收质从吸收剂中分离出来。使溶解于液相中的气体释放出来的操作称为解吸或脱吸。解吸是吸收的相反过程，通常是使溶液与惰性气体或水蒸气在解吸装置中接触，气体溶质则逐渐从溶液中释放出来。在实际生产中往往采用吸收与解吸的联合流程，吸收后即进行解吸，在操作中两者相互影响和制约。应该注意的是对于化学吸收，如果吸收过程中发生了不可逆的化学反应，解吸就不能发生。

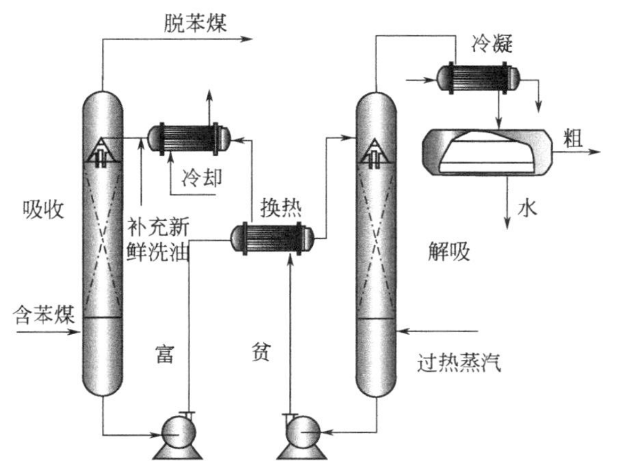

图 6-1 用洗油回收煤气中苯的吸收-解吸联合装置流程

图 6-1 是一个回收煤气中苯的吸收-解吸联合装置流程。

在焦炉煤气的生产过程中，由于煤气中

含有少量的苯和甲苯类低烃类化合物的蒸气，应予以回收。所用吸收剂是煤焦油的精制品(煤焦油中230～300℃的馏分)，称为洗油。

含苯煤气在常温下由吸收塔底部进入塔内，温度为27～30℃洗油从塔顶淋下，气液两相逆流流动，并在塔内填充物（木栅等物）上接触，进行传质，使苯等转溶到洗油中，含苯量降到规定要求（煤气中芳香族烃含量为小于$2g/m^3$）的脱苯煤气由塔顶排出。吸收苯的洗油（含苯量约2.5%，称为富油）从塔底进入富油贮槽。为了分离出富油中溶解的苯等，需对吸收剂进行解吸，目的是回收苯及使洗油循环使用（亦称吸收剂的再生）。解吸过程在解吸塔中进行，即将富油用泵从贮槽中抽出，经富油加热器加热至规定温度后，从顶部进入解吸塔，与从解吸塔底部通入的过热水蒸气接触，则富油中的苯等在高温下解吸出被水蒸气带走，经冷凝后进入分层槽，由于苯的密度比水小，故在上层，水在下层，将水除去即可得到苯类液体。富油脱苯后（亦称贫油）从塔底进入洗油贮槽，用泵抽出经冷却器冷却至规定温度，即可作为循环使用的吸收剂再次送入吸收塔中。

6.1.1 获取气液两相平衡数据

6.1.1.1 组成的表示

无论是气相混合物还是液相混合物，我们都可用质量分数或摩尔分数表示其组成，对气相混合物，还可用体积分数表示其组成，以上组成的表示都是将混合物作为一个整体，各组分组成是在混合物中所占的质量分数、摩尔分数或体积分数。但在吸收操作中，我们将引入一个表示组成的新概念：摩尔比。

在吸收操作中，气体总量和溶液总量都随吸收的进行而改变，但惰性气体和吸收剂的量则始终保持不变，因此，吸收操作引入摩尔比这一概念表示相的组成，以简化吸收过程的计算。

摩尔比是指混合物中一组分物质的量与另一组分物质的量的比值，用X或Y表示。

吸收液中吸收质A对吸收剂S的摩尔比可以表示为：

$$X_A=n_A/n_S \tag{6-1}$$

摩尔比与摩尔分数的换算关系为

$$X_A=x_A/(1-x_A) \tag{6-2}$$

式中 X_A——组分A对组分S的摩尔比；

n_A，n_S——组分A与组分S的物质的量，kmol；

x_A——组分A的摩尔分数。

混合气体中吸收质A对惰性组分B的摩尔比可以表示为

$$Y_A=n_A/n_B=y_A/(1-y_A) \tag{6-3}$$

式中 Y_A——组分A对组分B的摩尔比；

n_A，n_B——组分A与组分B的物质的量，kmol；

y_A——组分A的摩尔分数。

【例6-1】 某混合气中含有氨和空气，其总压为100kPa，氨的体积分数为0.07。试求氨的分压、摩尔分数和摩尔比。

解 氨的分压可用道尔顿分压定律确定，即$p_A=py_A$，其中p为100kPa，y_A为氨在混合气中的摩尔分数，它在数值上等于其体积分数，则氨的分压为

$$p_A=py_A=100\times0.07=7\ (\text{kPa})$$

氨对空气的摩尔比为

$$Y_A = y_A/(1-y_A) = 0.07/(1-0.07) = 0.075$$

6.1.1.2 气体在液体中的溶解度

在一定的温度下，使某一定量的可溶性气体溶质与一定量的液体溶剂在密闭的容器内相接触，溶质便向溶剂转移。经过足够长的时间以后，就会发现气体的压力和该气体在溶液中的浓度不再变化。此时并非没有气体分子进入液体，而是由于在任何瞬间内，气体进入液体的分子数与从液体中逸出并返回到气体中的气体分子数相等之故。所以宏观上，过程就像停止一样，这种状况称为相间动态平衡，简称相平衡。在此平衡状态下，溶液上方气相中溶质的压力称为当时条件下的平衡压力，而液相中所含溶质气体的浓度即在当时条件下气体在液体中的溶解度。习惯上溶解度是以在一定的温度和溶质气体的平衡压力下，溶解在单位质量的液体溶剂中溶质气体的质量表示，kg 气体溶质/kg 液体溶剂。

只有处于不平衡状态的气液相接触，才有可能发生吸收现象。在气液系统中，只要液相中吸收质的实际浓度小于平衡浓度或气相中吸收质的分压大于平衡分压，吸收质就从气相转入液相，吸收过程一直进行到相平衡为止。所以相平衡是物理吸收过程的极限，该极限取决于溶解度。溶解度的大小是随物系、温度和压力而异，通常由实验测定。如图 6-2（a）、图 6-2（b）、图 6-2（c）所示，分别表示出氨、二氧化硫和氧在水中溶解度与其气相平衡压力之间的关系。图 6-2 中的关系线称为溶解度曲线。

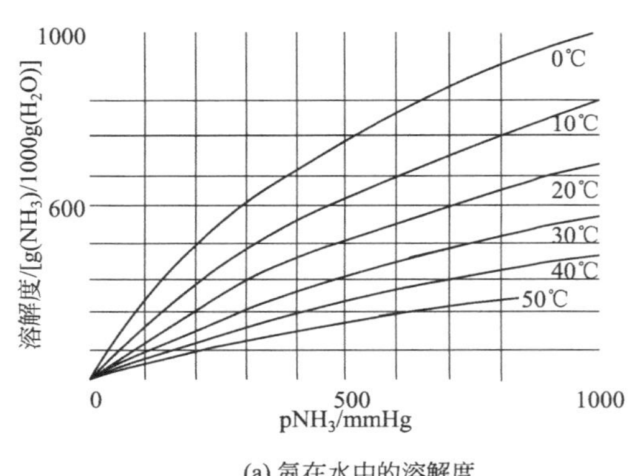

(a) 氨在水中的溶解度

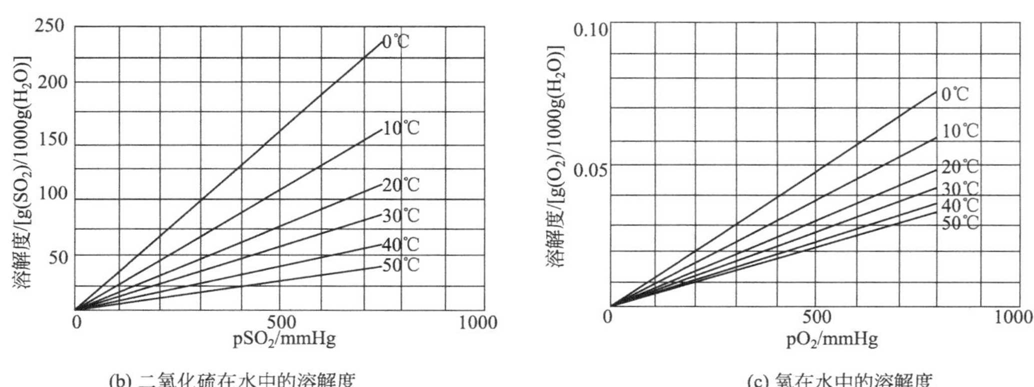

(b) 二氧化硫在水中的溶解度

(c) 氧在水中的溶解度

图 6-2 氨、二氧化硫、氧在水中的溶解度曲线（$1mmHg=133.3N/m^2$）

将图 6-2（a）、图 6-2（b）、图 6-2（c）进行比较，可以发现：温度、压力一定时，氨的溶解度最大、二氧化硫其次、氧溶解度最小。这说明氨易溶解于水、氧难溶解于水。我们都知道如果要使一种气体在溶液中达到一定的浓度，必须在溶液上方维持较高的平衡压力，由图 6-2 可见，温度一定时，同样质量的氨、二氧化硫、氧各溶解于一定量的水，氨在其溶液上方的平衡压力最小，二氧化硫的平衡压力居中，氧在其溶液上方的平衡压力最大。

显然，对应于同样浓度的气体溶液，易溶气体溶液上方的平衡压力小，而难溶气体溶液上方的平衡压力大。换言之，如欲获得一定浓度的气体溶液，对于易溶气体所需的平衡压力较低，而对于难溶气体所需的平衡压力则很高。

由图 6-2 还可发现，这三种物质的溶解度曲线表现出同样的变化趋势：当压力一定时，温度越低，溶解度越大；当温度一定时，压力越高，溶解度越大。这说明加大压力和降低温度可以提高溶解度，对吸收操作有利；反之，升温和减小压力则降低溶解度，对吸收操作不利。

溶解度是分析吸收操作过程的基础，关于气体在液体中的溶解度，至今已有许多数据被发表，这些实测值载于有关手册之中以供查用。

6.1.1.3 亨利定律

随着对气液间相平衡关系大量实验数据的积累，人们发现当总压力不高时，在一定温度下，稀溶液上方的气体溶质平衡分压与溶质在液相中的摩尔分数之间存在着如下的关系：

$$p^{*}=Ex \tag{6-4}$$

式中 p^{*}——溶质在气相中平衡分压，kN/m^2；

x——溶质在液相中的摩尔分数；

E——亨利系数，其单位与压力单位一致。

式 (6-4) 称为亨利定律。此式表明稀溶液上方的溶质分压与溶质在液相的摩尔分数成正比，比例常数称为亨利系数。E 值的大小表示气体溶于液体中的难易程度。由于同一种气体在不同的溶剂中溶解度不同，所以 E 不同；同样不同气体在同一种溶剂中的溶解度也不同，E 也就不同。E 值愈大，表示该气体的溶解度愈小，即愈难溶，E 值随温度的升高而增大。各种气体的 E 值皆由实验测得，书末附录中列出若干种气体水溶液的亨利系数值。

亨利定律是一个稀溶液定律，因此它对常压或接近于常压下的难溶气体较为适合，对于易溶气体适用于低浓度的较小范围，如图 6-3 所示 NH_3-H_2O 系统的平衡线的直线部分是很短的，而对于难溶气体如 CO_2，则在较广的平衡压力范围内符合亨利定律。

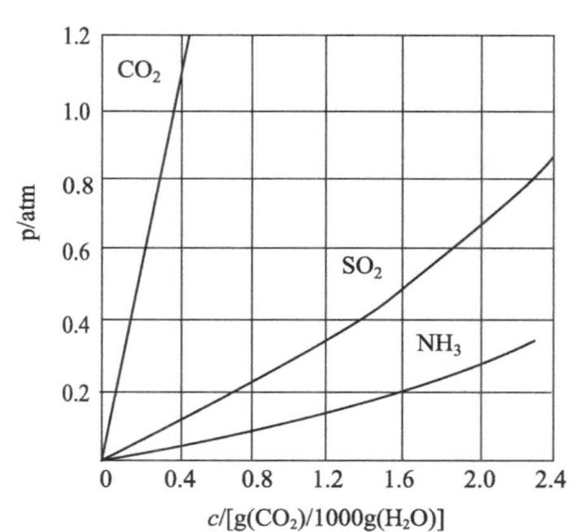

图 6-3 二氧化碳、二氧化硫及氨在水中的溶解度

在实际生产中被吸收的气体，往往是气体混合物的某组分，而不是单一的纯气体。当混合气体总压力不超过 5atm 的情况下，被吸收组分在液体中的溶解度，可以认为与总压无关，而只取决于溶质气体的分压和温度。

由于互成平衡的气液两相组成各可采用不同的表示法，因而亨利定律有不同的表达形式。

若溶质在液相和气相中的组成分别用摩尔分数 x 及 y 表示，亨利定律可写成如下形式，即：

$$y^{*}=mx \tag{6-5}$$

式中 x——液相中溶质的摩尔分数；

y——与该液相成平衡的气相中溶质的摩尔分数；

m——相平衡常数。

若系统的总压为 p，则依道尔顿分压定律可知溶质在混合气体中的分压为 $p_{分}=py$

同理 $p^*=py^*$

将上式代入式（6-4）中可得 $py^*=Ex$

将此式与式（6-4）相比较可知

$$m=E/p \tag{6-6}$$

相平衡常数 m 也是依实验结果计算出来的数值。对于一定物系，它是温度和压力的函数。由 m 值的大小同样可以比较不同气体溶解度的大小，m 值愈大，则表明该气体的溶解度愈小。由式（6-6）可以看出，温度升高、总压下降则 m 值增大，不利于吸收操作。

若溶质在液相和气相中的组成分别用比摩尔 X 及 Y 表示时，则可知

$$x=\frac{X}{1+X} \tag{6-7a}$$

$$y=\frac{Y}{1+Y} \tag{6-7b}$$

将式（6-7a）和式（6-7b）代入式（6-4）可得：

$$\frac{Y^*}{1+Y^*}=m\frac{X}{1+X}$$

整理后得

$$Y^*=\frac{mX}{1+(1-m)X} \tag{6-7c}$$

式中 Y^*——气、液相平衡时，每千摩尔惰性组分中含有气体溶质的物质的量；

X——气、液相平衡时，每千摩尔吸收剂中含有气体溶质的物质的量；

m——相平衡常数。

式（6-7c）是用比摩尔分数表示亨利定律的一种形式。此式在 Y-X 直角坐标系中的图形总是通过原点的一条直线，如图 6-4 所示，此图线称为气、液相平衡线或吸收平衡线。但是，当溶液浓度很低时，式（6-7c）分母趋近于 1，于是该式可简化为式（6-8），此式是亨利定律又一形式，它表明当液相中溶质溶解度足够低时，气液相平衡关系在 Y-X 图中，也可近似地表示成通过原点的直线。其斜率为 m，如图 6-5 所示。

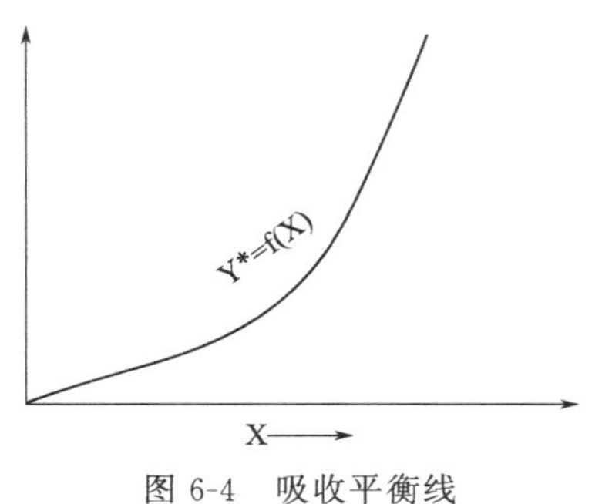

图 6-4 吸收平衡线

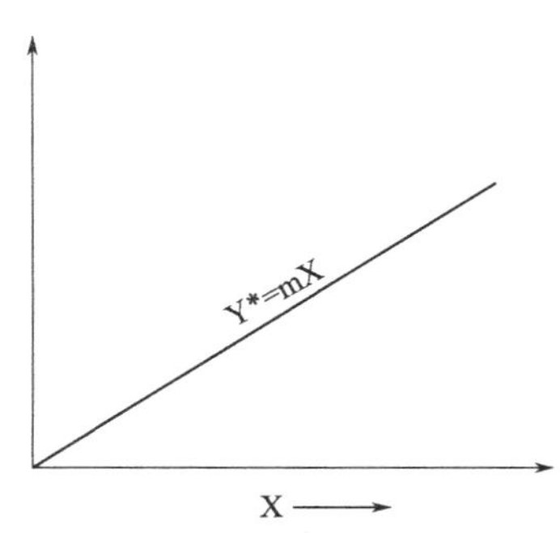

图 6-5 稀溶液吸收平衡线

$$Y^*=mX \tag{6-8}$$

若气相组成用分压，液相组成用物质的量浓度时，亨利定律为：

$$p^{*}=\frac{C}{H} \tag{6-9}$$

式中 C——液相中溶质的物质的量浓度 $kmol/m^3$；

H——溶解度系数，$kmol/(kN \cdot m)$。

溶解度系数 H 也是温度的函数，对一定的溶质和吸收剂而言，H 值随着温度的升高而减小，易溶性气体 H 值很大，难溶性气体 H 值很小。

溶解度系数 H 与亨利系数 E 的关系为：

$$H=\frac{\rho}{EM_S} \tag{6-10}$$

式中 ρ——溶液的密度，kg/m^3；

M_S——吸收剂的摩尔质量，kg/kmol。

上述亨利定律的各种表达式所表示的都是互成平衡的气、液两相组成间的关系，利用它们即可根据液相组成计算平衡的气相组成，同样也可根据气相组成计算平衡的液相组成。从这种意义上讲，上述亨利定律的几种表达形式也可改写如下：

$$x^{*}=\frac{p}{E}$$

$$C^{*}=Hp$$

$$x^{*}=\frac{y}{m}$$

$$X^{*}=\frac{Y}{m}$$

根据吸收操作的特点，我们常用摩尔比来表示相组成，因此在表示气液相平衡关系时，也就常常采用式（6-7c）。

【例 6-2】 某矿石焙烧炉送出来的气体，经冷却后将温度降到 20℃，然后送入填料吸收塔中用水洗涤以除去其中 SO_2，已知平均操作压力为 1atm，20℃时 SO_2 在水中的平衡溶解度数据如表 6-1 所示。

表 6-1 【例 6-2】附表 1

SO_2溶解度/[kg(SO_2)/100kg(H_2O)]	0.02	0.05	0.10	0.15	0.2	0.3	0.5	0.7	1.0	1.5
SO_2平衡分压/(kN/m^2)	0.067	0.16	4.26	0.773	1.13	1.88	3.46	5.2	7.86	12.3

试按以上数据标绘 Y^{*}-X 曲线。

解 $X=\dfrac{\dfrac{m_{SO_2}}{M_{SO_2}}}{\dfrac{m_{H_2O}}{M_{H_2O}}}$；$Y=\dfrac{p_{SO_2}}{p-p_{SO_2}}$

现以第 1 组数据为例计算如下：

$$X_{SO_2}=\frac{\frac{0.02}{64}}{\frac{100}{18}}=0.0000562\ \frac{kmol(SO_2)}{kmol(H_2O)}$$

$$Y_{SO_2}=\frac{0.067}{101.3-0.067}=0.000662\ \frac{\text{kmol}(SO_2)}{\text{kmol(惰性组分)}}$$

各组数据计算结果列于表6-2。

表6-2 【例6-2】附表2

SO_2溶液浓度 X	气相中SO_2平衡浓度 Y	SO_2溶液浓度 X	气相中SO_2平衡浓度 Y
0.0000562	0.000662	0.00084	0.019
0.00014	0.00158	0.0014	0.035
0.00028	0.0042	0.00197	0.054
0.00042	0.0077	0.0028	0.084
0.00056	0.0113	0.0042	0.138

将以上数据关系标绘于图6-6中，为通过原点的曲线。

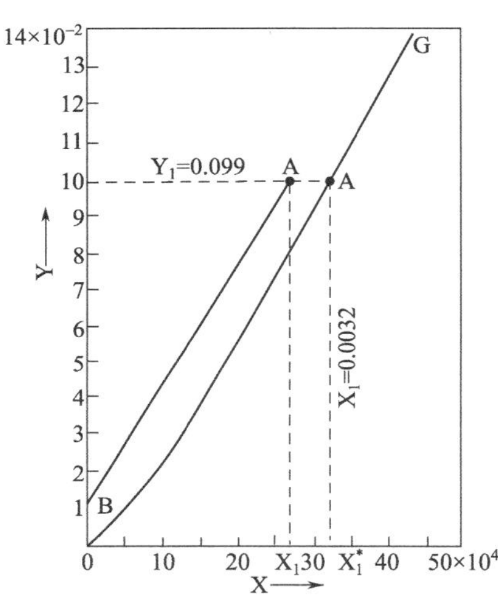

图6-6 【例6-2】附图

6.1.1.4 相平衡与吸收操作

当不平衡的气液两相接触时，溶质是被吸收，还是被解吸，这要由相平衡关系来决定。人们可以依据物系的气液两相平衡关系来判明吸收过程进行的方向、限度和难易程度。

① 根据气液两相平衡关系判明过程进行的方向和限度 在吸收塔的计算中通常以气液两相的实际状态与相应的平衡状态的偏离程度来表示吸收推动力的大小。如果气液两相处于平衡状态，则两相的实际状态与平衡状态无偏离，吸收推动力为0，吸收速率也为0。实际状态与平衡状态偏离越大，则吸收推动力也越大，吸收推动力可用气相浓度差$\Delta Y=Y-Y^*$表示，也可用液相浓度差$\Delta X=X^*-X$表示。若$Y>Y^*$或$X^*>X$，从图6-7上可看出，实际物系点位于平衡曲线上方，此时溶质由气相向液相传递，这就是吸收。随着吸收过程的进行，气相中被吸收组分的含量不断降低，溶液浓度不断上升，直到$Y=Y^*$或$X^*=X$，此时实际物系点与平衡曲线重合，吸收达到了极限。若$Y<Y^*$或$X^*<X$，从图6-7上可看出，实际物系点位于平衡曲线下方，此时溶质由气相向液相传递，这就是吸收过程的逆过程——解吸。吸收过程判据见表6-3。

表6-3 吸收过程判据

浓度关系		传递过程
液相浓度	$X^*-X>0$	吸收
	$X^*-X<0$	解吸
	$X^*-X=0$	平衡
气相浓度	$Y-Y^*>0$	吸收
	$Y-Y^*<0$	解吸
	$Y-Y^*=0$	平衡

当气液相浓度用其他形式表示时推动力也可表示成相应的形式，如：

$$\Delta p = p - p^*$$

$$\Delta x = x^* - x$$

$$\Delta y = y - y^*$$

在吸收塔中沿塔高各处的气、液相的浓度是不同的，所对应的平衡浓度就不同，这样吸收推动力也就不同了，因此所表示出来的推动力只能反映出吸收塔中某一个截面的情况。

② 判断吸收操作的难易程度　在一定压力和温度下，对于一定浓度的溶液，被溶解气体在气相中平衡分压的大小，反映了气体溶解度的大小即气体被吸收的难易程度。平衡分压越小，则溶解度越大气体越容易被吸收。气体吸收的难易程度还可从亨利系数 E 或相平衡常数 m 的值的大小来判断。E 或 m 越大，气体的溶解度越小，吸收就越困难。

③ 根据气液两相平衡关系选择操作条件　对于同一物系，气体的溶解度随温度和压力而改变。温度升高，气体的溶解度减小。因此，吸收操作在较低温度下进行较为有利，对于热效应较大的物系，可以在吸收过程中采取冷却措施，为此通常要设置中间冷却器以降低吸收温度。但要注意的是操作时如果温度太低，除了消耗大量冷冻物外，还会增大吸收剂的黏度，甚至会有固体结晶析出，影响吸收操作顺利进行。因此应综合考虑不同因素，选择一个最适宜的温度。

提高操作压力可以提高混合气中被吸收组分的分压，增大吸收的推动力，有利于吸收。但在压力增高的同时，动力消耗就会随之增大，对设备的强度要求也随之提高，使设备投资的经常性生产费用加大。因此一般能在常压下进行的吸收操作不必在高压下进行。除非在常压下溶解度太小，才采用加压吸收。若吸收后气体需进行高压反应，则可采用高压下吸收操作，既有利于吸收，又增大吸收塔的生产能力。

④ 计算过程的推动力　当溶质在气相中的实际分压（组成）等于和液相成平衡的分压（组成）时，气液两相达到平衡状态，无传质过程发生。当一相的组成与另一相的平衡组成不等时，两相接触就会发生气体的吸收或解吸。实际组成与平衡组成之差，即为吸收或解吸的推动力。实际组成距平衡组成越远，推动力越大，过程速率越快。

推动力可以用 $p-p^*$ 表示，也可用 $y-y^*$、x^*-x 或 $Y-Y^*$ 等来表示，如图 6-7 所示。

【例 6-3】　在总压为 1200kPa、温度为 303K 的条件下，含二氧化碳 5%（体积分数）的气体与含二氧化碳 1.0g/L 的水溶液接触，试判断二氧化碳的传递方向。已知 $E=1.88\times10^5$ kPa。

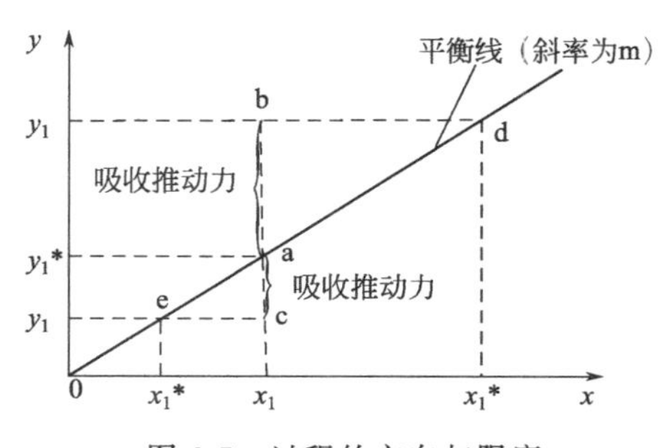

图 6-7　过程的方向与限度

解　判断二氧化碳的传递方向（吸收还是解吸），实际上是比较溶质在气相中的实际分压与平衡分压的大小。

二氧化碳在气相中的实际分压为

$$p = p_t y = 1200\times0.05 = 60\ \text{(kPa)}$$

二氧化碳在气相中的平衡分压则由亨利定律求取。由于溶液很稀，其摩尔质量及密度认为与水相同。查附录五得水在 303K 时，密度为 996kg/m^3，摩尔质量为 18kg/kmol，二氧化碳的摩尔质量为 44kg/kmol。

$$p^* = Ex = 1.88\times10^5\times(1/44)/(996/18) = 77.3\ \text{(kPa)}$$

由于 $p^* > p$，故二氧化碳必由液相传递到气相，进行解吸。

确定氯乙烯与水的平衡关系

查得常压下 HCl 在水中的溶解度数据见表 6-4。

表 6-4　常压下 HCl 在水中的溶解度

温度/℃	0	10	20	30	40	50	60
溶解度/[g(HCl)/1000g(H_2O)]	506.5	473.9	442.0	411.5	385.7	361.5	338.7

按水洗塔操作温度 30℃考虑，溶解度为 411.5g(HCl)/1000g(H_2O)。若按 30℃等温吸收处理，可得 $m=x^*=\dfrac{\dfrac{411.5}{36.5}}{\dfrac{411.5}{36.5}+\dfrac{1000}{18}}=0.169$

6.1.2　选择吸收流程及吸收剂

6.1.2.1　选择吸收流程

在布置吸收流程时，首先应考虑气液两相在吸收塔内的流向，原则上气液两相可为逆流或并流。通常，液体作为分散相，总是依靠重力作用自上而下流动。气体依靠压力差流经全塔。逆流操作时气体自塔底进从塔顶出，并流操作则相反。在相同的条件下，气液逆流操作时，气液两相传质的平均推动力最大，可减少设备尺寸，提高吸收效率，降低吸收剂用量。由于逆流操作的优点，大多数吸收都采用逆流操作。

工业生产中的吸收流程大体有以下几种。

(1) 部分吸收剂循环流程　当吸收剂喷淋密度很小，填料表面难以完全润湿，有效传质面积小，或者塔中需排除的热量很大时，工业上可采用部分吸收剂循环的吸收流程。

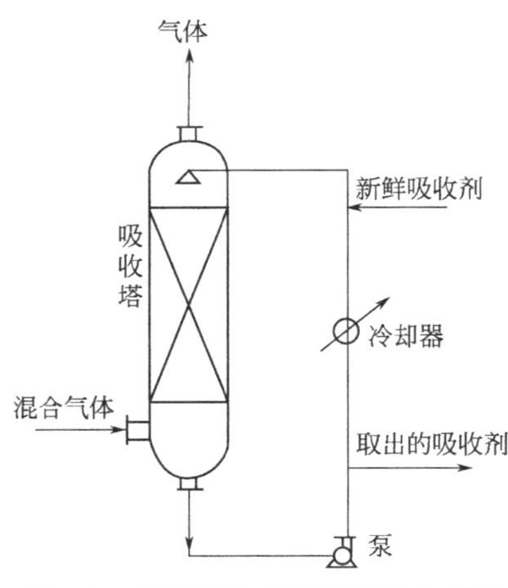

图 6-8　部分吸收剂循环的吸收流程

如图 6-8 所示为部分吸收剂循环的吸收流程，用泵自塔底部抽出的吸收剂，部分取出作为产品，部分经冷却器冷却降温，然后与补充的新鲜吸收剂混合后循环使用，补充的新鲜吸收剂量应与取出的产品量相等，以保持物料的平衡。

这种流程，可以在不增加吸收剂用量的情况下增大喷淋密度，且可由循环的吸收剂将塔内的热量带入冷却器带走，以减少塔内升温。因此，可保证在吸收剂耗用量较少的情况下保证吸收的正常进行。

(2) 吸收塔串联流程　当所需塔的尺寸过高，或从塔底流出的溶液温度过高，不能保证塔在适宜的温度下操作时，可将一个大塔分成几个小塔串联起来使用，组成串联流程。

如图 6-9 所示为串联逆流吸收流程。操作时，气体从前一个吸收塔流至后一个吸收塔，而吸收剂则用泵从最后的吸收塔逐塔向前流动，气液两相呈逆流流动。

在吸收塔串联流程中，可根据操作的需要，在塔间的液体管路上设置冷却器，或使吸收

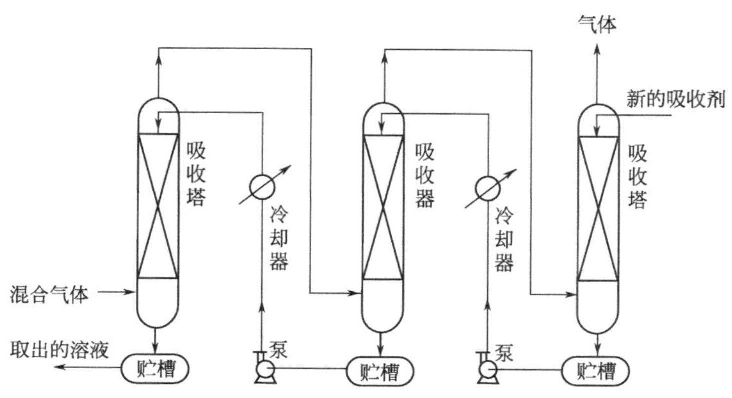

图 6-9 串联逆流吸收流程

塔系的全部或部分采取吸收剂部分循环的操作。

（3）吸收解吸联合流程 工业生产中，吸收解吸常联合进行，这样，既可得到纯度较高的吸收质气体，吸收剂又可循环使用。

6.1.2.2 选择吸收剂

如果吸收的目的是制取某种溶液作成品，如用 HCl 气体生产盐酸，溶剂只能用水，自然没有选择的余地。如果目的在于把一部分气体从混合物中分离出来，便应考虑选择适当的溶剂。

要想选择好合适的吸收剂，首先必须掌握吸收剂的选择原则。吸收剂选择的常用原则为：

① 所选用的吸收剂必须有良好的选择性，即吸收剂对吸收质要有较大的溶解度而对其他惰性组分的溶解度要极小或几乎不溶解。这样可以提高吸收效果、减小吸收剂的用量；吸收速率增大、设备的尺寸减小。

② 所选择的吸收剂应在较为合适的条件（温度、压力）下进行吸收操作。

③ 吸收剂的挥发度要小，即在操作温度下吸收剂的蒸气压要小。因为离开吸收设备的气体，往往被吸收剂蒸气所饱和，吸收剂的挥发度愈高，其损失便愈大。

另外所选用的吸收剂应尽可能无毒、无腐蚀性、不易燃、不发泡、价廉易得和具有化学稳定性等。

显然完全满足上述各种要求的吸收剂是没有的，实际生产中应从满足工艺要求、符合经济原则的前提出发，根据具体情况全面均衡得失来选择最合适的吸收剂。

工业上的气体吸收大多用水作溶剂，难溶于水的气体才采用特殊溶剂。例如，烃类气体的吸收用液态烃。为了提高气体吸收的效果，也常采用与溶质气体发生化学反应的物质作溶剂。例如，CO_2的吸收可以用 NaOH 溶液、Na_2CO_3溶液或乙醇胺溶液。表 6-5 为某些气体选用的部分吸收剂的实例。

表 6-5 吸收剂选用实例

吸 收 质	可选用吸收剂	吸 收 质	选用吸收剂
水汽	浓硫酸	H_2S	亚砷酸钠溶液
CO_2	水	H_2S	偏钒酸钠的碱性溶液
CO_2	碳酸丙烯酯	NH_3	水

续表

吸收质	可选用吸收剂	吸收质	选用吸收剂
CO_2	碱液	HCl	水
CO_2	乙醇胺	HF	水
SO_2	浓硫酸	CO	铜氨液
SO_2	水	丁二烯	乙醇、乙腈
H_2S	氨水		

氯乙烯精制过程中去除氯化氢的流程选择

生产要求：将氯乙烯合成后的含氯化氢6.9%的粗氯乙烯经过吸收处理，完全清除氯化氢气体。

可以采用水洗＋碱洗的工艺，即先用水在30℃下物理吸收氯化氢，得到稀盐酸；再经NaOH碱液进行化学吸收，彻底清除氯化氢。

曾经将水洗所得浓度很低的稀盐酸直接排放到环境，消耗大量水的同时，对环境带来很大污染。可以采用一次吸收或部分循环吸收的办法，得到超过31%浓度的盐酸。所得盐酸可以直接出售废酸，也可以设置一个解吸塔，在110℃下，用蒸汽将稀盐酸中的氯化氢气体吹出，再经过冷却、去水后，用于氯乙烯合成；稀盐酸经解吸所得的很稀的盐酸再回到水洗，作为吸收用水。

这里，选择一次吸收得到不低于31%的稀酸的工艺流程。

6.1.3 选择吸收设备

目前，工业生产中使用的吸收塔的主要类型有板式塔、填料塔、湍球塔、喷洒塔和喷射式吸收器等，其中以填料塔应用最为广泛。填料塔具有结构简单、压降低等优点，尤其是近年来由于新型填料的开发和塔内分布器等附件的改进，填料塔的应用范围愈为广泛，不仅用于中小型塔，也可用于直径为数米甚至十几米的大型塔。本节主要介绍填料塔的结构与性能特点。

(1) 填料塔　填料塔是吸收操作中使用最广泛的一种塔型。其结构如图6-10所示，填料塔由填料、塔内件及塔体构成。塔体一般为直立圆柱形筒体，两端有封头，并装有气液体进、出口接管，塔下部装有支承栅板，板上填充一定高度的填料，填料可以乱堆，亦可以有规则地放置于塔内。塔顶有填料压板和液体喷洒装置，以保证液体均匀地喷淋到整个塔的截面上。由于填料层中的液体在向下流动过程中有向塔壁流动的倾向，故填料层较高时，常将其分成若干段，段与段之间设有液体再分布装置，可将向塔壁流动的液体重新喷洒到截面中心，保证整个填料表面都能得到很好的湿润。

在填料塔的操作中，气体在压力差的推动下，自下而上通过填料间的间隙由塔的底部流向顶部；吸收剂则由塔顶喷淋装置喷出分布于填料层上，靠重力作用沿填料表面向下流动形成液膜，由塔底引出。气液两相在塔内互成逆流接触，两相的传质通常是在填料表面的液体与气体间的界面上进行。填料塔属于连续接触式的气液传质设备，两相组成沿塔高连续变化，在正常操作状态下，气相为连续相，液相为分散相。

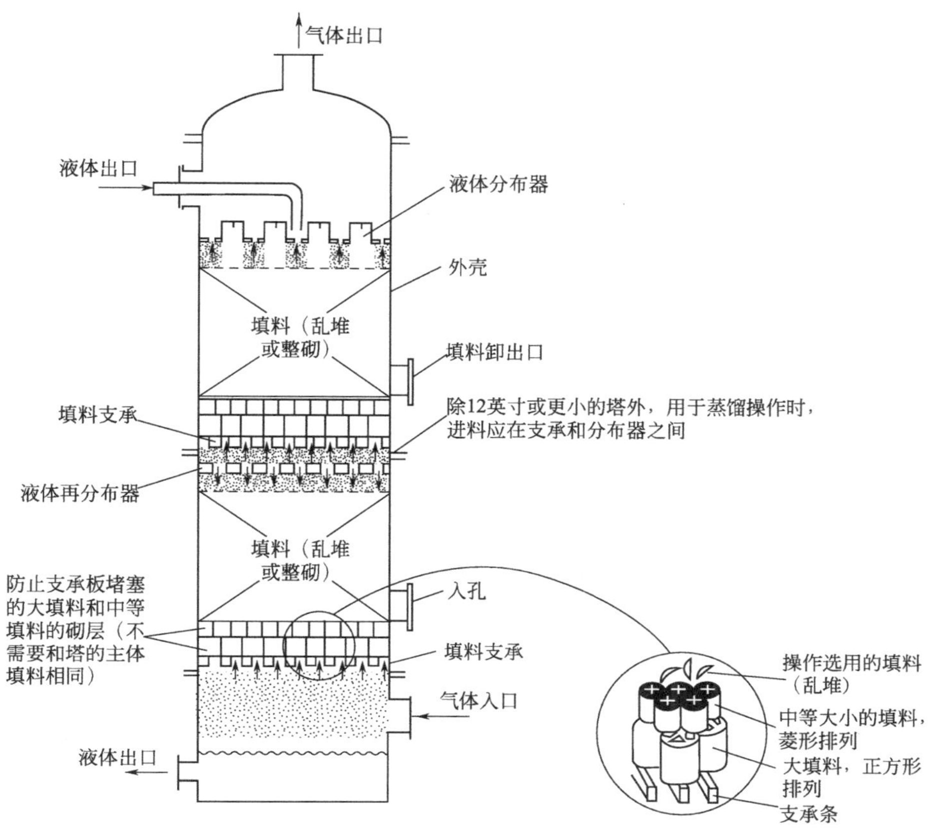

图 6-10 填料塔示意图（1in=0.0254m）

填料塔的优点是生产能力大、分离效率高、阻力小、操作弹性大、结构简单、易用耐腐蚀材料制作、造价低。缺点是当塔径较大时，气液两相接触易不均匀、效率低。但近年来，随着各种性能优越的新型填料被开发出来，大塔径填料塔已经并不少见。

（2）填料

① 填料的类型 根据堆放方式的不同，填料可分为两类：乱堆填料和整砌填料。乱堆填料由小块状填料如拉西环、鲍尔环等无规则堆放于塔内而成。整砌填料由规整填料砌成，或制成规整填料放置在塔内。根据填料的结构，又大致可以分为实体填料与网体填料两大类。实体填料包括环形填料（如拉西环、鲍尔环和阶梯环）、鞍形（如弧鞍、矩鞍）填料以及栅板填料和波纹填料等，由陶瓷、金属、塑料等材质制成。网体填料主要是由金属丝网制成的各种填料，如鞍形网、θ 网、波纹网等。常用填料的形状见图 6-11。

下面分别介绍工业上常见的填料。

a. 拉西环 拉西环是工业上最老的、应用最广泛的一种填料。它的构造如图 6-11（a）所示，是外径和高度相等的空心圆柱，可用陶瓷和金属制造。由于拉西环形状简单、制造容易，在工业上曾得到极为广泛的应用。

在工业上的应用表明，拉西环存在着较大的缺点，主要原因是拉西环在填料塔内呈直立状时，填料内外表面都是气、液传质表面，且气流阻力小；但当其横卧或呈倾斜状时填料部分内表面不能成为有效的气液传质区，而且使气流阻力增大。对气体流速的变化敏感，操作弹性范围较窄，气体阻力较大等。这些都使得拉西环在工业上的应用已很少。

b. 鲍尔环　鲍尔环是针对拉西环存在的缺点加以改进而研制成功的一种填料。它的构造如图 6-11（b）所示。在普通拉西环的壁上开上下两层长方形窗孔，窗孔部分的环壁形成叶片向环中心弯入，在环中心相搭，上下两层小窗位置交叉。由于鲍尔环填料在环壁上开了许多窗孔，使得填料塔内的气体和液体能够从窗孔自由通过，填料层内气体和液体分布得到改善，同时降低了气体流动阻力。

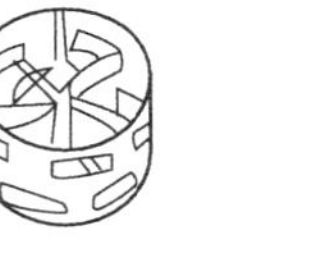
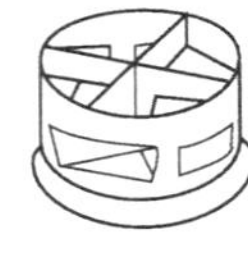

(a) 拉西环　(b) 鲍尔环　(c) 阶梯环

(d) 弧鞍形填料　(e) 矩鞍形填料

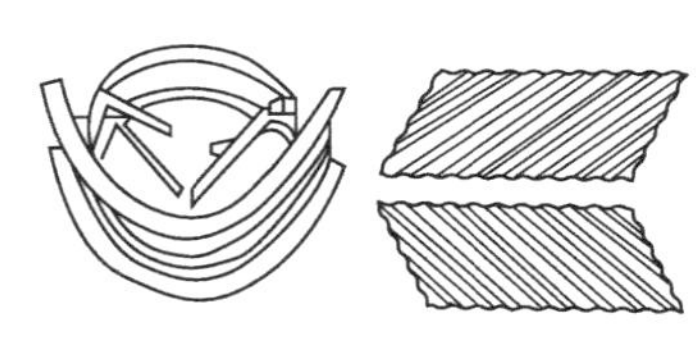
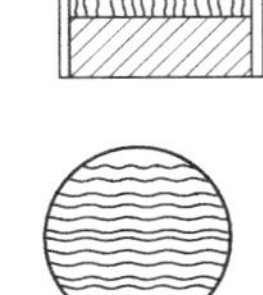

(f) 金属鞍环填料　(g) 波纹填料

图 6-11　常用填料的形状

鲍尔环的优点是气体阻力小，压降小，液体分布比较均匀，是国内外公认的性能优良的填料，其应用越来越广泛。鲍尔环可采用陶瓷、金属或塑料制造。

c. 阶梯环　在鲍尔环的基础上，又发展了一种叫做“阶梯环”的填料。阶梯环的总高为直径的 5/8，圆筒一端有向外翻卷的喇叭口，如图 6-11（c）所示。这种填料的孔隙率大，而且填料个体之间呈点接触，可使液膜不断更新。具有压力降小和传质效率高等特点，是目前使用的环形填料中性能最为良好的一种。阶梯环多用金属及塑料制造。

d. 鞍形填料　鞍形填料的形状像马鞍，结构不对称，填料两面大小不等，使得两个鞍形填料不论以何种方式接触都不会叠合。其优点是有较大的空隙率，阻力小，效率较高，且因液体流道通畅，不易被悬浮物堵塞，制造也比较容易，并能采用价格便宜又耐腐蚀的陶瓷和塑料等。实践证明，鞍形填料是工业上较为理想而且很有发展前途的一种填料，如图 6-11（d）、（e）、（f）所示。

e. 波纹填料与波纹网填料　波纹填料是由许多层波纹薄板制成，各板高度相同但长短不等，搭配排列而成圆饼状，波纹与水平方向成 45°倾角，相邻两板反向叠靠，使其波纹倾斜方向互相垂直。圆饼的直径略小于塔壳内径，各饼竖直叠放于塔内。相邻的上下两饼之间，波纹板片排列方向互成 90°角。如图 6-11（g）所示。波纹填料的特点是结构紧凑，比表面积大，流体阻力小，液体经过一层都得到一次再分布，故流体分布均匀，传质效果好。同时，制作方便、容易加工，可用多种材料制造，以适应各种不同腐蚀性、不同温度、不同压力的场合。

丝网波纹填料是用丝网制成一定形状的填料。这是一种高效率的填料，其形状有多种。优点是丝网细而薄，做成填料体积较小，比表面积和空隙率都比较大，因而传质效率高。

波纹填料的缺点是制造价格很高，通道较小，清理不方便，容易堵塞，不适宜于易结垢和含固体颗粒的物料，故它的应用范围受到很大限制。

② 选择填料的原则　填料是填料塔的核心构件，它提供了气液两相接触传质的相界面，是决定填料塔性能的主要因素。填料的特性参数主要有尺寸、比表面积和空隙率。为了使吸收操作高效进行，对填料的基本要求有以下几点：

a. 有较大的比表面积　单位体积填料层所具有的表面积称为比表面积，用符号 a 表示，单位为 m^2/m^3。在吸收塔中，填料的表面只有被流动的液相所润湿，才可能构成有效的传质面积。填料的比表面积越大，所提供的气液传质面积越大，对吸收越有利。因此应选择比表面积大的填料，此外还要求填料有良好的润湿性能及有利于液体均匀分布的形状。

b. 有较高的空隙率　单位体积填料层具有的空隙体积称为空隙率，用符号 ε 表示，单位为 m^3/m^3。气体是通过填料的空隙流动的，当填料的空隙率较高时，气流阻力小，气体通过的能力大，气液两相接触的机会多，对吸收有利，同时，填料层质量轻，对支承板要求低，也是有利的。

c. 具有适宜的填料尺寸和堆积密度　单位体积填料的质量为填料的堆积密度，单位为 kg/m^3。在机械强度许可的条件下，填料厚度要尽量薄，这样可以减小堆积密度，增大空隙率，降低成本。单位体积内堆积填料的数目与填料的尺寸大小有关。对同一种填料而言，填料尺寸小，堆积的填料数目多，比表面积大，空隙率小，则气体流动阻力大；反之填料尺寸过大，在靠近塔壁处，由于填料与塔壁之间的空隙大，易造成气体由此短路通过或液体沿壁下流，使气液两相沿塔截面分布不均匀，为此，一般要求塔径与填料的尺寸之比 $D/d>8$（此比值在 8～15 之间为宜）。

d. 机械强度及化学稳定性好　为使填料在堆砌过程及操作中不被压碎，要求填料具有足够的机械强度，此外，对于液体和气体均须具有化学稳定性，不易被腐蚀。

e. 制造容易，价格便宜。

③ 填料的安装　填料的安装对保证塔的分离效率至关重要。填料在塔内的堆积形式有整砌（规整）和乱堆（散装）两种。整砌填料是将金属丝网、实体波纹板、平行板等叠成圆筒形整块放入塔内，也有将几何尺寸较大的颗粒状填料进行整砌的。对于直径小于 800mm 的小塔，整砌填料通常做成整圆盘由法兰孔装入。对于直径大于 800mm 的塔，整砌填料通常分成若干块，由人孔装入塔内，在塔内组装。整砌填料造价高，易被杂物堵塞且难以清洗，但对气体阻力较小。尺寸小的颗粒状填料一般采用乱堆，这是一种无规则的堆积，装填方便，但所形成的填料层阻力较大，容易造成填料填充密度不均，甚至可造成金属填料变形、陶瓷填料破碎，从而引起气液分布不均匀，使分离效率下降。

(3) 填料塔的辅助设备　填料塔的辅助设备包括液体喷淋装置、除沫装置、液体再分布器及填料支承装置、填料压紧装置、气液体进口及出口装置等塔内件，这些塔内件的结构尺寸是否合理，对填料塔的操作影响很大。塔内件设计的好坏直接影响填料性能的发挥和传质分离效果。

① 液体喷淋器　液体喷淋器放置在填料塔的顶部，是填料塔中加入液体的装置。使液体均匀喷淋在填料层整个截面上对填料塔的操作影响很大，若液体分布不均匀，则填料层内的有效润湿面积会减少，并可能出现偏流和沟流现象，影响传质效果。理想的液体分布装置应具备以下条件。

a. 与填料相匹配的分液点密度和均匀的分布质量。填料比表面积越大，分离要求越精密，则液体分布器分布点密度应越大。

b. 操作弹性较大，适应性好。

c. 为气体提供尽可能大的自由截面，实现气体的均匀分布，且阻力小。

d. 结构合理，便于制造、安装、调整和检修。

液体分布器的种类多样，有喷头式、盘式、多孔管式、槽式及槽盘式等。

喷头式分布器（莲蓬式）如图 6-12 所示。一般用于直径小于 600mm 的塔中。其优点是结构简单。主要缺点是小孔易于堵塞，因而不适用于处理污浊液体，操作时液体的压头必须维持恒定，否则喷淋半径改变影响液体分布的均匀性，此外，当气量较大时，会产生并夹带较多的液沫。

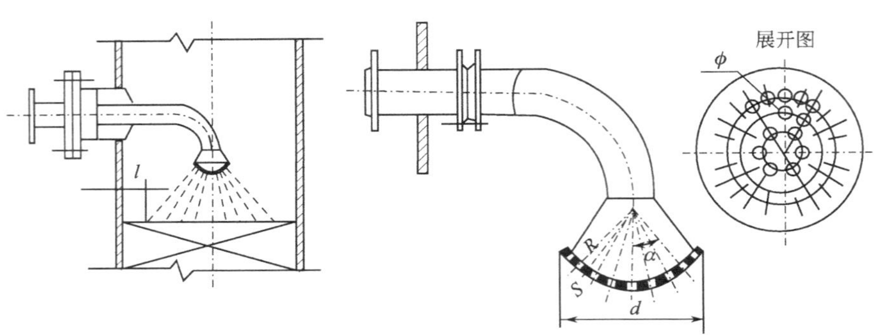

图 6-12 喷头式分布器（莲蓬式）

盘式分布器如图 6-13 所示。液体加至分布盘上，盘底装有许多直径及高度均相同的溢流短管，称为溢流管式。在溢流管的上端开有缺口，这些缺口位于同一水平面上，便于液体均匀地流下。盘底开有筛孔的称为筛孔式，筛孔式的分布效果较溢流管式好，但溢流管式的自由截面积较大，且不易堵塞。

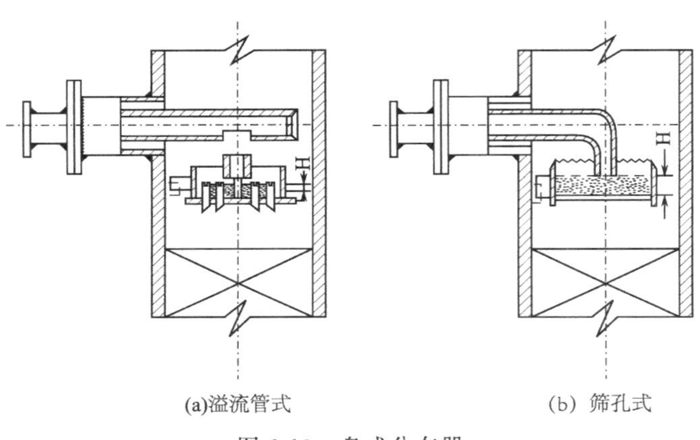

(a)溢流管式 (b) 筛孔式

图 6-13 盘式分布器

多孔管式分布器由不同结构形式的开孔管制成。其突出的特点是结构简单，供气体流过的自由截面大，阻力小。但小孔易堵塞，弹性一般较小。管式液体分布器使用十分广泛，多用于液体负荷中等以下的填料塔中。在减压精馏及丝网波纹填料塔中，由于液体负荷较小故常用之，如图 6-14（a）所示。

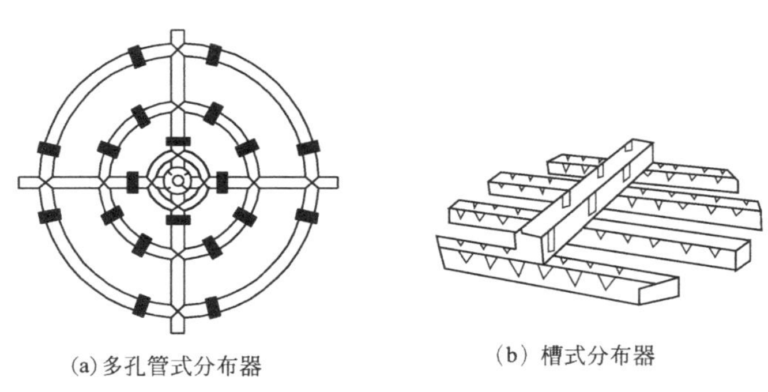

(a) 多孔管式分布器 (b) 槽式分布器

图 6-14 多孔管式及槽式分布器

槽式分布器通常是由分流槽和分布槽构成的，如图 6-14（b）所示。其特点是具有较大的操作弹性和极好的抗污堵性，特别适合于气液负荷大及含有固体悬浮物、黏度大的液体的分离场合，应用范围非常广泛。

② 填料支承板 填料支承板的作用是支承塔内填料床层。对填料支承装置的要求是：第一应具有足够的强度和刚度，能承受填料的质量、填料层的持液量以及操作中附加的压力等；第二应具有大于填料层空隙率的开孔率，防止在此首先发生液泛，进而导致整个填料层的液泛；第三结构要合理，利于气液两相均匀分布，阻力小，便于拆装。

常用的填料支承装置有栅板型、孔管型、驼峰型等，如图 6-15 所示，选择哪种支承装置，主要根据塔径、使用的填料种类及型号、塔体及填料的材质、气液流量等而定。

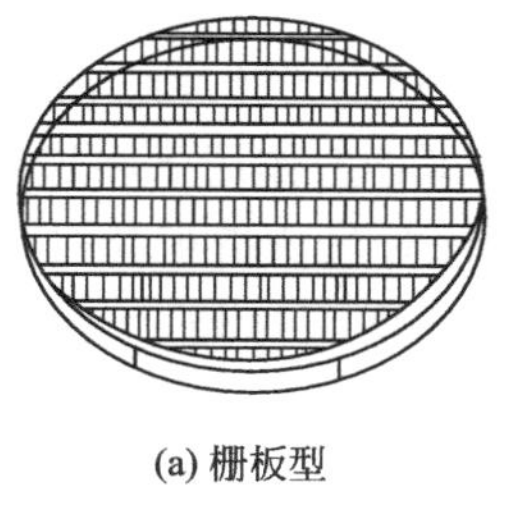
(a) 栅板型

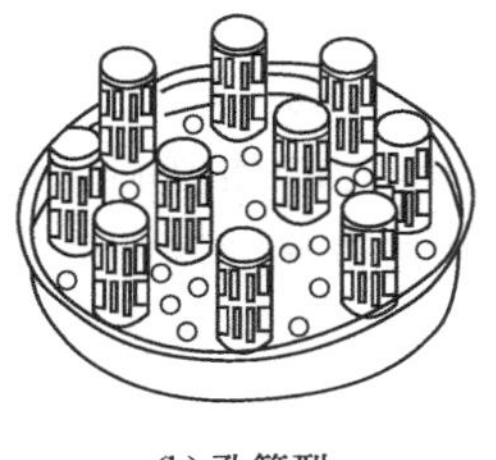
(b) 孔管型

(c) 驼峰型

图 6-15 填料支承装置

③ 填料压紧装置 为保持操作中填料床层为一恒定的固定床，从而必须保持均匀一致的空隙结构，使操作正常、稳定，故填料装填后在其上方要安装填料压紧装置。这样，可以防止在高压降、瞬时负荷波动等情况下填料床层发生松动和跳动。

填料压紧装置分为填料压板和床层限制板两大类，如图 6-16 所示中列出了两种常用的填料压紧装置。填料压板自由放置于填料层上端，靠自身重量将填料压紧，它适用于陶瓷、石墨制的散装填料。它的作用是在高气速（高压降）和负荷突然波动时，阻止填料产生相对运动，从而避免填料松动、破损。由于填料易碎，当碎屑淤积在床层填料的空隙间，使填料层的空隙率下降，此时填料压板可随填料层一起下落，紧紧压住填料而不会形成填料的松动、降低填料塔的生产能力及分离效率。

(a)填料压紧栅板

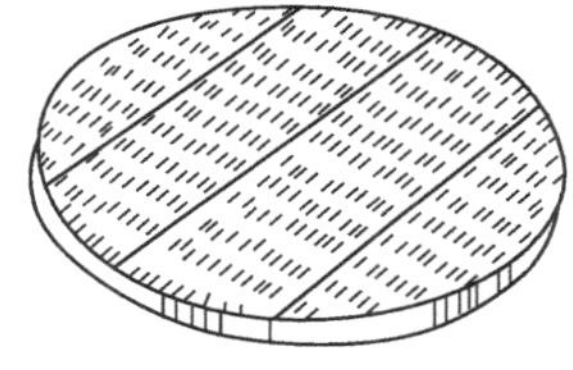
(b) 填料压紧网板

图 6-16 填料压紧装置

床层限制板用于金属散装填料、塑料散装填料及所有规整填料。它的作用是防止高气速、高压降或塔的操作突然波动时填料向上移动而造成填料层出现空洞，使传质效率下降。由于金属及塑料填料不易破碎，且有弹性，在装填正确时不会使填料下沉，故床层限制板要固定在塔壁上。

④ 液体再分布器 液体在乱堆填料层内向下流动时，由于塔壁处阻力较小，液体会逐渐向塔壁偏流，然后沿塔壁留下，称为壁流现象。为改善壁流造成的液体分布不均，可将填料层分段堆放，段间设置液体再分布器，使沿塔壁留下的液体重新均匀分布。

最简单的液体再分布器为截锥式再分布器，如图 6-17 所示。截锥式再分布器结构简单、安装方便，但它只起到将壁流向中心汇集的作用，无液体再分布的功能，一般用于直径小于 0.6m 的塔中。

⑤ 除沫装置 除沫装置是用来除去由填料层顶部逸出的气体中的液滴，安装在液体分

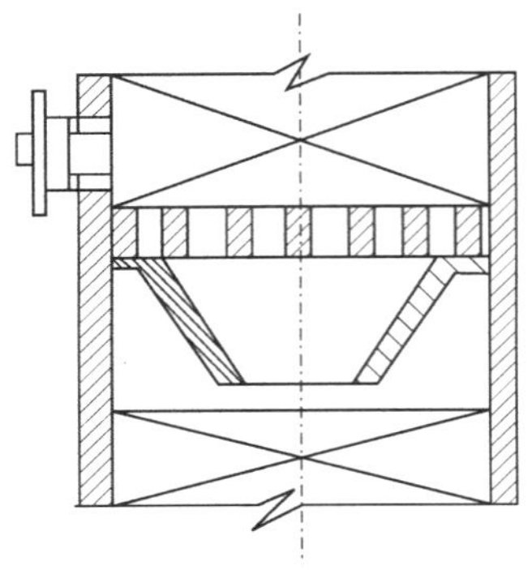
图 6-17 截锥式再分布器

布器上方。当塔内气速不大、工艺过程又无严格要求时，一般可不设除沫装置。

常用的除沫装置有折板除沫器、丝网除沫器、旋流板除沫器等。折板除沫器由 50mm×50mm×3mm 的角钢制成。夹带液体的气体通过角钢通道时，由于碰撞及惯性作用达到碰撞截留及惯性分离。分离下来的液体由导液管与进料一起进入分布器。它结构简单、不易堵塞、压降小，只能除去 50μm 以下的液滴，且金属耗用量大、造价高，小塔有时使用。丝网除沫器是用金属丝或塑料丝编结而成，由于比表面积大、空隙率大、结构简单、使用方便以及除沫效率高（可除去 5μm 的微小液滴）、压降小等优点，广泛应用于填料塔的除雾沫操作中，但造价高。旋流板除沫器由固定的叶片组成的外向板形如风车状。夹带液滴的气体通过叶片时产生旋转和离心运动，在离心力作用下将液滴甩至塔壁，实现气液分离，除沫效率可达 99%。其造价比丝网的便宜，除沫效果比折板的好。

⑥ 液体出口及气体进口装置　液体的出口装置既要便于从塔内排液，又要防止气体从液体出口外泄，常用的液体出口装置可采用液封装置，如图 6-18（a）所示。若塔的内外压差较大时，又可采用倒 U 形管密封装置，如图 6-18（b）所示。

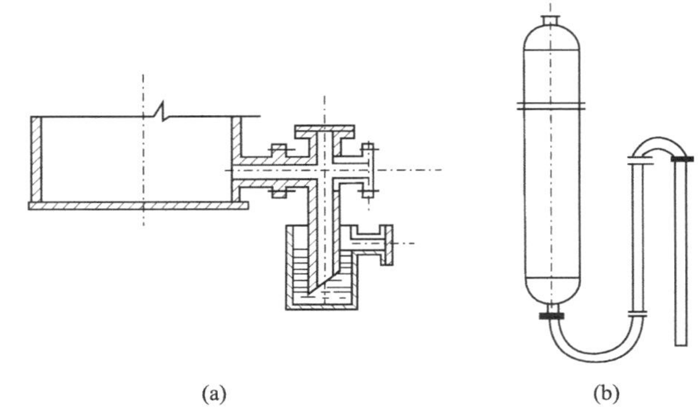

图 6-18 液体的出口装置

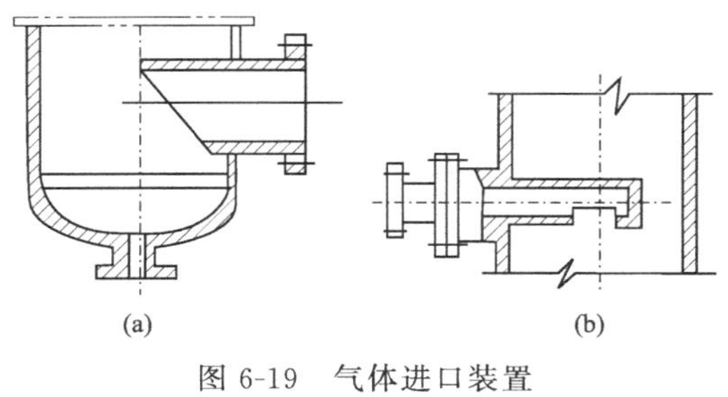

图 6-19 气体进口装置

填料塔的气体进口装置应具有防止塔内下流的液体进入管内，又能使气体在塔截面上分布均匀两个功能。对于塔径在 500mm 以下的小塔，常见的方式是使进气管伸至塔截面的中心位置，管端作成 45°向下倾斜的切口或向下弯的喇叭口，对于大塔可采用盘管式结构的进气装置，如图 6-19 所示。

6.2 填料吸收塔的设计

6.2.1 全塔物料衡算

如图 6-20 所示为逆流连续操作的吸收塔。当进塔混合气中的溶质浓度不高（3%～

10%）时，为低浓度气体吸收。

V——单位时间内通过吸收塔的惰性气体量，kmol 惰性气/h；

L——单位时间内通过吸收塔的吸收剂量，kmol 吸收剂/h；

Y，Y_1，Y_2——任一截面、进塔及出塔气体的组成，kmol 吸收质/kmol 惰性气；

X，X_1，X_2——任一截面、出塔及进塔液体的组成，kmol 吸收质/kmol 吸收剂。

在稳态操作下，对全塔作物料衡算，根据单位时间内进塔的吸收质的量等于出塔的吸收质的量，可得

$$VY_1+LX_2=VY_2+LX_1 \tag{6-11}$$

或依据混合气体中减少的吸收质量等于溶液中增加的吸收质量，可得

$$G_A=V(Y_1-Y_2)=L(X_1-X_2) \tag{6-12}$$

G_A称为吸收塔的吸收负荷，反映了单位时间内吸收塔吸收溶质的能力。

吸收操作中，为确定吸收任务或评价吸收效果的好坏，引入了吸收率的概念，即气体中被吸收的吸收质的量与进塔气体中原有吸收质的量之比，以 φ 表示。

$$\varphi=\frac{V(Y_1-Y_2)}{VY_1}=\frac{Y_1-Y_2}{Y_1}$$

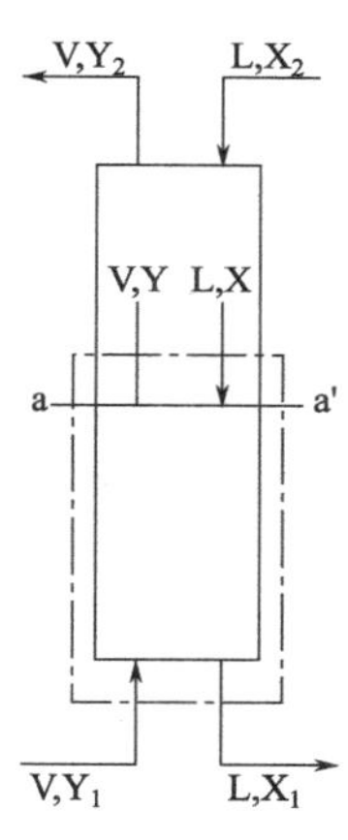

图 6-20 逆流连续操作吸收塔

显然，进塔气的组成一定，要求的吸收效果确定后，则出塔气组成即确定了。

$$Y_2=Y_1(1-\varphi) \tag{6-13}$$

由式（6-11）可知，六个参数中只要已知其中五个就可以计算出第六个。一般情况下，进塔混合气的组成 Y_1 与流量是由吸收任务规定的，而吸收剂的初始组成 X_2 和流量往往根据生产工艺要求确定，如果吸收任务又规定了吸收率，那么出塔气的组成也就确定了。

【例 6-4】 用纯水逆流吸收空气-丙酮混合气体中的丙酮。如果吸收塔混合气进料为 200kg/h，丙酮摩尔分数为 10%，纯水进料为 1000kg/h，操作在 293K 和 101.3kPa 下进行，要求吸收率为 98%。设惰性气体（$M_B=29$kg/kmol）不溶于水，试问吸收塔溶液出口浓度为若干？若纯水进料增大 10%，其他条件不变，则溶液出口浓度又为多少？

解 ① 根据题意，首先将组成换算为摩尔比

进塔气体组成 $Y_1=Y_1/(1-y_1)=0.1/0.9=0.11$

出塔气体组成 $Y_2=Y_1(1-\varphi)=0.11(1-0.98)=0.0022$

进塔吸收剂组成 $X_2=0$（纯水）

吸收剂水的摩尔流量 L＝质量流量/摩尔质量＝1000/18＝55.56（kmol/h）

混合气体平均分子量 $M_M=M_Ay_A+M_By_B=58\times0.1+29\times0.9=31.9$

塔内惰性气体的摩尔流量

V＝混合气摩尔流量×$(1-y_1)=200/31.9\times(1-0.1)=5.64$（kmol/h）

吸收塔溶液出口浓度由全塔物料衡算求得

$$V(Y_1-Y_2)=L(X_1-X_2)$$

即 $X_1=\dfrac{V(Y_1-Y_2)}{L}+X_2=5.64\times(0.11-0.0022)/55.56+0=0.011$

② 纯水进料增大 10%，则 $L=55.56\times(1+10\%)=61.12$（kmol/h）

则 $X_1=5.64\times(0.11-0.0022)/61.12+0=0.0099$

故溶液出口浓度为 0.0099kmol 丙酮/kmol 水。

6.2.2 吸收塔操作线

6.2.2.1 吸收操作线方程

在塔内任取 a—a′截面与塔底进行物料衡算（见图 6-20），则单位时间内进出吸收塔的吸收质的量相等

$$VY_1+LX=VY+LX_1$$

$$VY=LX+VY_1-LX_1$$

$$Y=\frac{L}{V}X+\left(Y_1-\frac{L}{V}X_1\right) \tag{6-14}$$

式（6-14）称为吸收操作线方程式，它表明塔内任一截面上的气相组成 Y 与液相组成 X 之间的关系，稳态操作情况下 V、L、Y_1、X_1 为定值，则 Y 与 X 之间的函数关系为直线关系，直线的斜率为 L/V，且直线通过 B（X_1，Y_1）及 T（X_2，Y_2）两点。标绘在图 6-21 中的直线 BT，即为操作线。操作线上的任意一点，代表吸收塔内某一截面上的气液相组成 Y 及 X。端点 B 代表塔底情况，端点 T 代表塔顶情况。在塔内任一截面上的推动力，用气相浓度差表示的塔底推动力为（$Y_1-Y_1^*$）；用液相浓度差表示的推动力为（$X_1^*-X_1$）。用气相浓度差表示的塔顶推动力为为（$Y_2-Y_2^*$），用液相浓度表示的推动力为（$X_2^*-X_2$）。可见，在吸收塔内推动力的变化规律是由操作线与平衡线共同决定的。

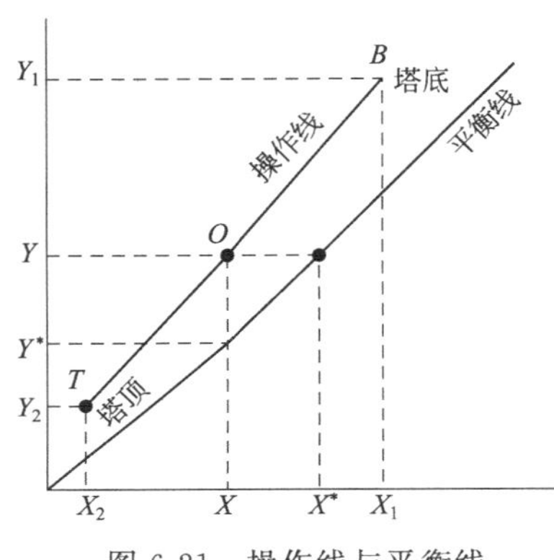

图 6-21 操作线与平衡线

操作线是由物料衡算推出，与系统的平衡关系、吸收塔的结构形式、气液相接触状况以及温度、压力等条件无关。由于吸收操作时溶质在气相中的实际浓度总是大于与液相平衡的气相浓度，故操作线总是位于平衡线的上方。反之，解吸过程的操作线总是位于平衡线的下方。吸收过程操作线与平衡线如图 6-21 所示。

【例 6-5】 用清水吸收混合气体中的氨，进塔气体中含氨 6%（体积分数，下同），吸收后离塔气体含氨 0.4%，溶液出口浓度 $X_1=0.012$，此系统平衡关系 $Y^*=2.52X$，求气体进出口处推动力。

解 进塔气体实际浓度 $Y_1=y_1/(1-y_1)=0.06/0.94=0.064$

出塔气体实际浓度 $Y_2=y_2/(1-y_2)=0.004/0.996=0.004$

进塔气体平衡浓度 $Y_1^*=2.52X_1=2.52\times0.012=0.030$

出塔气体平衡浓度 $Y_2^*=2.52X_2=2.52\times0=0$

气体进口处推动力 $\Delta Y_1=Y_1-Y_1^*=0.034$

气体出口处推动力 $\Delta Y_2=Y_2-Y_2^*=0.004$

6.2.2.2 吸收剂用量

通常，吸收操作中所处理的气体流量、气体的初始和最终组成（V、Y_1、Y_2）及吸收剂的初始组成（X_2）由生产任务和分离要求决定，应综合考虑吸收剂对吸收过程的影响，合理选择吸收剂用量。

（1）液气比　操作线斜率 L/V 称为液气比，它是吸收剂与惰性气体摩尔流量之比，反

映了单位气体处理量的吸收剂消耗量的大小。当气体处理量一定时，确定吸收剂用量就是确定液气比。液气比对于吸收来说，是一个重要的控制参数，其值大小影响吸收效果、操作费用及塔设备的尺寸。

（2）最小液气比　如图 6-22 所示，由于 X_2、Y_2 一定，所以操作线的端点 T 已固定，另一端点 B 则可在 $Y=Y_1$ 的水平线上移动。B 点的横坐标将取决于操作线的斜率，亦即随吸收剂用量的不同而变化。当 V 值一定时，吸收剂用量减少，操作线斜率将变小，点 B 便沿水平线 $Y=Y_1$ 向右移动，其结果是使出塔吸收液的组成增大，吸收的推动力相应减小，吸收将变得困难。当吸收剂用量继续减小，使 B 点移至水平线与平衡线的交点 F 时，如图 6-22（a）所示，塔底流出液组成与刚进塔的混合气组成达到平衡，此时吸收过程的推动力为零。为达到最高组成，两相接触的时间无限长，相际接触面积无限大，吸收塔需要无限高的填料层。这在实际上是办不到的，只能用来表示一种极限情况，此种状况下吸收操作线的斜率称为最小液气比，以 $(L/V)_{min}$ 表示。

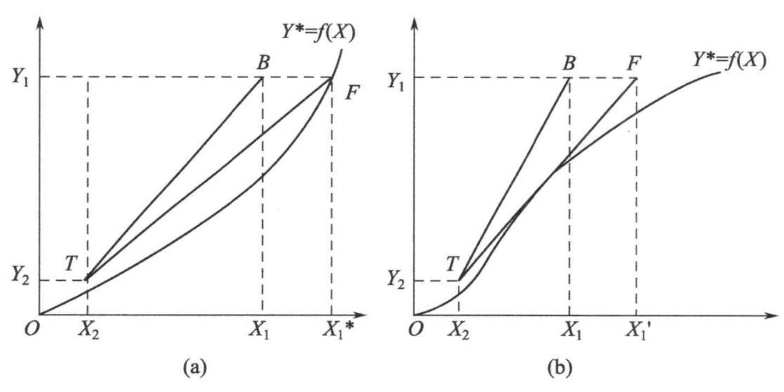

图 6-22　吸收塔的最小液气比

即在液气比下降时，只要塔内某一截面处气液两相趋于平衡，达到指定分离要求所需的塔高为无穷大，此时的液气比即为最小液气比。

必须注意，液气比的这一限制来自规定的分离要求，并非吸收塔不能在更低的液气比下操作。液气比小于此最低值，规定的分离要求将不能达到。

最小液气比可用图解法求得。如果平衡曲线与平衡线相交或相切，只要读出交点的横坐标，就可根据操作线斜率求得最小液气比，见图 6-22（b）。

若平衡关系符合亨利定律，则可直接计算最小液气比。即

$$(L/V)_{min}=(Y_1-Y_2)/(X_1^*-X_2)=\frac{Y_1-Y_2}{Y_1/m-X_2} \tag{6-15}$$

（3）吸收剂用量　吸收剂用量的选择应作经济上的权衡。当 V 值一定的情况下，吸收剂用量减小，液气比减小，操作线靠近平衡线，吸收过程的推动力减小，吸收速率降低，在完成同样生产任务的情况下，吸收塔必须增高，设备费用增多。吸收剂用量增大，操作线离平衡线越远，吸收过程的推动力越大，吸收速率越大，在完成同样生产任务的情况下，设备尺寸可以减小，但吸收剂消耗量增大，液体的输送功率和再生费用增大；而且，造成塔底吸收液浓度的降低，将增加解吸的难度。

适宜的液气比应使设备折旧费及操作费用之和最小。根据生产实践经验，一般情况下取适宜的液气比为最小液气比的 1.1～2.0 倍，即

$$L/V=(1.1\sim2.0)(L/V)_{min}$$

$$或\ L=(1.1\sim2.0)L_{min}$$

此外，为了确保填料层的充分湿润，应考虑喷淋密度（单位时间、单位塔截面积上喷淋的吸收剂量）大于最低允许值 $[5\sim12m^3/(m^2\cdot h)]$，若低于此允许值，不能保证填料层的充分润湿，应适当增大吸收剂用量或使部分吸收剂循环使用。

【例 6-6】 在填料吸收塔中用水洗涤某混合气，以除去其中的 SO_2。已知混合气中含 SO_2 为 9%（摩尔分数），进入吸收塔的惰性气体量为 37.8kmol/h，要求 SO_2 的吸收率为 90%，作为吸收剂的水不含 SO_2，取实际吸收剂用量为最小用量的 1.2 倍，操作条件下 $X_1^*=0.032$，试计算每小时吸收剂用量，并求溶液出口浓度。

解 气体进口组成 $Y_1=y_1/(1-y_1)=9/(100-9)=0.099$

气体出口组成 $Y_2=Y_1(1-\varphi)=0.099\times(1-90\%)=0.0099$

吸收剂进口组成 $X_2=0$

惰性气体摩尔流量 $V=37.8kmol/h$

最小吸收剂用量

$$(L/V)_{min}=(Y_1-Y_2)/(X_1^*-X_2)=(0.099-0.0099)/(0.0032-0)$$

$$L_{min}=1052kmol/h$$

$$L=1.2L_{min}=1.2\times1052=1263(kmol/h)$$

$$=1263\times18\ kg/h=2273kg/h$$

实际吸收剂用量为 2273kg/h。

溶液出口浓度可由全塔物料衡算求得

$$V(Y_1-Y_2)=L(X_1-X_2)$$

即 $X_1=37.8\times(0.099-0.0099)/1263+0=0.00267$

溶液出口浓度为 $0.00267kmol(SO_2)/kmol(H_2O)$。

确定氯乙烯精制过程中水洗塔的吸收剂用量

年产 10×10^4t 聚氯乙烯树脂所需粗氯乙烯气量为 17500kg/h，其中有 6.91%的 HCl，流量为 1208.6kg/h。即粗氯乙烯 300.87kmol/h，其中含 11.01%的 HCl，流量为 33.111kmol/h。粗氯乙烯中惰性气体量为 267.76kmol/h。m 为 0.169。

要求水洗吸收率为 98%。

$Y_1=y_1/(1-y_1)=0.1101/(1-0.1101)=0.1237$，$Y_2=Y_1(1-\varphi)=0.1237\times(1-0.98)=0.00247$

$X_2=0$

$(L/V)_{min}=(Y_1-Y_2)/(X_1^*-X_2)=(0.1237-0.00247)/(0.1237/0.169-0)=0.1656$

$L/V=(1.1\sim2.0)(L/V)_{min}$，取 $L/V=1.4(L/V)_{min}=1.4\times0.1656=0.232$

由 $V(Y_1-Y_2)=L(X_1-X_2)$

可得：$X_1=(Y_1-Y_2)/(L/V)=(0.1237-0.00247)/0.232=0.523>0.494$（即质量分数为 31%）。

能完成吸收任务。

6.2.2.3　适宜的操作气速

气体在吸收塔内的操作气速，可用下式进行计算：

$$u=\frac{V_{混}}{\frac{\pi}{4}D^2} \tag{6-16}$$

由于混合气体在塔内的流量是变化的，计算时可取塔顶、塔底的平均值。显然，气速越高，气体的流量越大，生产能力越大。但气速不能过高，过高容易造成液泛。适宜的操作气速一般取泛点气速的 0.6～0.8 倍。

6.2.3　传质过程原理

6.2.3.1　吸收机理

(1) 传质的基本方式　吸收操作是吸收质从气相转移到液相的传质过程，其中包括吸收质由气相主体向气液相界面的传递，及由相界面向液相主体的传递。因此，讨论吸收过程的机理，首先说明物质在单相（气相或液相）中的传递规律。

物质在单一相（气相或液相）中的传递是靠扩散作用，发生在流体中的扩散有分子扩散与涡流扩散两种。

① 流体中的分子扩散　如将一滴红墨水滴在一杯水中，会看见红色慢慢向四周扩散，最终整杯水变红了，这就是分子扩散。分子扩散是物质在一相内有浓度差异的条件下，由流体分子的无规则热运动而引起的物质传递现象。习惯上常把分子扩散称为扩散。这种扩散发生在静止或滞流流体中相邻流体层的传质中。

分子扩散的速率主要决定于扩散物质和流体温度以及某些物理性质。根据菲克定律，当物质 A 在介质 B 中发生分子扩散时，分子扩散速率与其在扩散方向上的浓度梯度成正比。如图 6-23 所示，这一关系可表达为：

$$N_A=-D\frac{dc_A}{dZ} \tag{6-17}$$

式中　N_A——组分 A 的分子扩散速率，$kmol/(m^2 \cdot s)$；

c_A——组分 A 的浓度，$kmol/m^3$；

Z——沿扩散方向的距离，m；

D——扩散系数，表示组分 A 在介质 B 中的扩散能力，m^2/s。

式中负号表示扩散方向与浓度梯度相反。

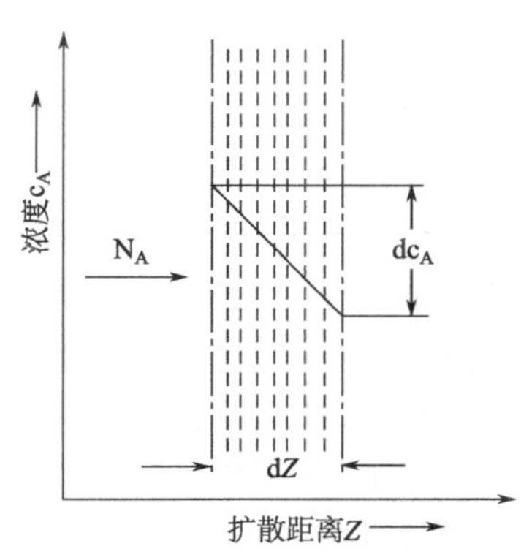

图 6-23　分子扩散

分子扩散系数 D 是物质的物理性质之一。扩散系数大，表示分子扩散快。对不太大的分子而言，在气相中的扩散系数值为 0.1～1 cm^2/s 的数量级；在液体中为在气体中的 $1/10^4$～$1/10^5$。这主要是因为液体的密度比气体的密度大得多，其分子间距小，故分子在液体中扩散速率要慢得多。扩散系数之值须由实验方法求取，有时也可由物质本身的基础物性数据及状态参数估算。气体的液体扩散系数可查阅有关手册。

② 流体中的涡流扩散　如果在把红墨水滴入杯子中的同时，用玻璃棒进行搅拌，杯子中的水瞬间就变红了。这就是涡流扩散。在湍流流体中，流体质点在湍流中产生旋涡，引

起各部分流体间的剧烈混合，在有浓度差的条件下，物质便朝其浓度降低的方向进行扩散。这种凭借流体质点的湍动和旋涡来传递物质的现象，称为涡流扩散。涡流扩散速率决定于流体的湍动程度。实际上，在湍流流体中，由于分子运动而产生的分子扩散是与涡流扩散同时发挥着作用。但涡流扩散速率比分子扩散速率大得多，因此涡流扩散的效果应占主要地位。此时，通过一个湍流流体的扩散速率可以下式表达，即

$$N_A = -(D + D_e)\frac{dc_A}{dZ} \tag{6-18}$$

式中 N_A——组分 A 的扩散速率，kmol/(m^2 · s)；

c_A——组分 A 的浓度，kmol/m^3；

Z——沿扩散方向的距离，m；

D——分子扩散系数，m^2/s；

D_e——涡流扩散系数，m^2/s。

对流扩散。它与传热过程中的对流传热类似，由于对流扩散过程极为复杂，影响其因素很多，所以对流扩散速率一般难以解析求出，而是采用类似解决对流传热的处理方法依靠试验测定。

(2) 吸收过程的机理　吸收过程中，吸收质除了要分别在气相和液相中进行单一相的传递外，还必须通过气液接触界面才能由气相进入液相，但气液两相流动状态不同，界面状态就不同，流体流动状态不仅决定于流体的物性、流速等参数，还与设备的几何尺寸密切相关，由此可知吸收过程的机理是复杂的，人们已对其进行了长期的深入研究。曾提出多种不同的关于吸收这样的相际传质过程机理的理论，其中应用最广泛的是刘易斯和惠特曼在 20 世纪 20 年代提出的双膜理论。

双膜理论的基本论点如下：

① 在气液两流体相接触处，有一稳定的分界面，叫相界面。在相界面的两侧附近各有一层稳定的作滞流流动的薄膜层，在气相一侧的叫气膜、液相一侧的叫液膜。吸收质以分子扩散方式通过这两个薄膜层。

② 两膜层以外的气、液两相分别称为气相主体与液相主体。在气、液两相的主体中，由于流体的充分湍动，吸收质的浓度基本上是均匀的，即两相主体内浓度梯度皆为零，全部浓度变化集中在这两个膜层中，即阻力集中在两膜层之中。

③ 无论气、液两相主体中吸收质的浓度是否达到平衡，而在相界面处，吸收质在气、液两相中的浓度关系却已达平衡，即认为界面上没有阻力。

通过以上假设，就把吸收这个相际传质的复杂过程，简化为吸收质只是经由气、液两膜层的分子扩散过程。提高吸收质在膜内的分子扩散速率就能有效地提高吸收速率，因而两膜层也就成为吸收过程的两个基本阻力，双膜理论又称为双阻力理论。在两相主体浓度一定的情况下，两膜层的阻力便决定了传质速率的大小。由于膜内阻力与膜的厚度成正比，根据流体力学原理，流速越大，则膜的厚度越薄，因此增大气液两流体的相对运动，使流体内产生强烈的搅动，都能减小膜的厚度，从而降低吸收阻力，增大吸收传质系数，提高吸收速率。双膜理论的假想模型，如图 6-24 所示。

对于具有固定相界面的系统以及流动速度不高的两流体间的传质，双膜理论与实际情况是相当符合的，根据这一理论的基本概念所确定的吸收过程的传质速率关系，至今仍是吸收设备设计的主要依据，这一理论对于生产实际具有重要的指导意义。但是对于具有自由相界

面的系统，尤其是高度湍动的两流体间的传质，双膜理论表现出它的局限性。因为在这种情况下，相界面已不再是稳定的、而是处于不断更新的过程中，此时界面两侧存在稳定的滞流膜层及物质以分子扩散方式通过此两膜层的假设都很难成立。

针对双膜理论的局限性，后来相继提出了一些新的理论，如溶质渗透理论、表面更新理论、界面动力状态理论等。这些理论对于相际传质过程中的界面状况及流体力学因素的影响等方面的研究和描述都有所进步，但目前尚不足据以进行传质设备的计算或解决其他实际问题。

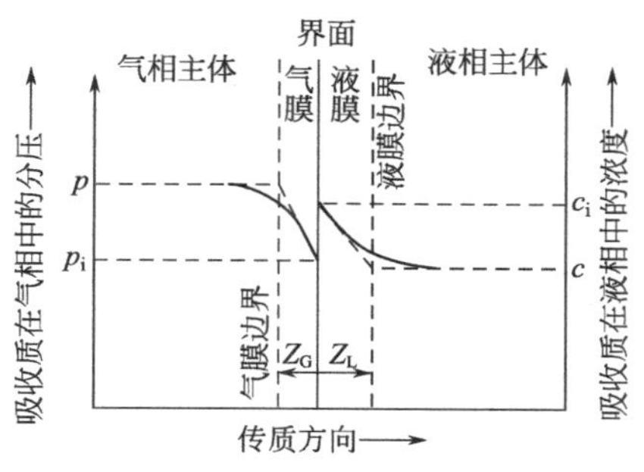

图 6-24　双膜理论的假想模型

——实际浓度分布线；----虚拟浓度分布线

6.2.3.2　吸收速率

吸收速率是指单位时间内通过单位气液接触面积所吸收的溶质的量，通常用 N_A 表示。与传热等其他传递过程一样，吸收过程的速率关系也可用“过程速率＝过程推动力/过程阻力”的形式表示，或表示为“过程速率＝系数×推动力”的形式。由于吸收的推动力可以用各种不同形式的浓度差来表示，所以，吸收速率方程式也有多种形式，以下举几例说明。

气膜吸收速率方程为

$$N_A = k_Y(Y_A - Y_i) \tag{6-19}$$

式中　N_A——吸收速率，kmol/(m^2·h)；

k_Y——以摩尔比差表示推动力的气膜吸收分系数，kmol/(m^2·h)；

Y_A——气相主体吸收质的摩尔比；

Y_i——相界面处气相中吸收质的摩尔比。

液膜吸收速率方程为

$$N_A = k_X(X_i - X_A) \tag{6-20}$$

式中　k_X——以摩尔比差表示推动力的液膜吸收分系数，kmol/(m^2·h)；

X_i——相界面处，液相中吸收质的摩尔比；

X_A——液相主体内吸收质的摩尔比。

气相或液相的吸收总速率方程式为

$$N_A = K_Y(Y_A - Y_A^*) \tag{6-21}$$

$$N_A = K_X(X_A^* - X_A) \tag{6-22}$$

$$N_A = K_G(p_A - p_A^*) \tag{6-23}$$

式中　K_Y——以气相摩尔比差表示推动力的气相吸收总系数，kmol/(m^2·h)；

K_X——以液相摩尔比差表示推动力的液相吸收总系数，kmol/(m^2·h)；

K_G——以气相分压差表示推动力的气相吸收总系数，kmol/(m^2·h·kPa)

Y_A^*——与液相主体浓度 X_A 相平衡的气相摩尔比；

X_A^*——与气相主体浓度 Y_A 相平衡的液相摩尔比。

p_A^*——与液相主体浓度 c_A 成平衡的气相平衡分压。

膜速率方程式中的推动力为主体浓度与界面浓度之差，如（$Y_A - Y_i$）和（$X_i - X_A$）等，而吸收总速率方程式中的推动力为气液两相主体的浓度之差，如（$Y_A - Y_A^*$）、（$X_A^* - X_A$）和（$p_A - p_A^*$）等。

将 $N_A=k_Y(Y_A-Y_i)$ 写成推动力除以阻力的形式，则为

$N_A=k_Y(Y_A-Y_i)=\dfrac{Y_A-Y_i}{\dfrac{1}{k_Y}}$，$\dfrac{1}{k_Y}$ 为气膜传质阻力，经推导可得吸收的总阻力表达式为

$$\frac{1}{K_Y}=\frac{1}{k_Y}+\frac{m}{k_X} \quad 即 \quad 总阻力=气膜阻力+液膜阻力 \tag{6-24}$$

同样可推得

$$\frac{1}{K_X}=\frac{1}{mk_X}+\frac{1}{k_Y} \quad 即 \quad 总阻力=气膜阻力+液膜阻力 \tag{6-25}$$

这表明，吸收过程的总阻力也等于气膜阻力与液膜阻力的叠加，由于吸收速率与吸收系数成正比，吸收系数又是吸收阻力的倒数，因而降低吸收阻力可提高吸收系数，进而提高吸收速率。

根据双膜理论，吸收过程阻力主要集中于气膜和液膜，由于气体在液相中的溶解度不同，导致吸收阻力并非均布于气膜和液膜，若气膜阻力远大于液膜阻力，则吸收阻力主要集中于气膜，这种情况称为“气膜控制”。若液膜阻力远大于气膜阻力，则吸收阻力主要集中于液膜，这种情况称为“液膜控制”。

6.2.3.3 影响吸收速率的因素

根据式（6-21）、式（6-22）可知，吸收系数、吸收推动力影响吸收速率。此外，吸收塔内气液两相的接触状况对吸收速率也有影响。

（1）吸收系数　吸收阻力包括气膜阻力和液膜阻力。由于膜内阻力与膜的厚度成正比，因此加大气液两流体的相对运动速度，使流体内产生强烈的搅动，都能减小膜的厚度，从而降低吸收阻力、增大吸收系数。对溶解度大的易溶气体，相平衡常数 m 很小。由式（6-24）简化可得 $K_Y\approx k_Y$，表明易溶气体的液膜阻力小，气膜阻力远大于液膜阻力，吸收过程的速率主要是受气膜阻力控制。反之，对于难溶气体，液膜阻力远大于气膜阻力，吸收阻力主要集中在液膜上，即吸收速率主要受液膜阻力控制。表 6-6 中列举了一些吸收过程的控制因素。

表 6-6　吸收过程的控制因素

气膜控制	液膜控制	气膜和液膜同时控制
用氨水或水吸收氨气	用水或弱碱吸收二氧化碳	用水吸收二氧化硫
用水或稀盐酸吸收氯化氢	用水吸收氧气或氢气	用水吸收丙酮
用碱液吸收硫化氢，用稀硫酸吸收三氧化硫成为浓硫酸	用水吸收氯气	用浓硫酸吸收二氧化氮

要提高液膜控制的吸收速率关键在于加大液体流速和湍动程度，减少液膜厚度。如当气体鼓泡穿过液体时，气泡中湍动相对较少，而液体受到强烈的搅动，因此液膜厚度减小，可以降低液膜阻力，这适用于受液膜控制的吸收过程。

要提高气膜控制的吸收速率关键在于降低气膜阻力，增加气体总压，加大气体流速，减少气膜厚度。如当液体分散成液滴与气体接触时，液滴内湍动相对较少，而液滴与气体作相对运动，气体受到搅动，气膜变薄，适用于受气膜控制的吸收过程。

由以上讨论可知，要想提高吸收速率，应分析吸收过程何种阻力起控制作用，降低起控

制作用的阻力才是有效的，这与强化传热类似。

【例 6-7】 在填料塔中用清水吸收混于空气中的甲醇蒸气。若操作条件下（101.3kPa 及 293K）平衡关系符合亨利定律，相平衡常数 $m=0.275$。塔内某截面处的气相组成 $Y=0.025$，液相组成 $X=0.009$，气膜吸收分系数 $k_Y=0.058\text{kmol}/(\text{m}^2\cdot\text{h})$，液膜吸收分系数 $k_X=0.076\text{kmol}/(\text{m}^2\cdot\text{h})$。试求该截面处的吸收推动力、吸收速率，通过计算说明该吸收过程的控制因素。

解 ① 该截面处的吸收推动力

$\Delta Y_A=Y_A-Y_A^*=Y_A-mX_A=0.025-0.275\times0.009=0.0225$

吸收速率 $N_A=K_Y(Y_A-Y_A^*)$

$1/K_Y=1/k_Y+m/k_X$

$1/K_Y=1/0.058+0.275/0.076$

$K_Y=0.048$

$N_A=0.048\times0.0225=0.00108[\text{kmol}/(\text{m}^2\cdot\text{h})]$

② 气膜阻力为 $1/k_Y=1/0.058=17.24$

总阻力为 $1/K_Y=1/0.048=20.83$

气膜阻力占总阻力的百分数　$17.24\times100\%/20.83=82.8\%$

说明该吸收过程为气膜控制。

(2) 增大吸收推动力　增大吸收推动力（$p-p^*$），可以通过两种途径，即提高吸收质在气相中的分压 p，或降低与液相平衡的气相中吸收质的分压 p^*来实现。然而提高吸收质在气相中的分压常与吸收的目的不符，因此应采取降低与液相平衡的气相中吸收质的分压的措施，即选择溶解度大的吸收剂、降低吸收温度、提高系统压力都能增大吸收的推动力。

(3) 增大气液接触面积　增大气液接触面积的方法有：增大气体或液体的分散度；选用比表面积大的高效填料等。

以上的讨论仅就影响吸收速率诸因素中的某一方面来考虑。由于影响因素之间还存在互相制约、互相影响，因此对具体问题要作综合分析，选择适宜条件。例如，降低温度可以增大推动力，但低温又会影响分子扩散速率，增大吸收阻力。又如将吸收剂喷洒成小液滴可增大气液接触面积，但液滴小，气液相对运动速度小，气膜和液膜厚度增大，也会增大吸收阻力。此外，在采取强化吸收措施时，应综合考虑技术的可行性及经济上的合理性。

6.2.4 塔高及塔径

6.2.4.1 填料层高度的求取

为了使填料吸收塔出口气体达到一定的工艺要求，就需要塔内填装一定高度的填料层以提供足够的气、液两相接触面积。

(1) 填料层高度的基本计算公式　若在塔径已被确定的前提下，填料层高度则仅取决于完成规定生产任务所需的总吸收面积和每立方米填料层所能提供的气、液接触面。其关系可表示如下：

$$Z=\frac{V_P}{\Omega}=\frac{F}{a\Omega} \tag{6-26}$$

式中　Z——填料层高度，m；

V_P——填料层体积，m^3；

F——总吸收面积，m^2；

Ω——塔的截面积，m^2；

a——单位体积填料层所提供的有效接触面积，m^2/m^3。

因此，当塔径一定时，Z 值越大，说明所装填料越多，能提供的物质交换场所越多，能完成的吸收任务也越多。

传质面积为：

$$F=\frac{V}{K_Y}\int_{Y_2}^{Y_1}\frac{dY}{Y-Y^*}$$

而 $F=Za\Omega$，代入上式可得填料层高度的基本计算式：

$$Z=\frac{V}{K_Ya\Omega}\int_{Y_2}^{Y_1}\frac{dY}{Y-Y^*} \tag{6-27}$$

同理，如从液相以（X^*-X）表示推动力的吸收速率方程式和物料衡算出发，可导出如下填料层高度的基本计算式为：

$$Z=\frac{L}{K_Xa\Omega}\int_{X_2}^{X_1}\frac{dX}{X^*-X} \tag{6-28}$$

在式（6-27）和式（6-28）中，当吸收操作达稳定时，a、Ω、V、L 均为定值，吸收总系数 K_Y 可取为定值。在工程计算中一般以 10%为界限，即当入塔混合气体中吸收质浓度低于 10%时，则视为低浓度的气体吸收过程，此时 K_Y 通常可视为常数；对于难溶的气体吸收过程，K_X 通常也可视为常数。

因为只有那些被流动的液体膜层所覆盖的填料表面，才能提供气液接触的有效面积。所以单位体积填料层内的有效接触面积 a，总是要小于单位体积填料层中的固体表面积（称为比表面积）。a 值不仅与填料的形状、尺寸及充填状况有关而且受流体物性及流动状况影响。a 值很难直接测定，为了避开难以测定的 a 值，常将它与吸收系数的乘积视为一体作为一个完整的物理量，这个乘积称为“体积吸收系数”。比如 K_Ya 及 K_Xa 分别称为气相体积吸收总系数及液相体积吸收总系数，其单位均为 kmol/(m³·s)。体积吸收总系数的物理意义是在推动力为一个单位的情况下，单位时间、单位体积填料层内所吸收的吸收质量。

式（6-27）和式（6-28）是根据吸收总系数 K_Y 及 K_X 与相应的吸收推动力计算填料层高度的关系式，填料层高度还可以根据吸收膜系数与相应的推动力来计算，此不再述。

（2）传质单元高度与传质单元数　现以式（6-27）进行说明：$Z=\dfrac{V}{K_Ya\Omega}\displaystyle\int_{Y_2}^{Y_1}\frac{dY}{Y-Y^*}$

上式等号右端因式 $\dfrac{V}{K_Ya\Omega}$ 的单位为：$\dfrac{\text{kmol/s}}{\dfrac{\text{kmol}}{\text{m}^2\cdot\text{s}\cdot\dfrac{\text{kmol}}{\text{kmol}}}\cdot\dfrac{\text{m}^2}{\text{m}^3}\cdot\text{m}^2}=\text{m}$

而 m 是长度的单位，因此可将 $\dfrac{V}{K_Ya\Omega}$ 理解为由过程条件所决定的一个高度，而称其为传质单元高度，在这个式子里称其为“气相总传质单元高度”，并以 H_{OG} 表示，即：

$$H_{OG}=\frac{V}{K_Ya\Omega} \tag{6-29}$$

式（6-27）积分号内的分子和分母具有相同的单位，因而整个积分必然是一个无单位的数值，可认为它代表所需填料层高度 Z 相当于气相总传质单元高度 H_{OG} 的倍数，称此倍数为传质单元数，在这个式子里称其为“气相总传质单元数”，并以 N_{OG}表示，即：

$$N_{OG}=\int_{Y_2}^{Y_1}\frac{dY}{Y-Y^*} \tag{6-30}$$

于是，式（6-27）可写成如下形式，即：

$$Z=H_{OG}N_{OG} \tag{6-31}$$

同理，式（6-28）可写成

$$Z=H_{OL}N_{OL} \tag{6-32}$$

式中　H_{OL}——液相总传质单元高度，m；

N_{OL}——液相总传质数。

$$H_{OL}=\frac{L}{K_X a\Omega} \tag{6-33}$$

$$N_{OL}=\int_{X_2}^{X_1}\frac{dX}{X^*-X} \tag{6-34}$$

依据上述的思路，我们可明显看出传质单元数 N_{OG}和 N_{OL}中所含的变量只与物系的相平衡及进出口浓度有关，而与设备的型式和设备中的操作条件（如流速）等无关，其数值反映了分离任务的难易程度。而 H_{OG}、H_{OL}则与设备的型式、设备中的操作条件有关，H_{OG}、H_{OL}的数值的大小表示完成一个传质单元所需要的填料层高度，是吸收设备效能高低的反映。常用吸收设备的传质单元高度为 0.15～1.5m，具体数值须由实验测定。下面讨论传质单元数的计算方法。

(3) 传质单元数的求法　在计算填料层高度时，传质单元数的求取方法可根据平衡关系的不同情况选择使用。

① 图解积分法　此法普遍适用于各种平衡关系情况。现以气相总传质单元数 N_{OG}为例。由式（6-30）即：$N_{OG}=\int_{Y_2}^{Y_1}\frac{dY}{Y-Y^*}$可以看出，等号右侧的被积函数 $\frac{1}{Y-Y^*}$中有 Y 和 Y^*两个变量，但 Y^*与 X 之间存在着平衡关系 $Y^*=f(X)$，任一截面上的 X 与 Y 之间又存在着操作关系。所以，只要有了 Y-X 图上的平衡线和操作线，便可由任何一个 Y 值求出相应截面上的推动力（$Y-Y^*$）值，并可计算出 $\frac{1}{Y-Y^*}$的数值。再在 Y-X 坐标系中将 $\frac{1}{Y-Y^*}$与 Y 的对应关系进行标绘，所得函数曲线与 $Y=Y_1$、$Y=Y_2$、$\frac{1}{Y-Y^*}=0$ 三条直线之间所包围的面积，便是定积分 $\int_{Y_2}^{Y_1}\frac{dY}{Y-Y^*}$的值，也就是气相传质单元数 N_{OG}。

如图 6-25 所示，在操作线上任取一点 D，引 DN 得推动力 $Y-Y^*$之值；在 Y_1、Y_2之间 AB 线上取若干点（包括 A、B 点在内，一般可取 5～10 个点），找出对应的推动力 $Y-Y^*$，然后作 $\frac{1}{Y-Y^*}$对 Y 的曲线 $A'B'$，如图 6-25（b）所示，曲线下的面积即为积分值 $\int_{Y_2}^{Y_1}\frac{dY}{Y-Y^*}=N_{OG}$。

若用图解积分法求液相总传质单元数 N_{OL}，其方法和步骤与此相同。

② 对数平均推动力法　若平衡线为直线，或在吸收操作范围内平衡关系可近似为直线时，则可根据塔顶及塔底两个端面上的吸收推动力求出整个塔内吸收推动力的平均值，进而

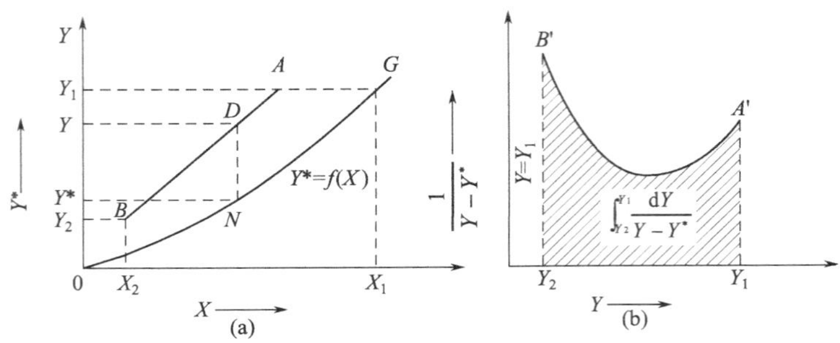

图 6-25 图解积分法求 N_{OG}

求得总传质单元数。下面仍以求气相总传质单元数为例说明此种方法及其理由。

前已述及，对于填料层中任一横截面可以写出如下吸收速率方程式，即：

$$N_A = K_Y(Y - Y^*)$$

在平衡线为直线的情况下，$(Y-Y^*)$ 对 Y 亦必有直线方程关系，此时的平均推动力，可由数学推得为吸收塔填料层上、下端的推动力的对数平均值，其计算式为：

$$\Delta Y_m = \frac{\Delta Y_1 - \Delta Y_2}{\ln \dfrac{\Delta Y_1}{\Delta Y_2}} = \frac{(Y_1 - Y_1^*) - (Y_2 - Y_2^*)}{\ln \dfrac{Y_1 - Y_1^*}{Y_2 - Y_2^*}} \tag{6-35}$$

此时整个填料层内的吸收速率方程式为：

$$N_A = K_Y \Delta Y_m$$

整个填料层的总吸收负荷为：

$$G_A = N_A F = N_A a\Omega Z$$

故 $$N_A = V(Y_1 - Y_2) = K_Y \Delta Y_m a\Omega Z$$

于是得

$$Z = \frac{V(Y_1 - Y_2)}{K_Y a\Omega \Delta Y_m} \tag{6-36}$$

可得：

$$N_{OG} = \int_{Y_2}^{Y_1} \frac{dY}{Y - Y^*} = \frac{Y_1 - Y_2}{\Delta Y_m} \tag{6-37}$$

同理，液相总传质单元数及液相对数平均吸收推动力的计算式分别为：

$$N_{OL} = \frac{X_1 - X_2}{\Delta X_m} \tag{6-38}$$

$$\Delta X_m = \frac{\Delta X_1 - \Delta X_2}{\ln \dfrac{\Delta X_1}{\Delta X_2}} = \frac{(X_1^* - X_1) - (X_2^* - X_2)}{\ln \dfrac{X_1^* - X_1}{X_2^* - X_2}} \tag{6-39}$$

当 $\dfrac{\Delta Y_1}{\Delta Y_2} < 2$ 或 $\dfrac{\Delta X_1}{\Delta X_2} < 2$ 时，相应的对数平均推动力也可用算术平均值代替，而不致带来大的误差。

③ 解析法　若相平衡关系服从亨利定律，且平衡线为一通过原点的直线，即可用 $Y^* = mX$ 表示时，传质单元数可直接积分求解。仍以求气相总传质单元数为例。

因为 $$N_{OG} = \int_{Y_2}^{Y_1} \frac{dY}{Y - Y^*} = \int_{Y_2}^{Y_1} \frac{dY}{Y - mX} \tag{a}$$

由逆流吸收塔的操作线方程式推导方法可知：

$$X = X_2 + \frac{V}{L}(Y - Y_2) \tag{b}$$

将式（b）代入式（a），可得：

$$N_{OG} = \int_{Y_2}^{Y_1} \frac{dY}{Y - m\left[X_2 + \frac{V}{L}(Y - Y_2)\right]} = \int_{Y_2}^{Y_1} \frac{dY}{(1 - \frac{mV}{L})Y + (\frac{mV}{L}Y_2 - mX_2)}$$

经积分整理可得：

$$N_{OG} = \frac{1}{1 - \frac{mV}{L}} \ln\left[(1 - \frac{mV}{L})\frac{Y_1 - mX_2}{Y_2 - mX_2} + \frac{mV}{L}\right] \tag{6-40}$$

式中，$\frac{mV}{L}$ 为脱吸因素，是平衡线斜率 m 与操作线斜率 $\frac{L}{V}$ 的比值，没有单位。

从式（6-40）可以看出，N_{OG}的数值取决于 $\frac{mV}{L}$ 与 $\frac{Y_1 - mX_2}{Y_2 - mX_2}$ 这两个因素。当 $\frac{mV}{L}$ 值一定时，N_{OG}与 $\frac{Y_1 - mX_2}{Y_2 - mX_2}$ 值之间有其一一对应的关系。为了便于计算，在半对数坐标上以 $\frac{mV}{L}$ 为参数，按式（6-40）标绘出 N_{OG}-$\frac{Y_1 - mX_2}{Y_2 - mX_2}$ 的函数关系，得到如图 6-26 所示的一组曲线。利用图 6-26 可由已知 V、Y_1、Y_2、L、X_2及 m 值查得 N_{OG}的数值。

在图 6-26 中，横坐标 $\frac{Y_1 - mX_2}{Y_2 - mX_2}$ 值的大小反映吸收质的吸收率的高低。在气、液进口浓度一定的情况下，要求的吸收率愈高 Y_2便愈小，$\frac{Y_1 - mX_2}{Y_2 - mX_2}$ 的数值便愈大，对应于同一 $\frac{mV}{L}$ 值的 $\frac{Y_1 - mX_2}{Y_2 - mX_2}$ 值也就愈大。

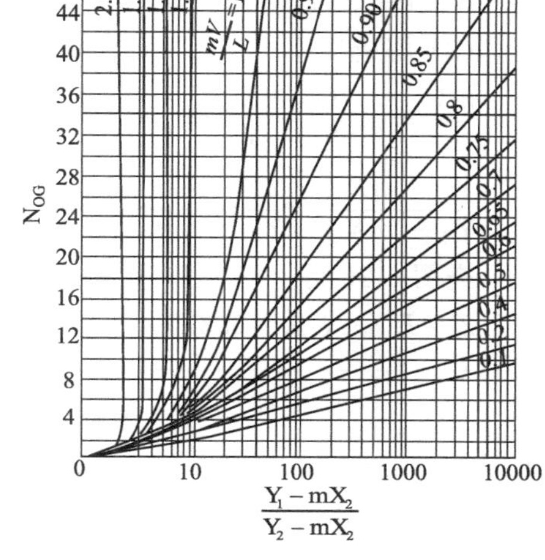

图 6-26 N_{OG}-$\frac{Y_1 - mX_2}{Y_2 - mX_2}$ 关系图

参数 $\frac{mV}{L}$ 反映吸收推动力的大小。在气、液进口浓度及吸收质的吸收率已知的条件下，横坐标 $\frac{Y_1 - mX_2}{Y_2 - mX_2}$ 之值便已确定。此时增大 $\frac{mV}{L}$ 值就意味着减小液气比，其结果是溶液出口浓度提高而塔内吸收推动力变小，所以 N_{OG}值增大。反之，若参数 $\frac{mV}{L}$ 的值减小，则 N_{OG}变小，在实际吸收操作中，V/L 的值通常认为取 0.7～0.8 是经济适宜的。

图 6-26 用于 $\frac{Y_1 - mX_2}{Y_2 - mX_2} > 20$ 及 $\frac{mV}{L} < 0.75$ 的范围内，读数方较准确，否则误差较大，必要时可直接依式（6-40）计算。

同理，当 $Y^* = mX$ 时，从式（6-34）出发可导出关于液相总传质单元数 N_{OL} 的关系式以及类似图 6-26 的求 N_{OL} 的函数关系图，在此不赘述。

【例 6-8】 从某蒸馏塔顶出来的气体中含有 2.91%（体积分数）的 H_2S，其余为烃类化合物。在一逆流操作的吸收塔中用三乙醇胺水溶液吸收 H_2S，要求吸收率不低于 99%。操作温度为 27℃，压力为 $101.3kN/m^2$，平衡关系为 $Y^*=2X$。进塔吸收剂三乙醇胺水溶液不含 H_2S，出塔液相中的 H_2S 浓度为 0.013kmol(H_2S)/kmol 吸收剂。已知单位塔截面上单位时间流过的惰性气体的物质的量为 $0.015kmol/(m^2 \cdot s)$，气相体积吸收总系数为 $0.000395kmol/[(m^3 \cdot s \cdot kN)/m^2]$。求所需填料层高度。

解 已知：$Y_1=0.0291/(1-0.0291)=0.03$[kmol($H_2S$)/kmol 惰性气体]

$Y_2=Y_1(1-\varphi)=0.03\times(1-0.99)=0.0003$[kmol($H_2S$)/kmol 惰性气体]

$X_1=0.013$kmol(H_2S)/kmol 吸收剂

$X_2=0$

$Y_1^*=2X=2\times0.013=0.026$[kmol($H_2S$)/kmol 惰性气体]

$Y_2^*=0$

(1) 对数平均推动力法

$$\Delta Y_m=\frac{(Y_1-Y_1^*)-(Y_2-Y_2^*)}{\ln\dfrac{Y_1-Y_1^*}{Y_2-Y_2^*}}$$

$$=\frac{(0.03-0.026)-(0.0003-0)}{\ln\dfrac{0.03-0.026}{0.0003-0}}$$

$$=0.00143[\text{kmol}(H_2S)/\text{kmol 惰性气体}]$$

$K_Ya=K_GaP=0.000395\times101.3=0.04[kmol(H_2S)/(m^3 \cdot s)]$

$V/\Omega=0.015\ kmol/(m^2 \cdot s)$

$H_{OG}=V/(K_Ya\Omega)=0.015/0.04=0.375(m)$

$N_{OG}=(Y_1-Y_2)/\Delta Y_m=(0.03-0.0003)/0.00143=20.8$

$Z=H_{OG}N_{OG}=0.375\times20.8=7.8(m)$

(2) 解析法

$$\frac{mV}{L}=m\frac{X_1-X_2}{Y_1-Y_2}=2\times\frac{0.013-0}{0.03-0.0003}=0.875$$

$$\frac{Y_1-mX_2}{Y_2-mX_2}=\frac{Y_1}{Y_2}=\frac{0.03}{0.0003}=100$$

查图 6-26 得

$Z=H_{OG}N_{OG}=0.375\times21=7.88$ (m)

确定氯乙烯精制过程中水洗塔的塔高

前面已知得出：$Y_1=0.1237$，$Y_2=0.00247$，$X_2=0$，$X_1=0.53$

平衡关系可以简化表示为：$Y=mX$，$m=0.169$

$Y_2^*=0$，$Y_1^*=mX_1=0.169\times0.53=0.08957$

$$\Delta Y_m=\frac{(Y_1-Y_1^*)-(Y_2-Y_2^*)}{\ln\dfrac{Y_1-Y_1^*}{Y_2-Y_2^*}}$$

$$=\frac{(0.1237-0.08957)-(0.00247-0)}{\ln\frac{0.1237-0.08957}{0.00247-0}}$$

$=0.01206$

$N_{OG}=(Y_1-Y_2)/\Delta Y_m=(0.1237-0.00247)/0.01206=10.05$

若选用塑料鲍尔环散装填料，其 H_{OG} 约为 0.37m，这时，填料层高度为 3.72m。

水洗塔常采用筛板泡沫塔，可用等板高度法来求算水洗塔的高度。

6.2.4.2 塔径的确定

(1) 塔径的计算公式

$$D=\sqrt{\frac{4V_S}{\pi u}} \tag{6-41}$$

式中 D——塔径，m；

V_S——操作条件下混合气体的体积流量，m^3/s；

u——空塔气速，即按空塔截面积计算的混合气体的线速度，m/s。

在吸收过程中，由于吸收质不断进入液相，故混合气体量由塔底至塔顶逐渐减小，在计算塔径时，一般应以塔底的气量为依据。

确定适宜的空塔气速 u 是计算塔径的关键。空塔速度通常取液泛速度（u_F）的 0.5～0.8 倍。

$$u=(0.5\sim0.8)u_F \tag{6-42}$$

式中 u_F——泛点气速，m/s。

泛点气速是填料塔空塔气速的上限。适宜空塔气速与泛点气速之比称为泛点率。

(2) 液泛与泛点气速的求取　在逆流操作的填料塔内，气体自下向上与液体自上向下是同时流经一定高度的填料层。当液体自塔顶向下借重力在填料表面作膜状流动时，膜内平均流速决定于流动的阻力。而此时阻力系来自于液膜与填料表面及液膜与上升气流之间的摩擦。显然上升气体的流量越大，液膜与上升气流之间的摩擦就越大，于是液膜的平均流速就越低。由此可知，填料表面上的液膜厚度不仅决定于液体流量，而与气体流量也有关。气体流量愈大，则液膜愈厚，即填料层内的持液量（操作时单位体积填料层内持有的液体体积）也愈大。不过填料塔在低气速下操作时，上升气流造成的阻力较小，液膜厚度与气体流量关系不大；而在高气速下操作时，气体流量对液膜厚度将有不可忽视的影响。

当气体自塔底向上经填料空隙穿流时，由于填料表面上有液膜存在，则填料层可供气体流动的自由截面就减小。于是在一定的气体流量下，使气体在填料空隙间的实际速度较在干填料层内的实际速度也大，相应的气体通过填料层的压力降也增大。同理，在气体流量相同的情况下，液体流量若增大，则填料表面上液膜厚度增厚，于是使气体通过填料层的压降也增大。在逆流操作的填料塔内，如将不同的液体喷淋量下取得的填料层压力降 Δp 与空塔气速 u 的实测数据绘在双对数坐标上，则可得如图 6-27 所示的流体力学关系。各种类型填料的这种关系图线都相似。

图 6-27 表明，当气体通过干填料层流动时，压降与空塔气速的关系为直线 A 所示，斜率约为 1.8。当有液体喷淋时，所得的关系则为一折线如 B 线和 C 线所示。线 B 上表示气速较低的一段，在线 A 的左上方，但大体与线 A 平行。这表明有液体喷淋到填料表面时，

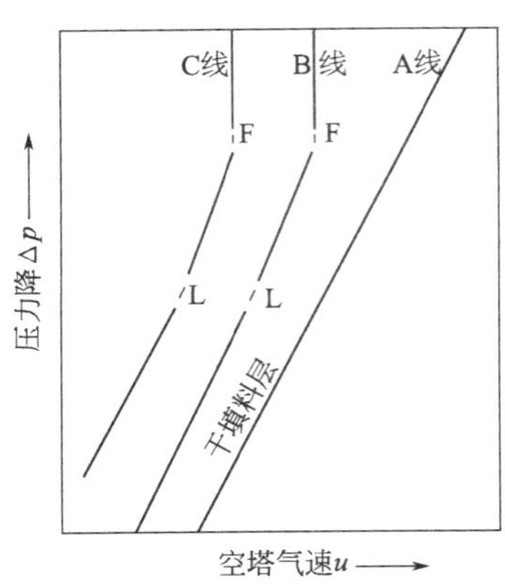

图 6-27　填料层的压力降与空塔气速的关系

因可供气体流动的自由截面缩小，在同样气体空塔速度之下，压降上升。但此时，填料层内液体向下流动几乎与气速无关，填料表面上覆盖的液体膜层厚度不变，填料表面持液量保持一定。而当气速超过 B 线上与点 L 相当的空塔气速后，线的斜率便增大，其值约为 25。这表明此时的气速已使上升气流与下降液体间摩擦力开始阻碍液体顺利下流，使填料表面持液量增多，占去更多空隙，气体实际速度与空塔气速的比值显著提高，故压降比增加得快。此种现象称为载液，L 点称为载点。气速再持续增大到 F 点相当的数值时，压力降急剧上升到与气流速度成垂直线的关系。这表明此时上升气流与下降液体间的摩擦力，已增加到足以阻止液体下流，于是液体充满填料层空隙，气体只能鼓泡上升。随之，液体被气流带出塔顶，塔的操作极不稳定，甚至被完全破坏。此种现象称为液泛，F 点称为泛点。若液体喷淋量更大，则压力降与空塔气速的关系线位置如 C 线所示，表明达到载液与液泛的空塔气速更为降低。目前一般认为填料塔的正常操作状态只到泛点以下为止。

由此可见：所谓液泛就是当填料类型、大小也一定时，液体喷淋量一定时，气体流量增加到一定程度时塔的压力降急剧上升，液体充满部分或全部填料层空隙，造成液体下不来或气体也上不去的现象，塔的正常操作被破坏。此时的空塔气速就是液泛气速 u_F，也即图 6-27 中 F 点所对应的空塔气速。

选择较小的气速，则压力降小，动力消耗小，操作弹性大，设备投资大，而生产能力低；低气速也不利于气液充分接触，使分离效率降低。若选用接近泛点的过高气速，则不仅压力降大，且操作不平稳，难于控制。关于泛点率的选择，须依具体情况而定。例如对于易起泡沫的物系，泛点率应取低些，甚至可低于 50%；对加压操作的塔，减小塔径有更多好处，故应选取较高的泛点率。一般填料塔的操作气速在 0.2～1.0m/s。

塔器是国家已有系列标准的压力容器，利用公式（6-41）计算出的塔径 D 必须按压力容器的公称直径标准进行圆整，直径 1m 以下间隔为 100mm（必要时 700mm 以下可以 50mm 为间隔）；直径在 1m 以上时，间隔为 200mm（必要时，2m 以下可用 100mm 为间隔）。如圆整为 400mm、500mm、600mm、…、1000mm、1200mm、1400mm 等。塔径圆整后，再根据圆整值计算出实际空塔气速 u'，以作为其他工艺计算和操作控制的依据。

6.3　吸收过程操作

6.3.1　填料吸收塔操作

6.3.1.1　吸收过程的正常操作

（1）装填料　安装完备的吸收塔体经空气吹扫后，即可向塔内装入用清水洗净的填料。对拉西环、鲍尔环等填料，均可采用不规则和规则两种排列法装填。若采用不规则排列法，则先在塔内注满水，然后从塔的人孔部位或塔顶将填料轻轻地倒入，待填料装至规定高度后，把漂浮在水面上的杂物捞出，并放净塔内的水，将填料表面扒平，最后封闭人孔或顶盖。在填瓷质填料时，要注意轻拿轻倒，以免碰碎而影响塔的操作。矩鞍形和弧鞍形填料以及阶梯环填料均可采用乱堆法装填。若采用规则法排列，则操作人员从人孔处进入塔内，按排列规则将填料排至规定高度。木格填料的装填方法，是从塔底分层地向上装填，每两层木格之间的夹角为45°，装完后，在木格上面还要用两根工字钢压牢，以免开车时气流将木格吹翻。塔内填料装完后，再进行系统的气密性试验。

(2) 塔设备的清洗及填料的处理

① 设备清洗　在运转设备进行联动试车的同时，还要用清水清洗设备，以除去固体杂质。清洗中不断排放污水，并不断向溶液槽内补加新水，直至循环水中固体杂质含量小于50mg/kg为止。

在生产中，有些设备经清水清洗后即可满足生产要求，有些设备则要求清洗后，还要用稀碱溶液洗去其中的油污和铁锈。方法是向溶液槽内加入5%的碳酸钠溶液，启动溶液泵，使碱溶液在系统内连续循环18～24h，然后放掉碱液，再用软水清洗，直至水中含碱量小于0.01%为止。

② 填料的处理　瓷质填料一般于设备清洗后即可使用，但木格和塑料填料，还须特殊处理后才能使用。

木格填料中通常含有树脂，在开车前必须用碱液对木格填料进行脱脂处理。其操作为：用清水洗除木格填料表面的污垢；用约10%的碳酸钠溶液于313～323K下循环洗涤，并不断往碱溶液中补加碳酸钠，以保证碱浓度稳定；当循环液中碱浓度不再下降时，停止补加碳酸钠，确认脱脂合格；放净系统内碱液和泡沫，并用清水洗到水中含碱量小于0.01%为止。

塑料填料在使用前也必须碱洗。其操作为：用温度为363～373K、浓度为5%的碳酸钾溶液清洗48h，随后放掉碱液；用软水清洗8h；按设备清洗过程清洗2～3次。

塑料填料的碱洗一般在塔外进行，洗净后再装入塔内。有时也可装入塔内进行碱洗。

(3) 系统的开车　系统在开车前必须进行置换，合格后，即可进行开车，其操作步骤如下：

① 向填料塔内充压至操作压力；

② 启动吸收剂循环泵，使循环液按生产流程运转；

③ 调节塔顶喷淋量至生产要求；

④ 启动填料塔的液面调节器，使塔底液面保持规定的高度；

⑤ 系统运转稳定后，即可连续导入原料混合气，并用放空阀调节系统压力；

⑥ 当塔内的原料气成分符合生产要求时，即可投入正常生产。

(4) 系统的停车　填料塔的停车也包括短期停车、紧急停车和长期停车。

① 短期停车（临时停车）其操作为

a. 通告系统前后工序或岗位；

b. 停止向系统送气，同时关闭系统的出口阀；

c. 停止向系统送循环液，关闭泵的出口阀，停泵后，关闭其进口阀；

d. 关闭其他设备的进出口阀门。

系统临时停车后仍处于正压状况。

② 紧急停车操作

a. 迅速关闭原料混合气阀门；

b. 迅速关闭系统的出口阀；

c. 按短期停车方法处理。

③ 长期停车操作

a. 按短期停车操作停车，然后开启系统放空阀，卸掉系统压力；

b. 将系统中的溶液排放到溶液贮槽或地沟，然后用清水洗净；

c. 若原料气中含有易燃、易爆物，则应用惰性气体对系统进行置换，当置换气中易燃物含量小于5%，含氧量小于0.5%时为合格；

d. 用鼓风机向系统送入空气，进行空气置换，当置换气中含氧量大于20%为合格。

(5) 正常操作要点及维护　吸收系统主要由冷却器、泵和填料吸收塔组成，如何才能使这些设备发挥很大的效能和延长使用寿命，应做到严格按操作规程操作，及时进行检查与维护。

① 正常操作要点

a. 进塔气体的压力和流速不宜过大，否则会影响气、液两相的接触效率，甚至使操作不稳定；

b. 进塔吸收剂不能含有杂物，避免杂物堵塞填料缝隙，在保证吸收率的前提下，尽量减少吸收剂的用量；

c. 控制进入温度，将吸收温度控制在规定的范围；

d. 控制塔底与塔顶压力，防止塔内压差过大，压差过大，说明塔内阻力大，气、液接触不良，致使吸收操作过程恶化；

e. 经常调节排放阀，保持吸收塔液面稳定；

f. 经常检查泵的运转情况，以保证原料气和吸收剂流量的稳定；

g. 随时巡回检查各控制点的变化情况及系统设备与管道的泄漏情况，并根据记录表要求作好记录。

② 正常维护要点

a. 定期检查、清理或更换喷淋装置或溢流管，保持不堵、不斜、不坏；

b. 定期检查篦板的腐蚀程度，防止因腐蚀而塌落；

c. 定期检查塔体有无渗漏现象，发现后应及时补修；

d. 定期排放塔底积存脏物和碎填料；

e. 经常观察塔基是否下沉，塔体是否倾斜；

f. 经常检查运输设备的润滑系统及密封，并定期检修；

g. 经常保持系统设备的油漆完整，注意清洁卫生。

6.3.1.2 吸收过程的调节

吸收的目的虽然各不相同，但对吸收过程来讲，都希望吸收尽可能完全，即希望有较高的吸收率。

吸收率的高低，不但与吸收塔的结构、尺寸有关，也与吸收时的操作条件有关。正常条件下，吸收塔的操作应维持在一定的工艺条件范围内，然而，由于各种原因，日常操作有时会偏离工艺条件范围，因此，必须加以调节。在吸收塔已确定的前提下，影响吸收操作的因素有：气液流量、吸收温度、吸收压力及液位等。

(1) 流量的调节

① 进气量的调节　进气量反映了吸收塔的操作负荷。由于进气量是由上一工序决定的，因此一般情况下不能变动；若吸收塔前设有缓冲气柜，可允许在短时间内作幅度不大的调节，这时可在进气管线上安装调解阀，通过开大或关小调节阀来调节进气量。正常操作情况下应稳定进气量。

② 吸收剂流量的调节 吸收剂流量越大，单位塔截面积的液体喷淋量越大，气液的接触面越大，吸收效率提高。因此，在出塔气中溶质含量超标的情况下可适度增大吸收剂流量来调节。但吸收剂用量也不能够过大，过大一是增加了操作费用，二是若塔底溶液作为产品时，则产品浓度就会降低。

(2) 温度与压力的调节

① 吸收温度的调节 吸收温度对吸收率的影响很大。温度越低，气体在吸收剂中的溶解度越大，越有利于吸收。

由于吸收过程要释放热量，为了降低吸收温度，对于热效应较大的吸收过程，通常在塔内设置中间冷却器，从吸收塔中部取出吸收过程放出的热量。若吸收剂循环使用，则在吸收剂吸收完毕出塔后，通过冷却器冷却降温，再次入塔吸收。

低温虽有利于吸收，但应适度，因温度控制得过低，势必增加冷剂流量，增大操作费用，且吸收剂黏度随温度的降低而增大，输送消耗的能量也大，且在塔内流动不畅，会使操作困难。因此吸收温度应综合考虑。

② 吸收压力的调节 提高操作压力，可提高混合气体中被吸收组分的分压，增大吸收的推动力，有利于气体的吸收，但加压吸收需要耐压设备、需要压缩机，增加了操作费用，因此是否采用加压操作应作全面考虑。

生产中，吸收的压力是由压缩机的能力和吸收前各设备的压降所决定。多数情况下，吸收压力是不可调的，生产中应注意维持塔压。

(3) 塔底液位的调节 塔底液位要维持在一定高度上。液位过低，部分气体可进入液体出口管，造成事故或环境污染；液位过高，超过气体入口管，使气体入口阻力增大。通常采用调节液体出口阀开度来控制塔底液位。

【例 6-9】 某常压操作填料塔用清水吸收焦炉气中的氨，夏季操作时吸收率不低于 95%。若冬季操作，维持其他操作条件不变，氨的吸收率如何变化？在冬季操作时，若仍保持 95%的吸收率，操作上应采取什么措施？

解 (1) 由于冬季温度下降，相平衡常数减小，平衡线下移，操作线与平衡线的距离增加，塔内各截面处推动力增加，有利于吸收，故吸收率提高。

(2) 冬季操作仍维持吸收率为 95%，操作上可采取的措施有：

① 减少吸收剂的用量 这样做可以使操作线向平衡线靠近，从而减少吸收的推动力。

② 增加混合气的处理量 这样做使出塔气体中溶质浓度增加，从而减少吸收的推动力。

6.3.1.3 吸收操作不正常现象及处理

填料吸收塔系统在运行过程中，由于工艺条件发生变化、操作不慎或设备发生故障等原因造成不正常现象。一经发现，应迅速处理，以免造成事故。常见的不正常现象及处理方法如表 6-7 所示。

表 6-7 吸收操作异常现象、原因及处理方法

异常现象	原因	处理方法
尾气夹带液体量大	① 原料气量过大 ② 吸收剂量过大 ③ 吸收塔液面太高 ④ 吸收剂太脏、黏度大 ⑤ 填料堵塞	① 减少进塔原料气量 ② 减少进塔喷淋量 ③ 调节排液阀，控制液面高度 ④ 过滤或更换吸收剂 ⑤ 停车检查，清洗或更换填料

续表

异常现象	原因	处理方法
尾气中溶质含量超标	① 进塔原料气溶质含量高 ② 吸收剂用量不够 ③ 吸收温度过高或过低 ④ 喷淋效果差 ⑤ 填料堵塞	① 与上一工序联系降低原料气中溶质含量 ② 加大吸收剂用量 ③ 调节吸收剂入塔温度 ④ 清理、更换喷淋装置 ⑤ 停车检修或更换填料
塔内压差太大	① 进塔原料气量大 ② 吸收剂用量大 ③ 吸收剂脏、黏度大 ④ 填料堵塞	① 降低原料气进塔量 ② 降低吸收剂进塔量 ③ 过滤或更换吸收剂 ④ 停车检修或清洗、更换填料
吸收剂用量突然下降	① 溶液槽液位低、泵抽空 ② 吸收剂泵损坏 ③ 吸收剂压力低或中断	① 补充溶液 ② 启动备用泵或停车检修 ③ 使用备用吸收剂源或停车
塔液面波动	① 原料气压力波动 ② 吸收剂用量波动 ③ 液面调节器出故障	① 稳定原料气压力 ② 稳定吸收剂用量 ③ 修理或更换

6.3.2 吸收塔操作分析

(1) 吸收塔的数学分析　吸收塔共有：T、p、Z、V、L、X_1、X_2、Y_1、Y_2 9个变量。共有全塔物料衡算式和填料层高度计算式两个方程。须给定其中7个变量，才能确定另外两个变量。

(2) 吸收塔操作问题　生产任务、吸收剂、吸收塔等确定时，校核现有的吸收塔能否完成吸收的生产要求，即已知：T、p、Z、V、L、X_2、Y_1，校核Y_2是否满足要求。

或者考察某操作条件改变时，吸收结果的变化情况；或为达到生产要求，考察应采取的调节措施。

(3) 吸收塔操作的定性分析方法　物料衡算式和填料高度计算式为：

$$L(X_1-X_2)=V(Y_1-Y_2)=KYa\ Z\Delta Y_m$$

在保持物料平衡的前提下，通过传质推动力的分析，可以判断X_1、Y_1的变化趋势。

(4) 吸收塔操作的定量计算方法　可以根据操作线方程、平衡线方程采用平均推动力法或吸收因数法，计算传质单元数。因为X_1、Y_1待求，须用试差法求解。

可以用Aspen化工模拟软件的操作型模型模拟的结果佐证。

1atm、20℃时在1.94m高的塑料鲍尔环的填料塔中，用清水吸收空气中的丙酮，将$y_1=0.026$的进气逆流操作吸收处理到$y_2=0.0045$，塔底出液的组成$x_1=0.0216$。

【例6-10】 若气量V增加20%，气体出料中丙酮怎么变化？液体出料中丙酮怎么变化？

解　提高气量，气相传质速率增大，吸收量增加，在一定液量的情况下，出料液相组成增大。

虽然吸收量增加，使y_2略有减小；气量增加使y_2明显增多，故结果是y_2增大。

x_2不变，y_2增大；气量增加，使液气比减小；在保持塔高一定的情况下，会在y_1不变时，x_1增大。

软件模拟结果：$y_2=0.0055$，$x_1=0.0247$，如图6-28所示。

【例6-11】 若进气组成y_1增加20%，气体出料中丙酮怎么变化？液体出料中丙酮怎么变化？

解 y_1增加，使传质浓度差增大，吸收量增大，在一定液量的情况下，使x_1增大。

虽然吸收量增加，使y_2略有减小，但y_1增加，在吸收量变化不大时，会使y_2明显增多，故结果是y_2增大。

液气比不变；y_1、y_2增加，在保持传质单元数不变的情况下，x_1会增大。

软件模拟结果：y_2=0.0060，x_1=0.0250，如图6-29所示。

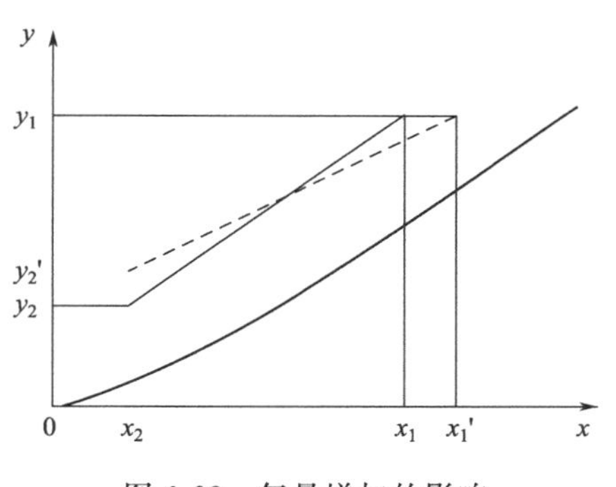

图6-28 气量增加的影响

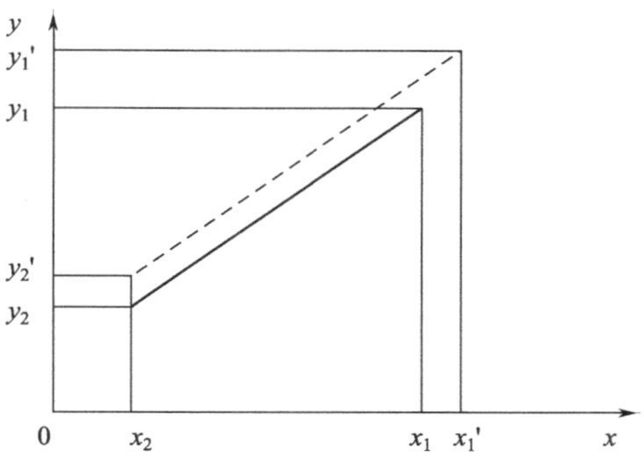

图6-29 进气浓度增加的影响

【例6-12】 若液量L增加20%，气体出料中丙酮怎么变化？液体出料中丙酮怎么变化？

解 液量增大，传质速率加快，会使吸收量增加，在气量和y_1不变的情况下，y_2减小。

吸收量增加，会使y_2下降；液量增加，x_2不变，会使x_1降低。

x_2不变，y_2下降；在保持传质单元数不变和y_1不变的情况下，x_1下降。

软件模拟结果：y_2=0.0035，x_1=0.0188，如图6-30所示。

【例6-13】 若进液组成x_2增加到0.0005。气体出料中丙酮怎么变化？液体出料中丙酮怎么变化？

解 x_2增加，传质速率降低，会使吸收量降低，在气量和y_1不变的情况下，y_2增大。

吸收量减小，会使x_1减小；从物料平衡角度看，x_2增加，会使x_1增加。两者叠加的结果，x_1略微增大。

液气比不变；x_2、y_2都增大，而y_2增大得略少；y_1不变，x_1略微增大；

软件模拟结果：y_2=0.0088，x_1=0.0223，如图6-31所示。

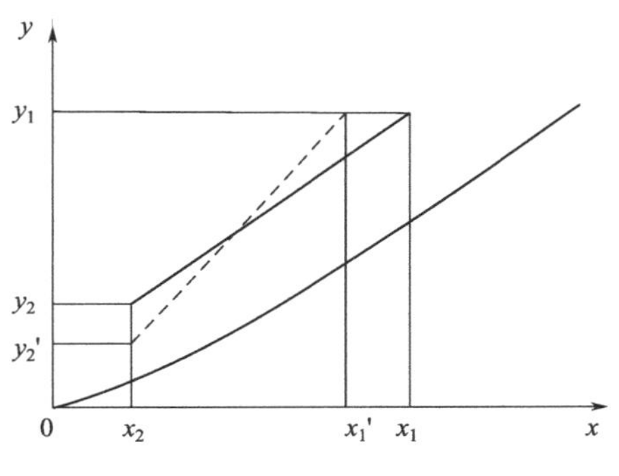

图6-30 液量增加的影响

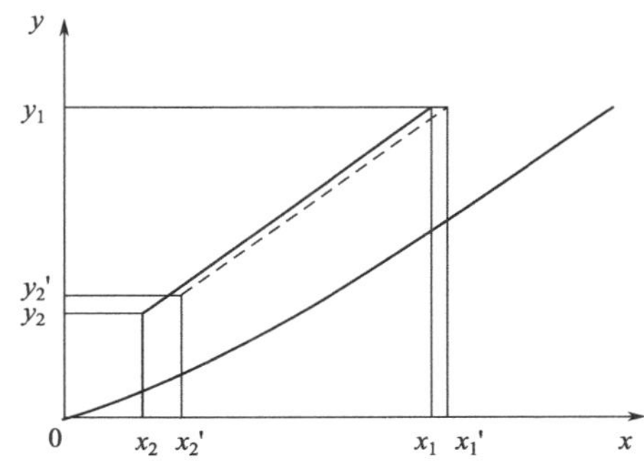

图6-31 进液浓度增加的影响

【例6-14】 若温度T增加20℃。气体出料中丙酮怎么变化？液体出料中丙酮怎么变化？

解 温度升高，会更接近平衡，传质速率下降，吸收量减小，y_2增大。

吸收量减小，在 x_2不变的情况下，x_1减小。

液气比不变；平衡线逆时针旋转；x_2不变，y_2增大；故在 y_1不变的情况下，x_1减小。

软件模拟结果：$y_2=0.0076$，$x_1=0.0188$，如图 6-32 所示。

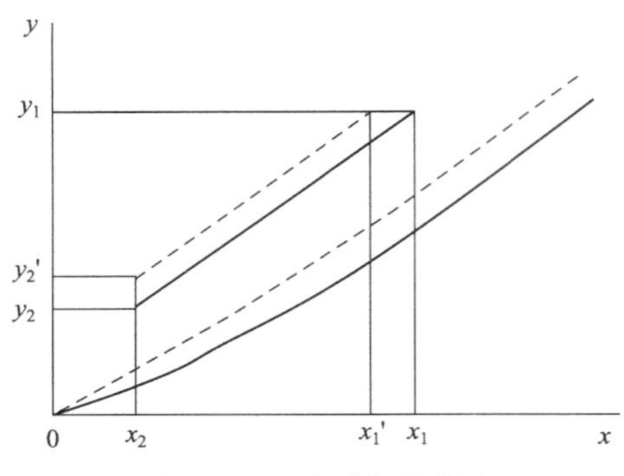

图 6-32 温度增加的影响

7 干燥操作方案

在化工、制药、纺织、造纸、食品、农产品加工等行业，常常需要将固体物料中的湿分除去，以便于贮藏、运输及进一步加工，达到生产规定的要求。

除去固体物料中湿分的方法称为去湿。去湿的方法很多，其中用加热的方法使水分或其他溶剂汽化，除去固体物料中湿分的操作，称为固体的干燥。工业上干燥有多种方法，其中，对流干燥在工业上应用最为广泛。

去湿的方法很多，常用的有：

(1) 机械分离法　即通过压榨、过滤和离心分离等方法去湿。这是一种耗能较少、较为经济的去湿方法，但湿分的去除不完全，多用于处理含液量大的物料，适于初步去湿。

(2) 吸附脱水法　即用固体吸附剂，如氯化钙、硅胶等吸去物料中所含的水分。这种方法去除的水分量很少，且成本较高。

(3) 干燥法　即利用热能，使湿物料中的湿分汽化而去湿的方法。按照热能供给湿物料的方式，干燥法可分为以下 4 种。

① 传导干燥　热能通过传热壁面以传导方式传给物料，产生的湿分蒸气被气相（又称干燥介质）带走，或用真空泵排走。例如纸制品可以铺在热滚筒上进行干燥。

② 对流干燥　使干燥介质直接与湿物料接触，热能以对流方式加入物料，产生的蒸气被干燥介质带走。

③ 辐射干燥　由辐射器产生的辐射能以电磁波形式达到物体的表面，为物料吸收而重新变为热能，从而使湿分汽化。例如用红外线干燥法将自行车表面涂料烘干。

④ 介电加热干燥　将需要干燥电解质物料置于高频电场中，电能在潮湿的电介质中变为热能，可以使液体很快升温汽化。这种加热过程发生在物料内部，故干燥速率较快，例如微波干燥食品。

干燥法耗能较大，工业上往往将机械分离法与干燥法联合起来除湿，即先用机械方法尽可能除去湿物料中的大部分湿分，然后再利用干燥方法继续除湿。

干燥按操作压力可分为常压干燥和真空干燥；按操作方式可分为连续干燥和间歇干燥。其中真空干燥主要用于处理热敏性、易氧化或要求干燥产品中湿分含量很低的物料；间歇干燥用于小批量、多品种或要求干燥时间很长的场合。

聚氯乙烯悬浮聚合及干燥工艺流程如图 7-1 所示。反应并脱水后的树脂具有一定含水量，经螺旋输送器送入气流干燥管，140～150℃热风为载体进行第一段干燥，出口树脂含水量小于 4%；再送入以 120℃热风为载体的沸腾床干燥器中进行第二段干燥，得到含水量小于 0.3%的聚氯乙烯树脂；再经筛分、包装后入库。

在气流干燥管和旋风干燥器中，由于空气的温度高、树脂的温度低，热空气以对流方式将热量传给湿树脂颗粒表面，再由颗粒表面进一步传至颗粒内部，这是一个热量传递过程，传热的推动力是温差；与此同时，由于树脂颗粒表面水分受热汽化，使得水在颗粒内部与表面之间出现了浓度差，在此浓度差作用下，水分从颗粒内部扩散至表面并汽化，蒸汽再通过

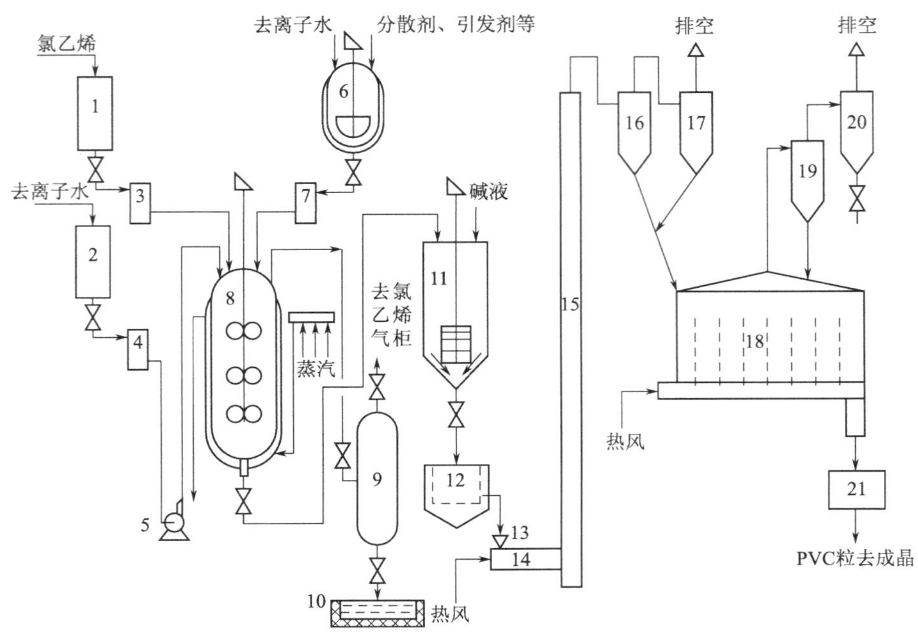

图 7-1 聚氯乙烯悬浮聚合及干燥工艺流程

1—氯乙烯计量罐；2—去离子水计量罐；3,4,7—过滤器；5—多级水泵；6—配制器；8—聚合釜；9—泡沫捕集器；10—沉降池；11—碱处理罐；12—离心机；13—料斗；14—螺旋给料机；15—气流干燥管；16,17,19,20—旋风分离器；18—沸腾床干燥器；21—振动筛

湿树脂与空气之间的气膜扩散到空气主体内，这是一个质量传递过程，传质的推动力是水的浓度差或水蒸气的分压差。由此可见，对流干燥过程是一个热、质同时传递的过程，两者传递方向相反、相互影响。热空气既是载热体又是载湿体（如图 7-2 所示）。

由于干燥过程涉及湿物料与热空气，因此，物料的干燥速率、干燥效果与湿物料和热空气之间的接触状况、热空气的温度、水汽含量、湿物料的结构、物料与水分的结合方式等有关。

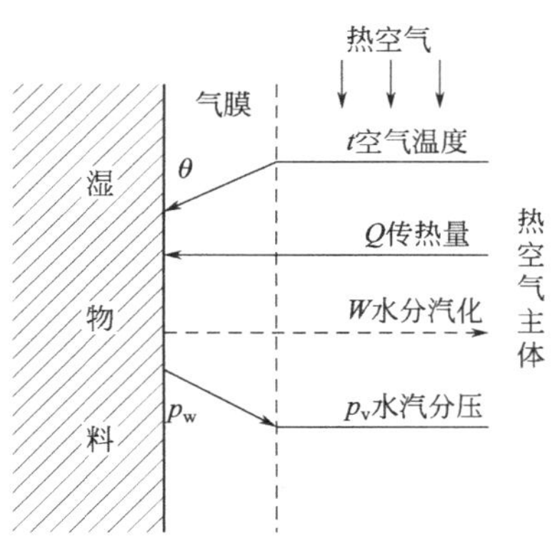

图 7-2 热空气与湿物料之间的传热和传质

确定聚氯乙烯树脂颗粒干燥过程的方案

干燥要求：将离心机甩干的聚氯乙烯树脂颗粒干燥到含水小于 0.3%，黑黄点少于 10 个/100g，40 目以上颗粒小于 0.1%。

需要完成下面的任务：

选择聚氯乙烯树脂颗粒的干燥流程；

选择合适的干燥装置；

确定最佳的工艺操作参数。

7.1 获取干燥数据

7.1.1 湿空气

7.1.1.1 湿空气性质

我们周围的大气为绝干空气和水蒸气的混合物，称为湿空气。作为干燥介质的湿空气，其温度应高于被干燥物料的温度，同时必须未被水汽饱和，所谓未被水汽饱和是指空气水汽分压小于同温度下水的饱和蒸气压，这样的空气才具有干燥能力。由于干燥操作的压力通常都较低（常压或真空），故可将湿空气按理想气体处理。在干燥过程中，湿空气中的水汽量是不断增加的，但其中绝干空气的质量流量始终不变，因此，为了计算方便，表征湿空气各项性质的参数，均以单位质量干空气作为基准。

(1) 湿度 H（湿含量）和相对湿度 φ

① 湿度 H（湿含量）　湿空气中单位质量干空气含有的水汽质量，称为湿空气的湿含量或绝对湿度，简称湿度（humidity），用符号 H 表示，其单位为 kg（水汽）/kg（干空气）。

根据湿度的定义，其计算式为

$$H=\frac{n_{\mathrm{w}}M_{\mathrm{w}}}{n_{\mathrm{g}}M_{\mathrm{g}}}=\frac{18n_{\mathrm{w}}}{29n_{\mathrm{g}}} \tag{7-1}$$

式中　n_{g}——湿空气中干空气的物质的量，kmol；

n_{w}——湿空气中水汽的物质的量，kmol；

M_{w}——水蒸气的摩尔质量，18kg/kmol；

M_{g}——绝对干燥空气的摩尔质量，29kg/kmol。

设湿空气的总压为 p，其中的水汽分压为 p_{w}，则干空气的分压为 $p_{\mathrm{g}}=p-p_{\mathrm{w}}$。水汽与干空气的摩尔比，在数值上应等于其分压之比，即

$$\frac{n_{\mathrm{w}}}{n_{\mathrm{g}}}=\frac{p_{\mathrm{w}}}{p-p_{\mathrm{w}}}$$

将上式代入式（7-1），整理得

$$H=0.622\times\frac{p_{\mathrm{w}}}{p-p_{\mathrm{w}}} \tag{7-2}$$

式（7-2）说明湿度 H 与湿空气的总压以及其中水汽的分压 p_{w} 有关，当总压 p 一定时，湿度 H 随水汽 p_{w} 分压增大而增大。

当湿空气呈饱和状态，即湿空气中水蒸气分压 p_{w} 与该空气温度下水的饱和蒸气压 p_{s} 相等时，其湿度称为饱和湿度，用 H_{s} 表示。

$$H_s = 0.622 \times \frac{p_s}{p - p_s}$$

因饱和水蒸气压仅与温度有关，所以空气的饱和湿度与总压及温度有关。饱和湿度是一定温度下湿空气所能含有的最大水蒸气量。

② 相对湿度　湿度仅能表示每千克干空气所含的水蒸气的绝对量，无法表示该湿空气是否为水蒸气饱和，因此，需要引入相对湿度（relative humidity）的概念。

在一定总压下，湿空气中水汽的分压 p_w 与同温下水的饱和蒸气压 p_s 之比的百分数称为湿空气的相对湿度，用 φ 表示，计算式为

$$\varphi = \frac{p_w}{p_s} \times 100\% \tag{7-3}$$

相对湿度可以用来衡量湿空气的不饱和程度。φ 值越小，湿空气的不饱和程度越大，干燥能力越强。当 $p_w = p_s$，$\varphi = 100\%$，表明该湿空气已被水汽所饱和，不再具有吸湿能力，因而不能作为干燥介质。

由此可见，湿度只能表示湿空气中水汽含量的多少，而相对湿度则能反映空气吸水能力的大小。

水的饱和蒸气压 p_s 随温度的升高而增大，对于具有一定水汽分压 p_w 的湿空气，温度升高，相对湿度 φ 必然下降。因此，在干燥操作中，为提高湿空气的吸湿能力和传热的推动力，通常将湿空气先进行预热再送入干燥器。

由式（7-2）和式（7-3）可得

$$H = 0.622 \times \frac{\varphi p_s}{p - \varphi p_s} \tag{7-4}$$

或

$$\varphi = \frac{pH}{(0.622 + H)p_s} \tag{7-5}$$

由上式可知，在一定总压 p 下，相对湿度 φ 与湿度 H 和饱和蒸气压 p_s 有关，而饱和蒸气压 p_s 又是温度 t 的函数，所以当总压 p 一定时，相对湿度 φ 是湿度 H 和温度 t 的函数。

【例 7-1】 聚氯乙烯树脂干燥工艺中，以热空气作为干燥介质，空气取自于大气，且经过空气加热器加热后才送到气流干燥管，试求空气在经过空气加热器前后的湿度、相对湿度。

解　首先求空气在经过空气加热器之前的湿度和相对湿度。由于空气取自于大气，而大气的气压、温度和湿度等参数是随季节和天气的情况而变化的，工程上可取当地气压、气温等的平均值。

以某地为例，查取当地气压、气温、相对湿度的平均值分别为 $p = 103.2$ kPa，$t = 15$℃，$\varphi = 65\%$，查得 15℃下的 $p_s = 1.706$kPa，则空气中的水汽分压

$$p_w = \varphi p_s = 0.65 \times 1.706 = 1.11 (\text{kPa})$$

空气的湿度

$$H = 0.622 \times \frac{p_w}{p - p_w} = 0.622 \times \frac{1.11}{103.2 - 1.11} = 0.00676[\text{kg(水汽)/kg(干空气)}]$$

其次求取空气在经过空气加热器后的湿度和相对湿度，由前面聚氯乙烯树脂干燥工艺流程说明可知，出加热器的热空气温度达 150℃，查得此温度下的 $p_s = 476.1$kPa

相对湿度为　$$\varphi = \frac{p_w}{p_s} \times 100\% = \frac{1.11}{476.1} \times 100\% = 0.23\%$$

由于空气在加热后只是温度升高，单位质量绝干空气所含的水汽质量并未发生变化，因

此空气加热至150℃后，湿度不改变。但湿空气的相对湿度显著下降，由65%下降至0.23%，其吸湿能力大大增加，聚氯乙烯干燥工艺流程中设置加热器预热空气道理就在此。

(2) 湿空气的比容和比热容

① 湿空气的比容　单位质量干空气及其所含有水汽的总体积称为湿空气的比容或湿容积，用符号 v_H 表示，单位为 m^3/kg(干空气)。

常压下，干空气在温度为 t（℃）时的比容（v_g）为

$$v_g = \frac{22.4}{28.96} \times \frac{t+273}{273} = 0.773 \times \frac{t+273}{273}$$

水汽的比容（v_w）为

$$v_w = \frac{22.4}{18} \times \frac{t+273}{273} = 1.244 \times \frac{t+273}{273}$$

根据湿空气比容的定义，其计算式应为

$$v_H = v_g + H v_w = (0.773 + 1.244H)\frac{t+273}{273} \tag{7-6}$$

由式（7-6）可知，湿空气的比容与湿空气温度及湿度有关，温度越高、湿度越大，比容越大。

【例7-2】 聚氯乙烯树脂干燥工艺流程中，试求鼓风机入口处的湿空气100kg所具有的体积。

解　由【例7-1】可知，鼓风机入口处湿空气的状态为 $p=103.2$ kPa，$t=15$℃，$\varphi=65\%$，$H=0.00676$kg(水汽)/kg(干空气)。

则该湿空气的比容为

$$v_H = (0.773 + 1.244H)\frac{t+273}{273} = (0.733 + 1.244 \times 0.00676)\frac{15+273}{273}$$
$$= 0.782[m^3/kg\ (干空气)]$$

100kg湿空气中干空气的含量（L）为

$$L = \frac{100}{1+H} = \frac{100}{1+0.00676} = 99.33(kg)$$

则100kg湿空气的体积（V）为

$$V = L v_H = 99.33 \times 0.782 = 77.68(m^3)$$

② 湿空气的比热容　常压下，单位质量干空气及其含有的 H(kg) 水汽，温度升高1K所需要的热量，称为湿空气的比热容，简称湿热，用符号 c_H 表示，单位为 kJ/(kg干空气·K)。

若以 c_g、c_w 分别表示干空气和水汽的比热容，根据湿空气比热容的定义，其计算式为

$$c_H = c_g + c_w H$$

工程计算中，常取 $c_g=1.01$ kJ/(kg·K)，$c_w=1.88$ kJ/(kg·K)，代入上式，得

$$c_H = 1.01 + 1.88H \tag{7-7}$$

由式（7-7）可知，湿空气的比热容仅与湿度有关。

(3) 湿空气的焓　单位质量干空气和其所含有的 H（kg）水汽共同具有的焓，称为湿空气的焓，简称为湿焓，用符号 I_H 表示，单位为 kJ/kg（干空气）。

若以 I_g、I_w 分别表示干空气和水汽的焓，根据湿空气的焓的定义，其计算式为

$$I_H = I_g + I_w H \tag{7-8a}$$

若上式中的焓值以干空气和水（液态）在0℃时的焓等于零为基准（工程计算中，常用此基准），又水在0℃时的汽化潜热 $r_0=2490\text{kJ/(kg·K)}$，则

$$I_g=c_gt=1.01t \qquad I_w=c_wt+r_0=1.88t+2490$$

代入式（7-8a），整理得

$$I_H=(1.01+1.88H)t+2490H=c_Ht+2490H \tag{7-8b}$$

由式（7-8）可知，湿空气的焓与其温度和湿度有关，温度越高，湿度越大，焓值越大。

【例 7-3】 聚氯乙烯树脂干燥工艺中，用空气加热器将5000kg/h的空气加热，求所需供给的热量。

解 5000kg/h湿空气中干空气的量为

$$L=\frac{5000}{1+H}=\frac{5000}{1+0.00676}=4966.4(\text{kg/h})$$

用比热容进行计算：将5000kg/h的湿空气（含有4966.4kg/h干空气）从15℃加热至150℃所需热量为

$$Q=Lc_H\Delta t=L(1.01+1.88H)(t_2-t_1)$$

$$=\frac{4966.4}{3600}(1.01+1.88\times0.00676)(150-15)=190.5(\text{kW})$$

通过计算加热空气所需的热量，可以进一步对加热器进行选型。

也可以用湿空气的焓进行计算，读者可尝试一下。

(4) 干球温度和湿球温度 用普通温度计测得的湿空气的温度称为湿空气的干球温度，用符号 t 表示，单位为℃或K。干球温度为湿空气的真实温度。

如图7-3所示，用湿纱布包裹温度计的感温球，湿纱布的下端浸在水中（注意感温球不能与水接触），使湿纱布始终保持湿润，这种温度计称为湿球温度计。湿球温度计测得的温度为该空气的湿球温度，用 t_w 表示，单位为℃或K。

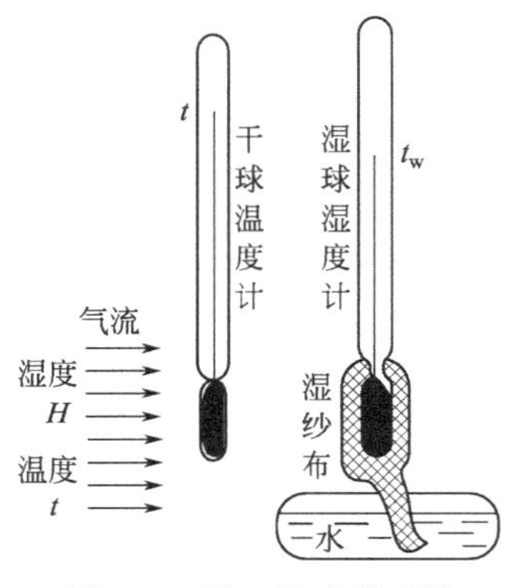

图7-3 干、湿球温度计

将湿球温度计置于温度为 t、湿度为 H 的不饱和空气中，可以发现测得的湿球温度低于干球温度。这是因为不饱和空气与水分间存在着湿度差，湿纱布中的水分汽化，水汽向空气主流扩散，汽化所需的热量只能由水分自身温度下降供给，水温下降后，与空气间出现温差，空气将热量传给水分。当空气传给水分的显热与水分汽化的潜热相等时，湿球温度计上的温度保持稳定，此即为湿球温度。湿球温度决定于湿空气的干球温度和湿度，因此是湿空气的性质。饱和湿空气的湿球温度等于其干球温度，不饱和湿空气的湿球温度总是小于其干球温度，而且，湿空气的相对湿度越小，两温度的差距越大。

(5) 露点 将未饱和的湿空气在总压 p 和湿度 H 不变的情况下冷却降温至饱和状态时（$\varphi=100\%$）的温度称为该空气的露点，用符号 t_d 表示，单位为℃或K。

露点时空气的湿度为饱和湿度，其数值等于原空气的湿度。湿空气中的水汽分压 p_w 应等于露点温度下水的饱和蒸气压 p_{st_d}。由式（7-2）有

$$p_{st_d}=\frac{Hp}{0.622+H} \tag{7-9}$$

在确定露点温度时，只需将湿空气的总压 p 和湿度 H 代入式（7-9）求得饱和蒸气压，然后查饱和水蒸气表，查出与饱和蒸气压 p_{st_d} 相对应的温度，即为该湿空气的露点 t_d。由式(7-9)可知，在总压一定时，湿空气的露点只与其湿度有关。

若将已达到露点的湿空气继续冷却，则湿空气会析出水分，湿空气中的含水量开始减少。冷却停止后，每千克干空气析出的水分量等于湿空气原来的湿度与终温下的饱和湿度之差。

湿空气的干球温度 t、湿球温度 t_w和露点 t_d之间的关系为

未饱和湿空气

$$t > t_w > t_d$$

饱和湿空气

$$t = t_w = t_d$$

【例 7-4】 聚氯乙烯树脂干燥工艺流程中，旋风干燥器内热空气的温度为 50℃，相对湿度为 85%，若旋风干燥器壁温度为 20℃，问器壁上是否有水析出？

解 查得 50℃时水的饱和蒸气压 $p_s=12.34\text{kPa}$，则该湿空气的水汽分压为

$$p_w = \varphi p_s = 0.85 \times 12.34 = 10.489(\text{kPa})$$

此分压即为露点下的饱和蒸气压，即 $p_{st_d}=10.489\text{kPa}$。由此蒸气压查得对应的饱和温度为 46.6℃，即该湿空气的露点为 $t_d=46.6$℃。

由于旋风干燥器壁温度为 20℃，已低于湿空气的露点温度 46.6℃，器壁上必然有水分析出。

若旋风干燥器不进行保温，器壁上析出的水分会影响树脂的干燥效果，因此，旋风干燥器外部设有热水夹套，夹套内热水水温控制在 55℃以上，以保证干燥器内无水分析出。

湿空气的状态可由湿空气的任意两个独立的性质参数确定。例如干球温度和湿球温度；干球温度和露点温度；干球温度与相对湿度等。由于干、湿球温度易于测量，所以常用其确定湿空气的状态。湿空气的状态一旦确定，湿空气的各项性质均可用计算或查图的方法求出。但必须注意，湿空气的下列性质不是彼此独立的：t_d-H、t_d-p_w、t_w-I_H等，知道这三对性质中的任何一对，都不足以确定湿空气的状态。

7.1.1.2 湿度图

当总压一定时，表明湿空气性质的各项参数（t，p，φ，H，I，t_w等），只要规定其中任意两个相互独立的参数，湿空气的状态就被确定。工程上为方便起见，将各参数之间的关系制成算图——湿度图。常用的湿度图有湿度-温度图（H-t）和焓湿图（I-H），本章只介绍焓湿图（如图 7-4 所示）的构成和应用。

(1) 焓湿图的构成　如图 7-4 所示，在压力为常压下（$p_t=101.3\text{Pa}$）的湿空气的 I-H 图中，为了使各种关系曲线分散开，采用两坐标轴交角为 135°的斜角坐标系。为了便于读取湿度数据，将横轴上湿度 H 的数值投影到与纵轴正交的辅助水平轴上。图中共有 5 种关系曲线，图上任何一点都代表一定温度 t 和湿度 H 的湿空气状态。现将图中各种曲线分述如下。

① 等湿线（即等 H 线）　等湿线是一组与纵轴平行的直线，在同一根等 H 线上不同的点都具有相同的温度值，其值在辅助水平轴上读出。

② 等焓线（即等 I 线）　等焓线是一组与斜轴平行的直线。在同一条等 I 线上不同的点所代表的湿空气的状态不同，但都具有相同的焓值，其值可以在纵轴上读出。

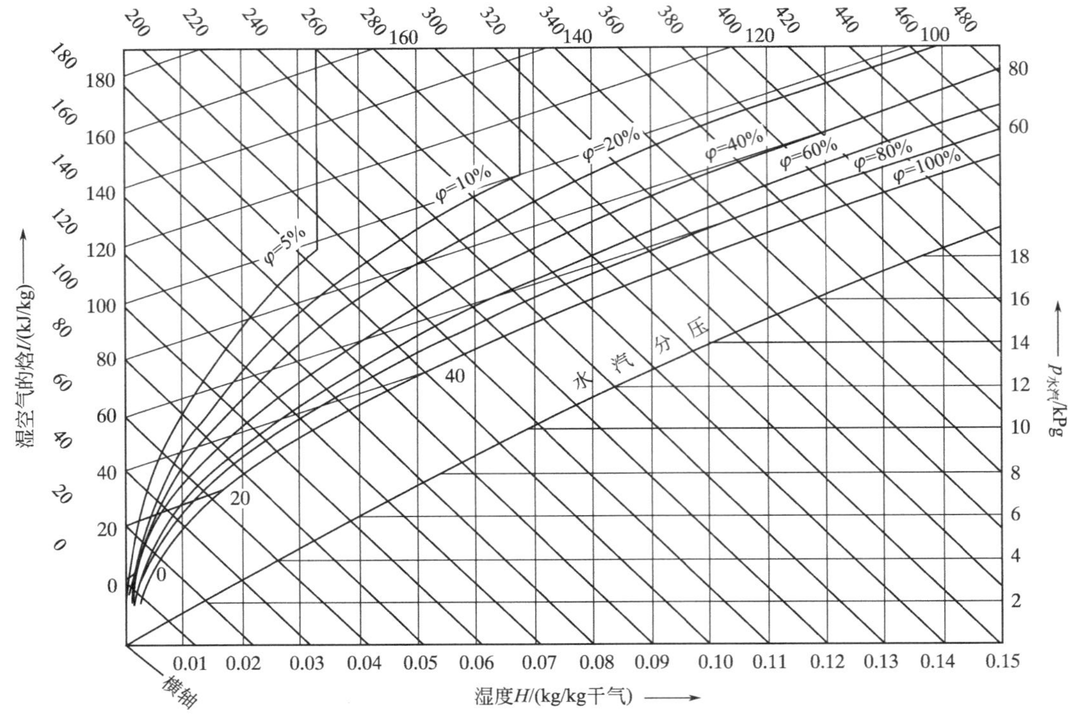

图 7-4 焓湿图（I-H 图）

③ 等温线（即等 t 线） 由式 $I=1.01t+(1.88t+2490)H$ 可知，当空气的干球温度 t 不变时，I 与 H 成直线关系，因此在 I-H 图中对应不同的 t，可作出许多条等 t 线。

上式为线性方程，等温线的斜率为（$1.88t+2490$），是温度的函数，故等温线相互之间是不平行的。

④ 等相对湿度线（即等 φ 线） 等相对湿度线是一组从原点出发的曲线。根据 $H=0.622\varphi p_s/(p_t-\varphi p_s)$ 可知，当总压 p_t 一定时，对于任意规定的 φ 值，上式可简化为 H 和 p_s 的关系式，而 p_s 又是温度的函数，因此对应一个温度 t，就可根据水蒸气查到相应的 p_s 值计算出相应的湿度 H，将上述各点（H，t）连接起来，就构成等相对湿度 φ 线。根据上述方法，可绘出一系列的等 φ 线群。

$\varphi=100\%$ 的等 φ 线为饱和空气线，此时空气完全被水汽所饱和。饱和空气以上（$\varphi<100\%$ 为不饱和空气区域。当空气的湿度 H 为一定值时，其温度 t 越高，则相对湿度 φ 值就越低，其吸收水汽能力就越强。故湿空气进入干燥器之前，必须先经预热以提高其温度 t。目的是除了为提高湿空气的焓值，使其作为载热体外，也是为了降低其相对湿度而提高吸湿力。$\varphi=0$ 时的等 φ 线为纵坐标轴。

⑤ 水汽分压线 该线表示空气的湿度 H 与空气中水汽分压 p 之间关系曲线。

(2) I-H 图的用法 利用 I-H 图查取湿空气的各项参数非常方便。如图 7-5 所示中 A 代表一定状态的湿空气，则

① 湿度 H，由 A 点沿等湿线向下与水平辅助轴的交点 H，即可读出 A 点的湿度值。

② 焓值 I，通过 A 点作等焓线的平行线，与纵轴交于 I 点，即可读得 A 点的焓值。

③ 水汽分压 p，由 A 点沿等温度线向下交水蒸气分压线于 C，在图右端纵轴上读出水

汽分压值。

④ 露点 t_d，由 A 点沿等湿度线向下与 $\varphi = 100\%$ 饱和线相交于 B 点，再由过 B 点的等温线读出露点 t_d 值。

⑤ 湿球温度 t_w（绝热饱和温度 t_{as}），由 A 点沿着等焓线与 $\varphi = 100\%$ 饱和线相交于 D 点，再由过 D 点的等温线读出湿球温度 t_w（即绝热饱和温度 t_{as} 值）。

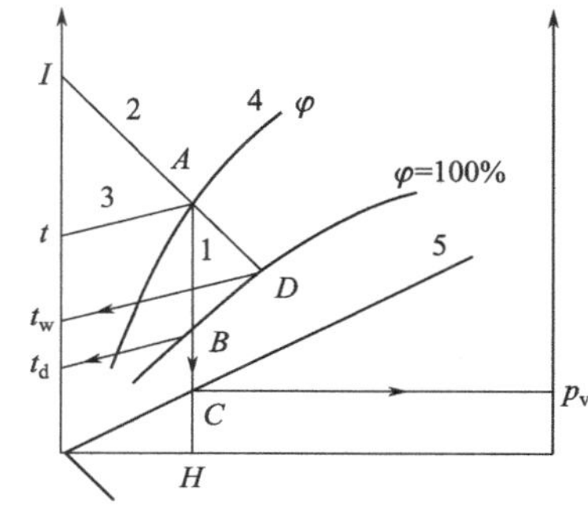

图 7-5 焓湿度图的用法

已知湿空气某一状态点 A 的位置，如图 7-5 所示。可直接借助通过点 A 的四条参数线读出它的状态参数值。

通过上述查图可知，首先必须确定代表湿空气状态的点，然后才能查得各项参数。通常根据下述已知条件之一来确定湿空气的状态点：

a. 湿空气的干球温度 t 和湿球温度 t_w，见图 7-6（a）。

b. 湿空气的干球温度 t 和露点 t_d，见图 7-6（b）。

c. 湿空气的干球温度 t 和相对湿度 φ，见图 7-6（c）。

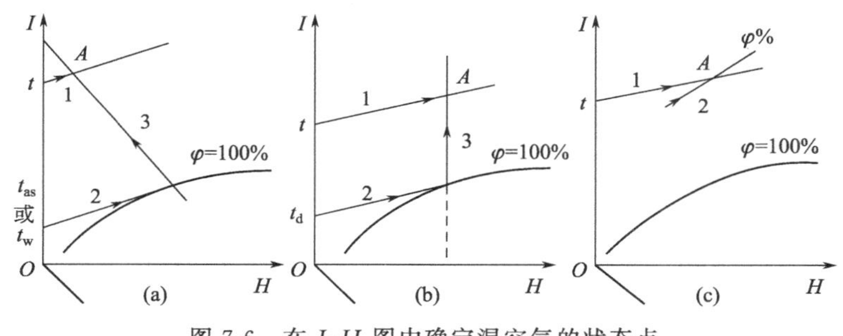

图 7-6 在 I-H 图中确定湿空气的状态点

7.1.2 湿物料

工业生产中湿物料的干燥既与湿空气的性质和湿空气的流动状态有关，也与湿物料所含水分的性质有关。因此，研究干燥过程除了要研究湿空气的性质外，还要研究湿物料中水分的性质。

（1）物料中含水量的表示方法 湿基含水量和干基含水量。

① 湿基含水量 单位质量湿物料所含水分的质量，即湿物料中水分的质量分数，称为湿物料的湿基含水量，用符号 w 表示，其单位为 kg(水)/kg(湿物料)。即：

$$w = \frac{\text{湿物料中水分的质量}}{\text{湿物料的总质量}}$$

② 干基含水量 干基含水量指单位质量绝干物料中所含水分的质量，用符号 X 表示，单位为 kg(水)/kg(绝干料)。即：

$$X = \frac{\text{湿物料中水分的质量}}{\text{湿物料的总质量} - \text{湿物料中水分的质量}}$$

干基含水量常用于干燥过程的计算，这是由于湿物料在干燥过程中，水分不断被汽化移走，湿物料的总质量在不断变化，用湿基含水量有时很不方便。考虑到湿物料中的绝干物料量在干燥过程中始终不变（不计损失），因而以绝干物料量为基准的干基含水量，使用起来比较方便。

两种含水量之间的换算关系为

$$X=\frac{w}{1-w} \quad 或 \quad w=\frac{X}{1+X} \tag{7-10}$$

（2）平衡水分与自由水分　当湿物料与一定状态的湿空气接触时，可能有以下几种情况发生：①当湿物料表面所产生的水汽分压大于空气中的水汽分压，湿物料中的水分将向空气中传递，湿物料得以干燥；②当湿物料表面所产生的水汽分压小于空气中的水汽分压，则物料将吸收空气中的水汽，物料增湿；③当湿物料中表面产生的水汽分压等于空气中的水汽分压时，两者处于平衡状态，湿物料中的水分不会因为与湿空气接触时间的延长而有增减，湿物料中水分含量为一定值，该含水量就称为该物料在此空气状态下的平衡含水量，又称平衡水分，用 X^*表示，单位为 kg(水)/kg(绝干料)。湿物料中的水分含量大于平衡水分时，则其含水量与平衡水分之差称为自由水分。可见，用一定温度和湿度的空气干燥物料时，自由水分是采用干燥方法除去水分的最大量，平衡水分不能采用干燥的方法去除。

湿物料的平衡水分，可由实验测得，通常是测定在一定温度下，物料的平衡水分与空气的相对湿度之间的关系。图 7-7 为实验测得的几种物料在 25℃时的平衡水分 X^*与湿空气相对湿度 φ 之间的关系——干燥平衡曲线。从图中可以看出，不同的湿物料在相同的空气相对湿度下，其平衡水分不同；同一种湿物料的平衡水分，随着空气相对湿度的减小而降低，当空气的相对湿度减小为零时，各种物料的平衡水分均为零。也就是说，要想获得一个绝干物料，就必须有一个绝干的空气（$\varphi=0$）与湿物料进行长时间的充分接触，实际生产中是很难达到这一要求的。反之，若使湿物料与具有一定湿度的空气进行接触，则湿物料中总有一部分水分不能被除去，平衡水分是在一定空气状态下，湿物料可能达到的最大干燥限度，但在实际干燥操作中，干燥往往不能进行到干燥的最大限度，因此自由水分也只能有一部分被除去。

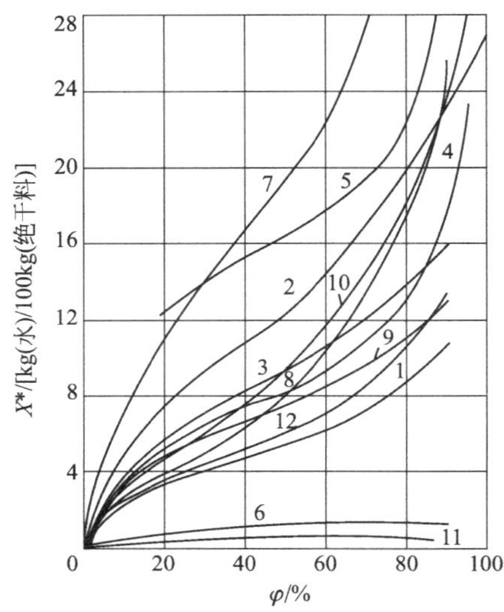

图 7-7　在 25℃时某些物料的干燥平衡曲线

1—新闻纸；2—羊毛；3—硝化纤维；4—丝；5—皮革；6—陶土；7—烟叶；8—肥皂；9—牛皮胶；10—木材；11—玻璃丝；12—棉花

（3）结合水分与非结合水分　根据湿物料中水分与固体物料结合的形式，可将物料中的水分分为结合水分和非结合水分两大类。

结合水分是指以化学力、物理化学力或生物化学力等与物料结合的水分，如存在于物料中毛细管内的水分、细胞壁内的水分、结晶水以及物料内可溶固体物溶液中的水分，都是结合水分。结合水因受化学力或物理化学力的作用，其饱和蒸气压低于同温下纯水的饱和蒸气压。

非结合水分是指机械地附着在物料表面或积存于大孔中的水分，不受固体物料的作用，其饱和蒸气压等于同温度下纯水的饱和蒸气压。

显然，干燥过程中，除去结合水分比除去非结合水分难。

在一定温度下，平衡水分与自由水分的划分是根据湿物料的性质以及与之接触的空气的状态而定，而结合水分与非结合水分的划分则完全由湿物料自身的性质而定，与空气的状态无关。对于一定温度下的一定湿物料，结合水分不会因空气的相对湿度不同而发生变化，它是一个固定值，分析可知，同温下 $\varphi=100\%$ 时的平衡水分即为湿物料的结合水分。

如图 7-8 所示为物料（丝）中几种水分的关系，从图 7-8 中可以看出，该温度下丝的结合水分为 0.24kg(水)/kg(绝干料)，为一常数。平衡水分随湿空气相对湿度的增大而增大。

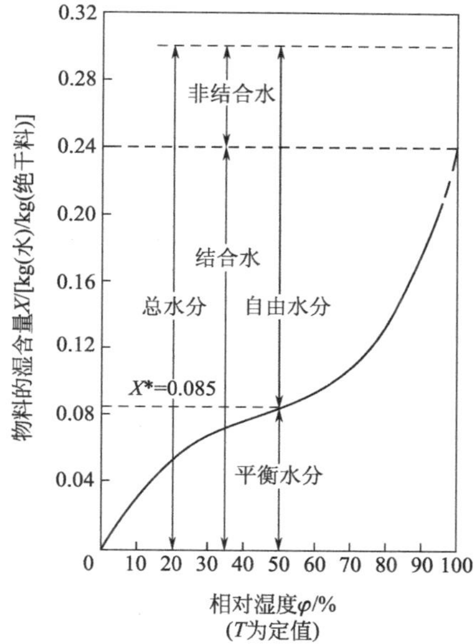

图 7-8 固体物料（丝）中所含水分的性质

【例 7-5】 固体物料（丝）在一定温度下的平衡曲线如图 7-8 所示，已知物料的总含水量 $X=0.30$kg(水)/kg(绝干料)，若与 $\varphi=50\%$ 时的湿空气接触，试划分该物料的平衡水分和自由水分、结合水分和非结合水分。

解 由 $\varphi=50\%$ 作垂直线交平衡线于一点，读出平衡水分为 0.085kg(水)/kg(绝干料)，则自由水分为 $0.30-0.085=0.215$[kg(水)/kg(绝干料)]。

由图中读出 $\varphi=100\%$ 时的平衡水分为 0.24kg(水)/kg(绝干料)，则物料的结合水分为 0.24kg(水)/kg(绝干料)，非结合水分为 $0.30-0.24=0.06$[kg(水)/kg(绝干料)]。

聚氯乙烯树脂颗粒的结构特点

聚氯乙烯树脂颗粒的直径大多数在 40～200μm 范围，接近球形形状，内部充满微小细孔，软化温度约为 95℃。

微孔内的毛细管水属于结合水分，是较难干燥的部分，聚氯乙烯树脂颗粒的临界湿含量约为 3%。

离心机出料的湿含量在 25%以上，产品要求含水量为 0.3%，要除去的 3%以上的水分为非结合水分，3%～0.3%的水分为结合水分。

7.2 干燥过程工艺计算

7.2.1 干燥介质的用量

7.2.1.1 干燥水分量

图 7-9 为干燥系统的物料流动示意图。设进入干燥器的湿物料量为 G_1（kg/s），湿基含水量为 w_1，干基含水量为 X_1；出干燥器的干燥产品量为 G_2（kg/s），湿基含水量为 w_2，干基含水量为 X_2；湿物料中绝干物料量为 G_c（kg/s），水分蒸发量为 W（kg/s）。

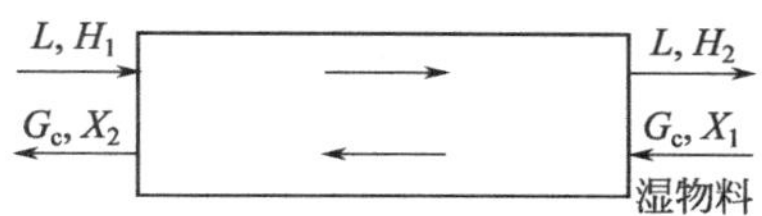

图 7-9 干燥系统的物料流动示意图

以绝干物料作水的物料衡算：

$$G_cX_1+LH_1=G_cX_2+LH_2 \tag{7-11}$$

整理式（7-11）得

$$W=G_c(X_1-X_2)=L(H_2-H_1) \tag{7-12}$$

由式（7-12）可知，既可以通过湿物料干燥前后的干基含水量计算水分蒸发量，也可以通过湿空气进出干燥器的湿度的变化计算水分蒸发量。从湿物料中需要除去的水分量 W 决定于物料的初始含水量 X_1 和最终干燥程度 X_2，在干燥程度 X_2 一定的前提下，水分蒸发量大小取决于物料的初始含水量 X_1，X_1 越大，水分蒸发量越大，需用 L 越大，干燥操作费用越高。因此，干燥前采用能耗较低的机械去湿法除去湿分，降低物料的初始含水量 X_1，从而降低干燥操作费用（参看第 7.1 节聚氯乙烯树脂干燥案例）。

7.2.1.2 空气消耗量

经预热后的湿空气（湿度为 H_1）进入干燥器，在干燥过程中，湿空气不断吸收湿物料所蒸发的水分，湿度不断增加，出口时的湿度为 H_2。干燥的结果是湿物料蒸发的水分全部被湿空气所吸收，因此，进入干燥器的湿空气所含水量加上湿物料蒸发的水分量必然与离开干燥器的湿空气所含水分量相等。设干燥所需绝干空气消耗量为 L，则有

$$LH_1+W=LH_2$$

绝干空气消耗量为

$$L=\frac{W}{H_2-H_1} \tag{7-13}$$

每蒸发 1kg 水分所需的绝干空气消耗量称为单位蒸汽消耗量，用符号 l 表示，单位为 kg(干空气)/kg(水)。其计算式为

$$l=\frac{1}{H_2-H_1} \tag{7-14}$$

由于进出预热器的湿空气的湿度不变，H_1 与进预热器时的湿度 H_0 相等同，即 $H_1=H_0$。则式（6-13）和式（6-14）又可写为

$$L=\frac{W}{H_2-H_0} \qquad l=\frac{1}{H_2-H_0}$$

由此可见，对于一定的水分蒸发量而言，空气的消耗量只与空气的最初湿度 H_0 和最终湿度 H_2 有关，而与经历的过程无关；当要求出干燥器的空气湿度 H_2 不变时，空气的消耗量决定于空气的最初湿度 H_0，H_0 越大，空气消耗量越大。空气的最初湿度 H_0 与气候条件有关，通常情况下，同一地区夏季空气的湿度大于冬季空气的湿度，也就是说，一般而言，干燥过程中空气消耗量在夏季要比在冬季为大。因此，在干燥过程中，选择输送空气所需鼓风机等装置时，应以全年中所需最大空气消耗量为依据。

鼓风机所需风量根据湿空气的体积流量 V 而定，湿空气的体积流量可由干空气的质量流量 L 与湿空气的比容的乘积来确定，即

$$V=Lv_H=L(0.773+1.244H)\frac{t+273}{273} \tag{7-15}$$

式（7-15）中空气的湿度 H 和温度 t 与鼓风机所安装的位置有关。例如，鼓风机安装在干燥器的出口，H 和 t 就应取干燥器出口空气的湿度和温度。

【例 7-6】 用空气干燥含水量为 15%（湿基）的湿聚氯乙烯树脂，每小时处理湿物料量

4375kg，干燥后产品含水量为 0.3%（湿基）。空气的初温为 15℃，相对湿度为 65%，经预热至 150℃后进入干燥器，离开干燥器时的温度为 40℃，相对湿度为 85%。试求：①水分蒸发量；②绝干空气消耗量和单位空气消耗量；③鼓风机装在预热器进口处，风机的风量；④干燥产品量。

解 ① 水分蒸发量 已知 $G_1=4375\text{kg/h}$，$w_1=0.15$，$w_2=0.003$；则物料的干基含水量为

$$X_1=\frac{w_1}{1-w_1}=\frac{0.15}{1-0.15}=0.176$$

$$X_2=\frac{w_2}{1-w_2}=\frac{0.003}{1-0.003}=0.003$$

绝干物料量为：

$$G_c=G_1(1-w_1)=4375\times(1-0.15)=3718.8(\text{kg/h})$$

水分蒸发量为：$W=G_c(X_1-X_2)=3718.8\times(0.176-0.003)=643.4(\text{kg/h})$

② 在【例 7-1】中，我们已计算出，$H_0=0.00676\text{kg(水)/kg(绝干气)}$，又由本题知 $\varphi_2=80\%$；$t_2=40℃$；查饱和水蒸气表得：40℃时，$p_s=7.375\text{kPa}$；则

$$H_2=0.622\frac{\varphi p_s}{p-\varphi p_s}=0.622\times\frac{0.80\times7.375}{100-0.80\times7.375}=0.039[\text{kg(水)/kg(绝干气)}]$$

故

$$L=\frac{W}{H_2-H_0}=\frac{643.4}{0.039-0.00676}=19956.6[\text{kg(绝干气)/h}]$$

$$l=\frac{1}{H_2-H_0}=\frac{1}{0.039-0.00676}=31.02[\text{kg(绝干气)/kg(水)}]$$

③ 鼓风机风量 因风机装在预热器进口处，输送的是新鲜空气，其温度 $t_0=15℃$，湿度 $H_0=0.00676\text{kg(水)/kg(绝干气)}$，则湿空气的体积流量为 $V=L(0.773+1.244H)\frac{t+273}{273}=20118.8\times(0.773+1.244\times0.00676)\times\frac{15+273}{273}=16585(\text{m}^3/\text{h})$

④ 干燥产品量

$$G_2=G_1-W=4375-643.8=3731.2(\text{kg/h})$$

7.2.2 干燥过程所需热量

通过干燥系统的热量衡算可以求得：①预热器消耗的热量；②向干燥器补充的热量；③干燥过程消耗的总热量。这些内容可作为计算预热器传热面积、加热介质用量、干燥器尺寸以及干燥系统热效应等依据。

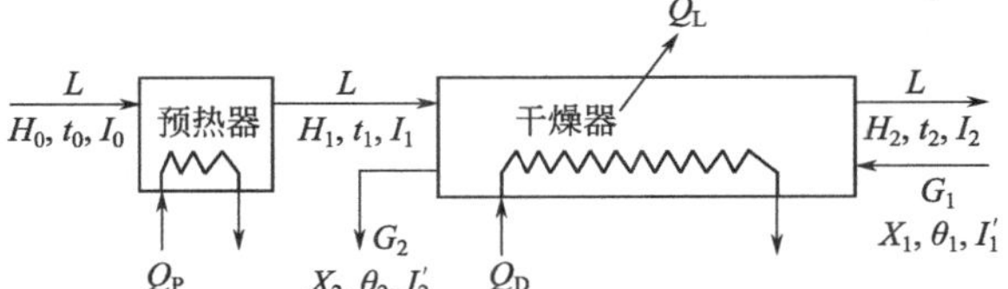

图 7-10 干燥器的热量衡算

若忽略预热器的热损失，对图 7-10 预热器列焓衡算，得：

$$LI_0+Q_P=LI_1$$

故单位时间内预热器消耗的热量为：

$$Q_P=L(I_1-I_0) \tag{7-16}$$

再对图 7-10 的干燥器列焓衡算，得：

$$LI_1 + GI'_1 + Q_D = LI_2 + GI'_2 + Q_L$$

式中 Q_L——热损失，kg/s；

I_0，I_1，I_2——湿空气进、出预热器及出干燥器的焓，kJ/kg(干空气)；

I'_1，I'_2——湿物料的焓，kJ/kg(干物料)。

故单位时间内向干燥器补充的热量为：

$$Q_D = L(I_2 - I_1) + G(I'_2 - I'_1) + Q_L \tag{7-17}$$

联立式（7-16)、式（7-17）得：

$$Q = Q_P + Q_D = L(I_2 - I_0) + G(I'_2 - I'_1) + Q_L \tag{7-18}$$

式（7-16)、式（7-17）及式（7-18）为连续干燥系统中热量衡算的基本方程式。

7.2.3 干燥过程热效率

干燥过程中，蒸发水分所消耗的热量与从外热源所获得的热量之比为干燥器的热效率。即：

$$\eta = \frac{Q_{汽化}}{Q_T} \tag{7-19}$$

式（7-19）中，蒸发水分所需的热量 $Q_{汽化}$ 可用下式计算。

$$Q_{汽化} = W(2490 + 1.88t_2 - 4.187\theta_1) \tag{7-20}$$

从外热源获得的热量 $Q_T = Q_P + Q_D$

如干燥器中空气所放出的热量全部用来汽化湿物料中的水分，即空气沿绝热冷却线变化，则：

$$Q_{汽化} = Lc_{H_2}(t_1 - t_2) \tag{7-21}$$

且干燥器中无补充热量，$Q_D = 0$，则

$$Q_T = Q_P = Lc_{H_1}(t_1 - t_0)$$

若忽略湿比热容的变化，则干燥过程的热效率可表示为：

$$\eta = \frac{t_1 - t_2}{t_1 - t_0} \tag{7-22}$$

热效率越高表示热利用率越好，若空气离开干燥器的温度较低，而湿度较高，则干燥操作的热效率高。但空气湿度增加，使物料与空气间的推动力下降。

一般来说，对于吸水性物料的干燥，空气出口温度应高些，而湿度应低些，即相对湿度要低些。在实际干燥操作中，空气离开干燥器的温度 t_2 需比进入干燥器时的绝热饱和温度高 20 ～ 50℃，这样才能保证在干燥系统后面的设备内不致析出水滴，否则可能使干燥产品返潮，且易造成管路的堵塞和设备材料的腐蚀。

除了使干燥器绝热外，提高干燥器的热效率，还可以采取以下措施：

① 降低温度可以提高热效率。

② 提高空气预热温度 t_1，也可以提高热效率。

③ 利用废气（离开干燥器的空气）来预热空气或物料，回收被废气带走的热量，可以提高干燥操作的热效率。

④ 采用二级干燥，二级干燥可以提高产品质量和节能，尤其适用于热敏性物料。

7.3　选择干燥流程和设备

7.3.1　干燥速率

干燥速率指湿物料单位时间内、单位干燥面积上汽化的水分质量，是衡量干燥快慢的物理量。由于影响干燥速率的因素很多，目前人们仍无法用数学关系式来定量描述干燥速率与影响因素间的关系，在设计干燥器时，通常需要进行干燥实验以获得有关数据。

(1) 干燥实验　为了简化影响因素，干燥实验通常在恒定的干燥条件下进行，即用大量的空气干燥少量的物料，此时，可认为干燥介质的温度、湿度、流速及与物料的接触方式在干燥过程中保持不变，干燥条件接近恒定。

实验装置图如图 7-11 所示。实验时，记录不同时间湿物料的质量。实验测定进行到物料的质量恒定不变，物料与空气间的传质达到一种动态平衡，此时，物料所含水分为此空气状态下的平衡水分 X^*。实验结束后将物料烘干至恒重，称出绝干物料质量，量出干燥面积。

将实验所得数据整理后，可绘出如图 7-12 所示的干燥曲线。

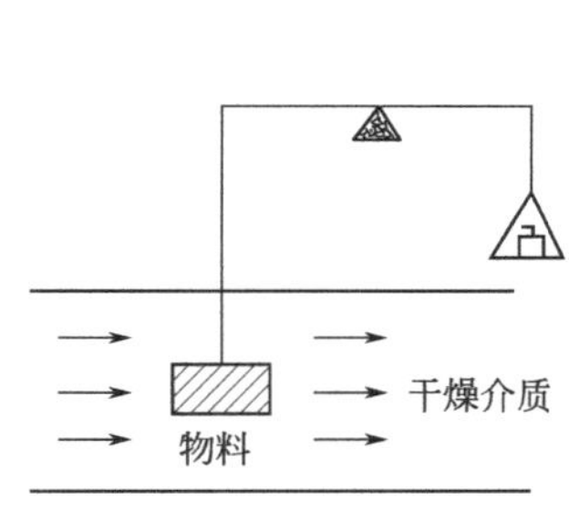

图 7-11　干燥实验装置

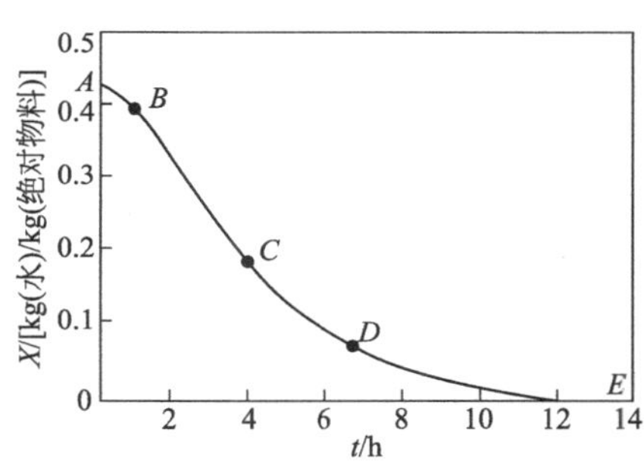

图 7-12　恒定干燥条件下的干燥曲线图

干燥曲线图中，横坐标为干燥时间 t，纵坐标为湿物料的干基含水量 X，从图 7-12 中可直接读出将含水量为 X_B的湿物料干燥至含水量 X_D所需的时间。

(2) 干燥速率　干燥速率指湿物料单位时间内、单位干燥面积上汽化的水分质量，用符号 U 表示，单位为 kg(水)/(m^2·s)。则

$$U=\frac{dW'}{S d\tau} \tag{7-23}$$

因

$$dW'=-G'_c dX$$

故

$$U=-\frac{G'_c dX}{S d\tau} \tag{7-24}$$

式中　W'——水分汽化量，kg；

S——湿物料与干燥介质的接触面积；

τ——干燥时间，s；

G'_c——绝干物料量，kg。

式中负号表示物料含水量 X 随时间增加而减少。

dX/dt 为干燥曲线的斜率，因而通过干燥曲线图可求取不同 X 下的干燥速率，可得干

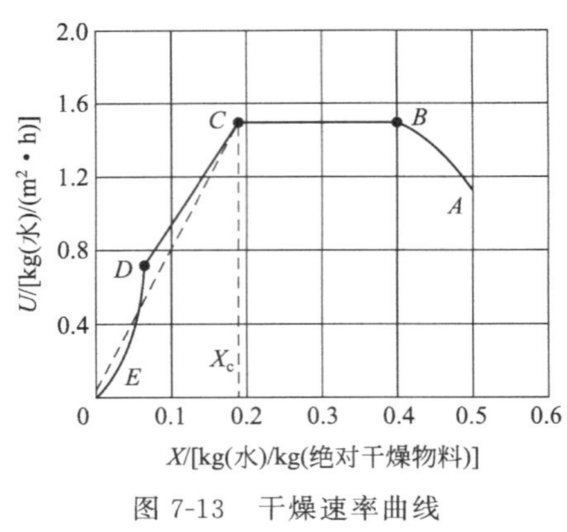

图 7-13 干燥速率曲线

燥速率曲线图，如图 7-13 所示。

干燥速率曲线表明，在一定干燥条件下，干燥速率 U 与物料含水量 X 的关系。从干燥速率曲线可以看出，干燥过程明显地分为两个阶段——恒速干燥阶段和降速干燥阶段。

① 恒速干燥阶段　图 7-13 中 BC 段所表示的阶段。在这个阶段中，干燥速率保持恒定值，且为最大值，干燥速率不随物料含水量的减少而变化。这是由于在此阶段物料的表面非常润湿，含有大量的非结合水分。物料表面水分汽化后，物料内部水分可源源不断地进行补充，物料表面与空气之间的传热和传质情况与测定湿球温度时相同。物料表面温度基本保持为空气的湿球温度。

在恒速干燥阶段，由于物料内部水分的扩散速率大于表面水分汽化速率，物料表面始终被水分所湿润。表面水分的蒸气压与空气水蒸气分压之差，即表面汽化推动力保持不变。空气传给物料的热量等于水分汽化所需热量。此时，干燥速率主要决定于表面汽化速率，决定于湿空气的性质，而与湿物料的性质关系很小，因此恒速干燥阶段又称为表面汽化控制阶段或干燥第一阶段。

图 7-13 中 AB 段为物料预热段，该阶段所需干燥时间极短，通常归入 BC 段处理。

② 降速干燥阶段　如 7-13 图中 CD 段所表示的阶段。在这个阶段内，物料的干燥速率不断下降，并近似地与湿物料中的自由水分成正比。

在降速干燥阶段，物料内部水分的扩散速率小于表面水分汽化速率，物料表面的湿润程度不断减小，干燥速率不断下降。此时，干燥速率主要决定于物料本身的结构、形状和大小等性质，而与空气的性质关系很小。因此，降速干燥阶段也称为内部水分扩散控制阶段或干燥第二阶段。

在降速干燥阶段，由于空气传给湿物料的热量大于水分汽化所需的热量，湿物料温度不断上升，与空气的温度之差逐渐减小，最终接近于空气的温度。

干燥速率曲线由恒速干燥阶段转为降速干燥阶段的转折点（C 点）称为临界点，与该点对应的湿物料含水量称为临界含水量（或临界水分），用 X_c表示。临界含水量由实验测定。

干燥速率曲线与横轴的交点 D 点所表示的物料含水量为该空气条件下的平衡含水量（平衡水分）X^*。

综上所述，当物料的含水量大于临界含水量 X_c时，属于恒速干燥阶段；当物料含水量小于临界含水量 X_c时，属于降速干燥阶段。当物料含水量为平衡含水量 X^*时，干燥速率等于零。在工业生产中，物料不会被干燥到 X^*，而是在 X_c和 X^*之间，视生产要求和经济核算而定。

（3）影响干燥速率的因素　影响干燥速率的因素有多种，仍以湿衣物的干燥为例，讨论影响因素。衣物在晴好干燥的天气下比阴雨天干得快，说明干燥介质的温度与湿度对干燥有影响。在同样的环境下，化纤、真丝类衣物一般比棉质衣物要干得快，说明物料的组成、结构、与水分的结合方式等会影响干燥。

在工业生产中，由于干燥过程是在干燥设备内完成的，干燥设备的结构对干燥速率也有影响。下面作进一步详细的讨论。

① 物料的性质和形状　湿物料的化学组成、物理结构、形状和大小、物料层的厚薄，以及与物料的结合方式等，都会影响干燥速率。在不同的干燥阶段，物料的性质对干燥速率影响不同。在恒速干燥阶段，干燥速率主要决定于表面汽化速率，决定于湿空气的性质，物料的性质对干燥速率影响很小。在降速干燥阶段，物料的性质和形状对干燥速率有决定性的影响。

② 物料的温度　物料的温度越高，干燥速率越大。但干燥过程中，物料的温度与干燥介质的温度和湿度有关。

③ 干燥介质的温度和湿度　干燥介质温度越高、湿度越低，则干燥第一阶段的干燥速率越大，但应以不损坏物料为原则，特别是对热敏性物料，更应注意控制干燥介质的温度。干燥介质温度过高，可能会损坏物料，造成临界含水量的增加，会使后期的干燥速率降低。

④ 干燥操作条件　主要指干燥介质与物料的接触方式，以及干燥介质与物料的相对运动方向和流动状况。

⑤ 干燥器的构造　上述各项因素很多都与干燥器的构造有关，所以许多新型干燥器就是针对某些因素而设计的。

聚氯乙烯树脂颗粒干燥过程流程选择

干燥临界湿含量以上的非结合水分，属于表面汽化控制干燥阶段，干燥速率保持定值，应选择气流管干燥器。

干燥临界湿含量以内的结合水分时，干燥属于内部扩散控制阶段，干燥速率随水分降低逐渐减小，就选择沸腾床干燥器或旋流床干燥器。

所以，聚氯乙烯树脂颗粒的干燥流程选择两段干燥流程，先用气流管干燥器快速去除表面水分，再用沸腾床或旋流床干燥器去除内部水分。

7.3.2　干燥设备选择

由于被干燥物料的形态（块状、膏状、粉状、粒状等）和性质（如耐热性、分散性、黏性等）各不相同，干燥后的要求（含水量、外观、强度、粒径等）也不相同，因而需采用不同的干燥器来满足不同的要求。根据不同的方法，可对干燥器进行分类。

根据传热方式的不同，可分为传导加热、对流加热、辐射加热、微波和介电加热干燥器。根据干燥容器的类型，可分为厢式、转筒、流化床、气流或喷雾干燥器等。也可按原料的物理形态来分类。根据产品在干燥器中的停留时间，可分为：停留时间很短（<1min）的有喷雾、转鼓干燥器等；停留时间较长的（>1h）的有隧道、小推车或带式干燥器。大多数干燥器中的停留时间居于其间。下面介绍几种常用的对流干燥器。

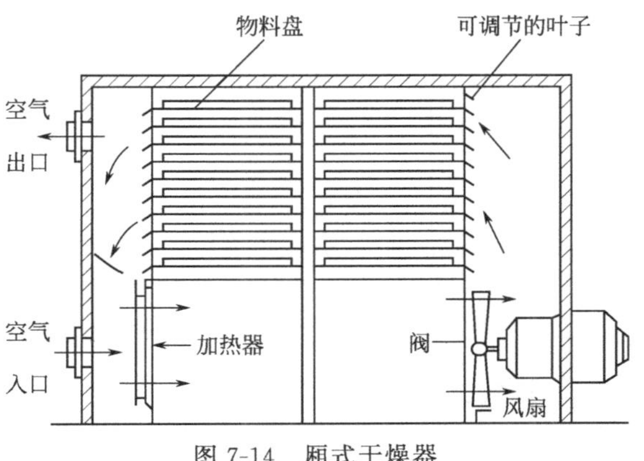

图 7-14　厢式干燥器

(1) 厢式干燥器　厢式干燥器为外形像车厢的干燥器，为间歇式干燥设备。图 7-14 为厢式干燥器的结构示意图。干燥器外壁为绝热保温层，内部主要结构有：逐层存放物料的盘子、框架、蒸汽加热翅片管（或无缝钢管）或裸露电热元件加热器。空气经风机引入到干燥器，经加热器加热后吹到湿物料表面达到干燥的目的。也有的厢式干燥器把物料盘分为上、中、下三组，每组有若干层，组间设有中间加热器，使空气分段加热和废汽部分循环使用，可使厢内空气温度均匀，提高热量利用率。

厢式干燥器结构简单，适应性强，可用于干燥小批量的粒状、片状、膏状、不允许粉碎和较贵重的物料。干燥程度可以通过改变干燥时间和干燥介质的状态来调节。但厢式干燥器具有干燥时间长、产品质量不稳定、装卸劳动强度大、操作条件差、热效率低等缺点。主要用于实验室和小规模生产。

(2) 转筒干燥器　如图 7-15 所示，转筒干燥器主体是一个与水平面稍成倾角的钢制圆筒。转筒外壁装有两个滚圈，整个转筒的重量通过这两个滚圈由托轮支承。转筒由腰齿轮带动缓缓转动，转速一般为 1～8r/min。转筒干燥器是一种连续式干燥设备。湿物料由转筒较高的一端加入，随着转筒的转动，不断被其中的抄板抄起并均匀地洒下，以便湿物料与干燥介质能够均匀地接触。同时物料在重力作用下不断地向出口端移动。干燥介质可用热空气、烟道气或其他气体，可与物料作并流或逆流流动。

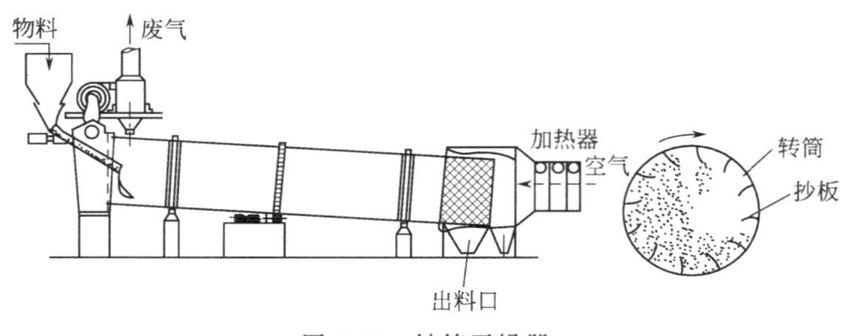

图 7-15　转筒干燥器

转筒干燥器的生产能力大，气体阻力小，操作比较稳定，操作弹性大，与气流干燥器、流化床干燥器相比，对物料含水量、粒度等变动的适应强。可用于干燥粒状和块状物料。其缺点是钢材耗用量大，设备笨重，基建费用高，占地面积大。主要用于干燥硫酸铵、硝酸铵、复合肥以及碳酸钙等物料。

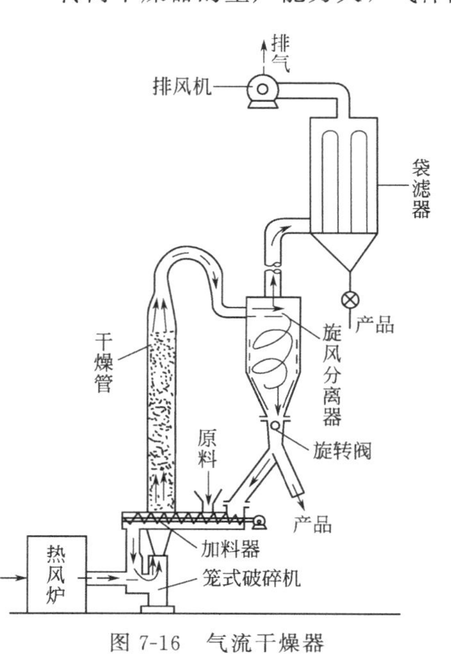

图 7-16　气流干燥器

(3) 气流干燥器　气流干燥也称为“瞬间干燥”，它是利用高速流动的热空气，使物料悬浮于空气中，在气力输送状态下完成干燥过程。气流干燥器结构如图 7-16 所示。操作时，热空气由风机送入干燥管下部，以 20～40m/s 的速度向上流动，湿物料由加料器加入，物料在干燥管中被高速上升的气流分散并呈悬浮状，与热空气一起向上流动，由于物料与空气的接触非常充分，且两者都处于运动状态，因此，气固之间的传热和传质系数都很大，物料中的水分得以很快干燥。被干燥后的物料和废气一起进入气流管出口处的旋风分离器，废气由分离器的升气管上部经袋滤器收回粉尘后排出，干燥产品则由分离器的下部引出。

在第 7.1 节介绍的聚氯乙烯干燥工艺中就采用了气流干燥器进行干燥。

气流干燥器是一种干燥速率很高的干燥器。具有结构简单，造价低，占地面积小，干燥时间仅 0.5～2s，操作稳定，便于实现自动化控制等优点。其缺点是气流阻力大，动力消耗多，设备太高（干燥管通常在 10m 以上），产品易磨碎，旋风分离器负荷大。由于干燥速率快、干燥时间短，对某些热敏性物料在较高温度下干燥也不会变质，适宜干燥不严重黏结、不怕磨损的颗粒状物料。气流干燥器广泛用于化肥、塑料、制药、食品和染料等工业部门，干燥粒径在 10mm 以下含非结合水分较多的物料。

(4) 沸腾床干燥器　沸腾床干燥器又称流化床干燥器，是固体流态化技术在干燥中的应用。工业上常用的沸腾床干燥器类型，从结构上可分为单层圆筒形、多层圆筒形、卧式多室形、喷雾形等。

图 7-17 为卧式沸腾床干燥器结构示意图。干燥器内用垂直挡板分隔成 4～8 室，挡板与水平空气分布板之间留有一定间隙（一般为几十毫米），使物料能够从一室进入下一室。湿物料由第一室加入，依次流过各室，最后越过出口堰板排出。热空气通过空气分布板分别进入各室，通过物料层，并使物料处于流态化，由于物料上下翻滚、互相混合，与热空气接触充分，从而使物料能够得到快速干燥。干燥后的物料由最后一室的卸料口卸出，产品得到迅速冷却，以便包装、收藏。

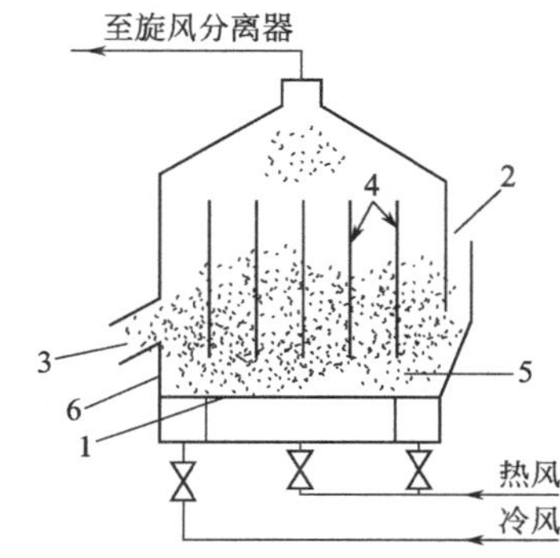

图 7-17　卧式沸腾床干燥器
1—多孔分布板；2—加料口；3—出料口；4—挡板；5—物料通道；6—出口堰

沸腾床干燥器结构简单，活动部件少，造价和维修费用较低；物料在干燥器内的停留时间的长短可以调节；气固接触好，干燥速率快，热能利用率高，能得到较低的最终含水量；空气的流速较小，物料与设备的磨损较轻，压降较小。多用于干燥粒径在 6～30mm 的物料。由于沸腾床干燥器优点较多，适应性较广，在生产中得到广泛应用。

(5) 喷雾干燥器　喷雾干燥器是直接将溶液、悬浮液、浆状物料或熔融液干燥成固体产品的一种干燥设备。它将物料喷成细微的雾滴分散在热气流中，使水分迅速汽化而达到干燥目的。

图 7-18、图 7-19 分别表示喷雾干燥原理和喷雾干燥流程。操作时，高压溶液从喷嘴呈

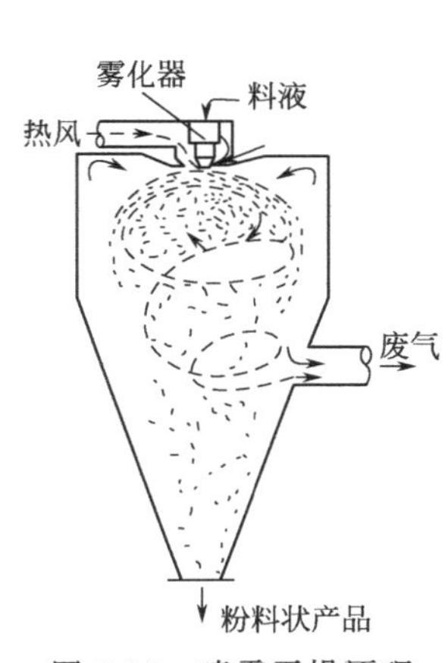

图 7-18　喷雾干燥原理

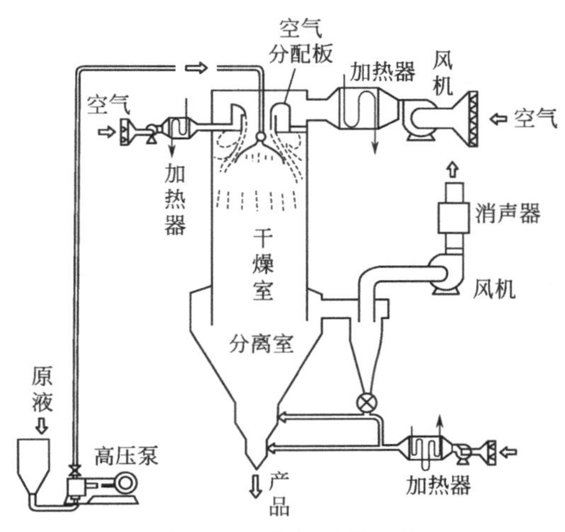

图 7-19　喷雾干燥流程

雾状喷出，雾状的液滴能均匀地分布在热空气中。与从干燥器上端进入的热空气接触，由于液滴表面积很大，与高温热风接触后水分迅速蒸发，极短时间内成为干燥产品，从干燥器底部排出，废气经旋风分离器和排风机排出。

喷雾干燥器的干燥速率快，完成干燥一般只需20～30s，适用于热敏性物料；可以从料浆直接得到粉末产品；产品质量好，具有良好的分散性、流动性；劳动条件较好；操作稳定，便于实现连续化和自动化生产。其缺点是设备庞大，能量消耗大，热效率较低。喷雾干燥器常用于牛奶、蛋品、血浆、洗涤剂、抗生素、染料等的干燥。

由于工业生产中被干燥的物料种类繁多，对产品质量的要求又各不相同，因此选择合适的干燥器非常重要。若选择不当，将导致产品质量达不到要求，或是热量利用率低、动力消耗高，甚至设备不能正常运行。

通常，可根据被干燥物料的性质和工业要求选择几种适用的干燥器，然后对所选干燥器的设备费用和操作费用进行技术经济核算，加之以与工业设备相似的设备进行试验，最终确定干燥器的类型。具体地说，选择干燥器类型时需要满足以下条件。

① 保证产品的质量要求，指产品经干燥后要达到规定的干燥程度，同时要满足对产品形态、物理化学性质等的要求。例如，有的产品要求保持一定的结晶形状和色泽，有的产品要求不变性、不龟裂等。

② 干燥速率高，干燥时间短，以减小设备尺寸，降低能耗。

③ 热量的利用率高，干燥的热效率是干燥装置的重要经济指标。不同类型的干燥器的热效率不同。选择干燥器时，在满足干燥基本要求的条件下，应尽量选择热效率高的干燥器。

④ 干燥系统的流体阻力小，以降低输送加热介质的动力消耗。

⑤ 选择干燥器时还应考虑操作简单、易于控制、劳动条件好、维修方便等因素。

8 萃取操作方案

利用组分在两个互不相溶的液相中的溶解度差而将其从一个液相转移到另一个液相的分离过程称为液-液萃取，也叫溶剂萃取，简称萃取。

待分离的一相称为被萃相，萃取后成为萃余相，用做分离剂的相称为萃取相。萃取相中起萃取作用的组分称为萃取剂，起溶剂作用的组分称为稀释剂或溶剂。

萃取操作的基本过程如图 8-1 所示。将一定的溶剂（萃取剂）加到被分离的混合液（原料液）中，采取措施（如搅拌）使原料液和萃取剂充分混合，在混合过程中溶质通过相界面由原料液相向萃取剂相中扩散。待两相充分混合后，再利用沉降使两液相分层，加以分离。

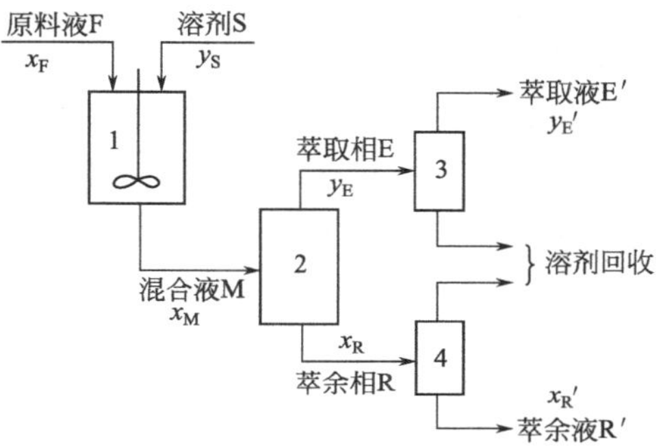

图 8-1　萃取操作基本过程

在萃取过程中，所用的溶剂称为萃取剂，混合液体为原料液，原料液中欲分离的组分称为溶质，其余组分称为稀释剂（或称原溶剂）。萃取操作中所得到的溶液称为萃取相，其成分主要是萃取剂和溶质，剩余的溶液称为萃余相，其成分主要是稀释剂，还含有残余的溶质等组分。

萃取后得到的萃取相需要用精馏或反萃取等方法进行分离，得到含溶质的产品（萃取液 E′）和萃取剂，萃取剂供循环使用。萃余相通常含有少量萃取剂，也需应用适当的分离方法回收其中的萃取剂。

(1) 液液萃取过程的特点

① 萃取过程的传质前提是两个液相之间的相互接触。

② 两相的传质过程是分散相液滴和连续相之间相际传质过程。

③ 两相间的有效分散是提高萃取效率的有效手段。

④ 两相的分离需借助两相的密度差来实现。

⑤ 液液萃取过程可以在多种形式的装置中通过连续或间歇的方式实现。

(2) 萃取剂的选择

① 萃取剂应具备的特点

a. 萃取剂中至少要有一个能与被萃物形成萃合物的官能团。常见的萃取官能团通常是一些包含 N、O、P、S 的基团。

b. 萃取剂中还应包含具有较强亲油能力的结构或基团，如长链烃、芳烃等，以利于萃取剂在稀释剂中的溶解，并防止被萃相对它的溶解夹带损失。

② 萃取剂选择要点

a. 选择性好　表现为分离系数大。

b. 萃取容量大　表现为单位体积或单位质量溶解萃取物多。

c. 化学稳定性强　耐酸碱、抗氧化还原、耐热、无腐蚀。

d. 易与原料液相分层　不乳化、不产生第三相。

e. 易于反萃或分离　便于萃取剂的重复利用。

f. 安全性好　无毒或低毒、不易燃、难挥发、环保。

g. 经济性好　成本低、损耗小。

③ 常用萃取剂

a. 中性萃取剂　包括含磷类、含氧类和含硫类重型萃取剂，如磷酸三丁酯（TBP）、甲基异丁基酮（MIBK）、二辛基亚砜（DOSO）等。

b. 有机酸萃取剂　包括有机磷酸、有机磺酸、羧酸等。

c. 胺类萃取剂　各种有机胺和胺盐。

d. 螯合萃取剂　各种有机螯合物、冠醚等。

萃取操作在无机化工、石油化工、精细化工、原子能化工和环境保护等方面已被广泛应用。下面分别介绍无机萃取和有机萃取的典型实例。

萃取过程在无机化学工业生产过程中最重要的应用就是在湿法冶金过程中提取、分离各种金属元素。下面以稀有金属锆、铪的分离过程为例简单介绍。

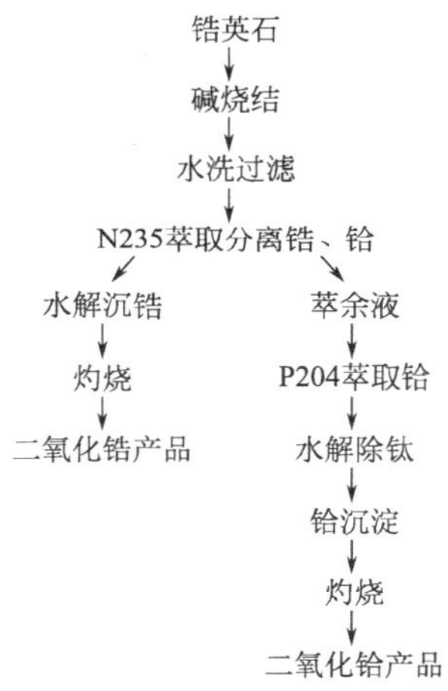

图 8-2　金属锆、铪分离过程

锆、铪分离过程如图 8-2 所示。

据统计，至今已经对周期表中 94 种元素的萃取性能进行了研究。萃取技术适用于冶金过程的不同处理阶段，其中包括：

① 从矿石浸出液中提取金属；

② 分离性质相近的金属元素；

③ 从工业废液中回收有价金属元素。

随着萃取技术的不断改进，开采各种低品位矿需求的增加，以及对环境保护的日益强烈的要求，将会促使采用萃取过程选择性地生产某种特定金属（包括锌、铝、铝、铋等）的新方法不断发展，萃取过程将在冶金工业中得到更加广泛的应用。

萃取过程在有机化学工业中的应用也相当广泛。例如，在石油和石油化学工业中，用于芳烃抽提、丙烷脱沥青、糠醛精制，以及利用石油基作原料合成醋酸、生产丙烯酸等多种工艺过程。在煤焦油工业中，用于从煤焦油馏分中萃取苯酚和分离苯酚同系物等过程。在制药工业中，用于从发酵液中回收抗生素（青霉素的生产是最好的例证）和各种生物碱（如马钱子碱、二甲马钱子碱、奎宁）的生产。在油脂工业中，用于动物油和植物油的净化与肥皂的生产等过程。在食品工业中，应用于磷酸三丁酯从发酵液中萃取柠檬酸等过程。表 8-1 综合了萃取法在有机化工中的部分应用实例。

表 8-1　萃取法在有机化工中的部分应用实例

行　业	原　料	溶　剂	萃　取　物
石油工业	① 汽油和煤油馏分 ② 催化重整物、直馏汽油或煤油 ③ 含重渣油的石蜡 ④ C_4烃类化合物 ⑤ 石脑油	① 环丁砜 ② 二甲基亚砜 ③ 丙烷 ④ 二甲基甲酰胺 ⑤ 糠醛、糠醇、水	① 芳香烃 ② 芳香烃 ③ 石蜡及沥青 ④ 丁二烯 ⑤ 重芳香族化合物

续表

行 业	原 料	溶 剂	萃 取 物
炼焦工业	① 焦炉油 ② 粗焦馏物 ③ 煤气水洗液	① 二甘醇和水 ② 甲醇、水和己烷 ③ 重苯溶剂油 N503	① 芳香烃 ② 焦油酸 ③ 酚
油脂工业	① 植物油和动物脂 ② 植物油	① 丙烷 ② 糠醛	① 不饱和甘油酯和维生素 ② 不饱和甘油酯
医药工业	① 麻黄草浸渍液 ② 含青霉素发酵液	① 苯、二甲苯 ② 醋酸丁酯	① 麻黄素 ② 青霉素
其他	① 醋酸稀溶液 ② 催化裂化石油厂废水	① 乙酸乙酯 ② 轻催化油	① 醋酸 ② 酚

此外，液-液萃取在生物化工、分析、环保等方面也有广阔的应用，例如，发酵液中酶的提取及各种酶之间的分离；核酸的分离及纯化。又例如，大量钍中微量铀的测定，就经常用某种萃取剂（TRPO）先萃取分离铀、钍，然后再进行铀的比色测定。

在液-液萃取技术不断扩大其应用领域的同时，还不断地发展了若干新技术，除了前已叙述的方法之外，随着回流萃取、双溶剂萃取、液膜萃取、超临界萃取等技术的问世，以及萃取与其他分离手段相结合的技术，使得液-液萃取技术成为具有广阔发展前景的单元操作之一。

8.1 萃取操作原理

(1) 液-液相平衡 工业萃取过程中萃取剂与稀释剂一般为部分互溶，涉及的是三元混合物的平衡关系，一般采用三角形坐标图来表示。

① 三角形坐标图 可用等腰直角三角形、等边三角形、不等腰直角三角形坐标图（图 8-3）。

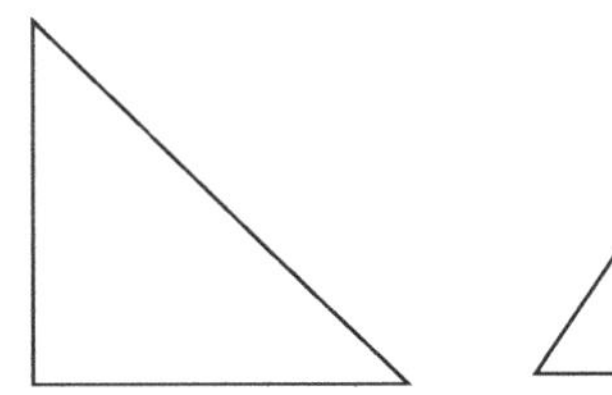
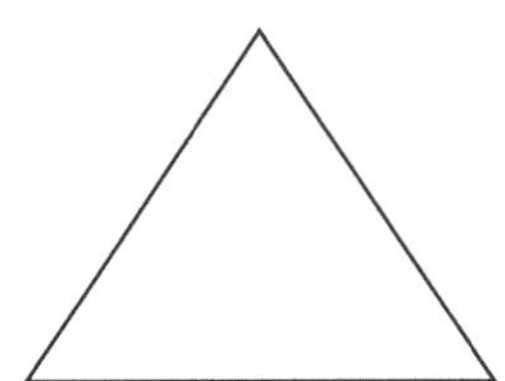
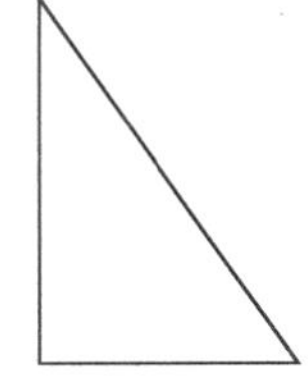

图 8-3 三角形相图

② 组成表示 组分的浓度以摩尔分数、质量分数表示均可。本章中 x_A、x_B、x_S 分别表示 A、B、S 的质量分数（图 8-4）。

三角形的三个顶点分别表示 A、B、S 三个纯组分。

三条边上的任一点代表某二元混合物的组成，不含第三组分。E 点：$x_A=0.4$，$x_B=0.6$。

三角形内任一点代表某三元混合物的组成。M 点：$x_A=0.4$，$x_B=0.3$，$x_S=0.3$。

③ 物料衡算与杠杆规则 描述两个混合物 C 和 D 形成一个新的混合物 M 时，或者一个混合物 M 分离为 C 和 D 两个混合物时，其质量之间的关系（图 8-5）。

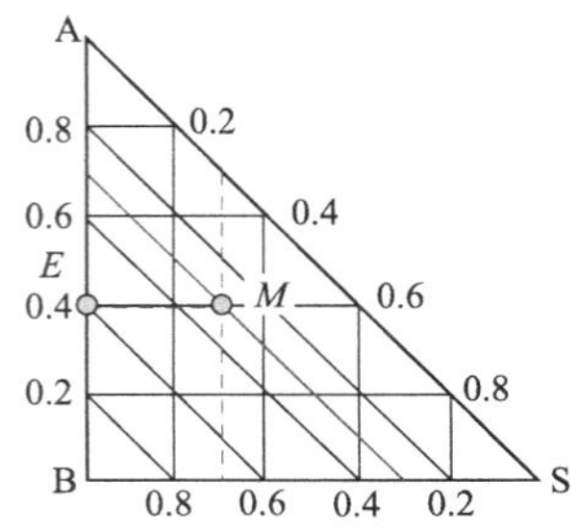

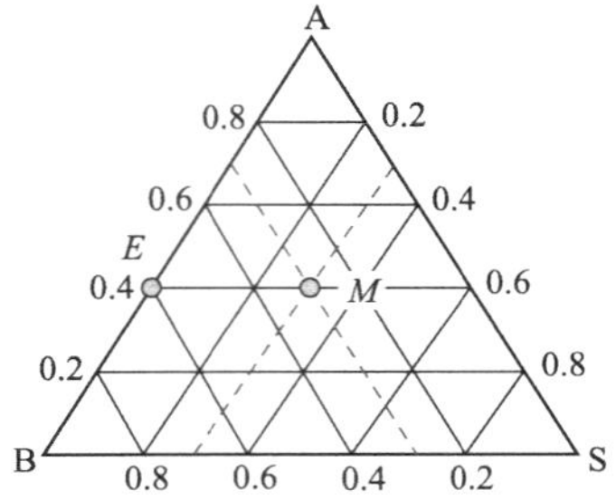

图 8-4　组成表示

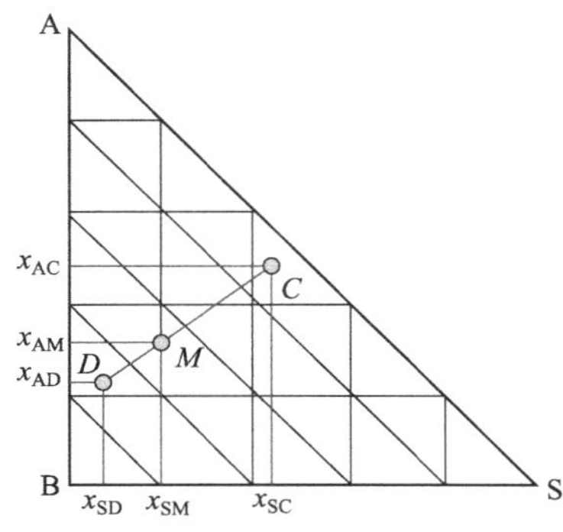

图 8-5　物料衡算与杠杆规则

a. M 点为 C 与 D 点的和点，C 点为 M 点与 D 点的差点，D 点为 M 点与 C 点的差点。分点与合点在同一条直线上，分点位于合点的两边。

b. 分量与合量的质量与直线上相应线段的长度成比例，即：

$$C/D=\frac{\overline{DM}}{\overline{CM}}\text{；}C/M=\frac{\overline{DM}}{\overline{CD}}\text{；}D/M=\frac{\overline{CM}}{\overline{CD}}$$

CD 线上不同的点代表 C、D 以不同质量比进行混合所得的混合物；混合物 M 可分解成任意两个分量，只要这两个分量位于通过 M 点的直线上，在 M 点的两边即可。

总物料衡算：

$$C+D=M \tag{8-1}$$

A 组分的衡算：

$$Cx_{AC}+Dx_{AD}=Mx_{AM} \tag{8-2}$$

S 组分的衡算：

$$Cx_{SC}+Dx_{SD}=Mx_{SM} \tag{8-3}$$

$$C(x_{AC}-x_{AM})=D(x_{AM}-x_{AD})$$

$$C(x_{SC}-x_{SM})=D(x_{SM}-x_{SD})$$

CM 线斜率

$$\frac{x_{AC}-x_{AM}}{x_{SC}-x_{SM}}=\frac{x_{AM}-x_{AD}}{x_{SM}-x_{SD}}$$

MD 线斜率

$$\frac{D}{C}=\frac{x_{AC}-x_{AM}}{x_{AM}-x_{AD}}=\frac{\overline{CM}}{\overline{DM}}$$

④ 三元液-液平衡　按组分间互溶度的不同，可将三元混合液分为：

第一类，溶质 A 可完全溶解于 B 及 S 中，而 B、S 不互溶；

第二类，溶质 A 可完全溶解于 B 及 S 中，而 B、S 只能部分互溶；

第三类，溶质 A 与 B 完全互溶，B 与 S 和 A 与 S 部分互溶。

萃取中第二类物系较普遍，故主要讨论该类物系的液-液相平衡。

a. 双结点溶解度曲线　组成落在单相区的三元混合物形成一个均匀的液相（图 8-6）。

共轭相：组成落在双相区的三元混合物所形成的两互成平衡的液相，其组成分别由 R 点和 E 点表示。

连接线：连接 E、R 两点的直线。

b. 辅助曲线　实验测得的平衡连接线（即共轭相的组成数据）是有限的，对其他组成的液-液平衡数据，可以采用辅助曲线的方法获得（图 8-7）。

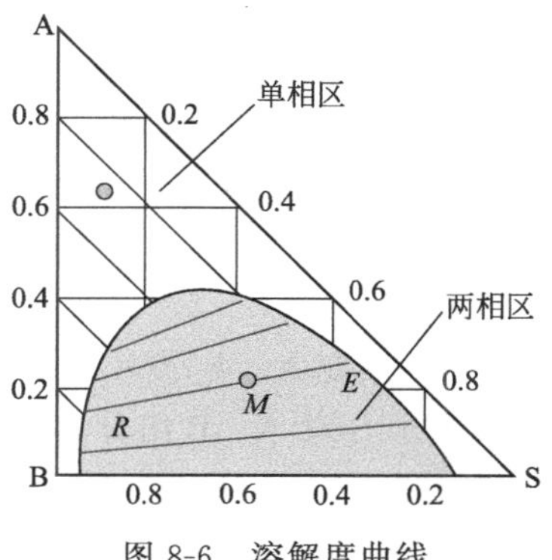

图 8-6　溶解度曲线

(2) 萃取在相图上的表示　在只含有组分 A 与 B 的原料液 F 中加入一定量的萃取剂 S 后，得到新的混合液 M，见图 8-8，由杠杆规则知 F、S 和 M 之间的关系为

$$S/F=\frac{\overline{FM}}{\overline{MS}}$$

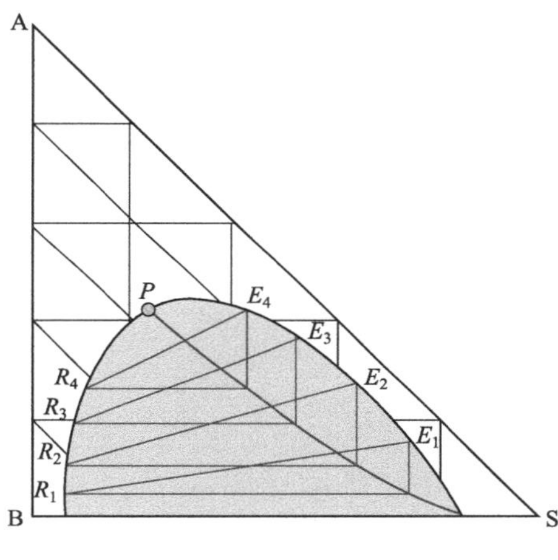

图 8-7　辅助曲线

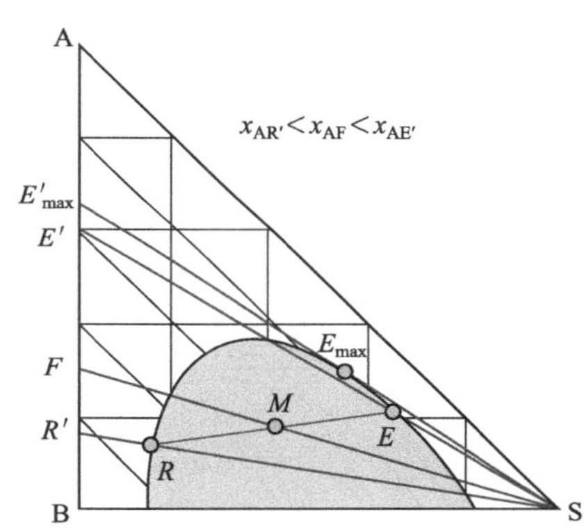

图 8-8　相图上的萃取过程

M 静置分层得萃取相 E 和萃余相 R，其质量关系为

$$E/R=\frac{\overline{RM}}{\overline{EM}}$$

从萃取相 E 中除去萃取剂 S 后得萃取液 E′；

从萃余相 R 中除去萃取剂 S 后得萃余液 R′；

单级萃取中，萃取相能达到的最大 A 组分含量为 E_{max}点的组成，对应的萃取液组成点为 E'_{max}。

(3) 萃取分离效果及其主要影响因素

① 萃取率（提取率）

$$E=\frac{\text{萃取液中被提取的溶质 A 的质量(kg)}}{\text{原料液中溶质 A 的质量(kg)}} \tag{8-4}$$

② 分配系数　一定温度下，A 组分在互成平衡的两液相中的浓度比

$$k_A=\frac{\text{A 组分在萃取相中的浓度}}{\text{A 组分在萃余相中的浓度}}=\frac{y_A}{x_A} \tag{8-5}$$

$$k_B=\frac{y_B}{x_B} \tag{8-6}$$

一般 k_A不为常数，而随温度、溶质 A 的浓度变化。

在 A 浓度变化不大和恒温条件下，k_A可视为常数（平衡常数 m），其值由实验测得。

k_A只反映 S 对 A 的溶解能力，不反映 A、B 的分离程度。

③ 选择性系数　两相平衡时，萃取相 E 中 A、B 组成之比与萃余相 R 中 A、B 组成之比的比值。

$$\beta=\frac{y_A/y_B}{x_A/x_B}=\frac{k_A}{k_B} \tag{8-7}$$

如果 k_A变大，k_B变小，β 会变大。

β 表示 S 对 A、B 组分溶解能力差别，即 A、B 的分离程度。

在 k_B一定时，k_A增大，会使 β 变大。

在 k_A一定时，k_B减小，会使 β 变大。

选择与稀释剂互溶度小的溶剂，可增加分离效果。

④ 温度对萃取过程的影响　相图上两相区的大小，不仅取决于物系本身的性质，而且与操作温度有关。一般情况下，温度上升，互溶度增加，两相区减小。温度特别高时，两相区会完全消失，致使萃取分离不能进行（图 8-9）。

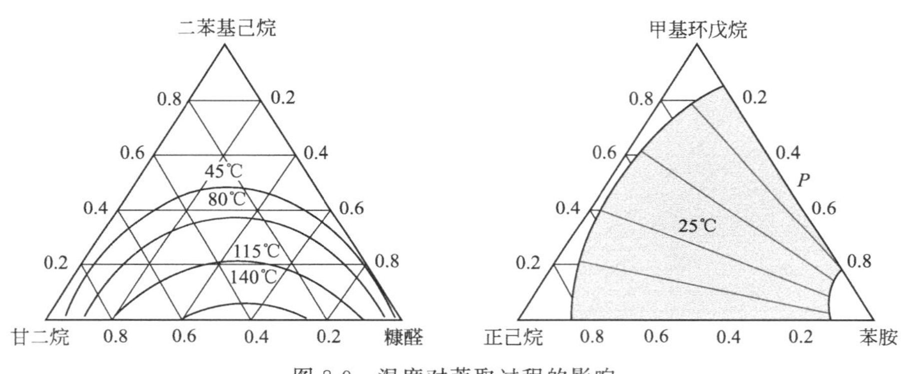

图 8-9　温度对萃取过程的影响

8.2　萃取流程选择

（1）单级萃取流程　如图 8-10 所示，单级萃取是指原料液 F 与萃取剂 S 只进行一次混合、传质，具有一个理论级的萃取分离过程。

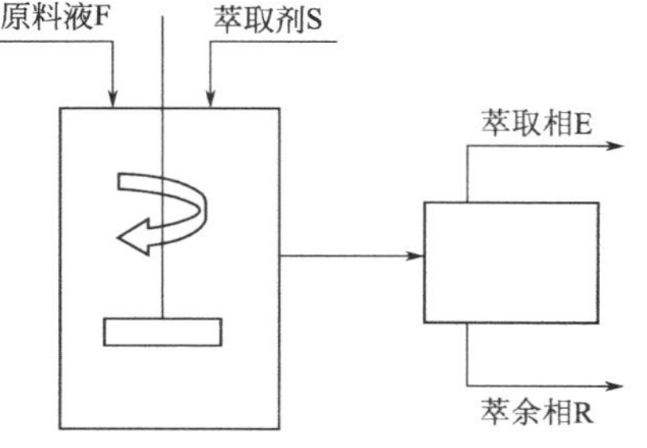

图 8-10　单级萃取流程

原料液 F 与萃取剂 S 一起加入混合器内搅拌混合萃取；达到平衡后的溶液送到分离器内分离得到萃取相 E 和萃余相 R；萃取相送到回收器，萃余相 R 为废液；在回收器内产物与溶剂分离（如蒸馏、反萃取等），溶剂则可循环使用。

（2）多级萃取流程　多级萃取是指物料液 F 与萃取剂 S 进行多次混合、传质，具有多个理论级的萃取分离过程。在实际生产中，常见的多级萃取有多级错流萃取操作和多级逆流萃取操作。

多级萃取的每一级中都应满足以下要求：

a. 为萃取剂与原料液提供密切接触的机会，以利于两相间的传质。

b. 使混合后的两液相较完全地分为轻重两个液层，以便于进一步处理。

c. 需要溶剂回收设备，以得到所需的分离产品，并使萃取溶剂能循环使用。

① 多级错流萃取　如图 8-11 所示，料液经萃取后，萃余液再与新鲜萃取剂接触，再进行萃取。第一级的萃余液进入第二级作为料液，并加入新鲜萃取剂进行萃取；第二级的萃余液再作为第三级的料液，以此类推。此法特点在于每级中都加溶剂，故溶剂消耗量大，而得到的萃取液平均浓度较稀，但萃取较完全。

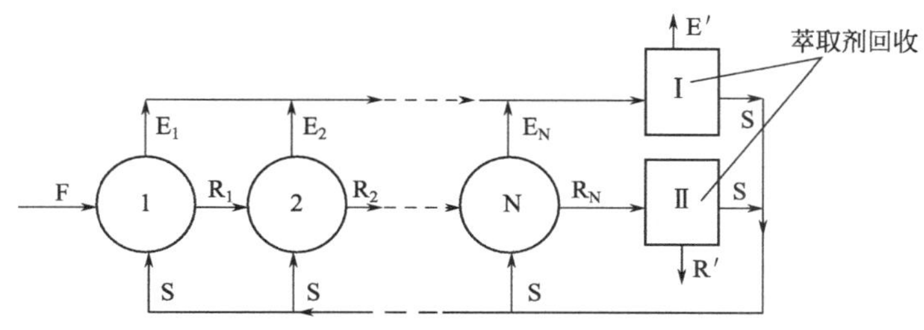

图 8-11　多级错流萃取流程

由此可见，当萃取剂用量相同时，二级萃取收率比单级萃取收率要高。也就是说，在萃取剂用量一定的情况下，萃取次数越多，则萃取越完全。

多级错流萃取流程的特点：每级均加新鲜溶剂，故溶剂消耗量大，得到的萃取液产物平均浓度较稀，但萃取较完全。

② 多级逆流萃取　如图 8-12 所示，在第一级中加入料液（F），萃余液顺序作为后一级的料液，而在最后一级加入萃取剂（S），萃取液顺序作为前一级的萃取剂。由于料液移动的方向和萃取剂移动的方向相反，故称为逆流萃取。

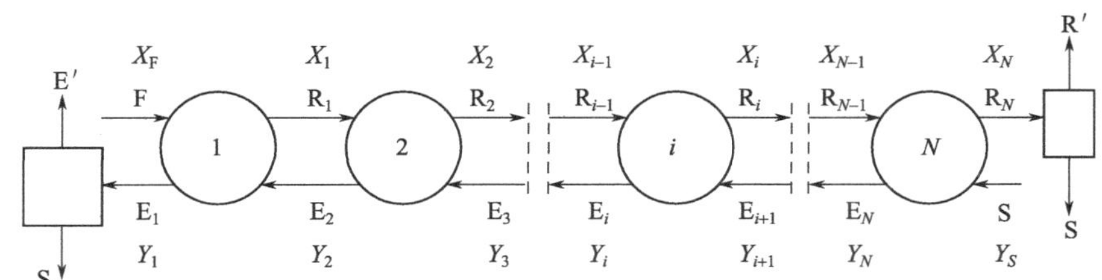

图 8-12　多级逆流萃取流程

此法与多级错流萃取相比，萃取剂耗量较少，因而萃取液平均浓度较高。

多级逆流萃取流程的特点：料液走向和萃取剂走向相反，只在最后一级中加入萃取剂，萃取剂消耗少，萃取液产物平均浓度高，产物收率较高。工业上多采用多级逆流萃取流程。

青霉素的多级逆流萃取。

青霉素的提取采用溶剂萃取法。青霉素游离酸易溶于有机溶剂，而青霉素盐易溶于水。利用这一性质，在酸性条件下青霉素转入有机溶剂中，调节 pH，再转入中性水相，反复几次萃取，即可提纯浓缩。选择对青霉素分配系数高的有机溶剂，工业上通常用醋酸丁酯或醋酸戊酯，萃取 2～3 次。

溶剂萃取法提取青霉素的效果除了已选定适当的有机溶剂、破乳化剂和离心分离设备外，还与 pH、温度和萃取方式及浓缩比等因素有关。青霉素在酸性条件下极易被水解破坏，生成青霉素酸，但根据 pH 的要求，又一定要在酸性时才能将青霉素转移到有机溶剂中，因此合适的 pH 很重要。在中性 pH 下青霉素以成盐的形式溶于水中，转移也较完全。如果碱性过强，则已发生碱性水解，而且杂质也易转到水相中，质量也较差。在低温条件下提取青霉素较为有利，并且提取过程中停留的时间越短越好。青霉素在醋酸戊酯中于 0～15℃放置 24h 不致损失效价，但在温室下效价损失可达 5.32%。萃取方式和浓缩比也有很大影响，根据萃取方式和理论收率的计算得知，多级逆流萃取较理想，目前生产上采用二级逆流萃取方式。浓缩比的选择也很重要，因为醋酸戊酯的用量与收率和质量都有关系。若醋酸戊酯用量太多，虽然萃取较完全、收率高，但达不到结晶浓度要求，反而增加溶剂的耗用量；若醋酸戊酯用量太少，则萃取不完全，影响收率。

如图 8-13 所示，青霉素发酵过滤液进入第一级萃取罐，在此与从第二级分离器来的萃取相（含产品青霉素）混合萃取，然后流入第一级分离器分成上下层，上层为萃取相，富含目的产物，送去蒸馏回收溶剂和产物进一步精制；下一层为萃余相，含目的产物浓度比新鲜料液低得多，送第二级萃取；如此经三级萃取后，最后一级的萃余相作为废液排走。

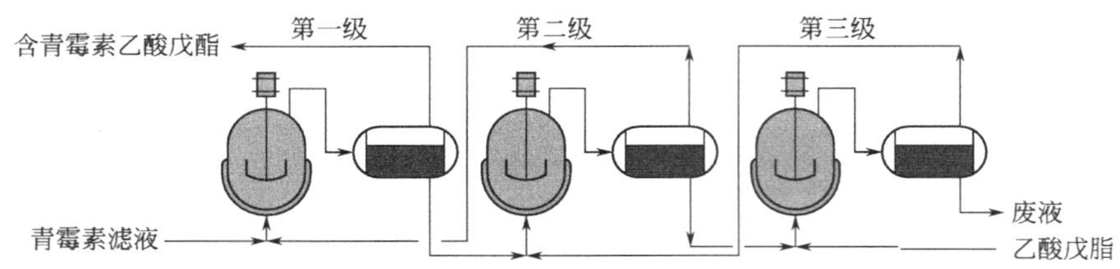

图 8-13　三级逆流萃取青霉素流程

③ 连续接触逆流萃取　连续接触逆流萃取过程见图 8-14。分散相：不宜与填料或塔壁材料相润湿，以免液滴在壁面上并聚，形成膜状流动，减小传质面积；分散相在塔内体积小，可选昂贵或易燃液体作分散相（图 8-14）。

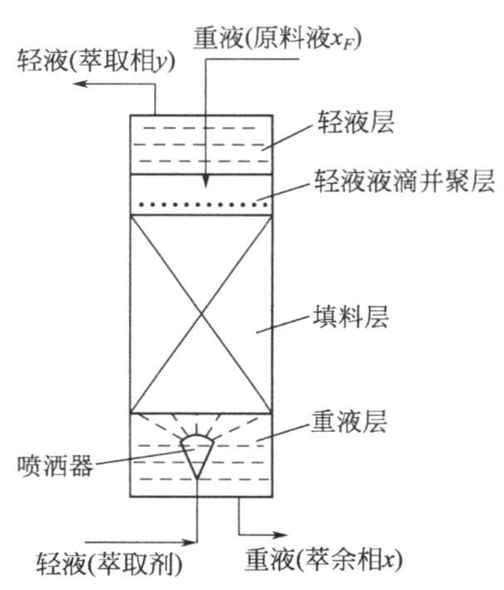

图 8-14　连续接触逆流萃取过程

8.3　萃取设备选择

(1) 混合-澄清萃取器　混合-澄清器是运用最早、使用较广泛的一种萃取设备，它主要由混合器与澄清器两部分构成，如图 8-15 所示。

特点：混合-澄清萃取器结构简单、操作方便，适用于多种物系的萃取操作。混合-澄清萃取器易实现多级连续操作，处理量较大，传质效率高；但占地面积大，溶剂储量大，设备费和操作费较高。

(2) 离心式萃取机　如图 8-16 所示，离心式萃取设备是利用离心力的作用使两相快速充分混合和快速分相的一种萃取设备。轻相引至外圈，重相中心进入，高速旋转时，重液从中心向外流动，轻液由外缘向中心流动，两相在螺旋通道内逆流流动，进行传质。

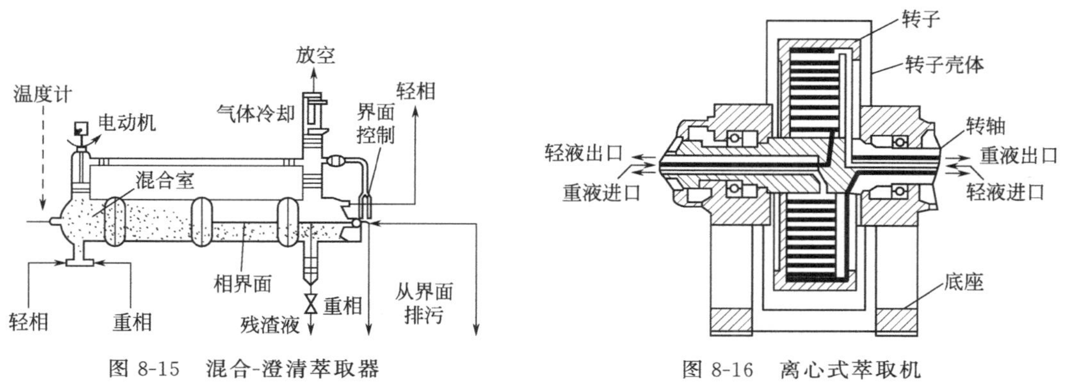

图 8-15　混合-澄清萃取器　　图 8-16　离心式萃取机

结构：由高速旋转的转鼓和固定的外壳组成。转鼓内装有带筛孔的狭长金属带绕制成的螺旋圆筒或多层同心管。

特点：结构紧凑，物料停留时间短，分离效率高；特别适用于处理两相密度差很小，易产生乳化以及贵重、易变质的物料，如抗生素的分离。该设备结构复杂，能耗高，维修费用高。

(3) 塔式萃取设备　塔式萃取设备是借助液液两相的密度差和重力进行垂直逆向流动实现萃取分离的设备。

① 填料萃取塔　如图 8-17 所示，填料萃取塔的构造与前面介绍的精馏或吸收所用的填料塔基本相同，塔内装有适宜的填料，轻液相由塔底进入，从塔顶排出；重液相由塔顶进入，由塔底排出。萃取操作时连续相充满整个塔中，分散相由分布器分散成液滴进入填料层，并与连续相接触传质。

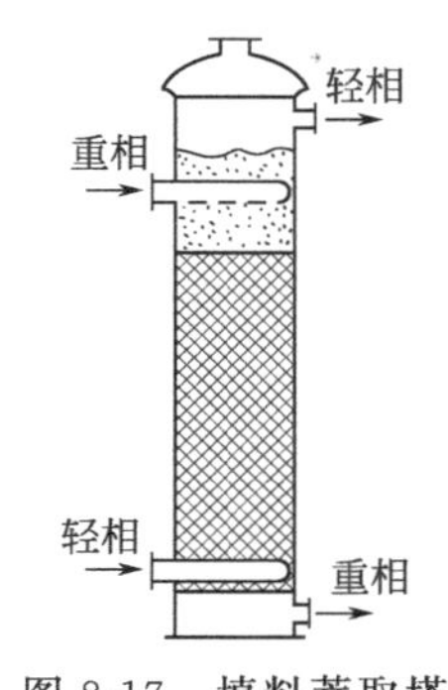

图 8-17　填料萃取塔

重相作为连续相由上部进入，下部排出；而轻相作为分散相从下部进入，顶部排出。

填料的作用：填料可以减少连续相的纵向返混，有助于分散的液滴不断地破裂与再生，促使表面不断更新。

特点：填料萃取塔结构简单，操作方便，可有效地减少轴向返混，适合处理腐蚀性料液；但其传质效率不高，仅适用于 1～3 个理论级场合的萃取操作。

② 筛板萃取塔　组成：筛板萃取塔的构造与前面介绍的精馏或吸收所用的筛板塔基本相同，如图 8-18 所示。塔内装有若干层筛板，筛孔直径比气液传质的孔径要小，工业生产中用孔径为 3～9mm，孔距为孔径的 3～4 倍，板间距为 150～600mm。

a. 若以轻相为分散相，则它们通过板上筛孔分成细滴向上流，然后又凝聚于上一层筛板下面，而连续相由溢流管流至下层，横向流过筛板并与分散相接触。

b. 若以重相为分散相，则重相的液滴凝聚于筛板上面，然后穿过筛孔分散成液滴落入连续的轻相中，轻相则连续地从升液管进入上一层塔板直到塔顶。

筛板塔构造比较简单、造价低，可有效地减少轴向返混，能处理腐蚀性料液，因而运用较为广泛。

③ 转盘萃取塔　组成：塔内壁安有若干个环形挡板（固定环），固定环将塔内分隔成许多小室，中心轴上安装有多层圆盘，处于两固定环中间，起搅拌作用。可以抑制轴向返混，增大相际接触界面和传质系数，如图 8-19 所示。

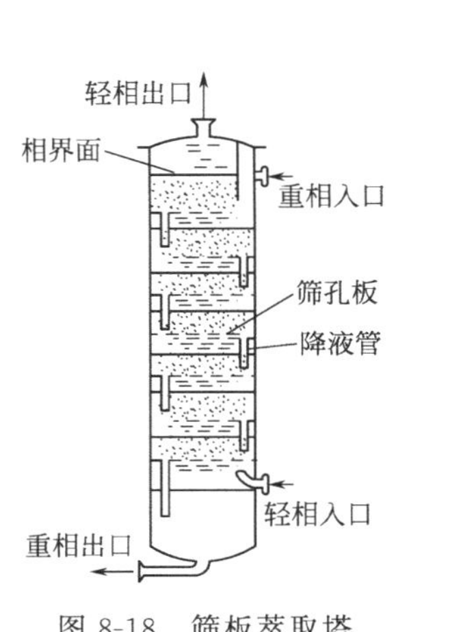

图 8-18　筛板萃取塔

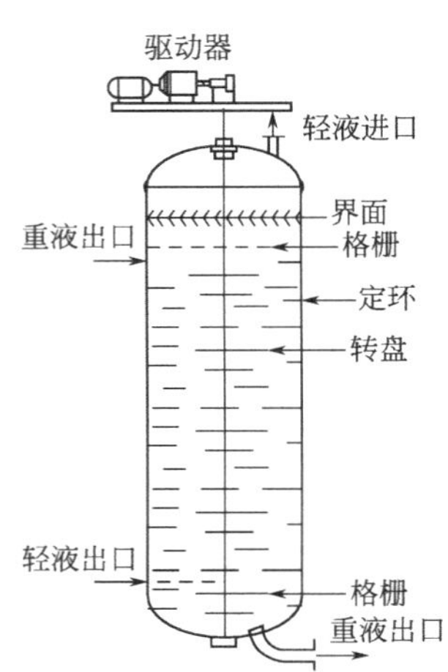

图 8-19　转盘萃取塔

应用：适合于低分散、高流量的场合，如石油化工、从废水中萃取酚或回收溶剂。

④ 脉冲萃取塔　脉冲萃取塔是由于外力作用使液体在塔内产生脉冲运动的筛板塔或填料塔，如图 8-20 所示。萃取受脉冲频率影响较大，受振幅影响较小。采用较高频率和较小振幅萃取效果较好。如脉冲过分激烈，会导致严重的轴相返混，传质效率反而下降。

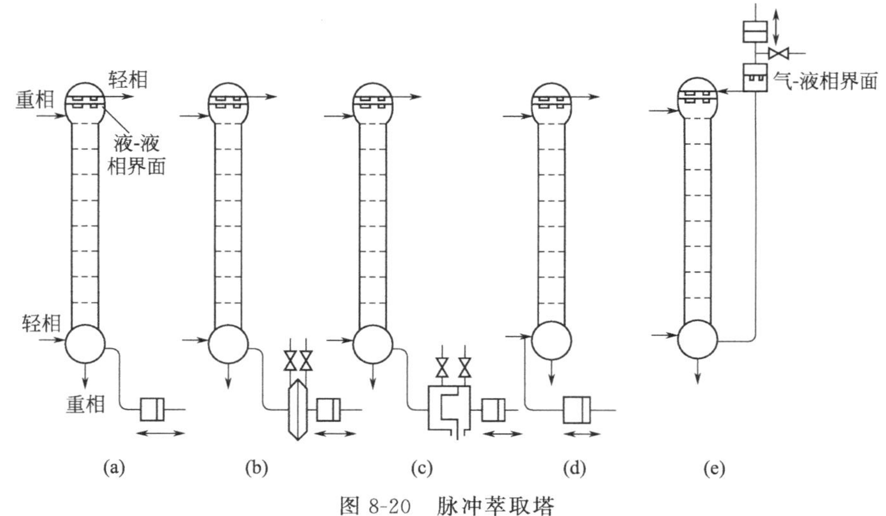

图 8-20　脉冲萃取塔

（a）活塞型；（b）脉动隔膜型；（c）风箱型；（d）脉动进料型；（e）空气脉动型

特点：分离效果好，结构简单，防护屏蔽性能良好，无转动设备，便于远距离控制，在核工业中得到广泛应用，也用于石油化工、稀有金属和有色金属的湿法冶金。

青霉素发酵液的萃取

正相萃取：酸化 pH1.8～2.0，滤液：醋酸戊酯为 1∶0.3，碟片式离心机分离（浓缩 1.5～2.1）。

反相萃取：pH6.8～7.4（磷酸盐、碳酸盐缓冲液）。把青霉素从醋酸戊酯中提取到缓冲液中。

反复萃取 2～3 次，达到结晶要求。

萃取条件：10℃下。萃取罐冷冻盐水冷却

选用 RSE 型萃取离心机，2 台串联，如图 8-21 所示。

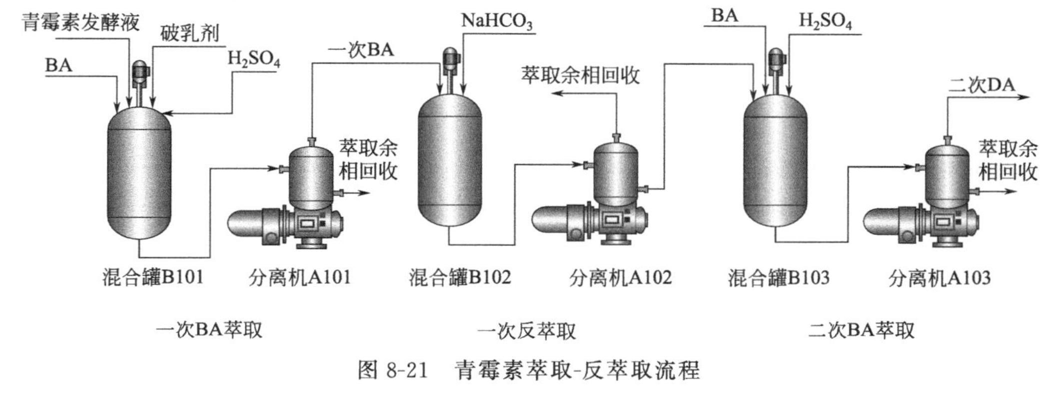

图 8-21　青霉素萃取-反萃取流程

9 结晶操作方案

结晶是固体物质以晶体状态从蒸气、溶液或熔融物中析出的过程。工业结晶技术作为高效的提纯、净化与控制固体特定物理形态的手段。晶浆是在结晶器中结晶出来的晶体和剩余的溶液（或熔液）所构成的混悬物。母液是去除悬浮液中的晶体后剩下的溶液（或熔液）。结晶过程中，含有杂质的母液（或熔液）会以表面黏附和晶间包藏的方式夹带在固体产品中。用适当的溶剂对固体进行洗涤。

结晶的特点：

① 能从杂质含量相当多的溶液或多组分的熔融混合物中形成纯净的晶体。而用其他方法难以分离的混合物系，采用结晶分离更为有效。如同分异构体混合物、共沸物系、热敏性物系等。

② 固体产品有特定的晶体结构和形态（如晶形、粒度分布等）。

③ 能量消耗少，操作温度低，对设备材质要求不高，“三废”排放少，有利于环境保护。

④ 结晶产品包装、运输、贮存或使用都很方便。

9.1 结晶操作原理

（1）晶体的结构与特点

① 结晶过程有四类　溶液结晶、熔融结晶、沉淀结晶和升华结晶。

晶体是内部结构中的质点元作三维有序规则排列的固态物质。

② 晶体的自范性　如果晶体生长环境良好，则可形成有规则的结晶多面体（晶面）。晶体具有自发地生长成为结晶多面体的可能性的性质，即晶体以平面作为与周围介质的分界面。

③ 晶体的均匀性　即晶体中每一宏观质点的物理性质和化学组成以及内部晶格都相同的特性。晶体的这个特性保证了工业生产中晶体产品的高纯度。

④ 各向异性　晶体的几何特性及物理效应常随方向的不同而表现出数量上的差异的性质。

⑤ 晶格　构成晶体的微观质点在晶体所占有的空间中按三维空间点阵规律排列，各质点间在力的作用下，使质点得以维持在固定的平衡位置，彼此之间保持一定距离的结构。

⑥ 晶形　晶体的宏观外部形状，它受结晶条件或所处的物理环境的影响比较大，对于同一种物质，即使基本晶系不变，晶形也可能不同，如六方晶体，它可以是短粗形、细长形或带有六角的薄片状，甚至呈多棱针状。

（2）液固相平衡　任何固体物质与其溶液相接触时，当溶液尚未饱和，则固体溶解；当溶液恰好达到饱和，则固体溶解与析出的量相等，此时固体与其溶液已达到相平衡。

① 溶解度　固液相平衡时，溶解度是单位质量的溶剂所能溶解的固体的质量。

溶质溶解度与温度、溶质分散度（晶体大小）、溶质及溶剂的性质、温度及压力有关。

溶液恰好饱和，溶质既无溶解也无结晶，即溶质与溶液处于平衡状态，此溶液称为饱和溶液。

未饱和溶液再添加固体则固体溶解。

② 过饱和度 溶质浓度超过饱和溶解度时，该溶液称为过饱和溶液。

同一温度下，过饱和溶液与饱和溶液间的浓度差称为过饱和度。溶液的过饱和度是结晶过程的推动力。

饱和曲线是固定的。不饱和曲线受搅拌、搅拌强度、晶种、晶种大小和多少、冷却速率的快慢等因素的影响。

处于稳定区，溶液尚未饱和，没有结晶的可能。

处于介稳区，也不会自发产生晶核，但如已有晶核，则晶核长大而吸收溶质直至浓度回落到饱和线上。

处于不稳区，能自发产生晶核。

从不饱和溶液里析出晶体，一般要经过下列步骤：不饱和溶液→饱和溶液→过饱和溶液→晶核的产生→晶体生长等过程。

③ 成核 过饱和溶液中新生成的微小晶体粒子，是晶体生长过程的核心。晶核的大小粗估为数十纳米至几微米。

成核速率是单位时间内在单位体积溶液中生成新核的数目，是决定结晶产品粒度分布的首要动力学因素。在晶核形成之初，快速运动的溶质质点相互碰撞结合成的线体单元，线体单元增大到一定限度后形成粒子。晶胚极不稳定。晶胚生长到足够大，能与溶液建立热力学平衡时称为晶核。只有大于临界粒径的晶核才能生存并继续生长，小于此值的粒子则会溶解消失。

成核方式可分为初级成核和二次成核两种。

初级成核是在没有晶体存在的条件下自发产生晶核的过程。初级成核分为均相和非均相初级成核。均相初级成核是在洁净的过饱和溶液进入介稳区时，还不能自发地产生晶核，只有进入不稳区后，溶液才能自发地产生晶核。非均相初级成核是在工业结晶器中发生均相初级成核的机会比较少，实际上溶液中有外来固体物质颗粒，如大气中的灰尘或其他人为引入的固体粒子，这些外来杂质粒子对初级成核过程有诱导作用。非均相成核可在比均相成核更低的过饱和度下发生。

二次成核是在已有晶体的条件下产生晶核的过程。二次成核的机理主要有流体剪应力成核和接触成核。剪应力成核是当过饱和溶液以较大的流速流过正在生长中的晶体表面时，在流体边界层存在的剪应力能将一些附着于晶体之上的粒子扫落，而成为新的晶核。接触成核是当晶体与其他固体物接触时所产生的晶体表面的碎粒。在过饱和溶液中，晶体只要与固体物进行能量很低的接触，就会产生大量的微粒。在工业结晶器中，晶体与搅拌桨、器壁间的碰撞，以及晶体与晶体之间的碰撞都有可能发生接触成核。接触成核的概率往往大于剪应力成核。

④ 晶体生长 晶体生长机理是在过饱和溶液中已有晶体形成（加入晶种）后，以过饱和度为推动力，溶质质点会继续一层层地在晶体表面有序排列，晶体将长大的过程。

大多数物系，悬浮于过饱和溶液中的几何相似的同种晶体都以相同的速率生长，即晶体的生长速率与原晶粒的初始粒度无关。

结晶生长分散现象：在同一过饱和度下，相同粒度的同种晶体却以不同的速率生长的现象。晶核的生长常常呈现这种行为，因此在超微粒子的生产中要注意它的影响。

但某些物系，晶体生长速率与粒度的大小相关，如钾矾水溶液。

晶面生长速率的影响因素有内部因素和外部因素两类。

内部因素：晶体内部单元对晶面的各种应力。它是由晶体内部结构决定的，一般不易改变。

外部因素：通过改变溶液的结构或平衡饱和浓度，改变晶体与溶液之间的界面上液层的特性，影响溶质长入晶面。杂质本身在晶面上吸附，产生阻挡作用（如带菌发酵液直接结晶时，菌体黏附在晶体表面）。

如晶格有相似之处，杂质有可能长入晶体内。晶体生长过快产生晶体缺陷和位错时，晶格不同也可能产生吸藏现象，杂质质点陷入产品晶体中。

杂质对结晶操作尤其是对晶形的影响，有重要意义。

结晶过程应尽量控制在介稳区内进行，以得到平均粒度较大的结晶产品，避免产生过多晶核而影响最终产品的粒度。

（3）工业结晶方法

① 冷却结晶　若溶剂的量保持不变，使溶液的温度降低，不饱和溶液变成饱和溶液。在此时，如果停止降温，则溶液处于溶解平衡状态，溶质不会由溶液里析出。若再继续降温，这时的溶液是过饱和溶液，溶质可自然地由溶液里析出晶体。

② 蒸发结晶　恒温蒸发，使溶剂的量减少，溶液变为饱和溶液。在此时，如果停止蒸发，温度也不变，则溶液处于溶解平衡状态，溶质不会由溶液里析出。若继续蒸发，则随着溶剂量的继续减少，这时的溶液是过饱和溶液，溶质可以自然地由溶液里析出晶体。

③ 真空绝热冷却结晶　使溶剂在真空下迅速蒸发，并结合绝热冷却，是结合冷却和部分溶剂蒸发两种方法的一种结晶方法。设备简单、操作稳定，适用于具有正溶解度特性而溶解度随温度的变化率中等的物系。

④ 盐析结晶　向溶液中加入某些物质，以降低溶质在原溶剂中的溶解度，产生过饱和度的方法。盐析剂的要求：能溶解于原溶液中的溶剂，但不（很少）溶解被结晶的溶质，而且溶剂与盐析剂的混合物易于分离（用蒸馏法）。NaCl 是一种常用的盐析剂，如在联合制碱法中，向低温的饱和氯化铵母液中加入 NaCl，利用同离子效应，使母液中的氯化铵尽可能多地结晶出来，以提高结晶收率。

⑤ 溶析结晶　向溶液中加入其他的溶剂使溶质析出的过程。如使不溶于水的有机物质从可溶于水的有机溶剂中结晶出来，此时可加入酌量的水于溶液中。制药行业中，常向含有医药物质的水溶液中加入某些有机溶剂（如低碳醇、酮、酰胺类等）的方法使产物结晶出来。

⑥ 反应结晶　气体与液体或液体与液体之间发生化学反应以产生固体沉淀，固体的析出是由于反应产物在液相中的浓度超过了饱和浓度或构成产物的各离子的浓度超过了溶度积的结果。

反应结晶过程可分为反应和结晶两步，随着反应的进行，反应产物的浓度增大并达到过饱和，在溶液中产生晶核并逐渐长大为较大的晶体颗粒。

反应结晶产生的固体粒子一般较小。要想获得符合粒度分布要求的晶体产品，必须小心控制溶液的过饱和度，如将反应试剂适当稀释或适当延长沉淀时间。

青霉素结晶方案

青霉素的溶解特性，决定了青霉素应采用真空蒸发结晶，由于青霉素在水和丁醇中溶解度随温度变化很小，而只随关键组分——水分含量的变化而变化，所以，控制结晶器内水分的含量，是提高结晶收率的关键。

青霉素的介稳区宽度，相对来说比较窄，而工业结晶中，为了避免初级非均相成核，必须采取在介稳区内结晶，所以，严格控制蒸发速度是提高结晶收率、产品质量的关键。

易降解特点：要求严格控制 pH 值，减少青霉素杂质含量，缩短结晶操作时间。pH 值偏低或偏高，会加速青霉素的降解，同时，时间越短，青霉素降解破坏越小。所以，在结晶操作中，适当缩短结晶时间可以提高结晶的收率。

使共沸罐内共沸液中的丁醇与水形成的二元共沸物在减压条件下不断地蒸发带出水分，利用青霉素在丁醇中溶解度较低的特点，当料液达到过饱和浓度时，晶体析出。

9.2 结晶过程及设备

(1) 溶液结晶过程　溶液结晶是晶体从过饱和的溶液中析出的过程。

溶液结晶方法类型：冷却结晶法、蒸发结晶法、真空绝热冷却结晶法、盐析（溶析）结晶法、反应结晶法。

① 冷却结晶　通过冷却降温使溶液变成过饱和，基本上不去除溶剂的过程。适用于溶解度随温度的降低而显著下降的物系。

冷却结晶方法：自然冷却、间壁换热冷却和直接接触冷却。

a. 自然冷却结晶：将热的结晶溶液置于结晶釜中，靠大气自然冷却而降温结晶。

特点：产品纯度较低，粒度分布不均，易发生结块现象。设备所占空间大，容积生产能力较低。但结晶过程设备造价低。

b. 间壁换热冷却结晶：典型的内循环式，冷却能量由夹套换热器传递。换热面积较小，换热量不大。

Ⅰ. 内循环式间壁冷却结晶器见图 9-1。

Ⅱ. 外循环式间壁冷却结晶器见图 9-2。

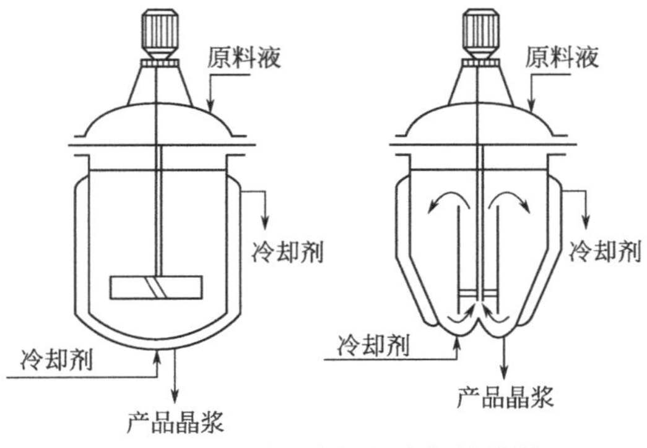

图 9-1　内循环式间壁冷却结晶器

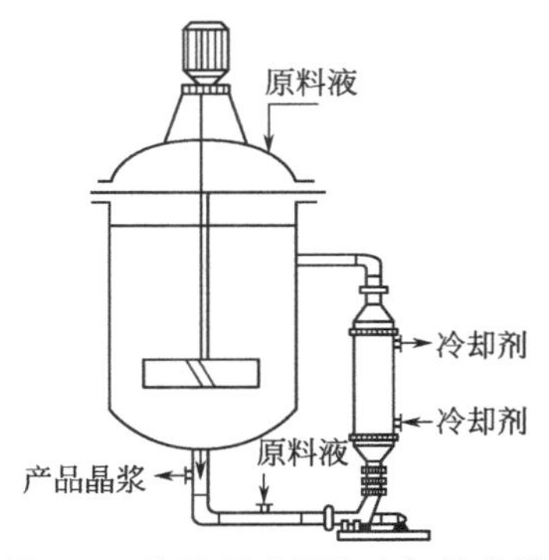

图 9-2　外循环式间壁冷却结晶器

间壁换热冷却结晶过程的主要困难：在冷却表面上常会有晶体结出，称为晶疤或晶垢，使冷却效果下降。

c. 直接接触冷却结晶：通过冷却介质与热母液的直接混合而达到冷却结晶的过程。冷却介质有空气、与结晶溶液不互溶的烃类化合物和专用的液态冷冻剂。

冷却介质可能对结晶产品产生污染，选用的冷却介质不能与结晶母液中的溶剂互溶或者虽互溶但应易于分离。

② 蒸发结晶　蒸发结晶是使溶液在常压或减压下蒸发浓缩而达到过饱和的结晶过程。

适用于溶解度随温度降低而变化不大或具有逆溶解度特性的物系。对晶体的粒度不能有效地加以控制。消耗的热能较多，加热面问题也给操作带来困难。

蒸发结晶器常在真空度不高的减压下操作。降低操作温度，以利于热敏性产品的稳定，并减少热能损耗。

③ 真空绝热冷却结晶　使溶剂在真空下闪急蒸发而使溶液绝热冷却的结晶法。

适用于具有正溶解度特性而溶解度随温度的变化率中等的物系。

操作原理：把热浓溶液送入绝热保温的密闭结晶器中（图 9-3），器内维持较高的真空度，由于对应的溶液沸点低于原料液温度，溶液闪急蒸发而绝热冷却到与器内压力相对应的平衡温度。

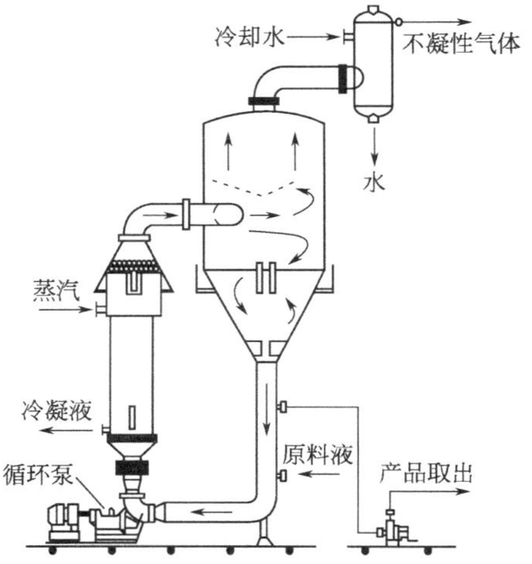

图 9-3　真空冷却结晶器

溶液通过蒸发浓缩及冷却两种效应来产生过饱和度。

特点：主体设备结构相对简单，无换热面，操作比较稳定，不存在晶垢妨碍传热的问题。

④ 盐析（溶析）结晶

a. 盐析结晶：向溶液中加入某些物质，以降低溶质在原溶剂中的溶解度，产生过饱和度的方法。

盐析剂的要求：能溶解于原溶液中的溶剂，但不（很少）溶解被结晶的溶质，而且溶剂与盐析剂的混合物易于分离（用蒸馏法）。

NaCl 是一种常用的盐析剂，如在联合制碱法中，向低温的饱和氯化铵母液中加入 NaCl，利用同离子效应，使母液中的氯化铵尽可能多地结晶出来，以提高结晶收率。

b. 溶析结晶：向溶液中加入其他的溶剂使溶质析出的过程。

如使不溶于水的有机物质从可溶于水的有机溶剂中结晶出来，此时加入酌量的水于溶液中。制药行业中，常向含有医药物质的水溶液中加入某些有机溶剂（如低碳醇、酮、酰胺类等）的方法使产物结晶出来。

特点：结晶温度较低，对热敏性物质的结晶有利；一般杂质在溶剂与盐析剂的混合物中有较高的溶解度，以利于提高产品的纯度；与冷却法结合，可提高结晶收率。

需要回收设备来处理结晶母液，以回收溶剂和盐析剂。

⑤ 反应结晶　气体与液体或液体与液体之间发生化学反应以产生固体沉淀，固体的析出是由于反应产物在液相中的浓度超过了饱和浓度或构成产物的各离子的浓度超过了溶度积的结果。

反应结晶过程可分为反应和结晶两步，随着反应的进行，反应产物的浓度增大并达到过饱和，在溶液中产生晶核并逐渐长大为较大的晶体颗粒。

反应结晶产生的固体粒子一般较小。要想获得符合粒度分布要求的晶体产品，必须小心控制溶液的过饱和度，如将反应试剂适当稀释或适当延长沉淀时间。

（2）典型的溶液结晶器　强迫外循环结晶器、流化床型结晶器、DTB型结晶器等。

① 强迫外循环结晶器　结晶器可用于间接冷却法、蒸发法及真空冷却法结晶过程。

特点：生产能力很大，泵所需的压头较高，循环晶浆中晶体与叶轮之间的接触成核速率较高。循环量较低，产品平均粒度较小，粒度分布较宽。

② 流化床型结晶器　特点：过饱和度产生的区域与晶体成长区分别设置在结晶器的两处，循环液中基本上不含晶粒，从而避免发生叶轮与晶体间的接触成核现象，结晶室的粒度分级作用，使这种结晶器所生产的晶体大而均匀。流化床型Oslo蒸发和冷却结晶器见图9-4和图9-5。

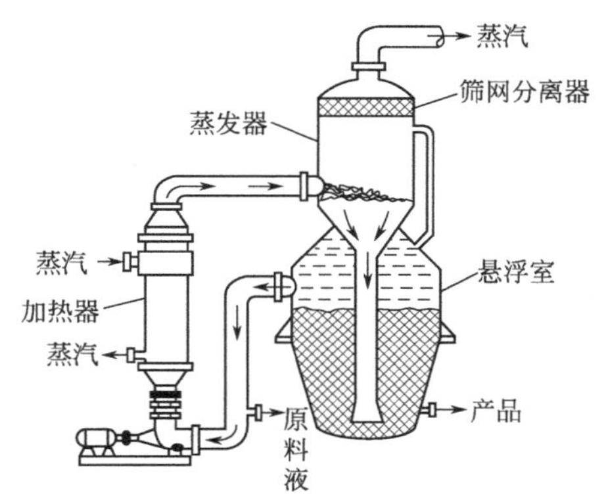

图9-4　流化床型Oslo蒸发结晶器

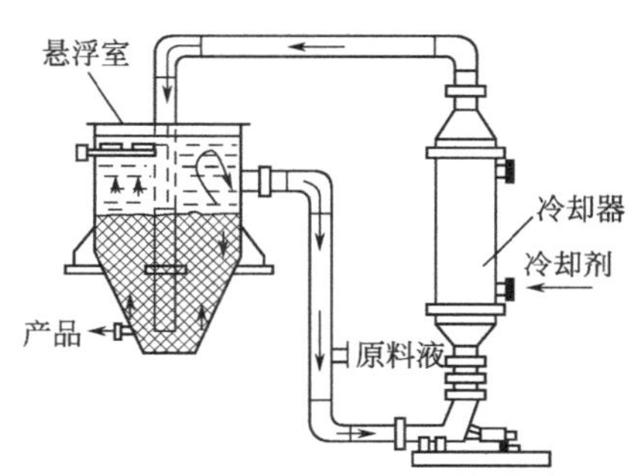

图9-5　流化床型Oslo冷却结晶器

生产能力受到限制，必须限制液体的循环速度及悬浮密度，把结晶室中悬浮液的澄清界面限制在循环泵的入口以下，以防止母液中夹带明显数量的晶体。

③ DTB型结晶器　具有导流桶及挡板的结晶器的简称，为晶浆内循环结晶器。如图9-6所示。

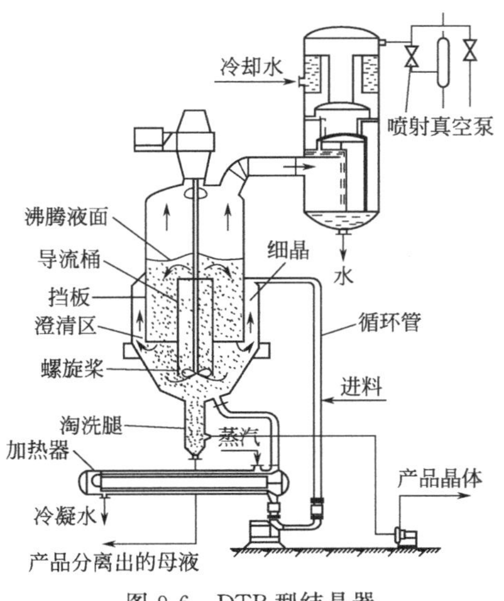

图9-6　DTB型结晶器

用于真空冷却法、蒸发法、直接接触冷冻法以及反应结晶法等多种结晶操作。

特点：性能优良，生产强度高，能产生粒度达 600～1200μm 的大粒结晶产品，器内不易结晶疤。

9.3 结晶操作

结晶是在过饱和溶液中生成新相的过程，涉及固液相平衡。对特定的目标产物及物系，需通过实验确定合适的结晶操作条件，满足结晶产品质量要求，提高结晶生产能力，降低过程成本。

结晶操作中的问题如下所述。

(1) 过饱和度　增大溶液过饱和度可提高成核速率和生长速率，有利于提高结晶生产能力。

过饱和度过大会出现问题：

① 成核速率过快，产生大量微小晶体，结晶难以长大；

② 结晶生长速率过快，影响结晶质量；

③ 结晶器壁容易产生晶垢。

存在最大过饱和度，可保证在较高成核和生长速率的同时，不影响结晶的质量。在不易产生晶垢的过饱和度下进行。

(2) 温度　温度的不同，生成的晶形和结晶水会发生改变，温度一般控制在较小的温度范围内。冷却结晶时，若降温速率过快，溶液很快达到较高的过饱和度，生成大量微小晶体，影响结晶产品的质量。温度最好控制在饱和温度与过饱和温度之间。

蒸发结晶时，蒸发速率过快，则溶液的过饱度较大，生成微小晶体，附着在结晶表面，影响结晶产品的质量。蒸发速率应与结晶生长速率相适应，保持溶液的过饱和度一定。工业结晶操作常采用真空绝热蒸发，不设外部循环加热装置，蒸发室内温度较低，可防止过饱和度的剧烈变化。

(3) 搅拌与混合　增大搅拌速率可提高成核和生长速率，搅拌速率过快会造成晶体的剪切破碎，影响结晶产品质量。为获得较好的混合状态，同时避免结晶的破碎，可采用气提式混合方式，或利用直径或叶片较大的搅拌桨，降低桨的转速。

(4) 溶剂与 pH 值　结晶操作采用的溶剂和 pH 值应使目标溶质的溶解度降低，以提高结晶的收率。溶剂和 pH 值对晶形有影响。如普鲁卡因青霉素在水溶液中的结晶为方形晶体，在醋酸丁酯中的结晶为长棒状。在设计结晶操作前需实验确定使结晶晶形较好的溶剂和 pH 值。

(5) 晶种　向处于介稳区的过饱和溶液中添加颗粒均匀的晶种。对于溶液黏度较高的物系，晶核很难产生，而在高过饱和度下，一旦产生晶核，就会同时出现大量晶核，容易发生聚晶现象，产品质量不易控制。

高黏度物系必须用在介稳区内添加晶种的操作方法。

(6) 晶浆浓度　晶浆浓度越高，单位体积结晶器中结晶表面积越大，结晶生长速率越快，有利于提高结晶生产速率（产量）。但晶浆浓度过高时，悬浮液的流动性差，混合操作困难。

晶浆浓度应在操作条件允许的范围内取最大值。在间歇操作中，晶种的添加量应根据最终结晶产品的大小，满足晶浆浓度最大的高效生产要求。

(7) 循环流速　用外部循环式结晶器时，循环流速的设定要合理。

提高循环流速：

① 有利于消除设备内的过饱和度分布，使设备内的结晶成核速率及生长速率分布均匀；

② 可增大固液表面传质系数，提高结晶生长速率；

③ 提高换热效率，抑制换热器表面晶垢的生成。

循环流速过高会造成结晶的磨损破碎。循环流速应在无结晶磨损破碎的范围内取较大的值。如果结晶器具备结晶分级功能，循环流速也不宜过高，应保证分级功能的正常发挥。

(8) 结晶系统的晶垢　结晶器壁及循环系统中产生晶垢，影响结晶过程效率。

防止晶垢或除去晶垢方法：

① 壁内表面采用有机涂料，保持壁面光滑，防止在器壁上的二维成核现象的发生；

② 提高结晶系统中流体流速，使流速分布均匀，消除低流速区；

③ 若外循环液体为过饱和溶液，使其中不含有晶种；

④ 采用夹套保温方式防止壁面附近过饱和度过高；

⑤ 增设晶垢铲除装置，定期添加溶剂溶解产生的晶垢；

⑥ 蒸发室壁面极易产生晶垢，可采用喷淋溶剂的方式溶解晶垢。

(9) 共存杂质的影响　结晶的对象是多组分物系，要选择性结晶目标产物。

如果共存杂质的浓度较低，一般对目标产物的结晶无明显影响。但如果在结晶操作中杂质含量不断升高（如采用蒸发式结晶操作时），杂质的积累会严重影响目标产物结晶的纯度。

结晶操作中需要控制杂质的含量，往往在结晶系统中增设除杂设备或操作，如离子交换柱或废液排放。

青霉素结晶过程的控制

青霉素结晶过程是减压蒸发过程，为了降低蒸发温度，防止因温度过高而引起青霉素这一热敏性物质的降解破坏，结晶器内应维持较高的真空度。加热采用减压蒸汽夹套的加热形式。

青霉素真空蒸发结晶过程是一个间歇生产过程，蒸发速率和液相温升速率是影响产品质量和收率的主要因素，它们既互相影响，又受到加热量的影响。可以控制加热蒸汽阀门，在蒸发结晶过程中，根据物料组成的变化，尽量按照蒸发速率和液相温升速率的最优曲线，控制加热蒸汽阀门开度。

复 习 题

第1章

选择题

1. 常压下气体的密度可按理想气体状态方程式来计算。当式中的气体常数 $R=8.314\text{kJ}/(\text{kmol}\cdot\text{K})$ 时，气体的压强的单位必须为（　　）。

A. Pa　　B. kPa　　C. MPa　　D. kgf/cm^2

2. 设备内绝压为300mmHg，其真空度为（　　）mmHg（当地大气压为750mmHg）。

A. 450　　B. 1050　　C. 460　　D. −450

3. 一设备表压为460mmHg，另一设备的真空表读数为300mmHg，两设备的压差为（　　）kPa（当地大气压为101.3 kPa）。

A. 760　　B. 101.3　　C. 160　　D. 21.3

4. 液体的温度升高黏度（　　）；气体的温度升高黏度（　　）。

A. 不变　　B. 减小　　C. 增大　　D. 不定

5. 液体的密度与压力（　　），温度升高液体密度（　　）。

A. 无关　　B. 增大　　C. 减小　　D. 不定

6. 压力增加气体密度（　　），温度升高气体密度（　　）。

A. 不定　　B. 增大　　C. 减小　　D. 不变

7. 设备内表压为350kPa，其绝压为（　　）kPa（当地大气压为100 kPa）。

A. 450　　B. 250　　C. 460　　D. −450

8. 流体的黏度越大，流体内部质点之间的内摩擦力（　　）。

A. 不变　　B. 越大　　C. 越小　　D. 不定

9. 对不可压缩流体，当体积流量一定时，流速与管径的二次方成反比；若体积流量不变，管径减小一半，管内流体流速为原来的（　　）倍。

A. 4　　B. 5　　C. 2　　D. 1.75

10. 流体的流量不变，将管径增加一倍，则雷诺数为原来的（　　）倍。

A. 1/2　　B. 2　　C. 4　　D. 1/4

11. 流体的流量不变，仅将管长增加一倍，则流动阻力为原来的（　　）倍。

A. 1/2　　B. 2　　C. 4　　D. 1/4

12. 当雷诺数 $Re<2000$ 时，流体的流动型态为（　　）；当雷诺数 $Re>4000$ 时，流体的流动型态为（　　）。

A. 层流　　B. 定态流动　　C. 湍流　　D. 非定态流动

13. 当气体压力增加一倍时，此时气体的密度为原来的（　　）倍。

A. 1倍　　B. 2倍　　C. 4倍　　D. 8倍

14. 空气在10℃时的黏度为（　　），100℃时的黏度为（　　）。

A. 0.0219cP　　B. 5.12cP　　C. 55.3cP　　D. 0.0177cP

15. 当流体在管内的流速改变时，阻力损失与流速的一次方成正比，管内的流体流动型态为（　　）。

A. 层流　　B. 湍流　　C. 过渡流　　D. 自然对流

16. 流体在圆形管内作层流流动时，管中心处的流体质点流速为管内平均流速的（　　）倍。

A. 1/2　　B. 1　　C. 2　　D. 2.5

17. 若保持流量、密度和黏度不变，将管长增加一倍，雷诺数为原来的（　　）倍。

A. 1/2　　B. 1　　C. 2　　D. 2.5

18. 层流流动时，保持流量不变，将管径减小一半（管内仍为层流），阻力为原来的（　　）倍；当摩擦系数为常数时，保持流量不变，管径减小一半，相对粗糙度不变，阻力为原来的（　　）倍。

A. 2　　B. 4　　C. 8　　D. 16

19. 流体的黏度为10cP，密度为1000kg/m^3，在内径为40mm的管路中作层流流动，它的最大平均流速为（　　），管中心处流体质点运动速度为（　　）。

A. 0.5m/s　　B. 2m/s　　C. 1m/s　　D. 4m/s

20. 滞流内层的厚度随雷诺数增加而（　　）。

A. 增厚　　B. 减薄　　C. 不变　　D. 无法判断

21. 流体在直管内的流动阻力产生的根本原因是（　　）。

A. 流体与管壁之间的摩擦　　B. 流体内部的内摩擦

C. 流体的温度变化　　D. 流体的浓度变化

22. 流体的流动类型有（　　）。

A. 自然对流和强制对流　　B. 层流和湍流

C. 层流、湍流和过渡流　　D. 沟流和壁流

23. “三传”是指（　　）。

A. 动能传递、势能传递、化学能传递　　B. 动能传递、内能传递、物质传递

C. 动量传递、能量传递、热量传递　　D. 动量传递、热量传递、质量传递

24. 下列单元操作中属于动量传递的有（　　）。

A. 流体输送　　B. 蒸发　　C. 萃取　　D. 沉降

25. 黏性的物理本质是（　　）。

A. 促进流体流动产生单位速度的剪应力

B. 流体的物性之一，是造成流体内摩擦的原因

C. 影响速度梯度的根由

D. 分子间的引力和分子运动与碰撞，是分子微观运动的一种宏观表现

26. 若确知流体在不等径串联管路的最大管径段刚达湍流，则在其他较小管径中流体的流型为（　　）。

A. 必定也呈湍流　　B. 可能呈湍流也可能呈滞流

C. 只能呈滞流　　D. 没有具体数据无法判断

27. 下列对边界层描述正确的是（　　）。

A. 流速降为未受边壁影响流速的99%以内的区域称为边界层

B. 边界层有层流边界层和湍流边界层之分

C. 由于固体表面形状造成边界层分离而引起的能量损耗称为形体阻力

28. 下面有关直管阻力损失与固体表面间摩擦损失论述中错误的是（　　）。

A. 固体摩擦仅发生在的外表面，摩擦力大小与正压力成正比

B. 直管阻力损失发生在流体内部，紧贴管壁的流体层与管壁之间并没有相对滑动

C. 实际流体由于具有黏性，其黏性作用引起的直管阻力损失也仅发生在紧贴管壁的流体层上

29. 对于流体在非圆形管中的流动来说，下列诊断中错误的是（　　）。

A. 雷诺数中的直径用当量直径来代替

B. 雷诺数中的速度用当量直径求得的速度来代替

C. 雷诺数中的速度用流体的真实速度来代替

30. 对于城市供水、供煤气管线的铺设应尽可能属于（　　）。

A. 总管线阻力可略，支管线阻力为主

B. 总管线阻力为主，支管线阻力可以忽略

C. 总管线阻力与支管线阻力势均力敌

31. 有人希望使管壁光滑些，于是在管道内壁搪上一层石蜡。倘若输送任务不变，且流体呈滞流流动，流动阻力将会（　　）。

A. 不变　　B. 增大

C. 减小　　D. 取决于流体和石蜡的润湿情况

32. 提高流体在直管中的流速，流动的摩擦系数与直管阻力损失的变化规律为（　　）。

A. 摩擦系数减小，直管阻力增大　　B. 摩擦系数增大，直管阻力减小

C. 摩擦系数和直管阻力都增大　　D. 摩擦系数和直管阻力都减小

33. 将某种液体从低处输送到高处，可以采用真空泵抽吸的办法，也可用压缩空气压送的办法，对于同样的输送任务，有下面的关系（　　）。

A. 抽吸输送时摩擦损失大　　B. 压送的摩擦损失大

C. 要具体计算才能比较　　D. 这两种方式摩擦损失一样

34. 要测量流动流体的压力降得知管路阻力的前提是（　　）。

A. 管道等径，滞流流动　　B. 管路平直，管道等径

C. 平直管路，滞流流动　　D. 管道等径，管路平直，滞流流动

35. 孔板流量计使用较长时间后，孔板的孔径通常会有所增大。甲认为：该孔板流量计测得的流量值将比实际流量值低；乙认为：该孔板流量计的量程将扩大。结果是（　　）。

A. 甲、乙均有理　　B. 甲、乙均无理　　C. 甲有理　　D. 乙有理

36. 为扩大转子流量计的测量范围。甲采取切削转子直径的办法；乙采取换一个密度较大的转子的办法。正确的是（　　）。

A. 甲、乙都可以　　B. 甲、乙都不行　　C. 甲正确　　D. 乙正确

37. 下列四种论述中错误的是（　　）。

A. 非稳态过程可能出现在连续作业中

B. 稳态过程通常出现在连续作业中

C. 间歇作业必定是非稳态过程

D. 稳态过程可能出现在间歇作业中

38. 用敞口高位槽输水，若关小阀门，流量减小，其原因是（　　）。

A. 管路系统总阻力损失增大　　B. 阀门消耗了更多的动能

C. 阀门中流动截面减小　　D. 管路中局部阻力损失与总阻力损失的比值增大

39. 用 U 形差压计测量压差时，压差的大小是（　　）。

A. 与读数有关，与密度差有关，与 U 形管粗细无关

B. 与读数无关，与密度差无关，与 U 形管粗细有关

C. 与读数有关，与密度差无关，与 U 形管粗细无关

D. 与读数有关，与密度差无关，与 U 形管粗细有关

40. 为提高 U 形差压计的灵敏度较高，在选择指示液时，应使指示液和被测流体的密度差的值为（　　）。

A. 偏大　　B. 偏小　　C. 越大越好

41. 在相同管径的圆形管道中，分别流动着黏油和清水，若雷诺数相等，两者的密度相差不大，而黏度相差很大，则油速（　　）水速。

A. 大于　　B. 小于　　C. 等于

42. 一般情况下，液体的黏度随温度升高而（　　）。

A. 增大　　B. 减小　　C. 不变

43. 流体在圆形直管内作层流流动时，阻力与流速的（　　）成比例，作完全湍流时，则与流速的（　　）成比例。

A. 平方　　B. 五次方　　C. 一次方

44. 水在一条等径垂直管内作定态连续流动时，其流速（　　）。

A. 会越流越快　　B. 会越流越慢　　C. 不变

45. 某泵在运行的时候发现有汽蚀现象应（　　）。

A. 停泵，向泵内灌液　　B. 降低泵的安装高度

C. 检查进口管路是否漏液　　D. 检查出口管阻力是否过大

46. 离心泵铭牌上所标明的扬程是（　　）。

A. 流量为零时的扬程　　B. 效率最高时的扬程

C. 功率最大时的扬程　　D. 功率最小时的扬程

47. 离心泵的扬程指的是（　　）液体流经泵后所获得的能量。

A. 1kg　　B. $1m^3$　　C. 1N　　D. 1L

48. 离心泵的汽蚀产生的原因的是由于（　　），而离心泵气缚现象的原因是（　　）。

A. 泵内存有气体　　B. 离心泵出口阀关闭

C. 泵进口管路的压力低于液体的饱和蒸气压

D. 叶轮入口处的压力低于液体的饱和蒸气压

49. 为保护电动机，离心泵启动时（　　）应处于关闭状态；而为防止高压流体倒回泵内，损坏泵的部件，离心泵停泵时应先关闭（　　）。

A. 进口阀　　B. 出口阀　　C. 回流阀　　D. 安全阀

50. 改变离心泵出口阀的开启度，实质上是改变了（　　），由此改变了泵在管路上的工作点。

A. 泵的特性曲线　　B. 管路特性曲线　　C. 操作线　　D. 平衡线

51. 双吸式清水泵的代号为（　　），油泵的代号为（　　）。

A. B　　B. sh　　C. Y　　D. IS

52. 一离心泵型号为IS65-50-125，其中最后一个数字为（　　）。

A. 扬程　　B. 叶轮直径　　C. 进口直径　　D. 出口直径

53. 一离心泵型号为4B54A，其中第一位数字为（　　）。

A. 切削次数　　B. 扬程　　C. 进口直径　　D. 出口直径

54. 往复泵的流量调节多采用（　　）调节。

A. 进口阀　　B. 出口阀　　C. 回流阀　　D. 安全阀

55. 某工艺过程，要求将气体压力由100kPa（绝压）提高到420kPa（绝压），此时要选用的气体压送机械为（　　）。

A. 通风机　　B. 鼓风机　　C. 压缩机　　D. 真空泵

56. 当输送的流体密度增加时，离心泵的扬程（　　），通风机的风压（　　）。

A. 增加　　B. 减小　　C. 不变　　D. 无法判断

57. 选用离心泵时，一般以泵的效率不低于最高效率的（　　）为合理。

A. 75%　　B. 92%　　C. 85%　　D. 98%

58. 为保证离心泵内不发生汽蚀，泵内最低压力要（　　）输送温度下液体的饱和蒸气压。

A. 高于　　B. 低于　　C. 等于　　D. 无法判断

59. 用离心泵向锅炉房供水，如锅炉压力忽然升高一些，泵提供的扬程（　　），流量（　　）。

A. 升高　　B. 降低　　C. 不变　　D. 无法判断

60. 离心泵输水管路在操作过程中若关小输水阀，则下列（　　）是错误的。

A. 泵的特性曲线方程不变　　B. 管路阻力系数上升

C. 管路总阻力不变　　D. 压头上升

61. 用离心通风机将5000kg/h空气输入加热器中，由20℃加热至140℃。对于该风机安装于加热器前后两种情况，有（　　）。

A. 需要输送的流量不变，但需要的全风压要变
B. 需要的全风压不变，但需要的流量要变
C. 需要输送的流量和需要的全风压都要变
D. 需要输送的流量和需要的全风压都不变
62. 将含晶体10%的悬浊液送往料槽宜选用（　　）。
A. 离心泵　　B. 往复泵　　C. 齿轮泵　　D. 喷射泵
63. 某泵在运行的时候发现有汽蚀现象应（　　）。
A. 停泵，向泵内灌液　　B. 降低泵的安装高度
C. 检查进口管路是否漏液　　D. 检查出口管阻力是否过大
64. 用离心泵将水池的水抽吸到水塔中，若离心泵在正常操作范围内工作，开大出口阀门将导致（　　）。
A. 送水量增加，整个管路压头损失减少
B. 送水量增加，整个管路压头损失增加
C. 送水量增加，泵的轴功率不变
65. 离心泵最常用的调节方法是（　　）。
A. 改变吸入管路中阀门开度　　B. 改变出口管路中阀门开度
C. 安装回流支路，改变循环量的大小　　D. 车削离心泵的叶轮
66. 旋涡泵常用的调节方法是（　　）。
A. 改变吸入管路中阀门开度　　B. 改变出口管路中阀门开度
C. 安装回流支路，改变循环量的大小
67. 离心泵扬程的意义是（　　）。
A. 泵实际的升扬高度　　B. 泵的吸液高度
C. 液体出泵和进泵的压差换算成液柱高度　　D. 单位质量液体出泵和进泵的机械能差值
68. 离心泵铭牌上标明的扬程可理解为（　　）。
A. 该泵在规定转速下可以将20℃的水升扬的高度
B. 该泵在规定转速、最高效率下将20℃的水升扬的高度
C. 该泵在规定转速下对20℃的水提供的压头
D. 该泵在规定转速及最高效率下对20℃的水提供的压头
69. 离心泵的工作点取决于（　　）。
A. 管路特性曲线　　B. 离心泵特性曲线
C. 管路特性曲线和离心泵特性曲线　　D. 与管路特性曲线和离心泵特性曲线无关
70. 对调节幅度不大，经常需要改变流量时采用的方法为（　　）。
A. 改变离心泵出口管路上调节阀开度　　B. 改变离心泵转速
C. 车削叶轮外径　　D. 离心泵的并联或串联操作
71. 离心泵的效率与流量的关系为（　　）。
A. 流量增加，效率增大　　B. 流量增加，效率减小
C. 流量增加，效率先增大后减小　　D. 流量增大，效率先减小后增大
72. 离心泵的轴功率与流量的关系为（　　）。
A. 流量增大，轴功率增大　　B. 流量增大，轴功率减小
C. 流量增大，轴功率先增大后减小　　D. 流量增大，轴功率先减小后增大
73. 如果关小离心泵出口阀门，减小泵的输液量，会引起（　　）。
甲：泵的扬程增大，轴功率降低。
乙：泵的输液附图及轴功率均增大。
丙：泵的扬程及轴功率均下降。
A. 结果是甲　　B. 结果是乙　　C. 结果是丙　　D. 可能是甲和丙

74. 下列关于离心泵的讨论中正确的是（　　）。

甲：减小离心泵的排液量，泵的吸液高度可适当增加。

乙：如果用节能的方法来控制泵的流量，那么可以在泵的入口管线上安装一个调节阀。

丙：一般来说，只从泵的功率消耗而言，用变速调节比用阀门调节泵的输液量更经济。

A. 甲、乙对　　B. 乙、丙对　　C. 甲、丙对　　D. 三者都对

思考题

1. 连通器原理是什么？应如何选择等压面？

2. 连续性方程和伯努利方程的依据和应用条件是什么？应用伯努利方程时，为什么要选取计算截面和基准面？应如何选取？方程中动能与位能的转换条件是什么？

3. 圆形直管内层流和湍流时，管内流速分布分别是怎么样？

4. 在生产中常通过改变管路上的阀门的开启度来调节设备间的流量大小，能根据伯努利方程说明其原理吗？对闸阀来说，是在开启度较大时还是较小时调节比较灵敏？

5. 离心泵的操作步骤是什么？怎么避免气缚和汽蚀？

6. 离心泵的特性曲线、管路特性曲线分别是什么？如何改变泵的工作点？

计算题

1. 试计算氨在 2.55MPa（表压）和 16℃下的密度。已知当地大气压为 100kPa。

2. 在大气压为 100kPa 地区，某真空蒸馏塔顶的真空表读数为 90kPa。若在大气压为 87kPa 地区，仍要求塔顶压维持在相同数值下操作，问此时真空表读数应为多少千帕？

3. 用普通 U 形管差压计测量原油通过孔板时的压降，指示液为汞，原油的密度为 860kg/m^3 差压计上测得的读数为 18.7cm。计算原油通过孔板时的压降（汞的密度可取为 13600kg/m^3）。

4. 如附图所示，用连续液体分离器分离互不相溶的混合液。混合液从中心管进入，依靠两液体的密度差在器内分层，密度为 860kg/m^3 的有机液体通过上液面溢流口流出，密度为 1050kg/m^3 的水溶液通过 U 形水封管排出。若要求维持两液层分界面离溢流口的距离为 2m，问液封高度为多少？

5. 一异径串联管路，小管内径为 50mm，大管内径为 100mm。水由小管流向大管，体积流量为 15m^3/h。试分别求出水在小管和大管中的：①质量流量，kg/h；②平均流速，m/s；③质量流速，kg/(m^2 · s)。

6. 有一输水系统（见附图），高位槽水面高于地面 8m，输水管为普通无缝钢管 ϕ108mm×4.0mm，埋于地面以下 1m 处，出口管管口高出地面 2m。以知水流动时的阻力损失可用下式计算：$\sum h_f=45\ (u^2/2)$，式中，u 为管内流速。试求①输水中水的流量；②欲使水量增加 10%，应将高位槽液面增高多少米？

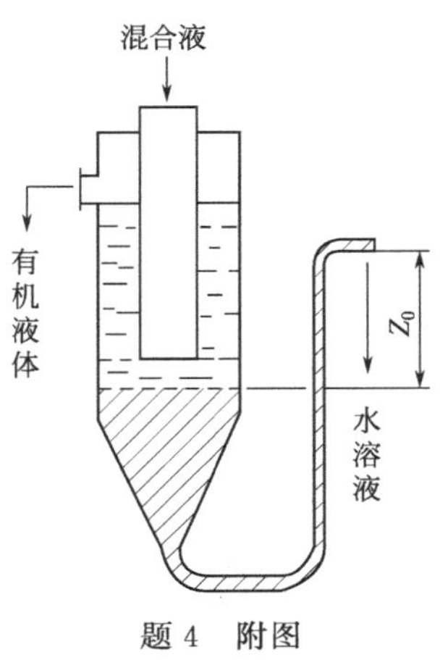

题 4　附图

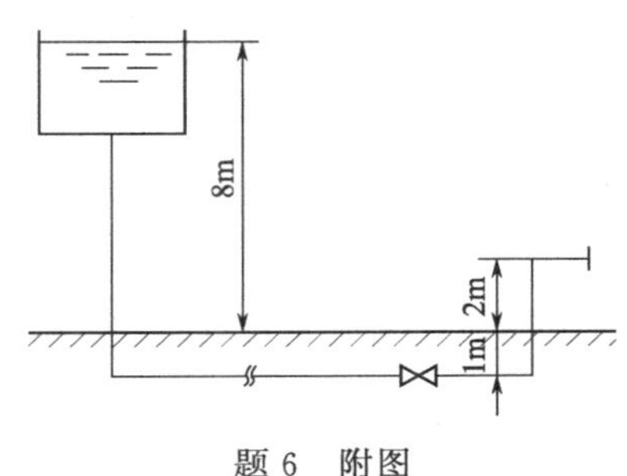

题 6　附图

7. 25℃的水在 ϕ76mm×3mm 的无缝钢管中流动，流量为 30m^3/h。试判断其流动类型；若保证管内流体作层流流动，测管内最大的平均流速应为多少？

8. 洗涤塔的供水系统，贮槽液面压力为 100kPa（绝压），塔内水管与喷头连接处的压力为 320kPa（绝

压），塔内水管出口处高于贮槽内水面 20m，管路为 ϕ57mm×2.5mm 钢管，送水量为 14m^3/h，系统能量损失为 4.3m 水柱，求水泵所需的外加压头。

9. 如附图所示，用泵将贮槽中的某油品以 40m^3/h 的流量输送到位槽。两槽的液位差为 20m。输送管内径为 100mm，管子总长为 450m（包括各种局部阻力的当量长度在内）。试计算泵所需的有效功率。设两槽液面恒定。油品的密度为 890kg/m^3，黏度为 0.187Pa·s。

10. 如附图所示，用玻璃钢吸管将槽内某酸溶液自吸出来，溶液密度为 1200kg/m^3，黏度为 6.5cP。玻璃钢吸管内径为 25mm，总长为 4mm，其上有两个 90°标准弯头，若要使输液量不小于 0.5×10^{-3} m^3/s，高位槽液面至少要比出口高出多少米？设高位槽内液面恒定。

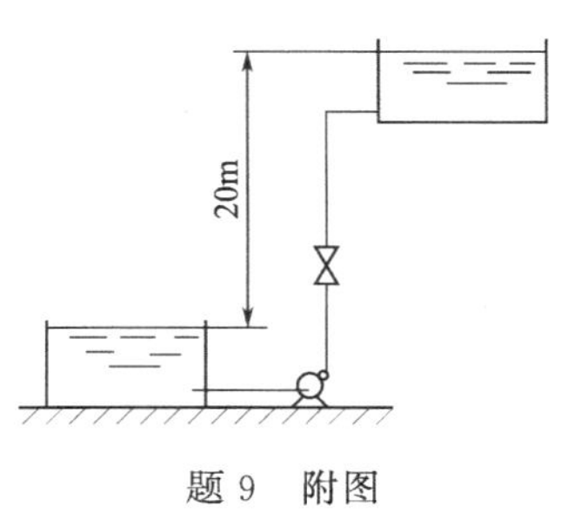

题 9 附图

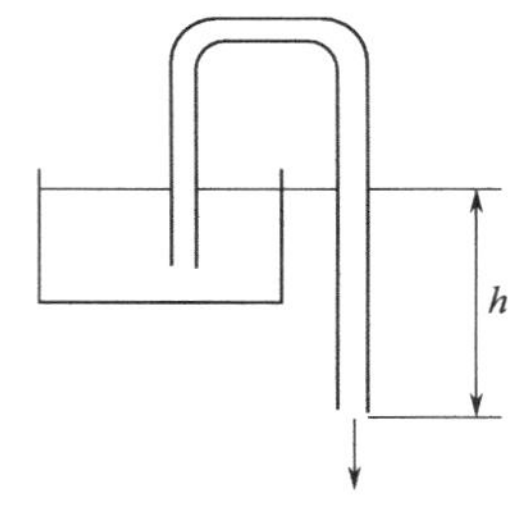

题 10 附图

11. 某流体在光滑圆形直管内作湍流流动，若管长和管径均不变，而流量增加为原来的两倍，问因流动阻力而产生的阻力损失为原来的多少倍？

12. 密度为 1200kg/m^3、黏度为 1.7mPa·s 的盐水，在内径为 75mm 钢管中的流量为 25m^3/h。最初液面与最终液面的高度差为 24m，管子直管长为 112m，管上有 2 个全开的截止阀和 5 个 90°标准弯头。求泵的有效功率。

13. 某离心泵输水时得到下列数据：转速 n=1450r/min，流量 Q=60m^3，扬程 H=52m，轴功率 N=16.1kW。试求①此泵的效率；②若要求流量增加至 80m^3/h，转速应增加为多少？并估算此时相应的扬程和功率。

14. 用内径为 160mm 的镀锌钢管输送 20℃的水溶液。管路中直管长度为 180m，全部管件、阀门等的局部阻力的当量长度为 60m，摩擦系数可取为 0.03。要求液体由低位槽送入高位槽，两槽均敞口且其液面维持稳定，两液面间垂直距离为 16m，试列出该管路的特性方程。

15. 若上题中要求输液量为 100m^3/h，选用一台 IS125-100-400 型清水泵，其性能如下：Q=100m^3/h，H=50m，$\Delta h_{允}$=2.5m，η=21kW，n=1450r/min。泵的吸收管中心位于贮槽液面以上 2m 处，吸入管路阻力损失约为 1m 液柱。问此泵能否满足要求？已知当地大气压为 1000kPa。

16. 将密度为 1500kg/m^3 的硝酸由地面贮槽送入反应釜流量为 7m^3/h，反应器内液体面与贮槽液面间垂直距离为 8cm，釜内液面上方压力为 200kPa，贮槽液面上方为常压，管路阻力损失为 30kPa。试选择一台耐腐蚀泵，并估算泵的轴功率。

17. 现需输送温度为 200℃、密度为 0.75kg/m^3 的热空气，输气量为 11500m^3/h，全风压为 120mm H_2O。当地大气压为 98kPa。现有一台 4-72-11-6C 型风机，问此风机是否合用？

第 2 章

选择题

1. 在混合物中，各处物料性质不均匀，且具有明显相界面存在的物系称为（ ）。

A. 均相物系 B. 非均相物系 C. 分散相 D. 连续相

2. 在外力的作用下，利用分散相和连续相之间密度的差异，使之发生相对运动而实现分离的操作，称为（ ）分离操作。

A. 过滤 B. 沉降 C. 静电 D. 湿洗

3. 利用被分离的两相对多孔介质穿透性的差异，在某种推动力的作用下，使非均相物系得以分离的操作，称为（　　）分离操作。

A. 过滤　　B. 沉降　　C. 静电　　D. 湿洗

4. 欲提高降尘室的生产能力，主要的措施是（　　）。

A. 提高降尘室的高度　　B. 延长沉降时间

C. 增大沉降面积

5. 为使离心机有较大的分离因数和保证转鼓有足够的机械强度，应采用（　　）的转鼓。

A. 高转速、大直径　　B. 高转速、小直径

C. 低转速、大直径　　D. 低转速、小直径

6. 用板框压滤机恒压过滤某一滤浆（滤渣为不可压缩，且忽略介质阻力），若过滤时间相同，要使其得到的滤液量增加一倍的方法有（　　）。

A. 将过滤面积增加一倍　　B. 将过滤压差增加一倍

C. 将滤浆温度提高一倍

7. 板框压滤机组合时应将板、框按（　　）顺序置于机架上。

A. 123123123…　　B. 123212321…　　C. 3121212…

8. 有一高温含尘气流，尘粒的平均直径在 2～3μm，现要达到较好的除尘效果，可采用（　　）的除尘设备。

A. 降尘室　　B. 旋风分离器　　C. 湿法除尘　　D. 袋滤器

9. 当固体微粒在大气中沉降是层流区域时，以（　　）的大小对沉降速度的影响最为显著。

A. 颗粒密度　　B. 空气黏度　　C. 颗粒直径

10. 卧式刮刀卸料离心机按操作原理分应属于（　　）离心机。

A. 沉降式　　B. 过滤式　　C. 分离式

思考题

1. 沉降过程有哪几个阶段？沉降速度受哪几个主要因素影响？

2. 过滤操作一般有哪几个阶段？影响恒压过滤速度的因素有哪些？

3. 什么是离心分离因数？旋风分离器的主要性能参数是哪几个？

计算题

1. 计算直径为 50μm 的球形石英颗粒，在 20℃常压空气中的自由沉降速度。

2. 求密度为 $2150\mathrm{kg/m^3}$ 的球形颗粒在 20℃空气中作层流沉降的最大直径。

3. 过滤固相浓度为 15％的水悬浮液。滤饼含液量为 40％，颗粒的真实密度为 $1500\mathrm{kg/m^3}$。求每过滤出 $1\mathrm{cm^3}$ 清水同时得到的滤饼体积。

4. 过滤面积为 $0.093\mathrm{m^2}$ 的小型板框压滤机含有碳酸钙颗粒的水悬浮液。过滤时间为 50s 时，共获得 $2.27\times10^{-3}\mathrm{m^3}$ 滤液；过滤时间为 100s 时，共获得 $3.35\times10^{-3}\mathrm{m^3}$ 滤液。问过滤时间为 100s 时，共获得多少滤液？

第 3 章

选择题

1. 在多层圆筒壁的稳定热传导中，通过各层的传热速率分别为 Q_1、Q_2、Q_3（单位为 W），通过各层的热通量分别为 q_1、q_2、q_3（单位为 $\mathrm{W/m^2}$），各层的温度分别为 Δt_1、Δt_2、Δt_3，各层的热阻分别为 R_1、R_2、R_3，则（　　）。

A. $\Delta t_1=\Delta t_2=\Delta t_3$　　B. $R_1=R_2=R_3$　　C. $q_1=q_2=q_3$　　D. $Q_1=Q_2=Q_3$

2. 工业换热方式有三种，在化工生产中经常用到的换热方式是（　　）。

A. 蓄热式　　B. 混合式　　C. 间壁式

3. 在冬季，人们喜欢穿棉衣，这是因为（　　）。

A. 棉花的热导率大　　　　B. 棉花的热导率小

C. 棉花的温度较高　　　　D. 棉花较柔软

4. 热导率是物质的物性系数，所以，(　　)。

A. 其大小只与物质的种类有关，而与其他条件无关

B. 物性系数不仅与物质种类有关，而且与温度有关

C. 物性系数不仅与物质的种类有关，而且与流体的流动形态有关

D. 它与对流膜系数性质相同

5. 用两种不同热导率的材质保温，则（　　)。

A. 热导率小的放在内有利　　　　B. 热导率大的放在内有利

C. 无论怎样放置都一样

6. 流体在壁面一侧湍流流动并与壁面对流传热，若流速增加一倍，其他条件不变，则对流传热系数为原来的（　　)。

A. 2　　B. 1/2　　C. 0.57　　D. 1.74

7. 用蒸汽（只冷凝不冷却）加热空气，则传热系数接近于（　　）一侧的对流传热系数。

A. 空气　　B. 蒸汽　　C. 不确定

8. 有一套换热器，在内管中空气从20℃倍加热到50℃，环隙中用120℃的水蒸气冷凝，此换热器对数平均温度差为（　　)。

A. 85.0℃　　B. 不能确定　　C. 77.3℃　　D. 84.1℃

9. 冷热流体在间壁换热器中换热，热气体进口温度 $T_1=400$℃，出口温度 $T_2=200$℃，冷气体进口温度 $t_1=50$℃，两股气体的质量流量相同，物料数据可视为相同，若不计热损失，冷气体出口温度为（　　)。

A. 250℃　　B. 150℃　　C. 200℃　　D. 不能确定

10. 强化传热的最有效的途径是（　　)。

A. 提高平均温差　　B. 增大传热面积　　C. 提高传热系数 K 值

11. 两流体换热时，热流体走壳侧，冷流体走管侧，则热负荷 Q 等于（　　)。

A. $Q_{冷}$　　B. $Q_{热}$

12. 对于U形管换热器，易结垢的物质应该走（　　)。

A. 管程　　B. 壳程　　C. 不论管程还是壳程都一样

13. 以下可以强化传热的方法是（　　)。

A. 增加传热面的厚度　　　　B. 提高流体的流速

C. 采用顺流操作　　　　D. 增大流量

14. 为减少室外设备的热损失，保温层外包一层金属皮，一般说来应该是（　　)。

A. 表面光滑，颜色较浅　　　　B. 表面粗糙，颜色较深

C. 表面粗糙，颜色较浅　　　　D. 表面光滑，颜色较深

15. 某一套管换热器，由管间的饱和蒸汽加热管内空气，设饱和蒸汽温度为100℃，空气进口温度为20℃，出口温度为80℃，问此换热器的管壁温度应是：(　　)。

A. 接近空气平均温度　　　　B. 接近饱和蒸汽和空气的平均温度

C. 接近饱和蒸汽温度

16. 列管换热器中用水使46℃无腐蚀性的饱和水蒸气冷凝，则该饱和水蒸气应该走（　　)。

A. 管程　　　　B. 壳程

17. 翅片式换热器一般用于（　　)。

A. 两侧均为液体　　　　B. 两侧均为气体

C. 一侧为气体，一侧为蒸汽冷凝　　　　D. 一侧沸腾，一侧冷凝

18. 下列关于传热与温度的讨论中正确的是（　　)。

A. 绝热物系温度不发生变化　　　　B. 恒温物体与外界（环境）无热能交换

C. 温度变化物体的焓值一定改变　　D. 物体的焓值改变，其温度一定发生了变化

19. 气体的热导率值随温度的变化趋势为（　　）。

A. 温度升高，热导率增大　　B. 温度升高，热导率减小

C. 温度升高，热导率可能增大或减小　　D. 温度变化，热导率不变

20. 空气、水、金属固体的热导率分别为 λ_1、λ_2、λ_3，其大小顺序为（　　）。

A. $\lambda_1>\lambda_2>\lambda_3$　　B. $\lambda_1<\lambda_2<\lambda_3$　　C. $\lambda_2>\lambda_3>\lambda_1$　　D. $\lambda_2<\lambda_3<\lambda_1$

21. 水银、水、软木的热导率分别为 λ_1、λ_2、λ_3，其大小顺序为（　　）。

A. $\lambda_1>\lambda_2>\lambda_3$　　B. $\lambda_1<\lambda_2<\lambda_3$　　C. $\lambda_1>\lambda_3>\lambda_2$　　D. $\lambda_3<\lambda_1<\lambda_2$

22. 下列比较铜、铁、熔化的铁水三种物质热导率的大小，论断中正确的是（　　）。

A. 铜的热导率最大，铁水的最小　　B. 铁水的热导率最大，铁的最小

C. 铜的热导率最大，铁的最小　　D. 铁的热导率最大，铁水的最小

23. 多层平壁定态热传导时，各层温度降与各相应层的热阻（　　）。

A. 成正比　　B. 成反比　　C. 没关系　　D. 不确定

24. 对由三层平壁组成的多层平壁稳定热传导而言，若三层的传热推动力 $\Delta t_1>\Delta t_2>\Delta t_3$，则三层平壁的热阻力 R_1、R_2、R_3之间的关系为（　　）。

A. $R_1>R_2>R_3$　　B. $R_1<R_2<R_3$　　C. $R_1>R_3>R_2$　　D. $R_2>R_1>R_3$

25. 双层平壁稳定热传导，壁厚相同，各层的热导率分别为 λ_1、λ_2，其对应的温度差为 Δt_1 和 Δt_2，若 $\Delta t_1>\Delta t_2$，则 λ_1 和 λ_2 的关系为（　　）。

A. $\lambda_1<\lambda_2$　　B. $\lambda_1>\lambda_2$　　C. $\lambda_1=\lambda_2$　　D. 无法确定

26. 由厚度都相同的平壁组成的三层平壁而言，若 $\lambda_1>\lambda_2>\lambda_3$，则三层平壁的热阻力 R_1、R_2、R_3之间的关系为（　　）。

A. $R_1>R_2>R_3$　　B. $R_1<R_2<R_3$　　C. $R_1>R_3>R_2$　　D. $R_2>R_1>R_3$

27. 对于三层圆筒壁的稳定热传导而言，若 Q_1、Q_2、Q_3为从内到外各层的导热量，则它们之间的关系为（　　）。

A. $Q_1>Q_2>Q_3$　　B. $Q_3>Q_2>Q_1$　　C. $Q_1=Q_2=Q_3$　　D. 无法比较

28. 某燃烧炉炉壁内外表面温度分别为 t_1、t_2，今在炉壁外表面加一层保温层，炉壁内外表面的温度变化为 T_1、T_2。下列的判断中正确的是（　　）。

A. $T_1=T_2$，$T_1-T_2>t_1-t_2$　　B. $T_1>T_2$，$T_1-T_2>t_1-t_2$

C. $T_1<T_2$，$T_1-T_2>t_1-t_2$　　D. 上面三个以外的判断

29. 换热器中任一截面上的对流传热的推动力是指（　　）。

A. 两流体的温度差　　B. 冷流体进、出口温度差

C. 热流体进、出口温度差　　D. 液体温度和管壁温度差

30. 液体在圆形管内作强制湍流时，其对流传热系数与雷诺数的 n 次方成正比，其中 n 的值为（　　）。

A. 0.5　　B. 0.8　　C. 1　　D. 2

31. 工业生产中，沸腾传热操作应尽量保持在（　　）。

A. 自然对流区　　B. 泡核沸腾区　　C. 膜状沸腾　　D. 过渡区

32. 从传热角度来看，工业锅炉与工业冷凝器的设计是依据（　　）现象来考虑的。

A. 核状沸腾及膜状冷凝　　B. 膜状沸腾及膜状冷凝

C. 核状沸腾及滴状冷凝　　D. 膜状沸腾及滴状冷凝

33. 在通常操作条件下的同类换热器中，设空气的对流传热系数为 α_1，水的对流传热系数为 α_2，蒸气冷凝的传热系数为 α_3，则（　　）。

A. $\alpha_1>\alpha_2>\alpha_3$　　B. $\alpha_2>\alpha_3>\alpha_1$　　C. $\alpha_3>\alpha_2>\alpha_1$　　D. $\alpha_2>\alpha_1>\alpha_3$

34. 下列关于换热设备的热负荷及传热速率说法中错误的是（　　）。

A. 热负荷取决于化工工艺的热量衡算

B. 传热速率取决于换热设备、操作条件及换热介质

C. 热负荷是选择换热设备应有的生产能力的依据

D. 换热设备应有的生产能力由传热速率确定

35. 间壁两侧流体的传热过程 α_1、α_2 值相差较大（$\alpha_1 \ll \alpha_2$），K 值总是接近（　　）那侧的。

A. α_1　　B. α_2　　C. 难以确定

36. 在列管换热器中，用饱和蒸汽加热空气，下面两项判断中正确的是（　　）。

甲：传热管的壁温将接近加热蒸汽温度。

乙：换热器总传热系数 K 将接近空气侧的对流传热系数。

A. 甲、乙均合理　　B. 甲、乙均不合理

C. 甲合理，乙不合理　　D. 乙合理，甲不合理

37. 下列关于流体在换热器中走管程或走壳程的安排中不一定妥当的是（　　）。

A. 流量较小的流体宜安排走壳程　　B. 饱和蒸汽宜安排走壳程

C. 腐蚀性流体以及易结垢的流体宜安排走管程

D. 压力高的流体宜安排走管程

38. 工业上壳管换热器用于Ⅰ. 水-水换热；Ⅱ. 气-水换热；Ⅲ. 饱和蒸汽-水换热三种情况。有关总传热系数 K 正确的是（　　）。

A. Ⅰ最大，Ⅱ其次　　B. Ⅱ最大，Ⅲ其次

C. Ⅱ最大，Ⅰ其次　　D. Ⅰ最大，Ⅲ其次

思考题

1. 传热的基本方式有哪些？工业常用的换热方法有哪些？
2. 热传导和对流传热的热阻分别是什么？
3. 换热器中，冷、热流体的流动方向有哪几种？哪种最好？
4. 冷凝的状态有哪两种？哪种传热效果好？
5. 沸腾的状态有哪两种？哪种传热效果好？
6. 换热器有哪些类型？各有何特点？
7. 列管换热器的热补偿怎么做？作用是什么？
8. 强化传热的途径有哪些？有效的途径是哪个？

计算题

1. 载热体流量为 1500 kg/h，试计算以下各过程中载热体放出或得到的热量。

(1) 100℃的饱和水蒸气冷凝成 100℃的水；

(2) 比热容为 3.77 kJ/(kg·℃) 的 NaOH 溶液从 17℃加热到 97℃；

(3) 常压下 20℃的空气被加热到 150℃；

(4) 绝对压力为 200 kN/m^2 的饱和水蒸气冷凝并冷却成 50℃的水。

2. 在间壁式换热器中，用水将 2000 kg/h 的正丁醇由 100℃冷却到 20℃。冷却水的初温为 15℃，终温为 30℃。如热损失可以忽略，试求换热器的热负荷及冷却水用量。

3. 用 0.3MPa（绝压）的饱和水蒸气将对二甲苯由 80℃加热到 100℃。对二甲苯的流量为 80m^3/h，密度为 860kg/m^3。若热损失为冷流体传热量的 5%，试求该换热器的热负荷及蒸汽用量。

4. 试比较 1mm 厚的钢板、水垢和灰垢的热阻。已知它们的热导率分别为 46.4 W/(m·℃)、1.16 W/(m·℃)、0.116 W/(m·℃)，导热面积为 1m^2。试求：1mm 厚的水垢热阻相当于多少毫米厚的钢板的热阻；而 1mm 厚的灰垢热阻相当于多少毫米厚的钢板的热阻。

5. 某工业壁炉由下列三层依次组成，耐火砖的热导率 $\lambda = 1.05$ W/(m·℃)，厚度为 0.23；绝热层热导率 $\lambda = 0.144$ W/(m·℃)；红砖热导率 $\lambda = 0.94$ W/(m·℃)，厚度为 0.32m，已知耐火砖内侧温度 $t = 1300$℃，红砖外侧温度为 50℃，单位面积的热损失为 607W/m。试求：①绝热层的厚度；②耐火砖与绝热层接触温度。

6. 水在 ϕ38mm×1.5mm 的管内流动，流速为 1m/s，水在进、出管时的温度分别为 15℃、80℃，试求管壁对水的对流传热系数。

7. 空气在管内对流传热，流量不变的情况下，管径减小到原来的一半，对流传热系数是原来的多少倍？

8. 在列管换热器中，用水将 80℃的某有机溶剂冷却到 60℃。冷却水进口温度为 30℃，出口温度不能低于 35℃。试确定并流和逆流两种流向时的平均温差。

9. 某单壳程、四管程列管式换热器用水来冷却油品。油品进口温度为 120℃，出口温度为 40℃。冷水进口温度为 15℃，出口温度为 32℃。冷却水走管内，油走管外。求该换热器换热过程的平均温度差。

10. 某化工厂测定套管式苯冷却器的传热系数值，测定时记录数据如下：冷却器传热面积为 $2m^2$，苯的流量为 2000 kg/h，苯从 74℃冷却到 45℃，冷却水从 25℃升高到 40℃，两流体作逆流流动。试问所测得传热系数为多少？（不计热损失）

11. 一套管换热器，管内流体的对流传热系数为 233 W/(m^2·℃)，管外流体的对流传热系数为 407 W/(m^2·℃)。已知两种流体均在湍流情况下进行传热，试问（1）假设管内流体流速增加一倍；（2）假设管外流体流速增加一倍，其他条件不变时，上述两种情况下的传热系数增加多少？管壁热阻及污垢热阻可以不计。

12. 某列管式加热器由多根 ϕ25mm×2.5mm 的钢管组成。将苯由 20℃加热到 55℃，苯在管内流动，其流量为 15t/h，流速为 0.5m/s。加热剂为 130℃的饱和水蒸气，在管外冷凝。苯的比热容为 1.76 kJ/(kg·℃)，密度为 858 kg/m^3。已知加热器的传热系数为 700 W/(m^2·℃)。试求此加热器所需管子的总长度。

13. 4kg/s 的异丁烷蒸气在一列管式换热器管外冷凝。已知异丁烷的饱和温度为 60℃，冷水的进口温度为 25℃，出口温度为 40℃。列管式换热器的管束由 ϕ25mm×2.5mm，长 6m 的 200 根管子所组成，传热面积为 $93m^2$。此换热器为单壳程、四管程。异丁烷的冷凝潜热为 290kJ/kg，操作条件下水的比热容为 4.19kJ/(kg·℃)，密度为 1000kg/m^3，管外冷凝对流传热系数为 1000W/(m^2·℃)，管内对流传热系数为 4700u[W/(m^2·℃)]，式中，u 为管内流速，m/s；管壁及污垢热阻总和为 0.0008(m^2·℃)/W。试核算该换热器能否满足生活要求（可按平壁面计算）。

第 4 章

思考题

1. 什么是单效蒸发和多效蒸发？多效蒸发有什么特点？

2. 比较各种蒸发流程的优缺点。

3. 蒸发器由哪几个部分组成？各部分的作用是什么？

4. 比较常见蒸发器的结构特点。

5. 影响蒸发过程的主要因素有哪些？

计算题

1. 葡萄糖水溶液浓缩过程中，每小时的加料量为 3000kg，浓度由 15%（质量分数）浓缩到 70%（质量分数），试求每小时蒸发水量和完成液量。

2. 已知单效常压蒸发器每小时处理 2t NaOH 水溶液，溶液浓度由 15%（质量分数）浓缩到 25%（质量分数）。加热蒸汽压力为 0.4MPa（绝压），冷凝后在饱和温度下排出。分别按 20℃加料和沸点加料（溶液的沸点为 113℃）。求此两种情况下的加热蒸汽消耗量和单位蒸汽消耗量。假设蒸发器的热损失可以忽略不计。

3. 传热面积为 $52m^2$ 的蒸发器，在常压下每小时蒸发 2500kg 浓度为 7%（质量分数）的某水溶液。原料液的温度为 95℃，常压下的沸点为 103℃。完成液的浓度为 45%（质量分数）。加热蒸汽表压为 0.2MPa，热损失为 110000W。试估算蒸发器的总传热系数。

第 5 章

选择题

1. 理想溶液和非理想溶液的主要差别是（　　）。

A. 组分在溶液上方的饱和蒸气压不同

B. 相同分子间的引力与不同分子间的引力不同

C. 表达汽液平衡的方式不同

D. 溶液中各组分的数量不同而引起的

2. t-x-y 图主要的用途是（　　）。

A. 主要适用于蒸馏过程的各种计算　　B. 主要用于理解蒸馏原理

3. 全塔物料衡算时，衡算基准可以是（　　）。

A. 质量分数　　B. 摩尔分数　　C. 以上两种基准都可以

4. 回流比 $R=L/D$ 中，L 和 D 均为（　　）。

A. 质量流量　　B. 摩尔流量　　C. 都可以

5. 精馏塔顶为全凝器时，则（　　）。

A. $y_1>x_D$　　B. $y_1>x_D$　　C. $y_1=x_D$

6. 目前常用的板式塔是（　　）。

A. 筛板塔　　B. 泡罩塔　　C. 浮阀塔

7. 淹塔现象一定是（　　）。

A. 气流速度过大　　B. 液体流量过大

C. 降液管设计不合理　　D. 以上各种情况都有可能

8. 若发生雾沫夹带，可以（　　）。

A. 减少塔底蒸汽量　　B. 减少回流比

9. 发生漏液现象时，可以（　　）。

A. 提高釜温　　B. 降低回流量　　C. 以上两种方法都可以

10. 塔顶馏出物轻组分含量偏低，可能原因是（　　）。

A. 回流比小　　B. 进料组成不符合要求

C. 塔设计不符合要求　　D. 以上几种可能性都有

11. 当分离沸点较高，而且又是热敏性混合液时，精馏操作压力应采用（　　）。

A. 加压　　B. 减压　　C. 常压

12. 若要求双组分混合液分离成两个较纯的组分，则应采用（　　）。

A. 平衡蒸馏　　B. 简单蒸馏　　C. 精馏

13. 以下说法正确的是（　　）。

A. 冷液进料：$q=1$　　B. 气液混合进料：$0<q<1$

C. 过热蒸汽进料：$q<0$

14. 某精馏塔的馏出液量 $D=50\text{kmol/h}$，回流比 $R=2$，则精馏段之 L 为（　　）。

A. 100kmol/h　　B. 50kmol/h　　C. 25kmol/h

15. 当回流从全回流逐渐减小时，精馏段操作线向平衡线靠近。为达到给定的分离要求，所需的理论板数（　　）。

A. 逐渐减少　　B. 逐渐增多　　C. 不变

16. 精馏操作的作用是分离（　　）。

A. 气体混合物　　B. 液体均相混合物

C. 固体混合物　　D. 互不溶液体混合物

17. 精馏分离的依据是（　　）。

A. 利用混合液中各组分挥发度不同

B. 混合气中各组分在某种溶剂中溶解度的差异

C. 利用混合液在第三种组分中互溶度的不同

D. 无法说明

18. 某二元理想溶液，其组成为0.6（摩尔分数，下同），相应的泡点为t_1，与之相平衡的气相组成为0.7，相应的露点为t_2，则（　　）。

A. $t_1=t_2$　　B. $t_1>t_2$　　C. $t_1<t_2$　　D. 无法判定

19. 某溶液由A、B两种可挥发组分组成，经实验测定，若向该溶液添加A，溶液的泡点将提高。据此能作出的判断为（　　）。

A. $\alpha>1$　　B. $\alpha<1$

C. A在气相中的摩尔分数小于与其平衡的液相中A的摩尔分数

D. 在气液相平衡时，气相中A的摩尔分数大于B的摩尔分数

20. 某连续精馏塔，原料量不变而进料组成减小，欲保持塔顶、塔底的产品组成不变，则塔顶产品量将（　　）。

A. 增加　　B. 减少　　C. 不变　　D. 不确定

21. 下列说法中比较准确地说明液体的精馏过程的是（　　）。

A. 精馏过程中溶液在交替地进行汽化与冷凝

B. 精馏过程中溶液的部分汽化与蒸气的部分冷凝伴随进行

C. 精馏过程中液气两相在进行传质

D. 精馏过程中蒸发与回流联合进行

22. 精馏理论中，“理论板”概念提出的充分必要的前提是（　　）。

A. 塔板无泄漏　　B. 板效率为100%

C. 离开塔板的气液相达到平衡　　D. 板上传质推动力最大

23. 二元连续精馏计算中，进料热状态的变化将引起x-y图上变化的线有（　　）。

A. 平衡线和对角线　　B. 平衡线和进料线

C. 操作线和进料线　　D. 操作线和平衡线

24. 推导精馏塔操作线方程的前提是（　　）。

A. 恒摩尔流　　B. 平衡精馏　　C. 板式塔　　D. 过程稳定

25. 下列关于精馏中“最小回流比”的说明中正确的是（　　）。

A. 经济效果最好的回流比

B. 保证精馏操作所需塔板数最少的回流比

C. 保证精馏分离效率最高的回流比

26. 对于一定分离程度而言，精馏塔所需最少理论塔板数是在（　　）。

A. 全回流　　B. 50%回流　　C. 25%回流　　D. 无法判断

27. 若仅仅加大精馏塔的回流量，会引起（　　）。

A. 塔顶产品易挥发组分浓度提高　　B. 塔底产品难挥发组分浓度提高

C. 塔顶产品的产量提高　　D. 塔顶易挥发组分的回收率提高

28. 若某精馏塔正在正常稳定地生产，现欲增加进料，且要求产品质量维持不变时，宜采取的措施为（　　）。

A. 加大塔顶回流液量　　B. 加大塔釜加热蒸汽量

C. 加大塔釜加热蒸汽量及冷凝器冷却水量　　D. 加大冷凝器冷却水量

29. 下列设备中能起到一块理论板分离作用的是（　　）。

A. 再沸器　　B. 冷凝器　　C. 分凝器　　D. 汽化器

30. 若仅仅加大精馏塔再沸器的加热蒸汽量，会引起（　　）。

A. 塔顶产品易挥发组分浓度提高　　B. 塔底产品难挥发组分浓度提高

C. 塔底产品的产量提高　　D. 塔底难挥发组分的回收率提高

31. 某连续操作的精馏塔，在保持进料的流量、组成和热状态一定，以及塔釜加热蒸汽量和塔顶冷凝器冷却水量一定的条件下，若加大回流比，将会引起下列哪项发生变化（　　）。

(1) 塔顶产品浓度 x_D将提高；(2) x_D将降低；

(3) 塔顶产品产量 D 将提高；

(4) D 将下降；(5) 塔底产品产量 W 将提高；(6) W 将下降

A. (1)、(4)、(5) 正确　B. (1)、(3)、(5) 正确

C. (2)、(3)、(6) 正确　D. (2)、(4)、(6) 正确

32. 用精馏方法分离某二元理想溶液，产品组成为 x_D、x_W，当进料组成为 x_{F1}时，相应的最小回流比为 R_{m1}；当进料组成为 x_{F2}时，相应的最小回流比为 R_{m2}。若 $x_{F1}<x_{F2}$，且进料热状态相同，则（　）。

A. $R_{m1}<R_{m2}$　B. $R_{m1}=R_{m2}$　C. $R_{m1}>R_{m2}$　D. 无法确定

33. 在精馏设计中，对一定的物系，其 x_F、q、x_D和 x_W不变，若回流比 R 增加，则所需理论塔板数将（　）。

A. 减小　B. 增加　C. 不变　D. 无法确定

34. 精馏塔操作时，其温度和压力从塔顶到塔底的变化趋势为（　）。

A. 温度逐渐增大，压力逐渐减小　B. 温度逐渐减小，压力逐渐增大

C. 温度逐渐减小，压力逐渐减小　D. 温度逐渐增大，压力逐渐增大

35. 精馏塔设计时，若进料量、进料组成、馏出液组成、釜残液组成、精馏段上升蒸气流量等为定值时，将进料热状态参数 $q=1$ 改为 $q>1$，则所需要的理论板数（　）。

A. 增加　B. 减小　C. 不变　D. 无穷大

36. 甲说：若增加精馏塔的进料量就必须增加塔径。乙说：若增大精馏塔的塔径就可以减少精馏塔板。丙说：若想提高塔底产品的纯度应增加塔板。甲、乙、丙三种说法正确的是（　）。

A. 甲、乙对　B. 乙、丙对　C. 丙、甲对　D. 丙对

37. 某精馏装置，由分凝器、全凝器、精馏塔（有两块塔板）、再沸器组成，料液自塔顶第一块板加入，对该装置的说法中正确的是（　）。甲：该塔是提馏塔。乙：该分离操作只有提馏过程。

A. 甲对　B. 乙对　C. 甲、乙都对　D. 甲、乙都不对

38. 如果某精馏塔的加料口原在第七块板（自塔顶向下计数），现操作工人将料液改自第四块塔板加入，可能是下列原因中的（　）使他这样做。

A. 生产任务加大，料液增加了　B. 生产任务减小，料液减少了

C. 料液由冷液态改为饱和液态了　D. 料液由饱和液态改为冷液态了

39. 减压操作精馏塔内自上而下真空度及气相露点的变化为（　）。

A. 真空度及露点均提高　B. 真空度及露点均降低

C. 真空度提高，露点降低　D. 真空度降低，露点提高

40. 有两股组成不同的料液，若使加入精馏塔进行精馏分离更经济，应（　）。

A. 分别从不同的塔板加入　B. 将它们混合后从某一合适的塔板加入

C. 分别从不同的塔板入塔与混合后从某一恰当的塔板入塔经济效果一样

D. 是分别入塔还是混合后入塔要根据两股料液的热状态而定

41. 在讨论设备的负荷性能图时，下列论述中正确的是（　）。

甲：塔的负荷性能图只取决于塔设备的结构与物质的性质，而与生产的气液相负荷无关；

乙：塔的负荷性能图，除与塔设备的结构有关外，还与物质的性质以及气液相流量有关。

A. 甲对　B. 乙对　C. 甲、乙都不对

42. 塔设备的操作弹性，与下列的（　）因素有关。

甲：塔的结构；乙：物料性质；丙：负荷的液气比

A. 甲、乙　B. 甲、丙　C. 乙、丙　D. 甲、乙、丙

思考题

1. 汽液平衡关系有哪几种表达方式？有哪几种相图？

2. 相对挥发度是什么？怎么确定？

3. 精馏塔中气相组成，液相组成以及温度沿塔高如何变化？

4. 精馏的原理是什么？连续精馏操作的必要条件是什么？

5. 精馏段和提馏段操作关系分别是什么？怎么在 x-y 图上作出？

6. 有哪几种进料状态？进料状态对操作关系有什么影响？

7. 全回流没有产品，有什么实际意义？

8. 确定适宜回流比的原则和方法是什么？

9. 精馏操作中回流比的变化对馏出液的组成有什么影响？

10. 什么是理论板？怎么确定理论板数？怎么确定实际塔板数？

11. 板式塔有哪些部件？各自作用是什么？

12. 板式塔盘有哪几种？各有哪些特点？

13. 漏液、液沫夹带、气泡夹带、液泛各是什么操作现象？什么原因？怎么处理？

计算题

1. 乙醇和水的混合液中，乙醇的质量为 25 kg，水的质量为 15 kg。试求乙醇在混合液中的质量分数和摩尔分数。

2. 工业酒精中，含乙醇的质量分数为 95%，求其组成（以摩尔分数表示）。

3. 在 1atm 下甲醇-水的平衡数据如下表：

温度/℃	液相中甲醇的摩尔分数/%	气相中甲醇的摩尔分数/%	温度/℃	液相中甲醇的摩尔分数/%	气相中甲醇的摩尔分数/%
100.0	0.0	0.0	75.3	40.0	72.9
96.4	2.0	13.4	73.1	50.0	77.9
93.5	4.0	23.4	71.2	60.0	82.5
91.2	6.0	30.4	69.3	70.0	87.0
89.3	8.0	36.5	67.6	80.0	91.5
87.7	10.0	41.8	66.0	90.0	95.8
84.4	15.0	51.7	65.0	95.0	97.9
81.7	20.0	57.9	64.5	100.0	100.0
78.0	30.0	66.5			

试求：(1) 在 1atm 下将 30%摩尔分数的甲醇的水溶液加热到 85℃，这时处于什么状态，相应各相的组成是多少？

(2) 该组成的泡点是多少？所对应的平衡蒸气组成是多少？

(3) 该组成的露点是多少？所对应的平衡液相组成是多少？

4. 正庚烷和正辛烷在 110℃时的饱和蒸气压分别为 140kPa 和 64.5kPa。计算 0.4 正庚烷和 0.6 正辛烷组成的混合物在 110℃时各组分的平衡分压，系统总压及平衡蒸气组成。

5. 在连续精馏塔中分离苯-苯乙烯混合液原料液量为 5000kg/h，组成 0.45，要求蒸出液中含苯 0.95。釜液中含苯不超过 0.06。试求馏出液量及塔釜产品量各为多少？

6. 在一连续精馏塔中分离某混合液，混合液流量为 5000kg/h，其中轻组分含量为 30%，要求馏出液中能回收原料液中 88%的轻成分，釜液中轻组分含量不高于 5%，试求馏出液的物质的量流量及摩尔分数。已知 $M_A=144$kg/kmol，$M_B=128$kg/kmol。

7. 在一连续精馏塔中分离苯-甲苯混合液，要求馏出液中苯的含量为 0.97（摩尔分数），馏出液量 6000kg/h，塔顶为全凝器，平均相对挥发度为 2.46，回流比为 2.5。试求：①第一块塔板下降的液体组成

x_1；②精馏段各板上升的蒸气量及下降液体量。

8．某连续精馏塔处理苯-氯仿混合液，要求馏出液中含有96%（摩尔分数，下同）的苯。进料量为75kmol/h，进料液中含苯45%，残液中含量10%，回流比3，泡点进料，求①从冷凝器回流至塔顶的回流液量及自塔釜上升蒸气的摩尔流量；②写出精馏段和提馏段操作线方程式。

9．某理想混合液用常压精馏塔进行分离。进料组成含A 81.5%、含B 18.5%（摩尔分数，下同），饱和液体进料，塔顶为全凝器，塔釜为间接蒸汽加热。要求塔顶产品为含A 95%，塔釜产品为含B 95%，此物系的相对挥发为2.0，回流比为4.0。试用：①逐板计算法；②图解法分别求出所需的理论塔板数及加料板位置。

10．丙烯-丙烷的精馏塔进料组成为含丙烯80%和丙烷20%（摩尔分数，下同），常压操作，进料为饱和液体，要试塔顶产品含95%的丙烯，塔釜产品含95%丙烷，物系的相对挥发度为1.16，试求：①最小回流比；②所需的最少理论塔板数。

11．用常压精馏塔分离乙醇-水混合液。要求年产1000t乙醇（年生产天数为320d），其含量为94%，进料组成为25%，塔釜残液组成不高于0.1%。进料温度为70℃，$R=1.7R_{min}$，试求：①进料量及塔釜残液量（kmol/h）；②理论塔板数。

第6章

选择题

1．吸收过程是（　　）。

A．气相转移到液相的相际传质过程　　B．液相转移到气相的相际传质过程

2．吸收过程是分离（　　）。

A．液体混合物　　B．气体混合物　　C．可液化的气体混合物

3．吸收达到汽液平衡时符合关系式 $y^*=mx_i$，当（　　）时是吸收过程。

A．$y<y^*$　　B．$y=y^*$　　C．$y>y^*$

4．当吸收过程为液膜控制时，（　　）。

A．提高液体流量有利于吸收　　B．提高气速有利于吸收

C．降低液体流量有利于吸收　　D．降低气体流速有利于吸收

5．双膜理论的要点有（　　）。

A．两点　　B．三点　　C．四点

6．提高液气比，从提高吸收推动力和降低吸收阻力两方面综合考虑：（　　）。

A．气膜控制有利　　B．液膜控制有利　　C．气、液膜共同控制有利

7．填料吸收塔内的液体再分布器是用于（　　）。

A．喷洒吸收剂　　B．防止液泛　　C．克服壁流现象　　D．再利用吸收液

8．适宜的空塔气速与泛点气速之比称为泛点率，根据生产实际综合考虑，泛点率一般选为（　　）。

A. 1.2～2.0　　B. 0.5～0.8　　C．不大于1/8　　D. 0.2～1.0

9．以下物系中宜选择板式塔进行吸收操作的是（　　）。

A．易起泡物系　　B．热敏性物系

C．强腐蚀物系　　D．易聚合或含有固体悬浮物的物系

10．低浓度逆流吸收操作中，若其他入塔条件不变，仅增加入塔气体浓度 Y_1，则出塔气体浓度 Y_2 将（　　）；出塔液体浓度 X_1（　　）。

A．增大　　B．减小　　C．不变　　D．不确定

11．下述分离过程中哪一种不属于传质分离（　　）。

A．萃取分离　　B．吸收分离　　C．结晶分离　　D．离心分离

12．下述说法中错误的是（　　）。

A．溶解度系数 H 值很大，为易溶气体　　B．亨利系数 E 值很大，为易溶气体

C．亨利系数 E 值很大，为难溶气体　　D．平衡常数 m 值很大，为难溶气体

13. 吸收的依据是（ ）。

A. 气体混合物中各组分在某种溶剂中溶解度的差异

B. 液体均相混合物中各组分挥发能力的差异

C. 液体均相混合物中各结晶能力不同

D. 液体均相混合物中各组分沸点不同

14. 吸收操作的作用是分离（ ）。

A. 气体混合物 B. 液体均相混合物

C. 互不相溶的液体混合物 D. 气-液混合物

15. 吸收过程的推动力为（ ）。

A. 浓度差 B. 温度差 C. 压力差 D. 实际浓度与平衡浓度差

16. 对某一汽液平衡物系，在总压一定时，若温度升高，由其亨利系数 E 将（ ）。

A. 减小 B. 增加 C. 不变 D. 不确定

17. 吸收过程所发生的是被吸收组分的（ ）。

A. 单身扩散 B. 等分子反向扩散 C. 主体流动 D. 分子扩散

18. 某相际传质过程为气膜控制，究其原因，甲认为是由于气膜传质速率小于液膜传质速率的缘故；乙认为是气膜传质推动力较小的缘故。正确的是（ ）。

A. 甲对 B. 乙对 C. 甲、乙都对 D. 甲、乙都不对

19. 依据“双膜理论”，下列判断中可以成立的是（ ）。

A. 可溶组分的溶解度小，吸收过程的速率为气膜控制

B. 可溶组分的亨利系数大，吸收过程的速率为液膜控制

C. 可溶组分的相平衡常数大，吸收过程的速率为气膜控制

D. 液相的黏度低，吸收过程的速率为液膜控制

20. 在某逆流操作的填料塔中，进行低浓度吸收，该过程可视为液膜控制。若入气量增加而其他条件不变，则液相总传质单元高度（ ）。

A. 增加 B. 减小 C. 不定 D. 基本不变

21. 吸收塔的操作线是直线，主要基于（ ）。

A. 物理吸收 B. 化学吸收 C. 高浓度物理吸收 D. 低浓度物理吸收

22. 提高吸收塔的液气比，甲认为将在逆流吸收过程的推动力较大；乙认为将增大并流吸收过程的推动力，正确的是（ ）。

A. 甲对 B. 乙对 C. 甲、乙双方都不对 D. 甲、乙都对

23. 在吸收操作中，下列各项数值的变化不影响吸收传质系数的是（ ）。

A. 传质单元数的改变 B. 传质单元高度的改变

C. 吸收塔结构尺寸的改变 D. 吸收塔填料类型及尺寸的改变

思考题

1. 比摩尔分数和比质量分数是什么？与摩尔分数和质量分数怎么换算？

2. 气体在液体中的溶解度是什么？怎么转换成汽液平衡关系？

3. 相平衡系数随温度和压力怎么变化？怎样的温度和压力有利于吸收？

4. 双膜模型是什么？与吸收速率方程式有什么关系？

5. 易溶气体的吸收过程受什么控制？平衡关系是怎样？怎么强化？同样，难溶气体呢？

6. 逆流和并流时的吸收塔操作线是怎么样的？解吸的操作线呢？

7. 确定适宜液气比的原则和方法是什么？

8. 液气比的变化对吸收塔的操作有什么影响？

9. 传质单元高度和传质单元数是什么？计算方法有哪几个？

10. 填料层高度怎么计算？

11. 填料塔有哪些部件？各自的作用是什么？

12. 填料有哪几种？各自特点是什么？

13. 填料塔的不正常操作现象有哪些？什么原因？怎么处理？

计算题

1. 在100kg水中含有0.012kg的CO_2，试求CO_2的质量分数、质量比和容量浓度。

2. 在101kPa、20℃下，100kg水中含氨1kg时，液面上方氨的平均分压为0.80kPa，求气、液相组成。

3. 用填料塔进行逆流吸收操作。在操作条件下，$k_x=k_y=0.026\text{kmol}/(\text{m}^2\cdot\text{s})$，试分别计算$m=0.1$及$m=50$两种情况下吸收操作的阻力分配情况。

4. 在20℃、101.3 kPa条件下，若混合气中氨的体积分数为9.2%，在1 kg水中最多可溶解NH_3 32.9 g。试求在该条件下NH_3溶解于水的亨利系数E和相平衡常数m。

5. 在一逆流吸收塔中，用清水吸收混合气体中的CO_2。惰性气体处理量为$300\text{m}^3/\text{h}$（标准状况），进塔气体中含CO_2 8%，要求吸收率95%，操作条件下$Y=1600X$，操作液气比为最小液气比的1.5倍。求：①水用量和出塔液体组成；②写出操作线方程式。

6. 用清水吸收混合气体中的SO_2，已知混合气量为$5000\text{m}^3/\text{h}$（标准状况），其中SO_2含量为10%（体积分数），其余是惰性组分，相对分子质量为28。要求SO_2吸收率为95%。在操作温度293K和压力101.3kPa下的平衡关系为$Y=26.7X$。现设取水量为最小用量的1.5倍，试求水的用量及吸收后水中SO_2的浓度。

7. 某混合气体中溶质含量为5%，要求吸收率为80%。用纯吸收剂吸收，在20℃、101.3kPa下相平衡关系为$Y=35X$，试问；逆流操作和并流操作的最小液气比各为多少？由此可得出什么结论？

8. 流量为1.26kg/s的空气中含氨0.02，拟用塔径1m的吸收塔回收其中90%的氨。塔顶喷淋摩尔比为4×10^{-4}的稀氨水。已知操作液气比为最小液气比的1.5倍，操作范围内$Y=1.2X$，$K_Ya=0.052\text{kmol}/(\text{m}^3\cdot\text{s})$。求①所需的填料层高度；②若将吸收率提高至95%，求所需的填料高度。

9. 填料塔用清水吸收烟道气中的CO_2，烟道气中CO_2的含量为13%（体积分数），其他可视为空气。烟道气通过填料塔后，其中CO_2被吸收去90%，塔底送出溶液浓度为0.0000817 kmol CO_2/kmol H_2O。已知烟道气处理量为$1000\text{m}^3/\text{h}$（293K、101.3 kPa），平衡关系为$Y=1420X$。若气相体积吸收总系数为$K_Ya=8\ \text{kmol}/(\text{m}^3\cdot\text{h})$，吸收塔径为1.2m，试求每小时用水量和所需的填料层高度。

10. 在逆流操作的吸收塔中，用纯溶剂等温吸收某气体混合物中的溶质。在常压，27℃下操作时混合气体流量为$1200\text{m}^3/\text{h}$。气体混合物的初始浓度为0.05，塔截面积为0.8m^2，添料层高度为4m，气相体积吸收总系数K_Ya为$100\text{kmol}/(\text{m}^3\cdot\text{s})$，汽液平衡关系服从亨利定律，且已知吸收因数为1.2。试求：混合气体离开吸收塔的浓度和吸收率。

第7章

选择题

1. 干燥介质在与被干燥物料接触之前常常需要预热，目的是（　　）。

A. 提高干燥介质的温度，降低湿含量

B. 提高干燥介质的温度，降低相对湿含量

C. 提高干燥介质的温度，降低露点温度

D. 提高干燥介质的温度，降低泡点温度

2. 对于不饱和空气，干球温度t，湿球温度t_w和露点温度t_d的关系为（　　）。

A. $t>t_d>t_w$　　B. $t>t_w>t_d$　　C. $t_w>t>t_d$

3. 空气的温度为t_0，湿度为H_0，相对湿度为φ_0的湿空气，经预热后，空气的湿度为H_1，温度为t_1，相对湿度为φ_1，则（　　）。

A. $H_1>H_0$　　B. $\varphi_0>\varphi_1$　　C. $\varphi_1>1$　　D. $\varphi_1>\varphi_0$

4. 通过干燥，物料中不能够去除的水分为（　　）。

A. 非结合水分　　B. 结合水分　　C. 自由水分　　D. 平衡水分

5. 让不饱和空气与只含非结合水的物料相接触，则平衡含水量（　　）。

A. 增加　　B. 减少　　C. 不变

6. 物料中的水分随着温度的升高而（　　）。

A. 增大　　B. 减小　　C. 不变　　D. 不一定

7. 木材的干燥为内部扩散控制，因此常采用（　　）。

A. 干空气为干燥介质　　B. 湿空气为干燥介质

8. 若要提高干燥器的干燥效率可以（　　）。

A. 降低干燥器出口的空气的温度　　B. 提高干燥器的出口空气温度

9. 在恒速干燥阶段，物料干燥属于（　　）。

A. 表面汽化控制　　B. 内部扩散控制　　C. 表面汽化和内部扩散共同控制

10. 空气在进入干燥器之前必须预热，在预热器中（　　）不变。

A. 温度　　B. 湿度　　C. 相对湿度

11. 同一物料，如恒速干燥阶段的干燥速率增加，则临界含水量（　　）。

A. 增大　　B. 减小　　C. 不变　　D. 不一定

12. 将氯化钙与湿物料放在一起，使物料中水分除去，这时采用哪种方法去湿（　　）。

A. 机械去湿　　B. 吸附去湿　　C. 供热干燥　　D. 无法确定

13. 以下关于对流干燥过程的特点，说法不正确的是（　　）。

A. 对流干燥过程是气固两相热、质同时传递的过程

B. 对流干燥过程中气体传热给固体

C. 对流干燥过程湿物料的水被汽化进入气相

D. 对流干燥过程中湿物料表面温度始终恒定于空气的湿球温度

14. 在总压不变的条件下，将湿空气与不断降温的冷壁相接触，直至空气在光滑的冷壁面上析出水雾，此时的冷壁温度称为（　　）。

A. 湿球温度　　B. 干球温度　　C. 露点　　D. 绝对饱和温度

15. 在总压101.33kPa、温度20℃下，某空气的湿度为0.01kg水/kg干空气，现维持总压不变，将空气温度升高到50℃，则相对湿度（　　）。

A. 增大　　B. 减小　　C. 不变　　D. 无法判断

16. 在总压101.33kPa、温度20℃下，某空气的湿度为0.01kg水/kg干空气，现维持温度不变，将总压升高到125kPa，则相对湿度（　　）。

A. 增大　　B. 减小　　C. 不变　　D. 无法判断

17. 湿度表示湿空气中水汽含量的（　　）。

A. 相对值　　B. 绝对值　　C. 增加值　　D. 减少值

18. 空气的饱和湿度是湿空气（　　）的函数。

A. 总压及干球温度　　B. 总压及湿球温度

C. 总压及露点　　D. 湿球温度及焓

19. 空气相对湿度越高，其吸收水汽的能力（　　）。

A. 越高　　B. 越低　　C. 无影响　　D. 无法判断

20. 湿空气的干球温度为t，湿球温度为t_w，露点为t_d，当空气的相对湿度为100%时，则三者的关系为（　　）。

A. $t=t_w=t_d$　　B. $t>t_w>t_d$　　C. $t_d>t_w>t$　　D. $t>t_w=t_d$

21. 湿空气的干球温度为t，湿球温度为t_w，露点为t_d，当空气的相对湿度为80%时，则三者的关系为（　　）。

A. $t=t_w=t_d$　　B. $t>t_w>t_d$　　C. $t_d>t_w>t$　　D. $t>t_w=t_d$

22. 对于被水汽饱和的湿空气，下列说法正确的是（　　）。

A. 该湿空气的湿球温度介于干球温度与露点温度之间

B. 该湿空气的湿度与温度无关

C. 该湿空气的绝对湿度百分数等于其相对湿度

D. 该湿空气在改变温度时，其湿容积不变

23. 已知湿空气的下列两个参数（ ），可利用焓-湿图查得其他参数。

A. 湿度和总压 B. 湿度和露点

C. 干球温度和湿球温度 D. 焓和湿球温度

24. 不仅与湿物料性质和干燥介质的状态有关，而且与湿物料同干燥介质的接触方式及相对速度有关的是湿物料的（ ）。

A. 平衡水分 B. 结合水分 C. 临界水分 D. 非结合水分

25. 物料的平衡水分一定是（ ）。

A. 非结合水分 B. 自由水分 C. 结合水分 D. 临界水分

26. 干燥过程中较易除去的是（ ）。

A. 结合水分 B. 非结合水分 C. 平衡水分 D. 自由水分

27. 湿物料在一定的空气状态下干燥的极限为（ ）。

A. 自由水分 B. 平衡水分 C. 结合水分 D. 非结合水分

28. 物料在干燥过程中，干燥速度降为零对应的物料含水量为（ ）。

A. 平衡含水量 B. 自由含水量 C. 结合含水量 D. 非结合含水量

29. 物料在干燥过程中，其恒速干燥阶段和降速阶段区分的标志是（ ）。

A. 平衡水分 B. 自由水分 C. 结合水分 D. 临界含水量

30. 干燥的热效率可以通过下列（ ）方式来提高。

甲：通过提高干燥介质入口湿度来实现。

乙：通过提高干燥介质入口温度来实现。

丙：通过强化干燥过程的传热传质，达到降低干燥介质出口温度的效果，从而实现干燥效率的提高。

A. 甲、乙都行 B. 乙、丙都行 C. 丙、甲都行 D. 三者都行

思考题

1. 工业上最常用的去湿的方法是什么？用什么作干燥介质？

2. 湿空气的性质都可以通过哪两个参数计算出来？

3. 通过哪三种办法可以在焓湿图上确定湿空气的状态？

4. 干燥一般经过哪几个阶段？各阶段属于哪种湿热传递控制阶段？

5. 影响干燥速率的因素有哪些？

6. 提高干燥过程热效率的方法有哪些？

7. 常用的干燥设备有哪些？其特点是什么？

计算题

1. 在总压为100kPa，空气的温度为20℃，湿度为0.01kg/kg干气。试求：①空气的相对湿度；②总压与湿度不变，将空气温度提高到50℃时的相对湿度。

2. 氮与苯蒸气的混合气体，在总压100kPa、297K时的相对湿度为60%，试求每千克氮气中苯蒸气含量。已知297K时的苯的饱和蒸气压为12.2kPa。

3. 空气的总压为101.3kPa，干球温度为30℃，相对湿度为70%。试求该空气的：①湿度 H；②饱和湿度 H_s；③水汽分压 p_w；④露点 t_d；⑤湿球温度 t_w；⑥焓 I。

4. 在某连续干燥器中。总压为95kPa，每秒钟从被干燥物料中除去的水分量为0.028kg。原始空气的温度为15℃，相对湿度为80%，离开干燥器的空气温度为40℃，相对湿度为60%。试求；①进入风机的原始空气流量；②若预热至95℃，用200kPa的饱和水蒸气加热，蒸汽用量为多少？③干燥过程热效率为多少？

5. 在常压气流干燥器中干燥某树脂产品。干燥产品量为280kg/h，产品的干基水量为0.01kg/kg，物

料入口温度为 20℃，出口为 40℃；在干燥器中蒸发水分量为 35kg/h，原始空气温度为 15℃，湿度为 0.0072kg/kg。已知空气用量为 2000kg 干空气/h，经预热器加热至 90℃后通过干燥器。若干燥系统的热量损失为 1500kg/h，绝干物料的平均比热容为 1.4kJ/(kg·℃)。试求气体出口温度和湿度。

第 8 章

思考题

1. 化工生产中液-液萃取的应用有哪些？与蒸馏操作的区别是什么？
2. 萃取剂的选择主要考虑哪些因素？
3. 分配系数是什么？选择性系数是什么？
4. 温度对萃取操作有什么影响？
5. 常见的萃取设备有哪些？有什么特点？
6. 常见的萃取流程有哪几种？有什么特点？

计算题

1. 以异丙醚为萃取剂，从浓度为 0.5（质量分数）的乙酸水溶液中萃取乙酸。在单级萃取器中，用 600 kg 异丙醚萃取 500 kg 乙酸水溶液（见附表），试做以下各任务：

① 在三角形相图上绘出溶解度曲线与辅助线；

② 原料液与萃取剂混合后，确定混合液 M 的位置；

③ 此混合液分成两个平衡液层 F 与 R 后，两液层的组成与量；

④ 两液层 E 与 R 中溶质（乙酸）的分配系数及溶剂的选择性系数。

萃余相(水相)质量分数/%			萃取相(异丙醚相)质量分数/%		
乙酸	水	异丙醚	乙酸	水	异丙醚
0.69	98.1	1.2	0.18	0.5	99.3
1.41	97.1	1.5	0.37	0.7	98.9
2.89	95.5	1.6	0.79	0.8	98.4
6.42	91.7	1.9	1.93	1.0	97.1
13.30	84.4	2.3	4.82	1.9	93.3
25.50	71.1	3.4	11.40	3.9	84.7
36.70	58.9	4.4	21.60	6.9	71.5
44.30	45.1	10.6	31.10	10.8	58.1
46.40	37.1	16.5	36.20	15.1	48.7

2. 用 1000 kg 水为萃取剂，从乙酸与氯仿的混合液中萃取乙酸。若原料液的量也为 1000 kg，其中乙酸的质量分数为 0.35。在操作条件下（25℃）平衡线的数据如附表所示。

单位：%

氯 仿 层		水 层		氯 仿 层		水 层	
乙酸	水	乙酸	水	乙酸	水	乙酸	水
0.00	0.99	0.00	99.16	27.65	5.20	50.56	31.11
6.77	1.38	25.10	73.69	32.08	7.93	49.41	25.39
17.72	2.28	44.12	48.58	34.16	10.03	47.87	23.28
25.72	4.15	50.18	34.71	42.50	16.50	42.50	16.50

① 经单级萃取后萃余相 R 中乙酸的质量分数为 0.07，试求萃取相 E 中乙酸的含量；

② 求萃取相 E 与萃余相 R 的组成及量；

③ E、R 两相均脱除萃取剂后，试求萃取液 E' 及萃余液 R' 的组成及量。

第 9 章

思考题

1. 结晶的工业应用有哪些？常和哪些单元操作配合完成？
2. 过饱和度是什么？与结晶有什么关系？
3. 结晶有哪些种类？青霉素结晶是哪一种？
4. 结晶过程的主要影响因素有哪些？
5. 常见的结晶设备有哪些？各有什么特点？

附　　录

一、常用单位的换算

1. 长度

m(米)	in(英寸)	ft(英尺)	yd(码)
1	39.3701	3.2808	1.09361
0.025400	1	0.073333	0.02778
0.30480	12	1	0.33333
0.9144	36	3	1

2. 体积

m^3	L(升)	ft^3	m^3	L(升)	ft^3
1	1000	35.3147	0.02832	28.3161	1
0.001	1	0.03531			

3. 力

N(牛顿)	kgf[千克(力)]	lbf[磅(力)]	dyn(达因)
1	0.102	0.2248	1×10^5
9.80665	1	2.2046	9.80665×10^5
4.448	0.4536	1	4.4481×10^5
1×10^{-5}	1.02×10^{-6}	2.248×10^{-6}	1

4. 压力

Pa	kgf/cm^2	atm	mmHg	mmH_2O	lbf/in^2
1	1.02×10^{-5}	0.99×10^{-5}	0.0075	0.102	14.5×10^{-5}
98.07×10^3	1	0.9678	735.56	1×10^4	14.2
1.01325×10^5	1.0332	1	760	1.0332×10^4	14.697
133.3	0.1361×10^{-2}	0.00132	1	13.6	0.01934
9.807	0.0001	0.9678×10^{-4}	0.0736	1	1.423×10^{-3}
6894.8	0.0703	0.068	51.71	703	1

5. 黏度

Pa·s	P(泊)	cP(厘泊)	mPa·s
1	10	1000	1000
0.1	1	100	100
0.001	0.01	1	1

6. 功率

W	kgf·m/s	hp(马力)	kcal/s
1	0.10197	1.341×10^{-3}	0.2389×10^{-3}
9.8067	1	0.01315	0.2342×10^{-2}
745.69	76.0375	1	0.1783
4186.8	426.85	5.6135	1

二、某些气体的重要物理性质

名称	分子式	密度(0℃,101.3kPa)/(kg/m³)	比热容/[kJ/(kg·℃)]	黏度 $\mu\times10^5$/Pa·s	沸点(101.3kPa)/℃	汽化热/(kJ/kg)	临界点		热导率/[W/(m·℃)]
							温度/℃	压力/kPa	
空气		1.293	1.009	1.73	−195	197	−140.7	3768.4	0.0244
氧气	O_2	1.429	0.653	2.03	−132.98	213	−118.82	5036.6	0.0240
氮气	N_2	1.251	0.745	1.70	−195.78	199.2	−147.13	3392.5	0.0228
氢气	H_2	0.0899	10.13	0.842	−252.75	454.2	−239.9	1296.6	0.163
氦气	He	0.1785	3.18	1.88	−268.95	19.5	−267.96	228.94	0.144
氩气	Ar	1.7820	0.322	2.09	−185.87	163	−122.44	4862.4	0.0173
氯气	Cl_2	3.217	0.355	1.29(16℃)	−33.8	305	+144.0	7708.9	0.0072
氨	NH_3	0.771	0.67	0.918	−33.4	1373	+132.4	11295	0.0215
一氧化碳	CO	1.250	0.754	1.66	−191.48	211	−140.2	3497.9	0.0226
二氧化碳	CO_2	1.976	0.653	1.37	−78.2	574	+31.1	7384.8	0.0137
硫化氢	H_2S	1.539	0.804	1.166	−60.2	548	+100.4	19136	0.0131
甲烷	CH_4	0.717	1.70	1.03	−161.58	511	−82.15	4619.3	0.0300
乙烷	C_2H_6	1.357	1.44	0.850	−88.5	486	+32.1	4948.5	0.0180
丙烷	C_3H_8	2.020	1.65	0.795(18℃)	−42.1	427	+95.6	4355.0	0.0148
正丁烷	C_4H_{10}	2.673	1.73	0.810	−0.5	386	+152	3798.8	0.0135
正戊烷	C_5H_{12}	—	1.57	0.874	−36.08	151	+197.1	3342.9	0.0128
乙烯	C_2H_4	1.261	1.222	0.935	+103.7	481	+9.7	5135.9	0.0164
丙烯	C_3H_6	1.914	2.436	0.835(20℃)	−47.7	440	+91.4	4599.0	—
乙炔	C_2H_2	1.171	1.352	0.935	−83.66(升华)	829	+35.7	6240.0	0.0184
氯甲烷	CH_3Cl	2.303	0.582	0.989	−24.1	406	+148	6685.8	0.0085
苯	C_6H_6	—	1.139	0.72	+80.2	394	+288.5	4832.0	0.0088
二氧化碳	SO_2	2.927	0.502	1.17	−10.8	394	+157.5	7879.1	0.0077
二氧化氮	NO_2	—	0.315	—	+21.2	712	+158.2	10130	0.0400

三、某些液体的重要物理性质

名称	化学式	密度(20℃)/(kg/m³)	沸点(101.3kPa)/℃	汽化热/(kJ/kg)	比热容(20℃)/[kJ/(kg·℃)]	黏度(20℃)/mPa·s	热导率(20℃)/[W/(m·℃)]	体积膨胀系数 $\beta\times10^4$(20℃)/℃$^{-1}$	表面张力 $\sigma\times10^3$(20℃)/(N/m)
水	H_2O	998.2	100	2258	4.183	1.005	0.599	1.82	72.8
氯化钠盐水(25%)	—	1186(25℃)	107	—	3.39	2.3	0.57(30℃)	(4.4)	
氯化钙盐水(25%)	—	1228	107	—	2.89	2.5	0.57	(3.4)	
硫酸	H_2SO_4	1831	340(分解)	—	1.47(98%)		0.38	5.7	
硝酸	HNO_3	1513	86	481.1		1.17(10℃)			

续表

名称	化学式	密度(20℃)/(kg/m³)	沸点(101.3kPa)/℃	汽化热/(kJ/kg)	比热容(20℃)/[kJ/(kg·℃)]	黏度(20℃)/mPa·s	热导率(20℃)/[W/(m·℃)]	体积膨胀系数 $\beta\times10^4$ (20℃)/℃$^{-1}$	表面张力 $\sigma\times10^3$ (20℃)/(N/m)
盐酸(30%)	HCl	1149			2.55	2(31.5℃)	0.42		
二硫化碳	CS_2	1262	46.3	352	1.005	0.38	0.16	12.1	32
戊烷	C_5H_{12}	626	36.07	357.4	2.24(15.6℃)	0.229	0.113	15.9	16.2
己烷	C_6H_{14}	659	68.74	335.1	2.31(15.6℃)	0.313	0.119		18.2
庚烷	C_7H_{16}	684	98.43	316.5	2.21(15.6℃)	0.411	0.123		20.1
辛烷	C_8H_{18}	763	125.67	306.4	2.19(15.6℃)	0.540	0.131		21.3
三氯甲烷	$CHCl_3$	1489	61.2	253.7	0.992	0.58	0.138(30℃)	12.6	28.5(10℃)
四氯化碳	CCl_4	1594	76.8	195	0.850	1.0	0.12		26.8
1,2-二氯乙烷	$C_2H_4Cl_2$	1253	83.6	324	1.260	0.83	0.14(60℃)		30.8
苯	C_6H_6	879	80.10	393.9	1.704	0.737	0.148	12.4	28.6
甲苯	C_7H_8	867	110.63	363	1.70	0.675	0.138	10.9	27.9
邻二甲苯	C_8H_{10}	880	144.42	347	1.74	0.811	0.142		30.2
间二甲苯	C_8H_{10}	864	139.10	343	1.70	0.611	0.167	10.1	29.0
对二甲苯	C_8H_{10}	861	138.35	340	1.704	0.643	0.129		28.0
苯乙烯	C_8H_9	911(15.6℃)	145.2	352	1.733	0.72			
氯苯	C_6H_5Cl	1106	131.8	325	1.298	0.85	1.14(30℃)		32
硝基苯	$C_6H_5NO_2$	1203	210.9	396	1.47	2.1	0.15		41
苯胺	$C_6H_5NH_2$	1022	184.4	448	2.07	4.3	0.17	8.5	42.0
酚	C_6H_5OH	1050(50℃)	181.8(熔点 40.9℃)	511		3.4(50℃)			
萘	$C_{16}H_8$	1145(固体)	217.9(熔点 80.2℃)	314	1.80(100℃)	0.59(100℃)			
甲醇	CH_3OH	791	64.7	1101	2.48	0.6	0.212	12.2	22.6
乙醇	C_2H_5OH	789	78.3	846	2.39	1.15	0.172	11.6	22.8
乙醇(95%)		804	78.2			1.4			
乙二醇	$C_2H_4(OH)_2$	1113	197.6	780	2.35	23			47.7
甘油	$C_3H_5(OH)_3$	1261	290(分解)	—		1499	0.59	5.3	63
乙醚	$(C_2H_5)_2O$	714	34.6	360	2.34	0.24	0.14	16.3	8
乙醛	CH_3CHO	783(18℃)	20.2	574	1.9	1.3(18℃)			21.2
糠醛	$C_5H_4O_2$	1168	161.7	452	1.6	1.15(50℃)			43.5
丙酮	CH_3COCH_3	792	56.2	523	2.35	0.32	0.17		23.7
甲酸	$HCOOH$	1220	100.7	494	2.17	1.9	0.26		27.8
乙酸	CH_3COOH	1049	118.1	406	1.99	1.3	0.17	10.7	23.9
乙酸乙酯	$CH_3COOC_2H_5$	901	77.1	368	1.92	0.48	0.14(10℃)		
煤油		780～820				3	0.15	10.0	
汽油		680～800				0.7～0.8	0.19(30℃)	12.5	

四、干空气的物理性质（101.33kPa）

温度 t/℃	密度 ρ/(kg/m^3)	比热容 C_p/[kJ/(kg·℃)]	热导率 $k\times10^2$/[W/(m·℃)]	黏度 $\mu\times10^5$/Pa·s	普朗特数 Pr
−50	1.584	1.013	2.035	1.46	0.728
−40	1.515	1.013	2.117	1.52	0.728
−30	1.453	1.013	2.198	1.57	0.723
−20	1.395	1.009	2.279	1.62	0.716
−10	1.342	1.009	2.360	1.67	0.712
0	1.293	1.005	2.442	1.72	0.707
10	1.247	1.005	2.512	1.77	0.705
20	1.205	1.005	2.593	1.81	0.703
30	1.165	1.005	2.675	1.86	0.701
40	1.128	1.005	2.756	1.91	0.699
50	1.093	1.005	2.826	1.96	0.698
60	1.060	1.005	2.896	2.01	0.696
70	1.029	1.009	2.966	2.06	0.694
80	1.000	1.009	3.047	2.11	0.692
90	0.972	1.009	3.128	2.15	0.690
100	0.946	1.009	3.210	2.19	0.688
120	0.898	1.009	3.338	2.29	0.686
140	0.854	1.013	3.489	2.37	0.684
160	0.815	1.017	3.640	2.45	0.682
180	0.779	1.022	3.780	2.53	0.681
200	0.746	1.026	3.931	2.60	0.680
250	0.674	1.038	4.288	2.74	0.677
300	0.615	1.048	4.605	2.97	0.674
350	0.566	1.059	4.908	3.14	0.676
400	0.524	1.068	5.210	3.31	0.678
500	0.456	1.093	5.745	3.62	0.687
600	0.404	1.114	6.222	3.91	0.699
700	0.362	1.135	6.711	4.18	0.706
800	0.329	1.156	7.176	4.43	0.713
900	0.301	1.172	7.630	4.67	0.717
1000	0.277	1.185	8.041	4.90	0.719
1100	0.257	1.197	8.502	5.12	0.722
1200	0.239	1.206	9.153	5.35	0.724

五、水的物理性质

温度/℃	饱和蒸气压/kPa	密度/(kg/m^3)	焓/(kJ/kg)	比热容/[kJ/(kg·℃)]	热导率 $k\times10^2$/[W/(m·℃)]	黏度 $\mu\times10^5$/Pa·s	体积膨胀系数 $\beta\times10^4$/℃$^{-1}$	表面张力 $\sigma\times10^5$/(N/m)	普朗特数 Pr
0	0.6082	999.9	0	4.212	55.13	179.21	−0.63	75.6	13.66
10	1.2262	999.7	42.04	4.191	57.45	130.77	0.70	74.1	9.52
20	2.3346	998.2	83.90	4.183	59.89	100.50	1.82	72.6	7.01
30	4.2474	995.7	125.69	4.174	61.76	80.07	3.21	71.2	5.42
40	7.3766	992.2	167.51	4.174	63.38	65.60	3.87	69.6	4.32
50	12.34	988.1	209.30	4.174	64.78	54.94	4.49	67.7	3.54
60	19.923	983.2	251.12	4.178	65.94	46.88	5.11	66.2	2.98
70	31.164	977.8	292.99	4.187	66.76	40.61	5.70	64.3	2.54
80	47.379	971.8	334.94	4.195	67.45	35.65	6.32	62.6	2.22

续表

温度/℃	饱和蒸气压/kPa	密度/(kg/m^3)	焓/(kJ/kg)	比热容/[kJ/(kg·℃)]	热导率 $k\times10^2$/[W/(m·℃)]	黏度 $\mu\times10^5$/Pa·s	体积膨胀系数 $\beta\times10^4$/$℃^{-1}$	表面张力 $\sigma\times10^5$/(N/m)	普朗特数 Pr
90	70.136	965.3	376.98	4.208	68.04	31.65	6.95	60.7	1.96
100	101.33	958.4	419.10	4.220	68.27	28.38	7.52	58.8	1.76
110	143.31	951.0	461.34	4.238	68.50	25.89	8.08	56.9	1.61
120	198.64	943.1	503.67	4.260	68.62	23.73	8.64	54.8	1.47
130	270.25	934.8	546.38	4.266	68.62	21.77	9.17	52.8	1.36
140	361.47	926.1	589.08	4.287	68.50	20.10	9.72	50.7	1.26
150	476.24	917.0	632.20	4.312	68.38	18.63	10.3	48.6	1.18
160	618.28	907.4	675.33	4.346	68.27	17.36	10.7	46.6	1.11
170	792.59	897.3	719.29	4.379	67.92	16.28	11.3	45.3	1.05
180	1003.5	886.9	763.25	4.417	67.45	15.30	11.9	42.3	1.00
190	1255.6	876.0	807.63	4.460	66.99	14.42	12.6	40.0	0.96
200	1554.77	863.0	852.43	4.505	66.29	13.63	13.3	37.7	0.93
210	1917.72	852.8	897.65	4.555	65.48	13.04	14.1	35.4	0.91
220	2320.88	840.3	943.70	4.614	64.55	12.46	14.8	33.1	0.89
230	2798.59	827.3	990.18	4.681	63.73	11.97	15.9	31	0.88
240	3347.91	813.6	1037.49	4.756	62.80	11.47	16.8	28.5	0.87
250	3977.67	799.0	1085.64	4.844	61.76	10.98	18.1	26.2	0.86
260	4693.75	784.0	1135.04	4.949	60.48	10.59	19.7	23.8	0.87
270	5503.99	767.9	1185.28	5.070	59.96	10.20	21.6	21.5	0.88
280	6417.24	750.7	1236.28	5.229	57.45	9.81	23.7	19.1	0.89
290	7443.29	732.3	1289.95	5.485	55.82	9.42	26.2	16.9	0.93
300	8592.94	712.5	1344.80	5.736	53.96	9.12	29.2	14.4	0.97
310	9877.6	691.1	1402.16	6.071	52.3	8.83	32.9	12.1	1.02
320	11300.3	667.1	1462.03	6.573	50.59	8.3	38.2	9.81	1.11
330	12879.6	640.2	1526.19	7.243	48.73	8.14	43.3	7.67	1.22
340	14615.8	610.1	1594.75	8.164	45.71	7.75	53.4	5.67	1.38
350	16538.5	574.4	1671.37	9.504	43.03	7.26	66.8	3.81	1.60
360	18667.1	528.0	1761.39	13.984	39.54	6.67	109	2.02	2.36
370	21040.9	450.5	1892.43	40.319	33.73	5.69	264	0.471	6.80

六、饱和水蒸气表（以温度为准）

温度/℃	绝对压力		蒸汽的密度/(kg/m^3)	焓				汽化热	
	/(kgf/cm^2)	/kPa		液体		蒸汽		/(kcal/kg)	/(kJ/kg)
				/(kcal/kg)	/(kJ/kg)	/(kcal/kg)	/(kJ/kg)		
0	0.0062	0.6082	0.00484	0	0	595	2491.1	595	2491.1
5	0.0089	0.8730	0.00680	5.0	20.94	597.3	2500.8	592.3	2479.9
10	0.0125	1.2262	0.00940	10.0	41.87	599.6	2510.4	589.6	2468.5
15	0.0174	1.7068	0.01283	15.0	62.80	602.0	2520.5	587.0	2457.7
20	0.0238	2.3346	0.01719	20.0	83.74	604.3	2530.1	584.3	2446.3
25	0.0323	3.1684	0.02304	25.0	104.67	606.6	2539.7	581.6	2435.0
30	0.0433	4.2474	0.03036	30.0	125.60	608.9	2549.3	578.3	2423.7
35	0.0573	5.6207	0.03960	35.0	146.54	611.2	2559.0	576.2	2412.4
40	0.0752	7.3766	0.05114	40.0	167.47	613.5	2568.6	573.5	2401.1
45	0.0977	9.5837	0.06543	45.0	188.41	615.7	2577.8	570.7	2389.4
50	0.1258	12.340	0.0830	50.0	209.34	618.0	2587.4	568.0	2378.1

续表

温度/℃	绝对压力		蒸汽的密度/(kg/m³)	焓				汽化热	
	/(kgf/cm²)	/kPa		液体		蒸汽		/(kcal/kg)	/(kJ/kg)
				/(kcal/kg)	/(kJ/kg)	/(kcal/kg)	/(kJ/kg)		
55	0.1605	15.743	0.1043	55.0	230.27	620.2	2596.7	565.2	2366.4
60	0.2031	19.923	0.1301	60.0	251.21	622.5	2606.3	562.0	2355.1
65	0.2550	25.014	0.1611	65.0	272.14	624.7	2615.5	559.7	2343.4
70	0.3177	31.164	0.1979	70.0	293.08	626.8	2624.3	556.8	2331.2
75	0.393	38.551	0.2416	75.0	314.01	629.0	2633.5	554.0	2319.5
80	0.483	47.379	0.2929	80.0	334.94	631.1	2642.3	551.2	2307.8
85	0.590	57.875	0.3531	85.0	355.88	633.2	2651.1	548.2	2295.2
90	0.715	70.136	0.4229	90.0	376.81	635.3	2659.9	545.3	2283.1
95	0.862	84.556	0.5039	95.0	397.75	637.4	2668.7	542.4	2270.9
100	1.033	101.33	0.5970	100.0	418.68	639.4	2677.0	539.4	2258.4
105	1.232	120.85	0.7036	105.1	440.03	641.3	2685.0	536.3	2245.4
110	1.461	143.31	0.8254	110.1	460.97	643.3	2693.4	533.1	2232.0
115	1.724	169.11	0.9635	115.2	482.32	645.2	2701.3	531.0	2219.0
120	2.025	198.64	1.1199	120.3	503.67	647.0	2708.9	526.6	2205.2
125	2.367	232.19	1.296	125.4	525.02	648.8	2716.4	523.5	2191.8
130	2.755	270.25	1.494	130.5	546.38	650.6	2723.9	520.1	2177.6
135	3.192	313.11	1.715	135.6	567.73	652.3	2731.0	516.7	2163.3
140	3.685	361.47	1.962	140.7	589.08	653.9	2737.7	513.2	2148.7
145	4.238	415.72	2.238	145.9	610.85	655.5	2744.4	509.7	2134.0
150	4.855	476.24	2.543	151.0	632.21	657.0	2750.7	506.0	2118.5
160	6.303	618.28	3.252	161.4	675.75	659.9	2762.9	498.5	2087.1
170	8.080	792.59	4.113	171.8	719.29	662.4	2773.3	490.6	2054.0
180	10.23	1003.5	5.145	182.3	763.25	664.6	2782.5	482.3	2019.3
190	12.80	1255.6	6.378	192.9	807.64	666.4	2790.1	473.5	1982.4
200	15.85	1554.77	7.840	203.5	852.01	667.7	2795.5	464.2	1943.5
210	19.55	1917.72	9.567	214.3	897.23	668.6	2799.3	454.4	1902.5
220	23.66	2320.88	11.60	225.1	942.45	669.0	2801.0	443.9	1858.5
230	28.53	2798.59	13.98	236.1	988.50	668.8	2800.1	432.7	1811.6
240	34.13	3347.91	16.76	247.1	1034.56	668.0	2796.8	420.8	1761.8
250	40.55	3977.67	20.01	258.3	1081.45	664.0	2790.1	408.1	1708.6
260	47.85	4693.75	23.82	269.6	1128.76	664.2	2780.9	394.5	1651.7
270	56.11	5503.99	28.27	281.1	1176.91	661.2	2768.3	380.1	1591.4
280	65.42	6417.24	33.47	292.7	1225.48	657.3	2752.0	364.6	1526.5
290	75.88	7443.29	39.60	304.4	1274.46	652.6	2732.3	348.1	1457.4
300	87.6	8592.94	46.93	316.6	1325.54	646.8	2708.0	330.2	1382.5
310	100.7	9877.96	55.59	329.3	1378.71	640.1	2680.0	310.8	1301.3
320	115.2	11300.3	65.95	343.0	1436.07	632.5	2648.2	289.5	1212.1
330	131.3	12879.6	78.53	357.5	1446.78	623.5	2610.5	266.6	1116.2
340	149.0	14615.8	93.98	373.3	1562.93	613.5	2568.6	240.2	1005.7
350	168.6	16538.5	113.2	390.8	1636.20	601.1	2516.7	210.3	880.5
360	190.3	18667.1	139.6	413.0	1729.15	583.4	2442.6	170.3	713.0
370	214.5	21040.9	171.0	451.0	1888.25	549.8	2301.9	98.2	411.1
374	225	22070.9	322.6	501.1	2098.0	501.1	2098.0	0	0

七、饱和水蒸气表（以用 kPa 为单位的压强为准）

绝对压强/kPa	温度/℃	蒸汽的密度/(kg/m³)	焓/(kJ/kg)		汽化热/(kJ/kg)
			液　体	蒸　汽	
1.0	6.3	0.00773	26.48	2503.1	2476.8
1.5	12.5	0.01133	52.26	2515.3	2463.0
2.0	17.0	0.01486	71.21	2524.2	2452.9
2.5	20.9	0.01836	87.45	2531.8	2444.3
3.0	23.5	0.02179	98.38	2536.8	2438.4
3.5	26.1	0.02523	109.30	2541.8	2432.5
4.0	28.7	0.02867	120.23	2546.8	2426.6
4.5	30.8	0.03205	129.00	2550.9	2421.9
5.0	32.4	0.03537	135.69	2554.0	2418.3
6.0	35.6	0.04200	149.06	2560.1	2411.0
7.0	38.8	0.04864	162.44	2566.3	2403.8
8.0	41.3	0.05514	172.73	2571.0	2398.2
9.0	43.3	0.06156	181.16	2574.8	2393.6
10.0	45.3	0.06798	189.59	2578.5	2388.9
15.0	53.5	0.09956	224.03	2594.0	2370.0
20.0	60.1	0.13068	251.51	2606.4	2854.9
30.0	66.5	0.19093	288.77	2622.4	2333.7
40.0	75.0	0.24975	315.93	2634.1	2312.2
50.0	81.2	0.30799	339.80	2644.3	2304.5
60.0	85.6	0.36514	358.21	2652.1	2393.9
70.0	89.9	0.42229	376.61	2659.8	2283.2
80.0	93.2	0.47807	390.08	2665.3	2275.3
90.0	96.4	0.53384	403.49	2670.8	2267.4
100.0	99.6	0.58961	416.90	2676.3	2259.5
120.0	104.5	0.69868	437.51	2684.3	2246.8
140.0	109.2	0.80758	457.67	2692.1	2234.4
160.0	113.0	0.82981	473.88	2698.1	2224.2
180.0	116.6	1.0209	489.32	2703.7	2214.3
200.0	120.2	1.1273	493.71	2709.2	2204.6
250.0	127.2	1.3904	534.39	2719.7	2185.4
300.0	133.3	1.6501	560.38	2728.5	2168.1
350.0	138.8	1.9074	583.76	2736.1	2152.3
400.0	143.4	2.1618	603.61	2742.1	2138.5
450.0	147.7	2.4152	622.42	2747.8	2125.4
500.0	151.7	2.6673	639.59	2752.8	2113.2
600.0	158.7	3.1686	670.22	2761.4	2091.1
700.0	164.7	3.6657	696.27	2767.8	2071.5
800.0	170.4	4.1614	720.96	2773.7	2052.7
900.0	175.1	4.6525	741.82	2778.1	2036.2
1×10^3	179.9	5.1432	762.68	2782.5	2019.7
1.1×10^3	180.2	5.6339	780.34	2785.5	2005.1
1.2×10^3	187.8	6.1241	797.92	2788.5	1990.6
1.3×10^3	191.5	6.6141	814.25	2790.9	1976.7
1.4×10^3	194.8	7.1038	829.06	2792.4	1963.7
1.5×10^3	198.2	7.5935	843.86	2794.5	1950.7
1.6×10^3	201.3	8.0814	857.77	2796.0	1938.2
1.7×10^3	204.1	8.5674	870.58	2797.1	1926.5
1.8×10^3	206.9	9.0533	833.39	2798.1	1914.8
1.9×10^3	209.8	9.5392	896.21	2799.2	1903.0
2×10^3	212.2	10.0388	907.32	2799.7	1892.4
3×10^3	233.7	15.0075	1005.4	2798.9	1793.5
4×10^3	250.3	20.0969	1082.9	2789.8	1706.8
5×10^3	263.8	25.3663	1146.9	2776.2	1629.2

续表

绝对压强/kPa	温度/℃	蒸汽的密度/(kg/m³)	焓/(kJ/kg)		汽化热/(kJ/kg)
			液 体	蒸 汽	
6×10^3	275.4	30.8494	1203.2	2759.5	1556.3
7×10^3	285.7	36.5744	1253.2	2740.8	1487.6
8×10^3	294.8	42.5768	1299.2	2720.5	1403.7
9×10^3	303.2	48.8945	1343.5	2699.1	1356.6
10×10^3	310.9	55.5407	1384.0	2677.1	1293.1
12×10^3	324.5	70.3075	1463.3	2631.2	1167.7
14×10^3	336.5	87.3020	1567.9	2583.2	1043.4
16×10^3	347.2	107.8010	1615.8	2531.1	915.4
18×10^3	356.9	134.4813	1699.8	2466.0	766.1
20×10^3	365.6	176.5961	1817.8	2364.2	544.9

八、水在不同温度下的黏度

温度/℃	黏度/mPa·s	温度/℃	黏度/mPa·s	温度/℃	黏度/mPa·s
0	1.7921	33	0.7523	67	0.4233
1	1.7313	34	0.7371	68	0.4174
2	1.6728	35	0.7225	69	0.4117
3	1.6191	36	0.7085	70	0.4061
4	1.5674	37	0.6947	71	0.4006
5	1.5188	38	0.6814	72	0.3952
6	1.4728	39	0.6685	73	0.3900
7	1.4284	40	0.6560	74	0.3849
8	1.3860	41	0.6439	75	0.3799
9	1.3462	42	0.6321	76	0.3750
10	1.3077	43	0.6207	77	0.3702
11	1.2713	44	0.6097	78	0.3655
12	1.2363	45	0.5988	79	0.3610
13	1.2028	46	0.5883	80	0.3565
14	1.1709	47	0.5782	81	0.3521
15	1.1403	48	0.5683	82	0.3478
16	1.1111	49	0.5588	83	0.3436
17	1.0828	50	0.5494	84	0.3395
18	1.0559	51	0.5404	85	0.3355
19	1.0299	52	0.5315	86	0.3315
20	1.0050	53	0.5229	87	0.3276
20.2	1.0000	54	0.5146	88	0.3239
21	0.9810	55	0.5064	89	0.3202
22	0.9579	56	0.4985	90	0.3165
23	0.9359	57	0.4907	91	0.3130
24	0.9142	58	0.4832	92	0.3095
25	0.8973	59	0.4759	93	0.3060
26	0.8737	60	0.4688	94	0.3027
27	0.8545	61	0.4618	95	0.2994
28	0.8360	62	0.4550	96	0.2962
29	0.8180	63	0.4483	97	0.2930
30	0.8007	64	0.4418	98	0.2899
31	0.7840	65	0.4355	99	0.2868
32	0.7679	66	0.4293	100	0.2838

九、液体的黏度共线图

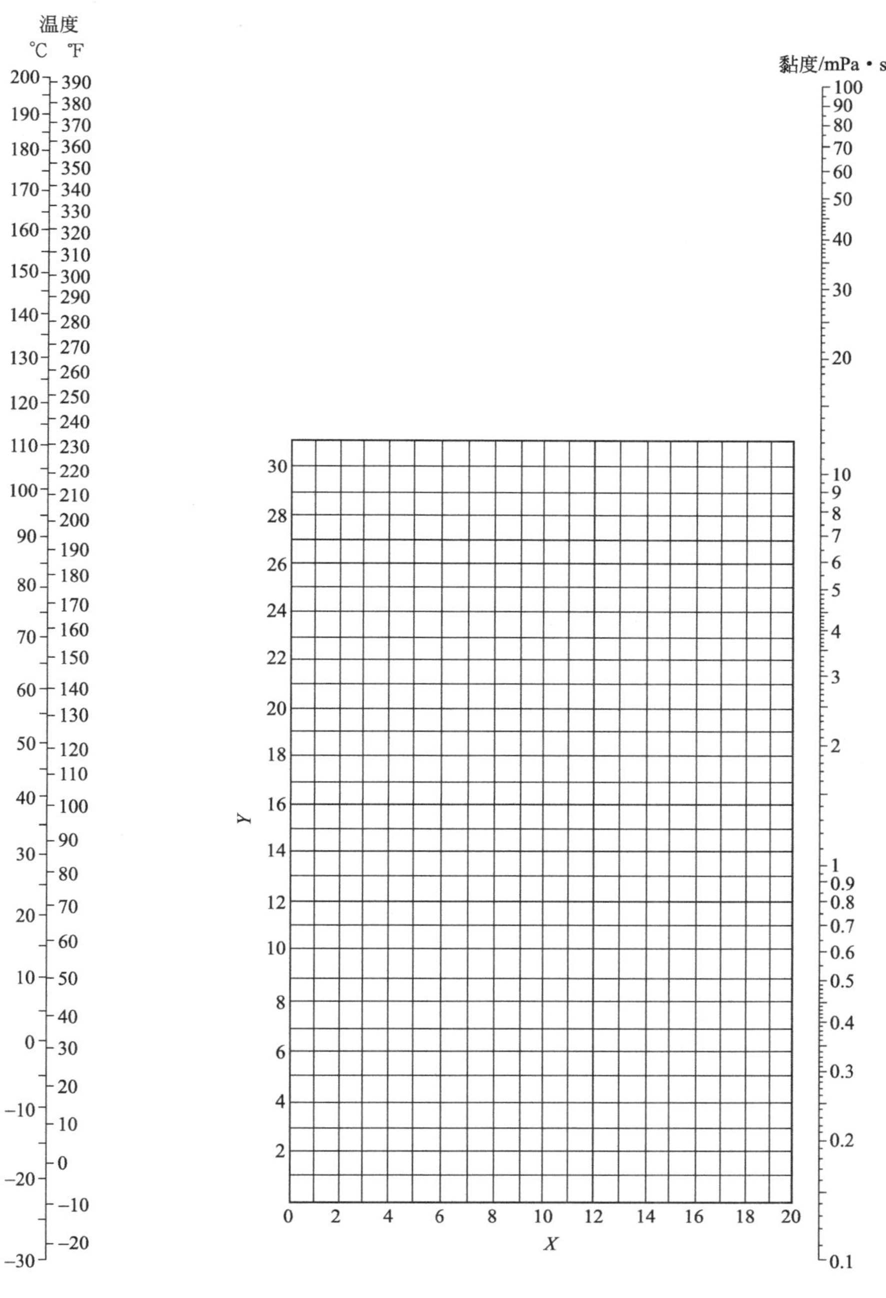

液体的黏度共线图的坐标值

序号	名　称	X	Y	序号	名　称	X	Y
1	水	10.2	13.0	31	乙苯	13.2	11.5
2	盐水(25%NaCl)	10.2	16.6	32	氯苯	12.3	12.4
3	盐水(25%$CaCl_2$)	6.6	15.9	33	硝基苯	10.6	16.2
4	氨	12.6	2.2	34	苯胺	8.1	18.7
5	氨水(26%)	10.1	13.9	35	酚	6.9	20.8
6	二氧化碳	11.6	0.3	36	联苯	12.0	18.3
7	二氧化硫	15.2	7.1	37	萘	7.9	18.1
8	二硫化碳	16.1	7.5	38	甲醇(100%)	12.4	10.5
9	溴	14.2	18.2	39	甲醇(90%)	12.3	11.8
10	汞	18.4	16.4	40	甲醇(40%)	7.8	15.5
11	硫酸(110%)	7.2	27.4	41	乙醇(100%)	10.5	13.8
12	硫酸(100%)	8.0	25.1	42	乙醇(95%)	9.8	14.3
13	硫酸(98%)	7.0	24.8	43	乙醇(40%)	6.5	16.6
14	硫酸(60%)	10.2	21.3	44	乙二醇	6.0	23.6
15	硝酸(95%)	12.8	13.8	45	甘油(100%)	2.0	30.0
16	硝酸(60%)	10.8	17.0	46	甘油(50%)	6.9	19.6
17	盐酸(31.5%)	13.0	16.6	47	乙醚	14.5	5.3
18	氢氧化钠(50%)	3.2	25.8	48	乙醛	15.2	14.8
19	戊烷	14.9	5.2	49	丙酮	14.5	7.2
20	己烷	14.7	7.0	50	甲酸	10.7	15.8
21	庚烷	14.1	8.4	51	乙酸(100%)	12.1	14.2
22	辛烷	13.7	10.0	52	乙酸(70%)	9.5	17.0
23	三氯甲烷	14.4	10.2	53	乙酸酐	12.7	12.8
24	四氯化碳	12.7	13.1	54	乙酸乙酯	13.7	9.1
25	二氯乙烷	13.2	12.2	55	乙酸戊酯	11.8	12.5
26	苯	12.5	10.9	56	氟里昂-11	14.4	9.0
27	甲苯	13.7	10.4	57	氟里昂-12	16.8	5.6
28	邻二甲苯	13.5	12.1	58	氟里昂-21	15.7	7.5
29	间二甲苯	13.9	10.6	59	氟里昂-22	17.2	4.7
30	对二甲苯	13.9	10.9	60	煤油	10.2	16.9

用法举例：求苯在60℃时的黏度，从本表序号26查得苯的 $X=12.5$，$Y=10.9$。把这两个数值标在共线图的 X-Y 坐标上得一点，把这点与图中左方温度标尺上50℃的点连成一直线，延长，与右方黏度标尺相交，由此交点定出60℃苯的黏度为0.42mPa·s。

十、气体的黏度共线图（101.33kPa）

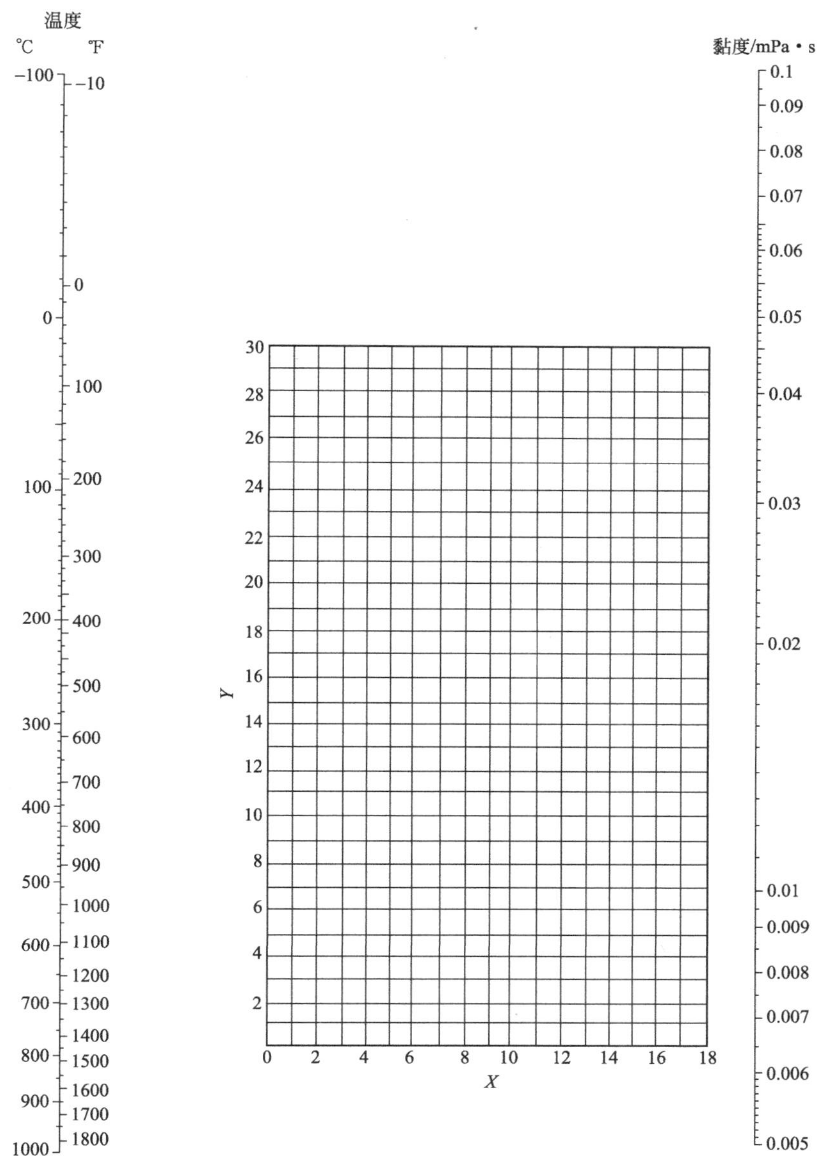

气体的黏度共线图坐标值

序号	名　称	X	Y	序号	名　称	X	Y
1	空气	11.0	20.0	10	硫化氢	8.6	18.0
2	氧气	11.0	21.3	11	二氧化硫	9.6	17.0
3	氮气	10.6	20.0	12	二硫化碳	8.0	16.0
4	氢气	11.2	12.4	13	一氧化二氮	8.8	19.0
5	$3H_2+1N_2$	11.2	17.2	14	一氧化氮	10.9	20.5
6	水蒸气	8.0	16.0	15	氟气	7.3	23.8
7	二氧化碳	9.5	18.7	16	氯气	9.0	18.4
8	一氧化碳	11.0	20.0	17	氯化氢	8.8	18.7
9	氨气	8.4	16.0	18	甲烷	9.9	15.5

续表

序号	名 称	X	Y	序号	名 称	X	Y
19	乙烷	9.1	14.5	30	甲醇	8.5	15.6
20	乙烯	9.5	15.1	31	乙醇	9.2	14.2
21	乙炔	9.5	14.9	32	丙醇	8.4	13.4
22	丙烷	9.7	12.9	33	乙酸	7.7	14.3
23	丙烯	9.0	13.8	34	丙酮	8.9	13.0
24	丁烯	9.2	13.7	35	乙醚	8.9	13.0
25	戊烷	7.0	12.8	36	乙酸乙酯	8.5	13.2
26	己烷	8.6	11.8	37	氟里昂-11	10.6	15.1
27	三氯甲烷	8.9	15.7	38	氟里昂-12	11.1	16.0
28	苯	8.5	13.2	39	氟里昂-21	10.8	15.3
29	甲苯	8.6	12.4	40	氟里昂-22	10.1	17.0

十一、液体的比热容

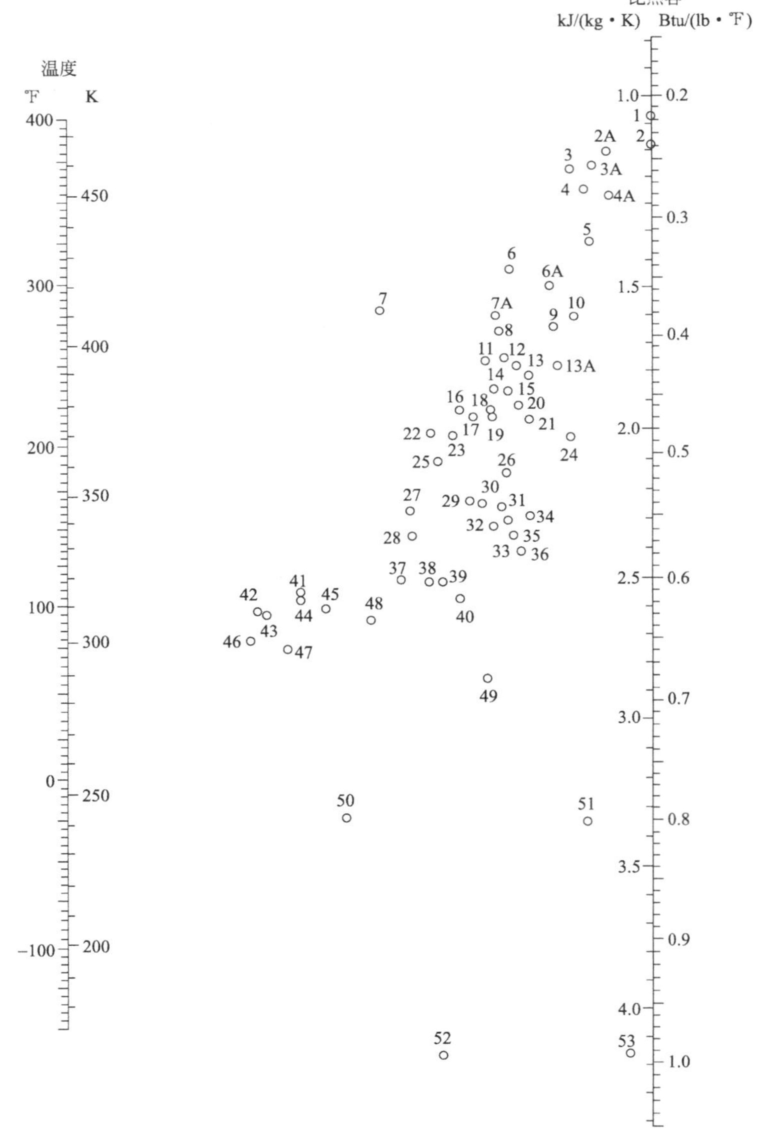

液体比热容共线图中的编号

编号	名　称	温度范围/℃	编号	名　称	温度范围/℃
53	水	10～200	35	己烷	−80～20
51	盐水(25%NaCl)	−40～20	28	庚烷	0～60
49	盐水(25%$CaCl_2$)	−40～20	33	辛烷	−50～25
52	氨	−70～50	34	壬烷	−50～25
11	二氧化硫	−20～100	21	癸烷	−80～25
2	二氧化碳	−100～25	13A	氯甲烷	−80～20
9	硫酸(98%)	10～45	5	二氯甲烷	−40～50
48	盐酸(30%)	20～100	4	三氯甲烷	0～50
22	二苯基甲烷	30～100	46	乙醇(95%)	20～80
3	四氯化碳	10～60	50	乙醇(50%)	20～80
13	氯乙烷	−30～40	45	丙醇	−20～100
1	溴乙烷	5～25	47	异丙醇	20～50
7	碘乙烷	0～100	44	丁醇	0～100
6A	二氯乙烷	−30～60	43	异丁醇	0～100
3	过氯乙烯	−30～140	37	戊醇	−50～25
23	苯	10～80	41	异戊醇	10～100
23	甲苯	0～60	39	乙二醇	−40～200
17	对二甲苯	0～100	38	甘油	−40～20
18	间二甲苯	0～100	27	苯甲醇	−20～30
19	邻二甲苯	0～100	36	乙醚	−100～25
8	氯苯	0～100	31	异丙醚	−80～200
12	硝基苯	0～100	32	丙酮	20～50
30	苯胺	0～100	29	乙酸	0～80
10	苯甲基氯	−20～30	24	乙酸乙酯	−50～25
25	乙苯	0～100	26	乙酸戊酯	−20～70
15	联苯	80～120	20	吡啶	−40～15
16	联苯醚	0～200	2A	氟里昂-11	−20～70
16	导热姆 A(Dowtherm A) (联苯-联苯醚)	0～200	6	氟里昂-12	−40～15
14	萘	90～200	4A	氟里昂-21	−20～70
40	甲醇	−40～20	7A	氟里昂-22	−20～60
42	乙醇(100%)	30～80	3A	氟里昂-113	−20～70

用法举例：求丙醇在 47℃（320K）时的比热容，从本表找到丙醇的编号为 45，通过图中标号 45 的圆圈与图中左边温度标尺上 320K 的点连成直线并延长与右边比热容标尺相交，由此交点定出 320K 时丙醇的比热容为 2.71kJ/(kg・K)。

十二、气体的比热容（101.33kPa）

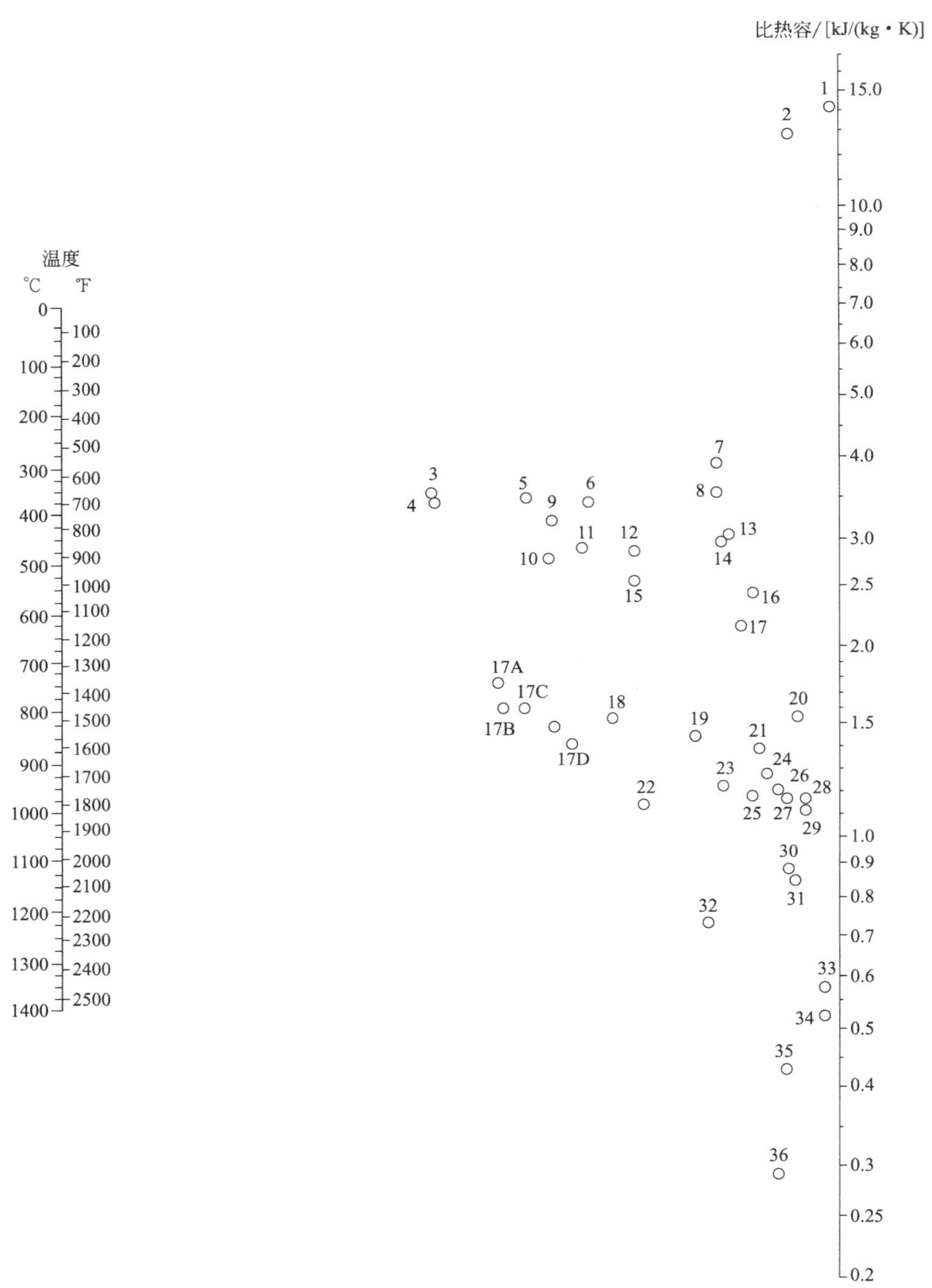

气体比热容共线图中的编号

编号	气　　体	温度范围/K	编号	气　　体	温度范围/K
10	乙炔	273～473	1	氢气	273～873
15	乙炔	473～673	2	氢气	873～1673
16	乙炔	673～1673	35	溴化氢	273～1673
27	空气	273～1673	30	氯化氢	273～1673
12	氨	273～873	20	氟化氢	273～1673
14	氨	873～1673	36	碘化氢	273～1673
18	二氧化碳	273～673	19	硫化氢	273～973
24	二氧化碳	673～1673	21	硫化氢	973～1673
26	一氧化碳	273～1673	5	甲烷	273～573
32	氯气	273～473	6	甲烷	573～973
34	氯气	473～1673	7	甲烷	973～1673
3	乙烷	273～473	25	一氧化氮	273～973
9	乙烷	473～873	28	一氧化氮	973～1673
8	乙烷	873～1673	26	氮气	273～1673
4	乙烯	273～473	23	氧气	273～773
11	乙烯	473～873	29	氧气	773～1673
13	乙烯	873～1673	33	硫	573～1673
17B	氟里昂-11(CCl_3F)	273～423	22	二氧化硫	273～673
17C	氟里昂-21($CHCl_2F$)	273～423	31	二氧化硫	673～1673
17A	氟里昂-22($CHClF_2$)	273～423	17	水	273～1673
17D	氟里昂-113(CCl_2F-$CClF_2$)	273～423			

十三、蒸发潜热（汽化热）

$t_c - t$
℉ ℃
汽化热
Btu/lb kJ/kg
1 2 3 4 5 6 7 8 9 10 11 12 13 14 15 16 17 18 19 20 21 22 23 24 25 26 27 28 29 30

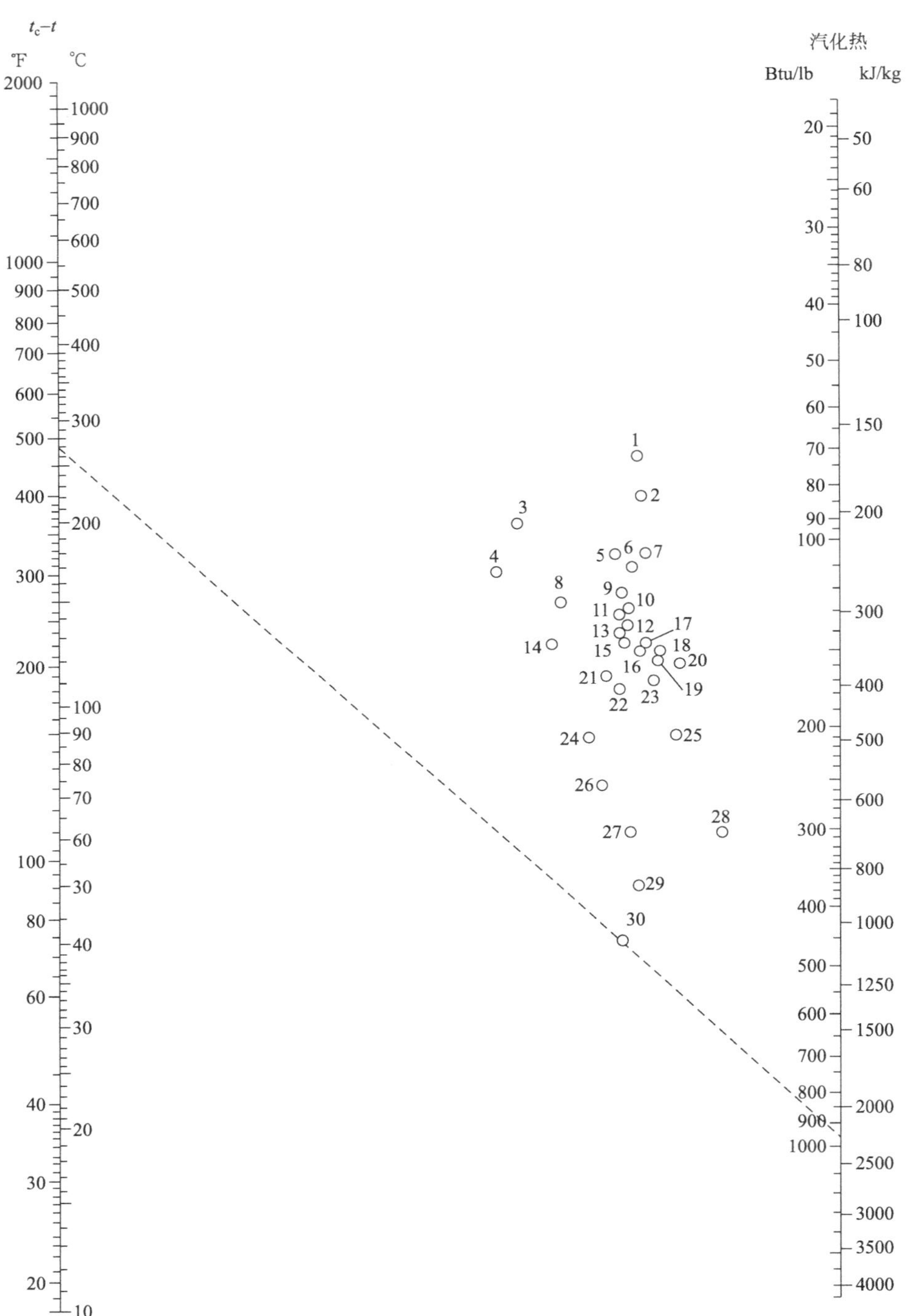

蒸发潜热共线图中的编号

编　号	化　合　物	范围(t_c-t)/℃	临界温度 t_c/℃
18	乙酸	100～225	321
22	丙酮	120～210	235
29	氨	50～200	133
13	苯	10～400	289
16	丁烷	90～200	153
21	二氧化碳	10～100	31
4	二硫化碳	140～275	273
2	四氯化碳	30～250	283
7	三氯甲烷	140～275	263
8	二氯甲烷	150～250	216
3	联苯	175～400	527
25	乙烷	25～150	32
26	乙醇	20～140	243
28	乙醇	140～300	243
17	氯乙烷	100～250	187
13	乙醚	10～400	194
2	氟里昂-11(CCl_3F)	70～250	198
2	氟里昂-12(CCl_2F_2)	40～200	111
5	氟里昂-21($CHCl_2F$)	70～250	178
6	氟里昂-22($CHClF_2$)	50～170	96
1	氟里昂-113(CCl_2F-$CClF_2$)	90～250	214
10	庚烷	20～300	267
11	己烷	50～225	235
15	异丁烷	80～200	134
27	甲醇	40～250	240
20	氯甲烷	70～250	143
19	一氧化二氮	25～150	36
9	辛烷	30～300	296
12	戊烷	20～200	197
23	丙烷	40～200	96
24	丙醇	20～200	264
14	二氧化硫	90～160	157
30	水	100～500	374

【例】 求100℃水蒸气的蒸发潜热。

解 从表中查出水的编号为30，临界温度 t_c 为374℃，故

$$t_c - t = 374 - 100 = 274℃$$

在温度标尺上找出相应于274℃的点，将该点与编号30的点相连，延长与蒸发潜热标尺相交，由此读出100℃时水的蒸发潜热为2257kJ/kg。

十四、某些有机液体的相对密度

（液体密度与4℃水的密度之比）

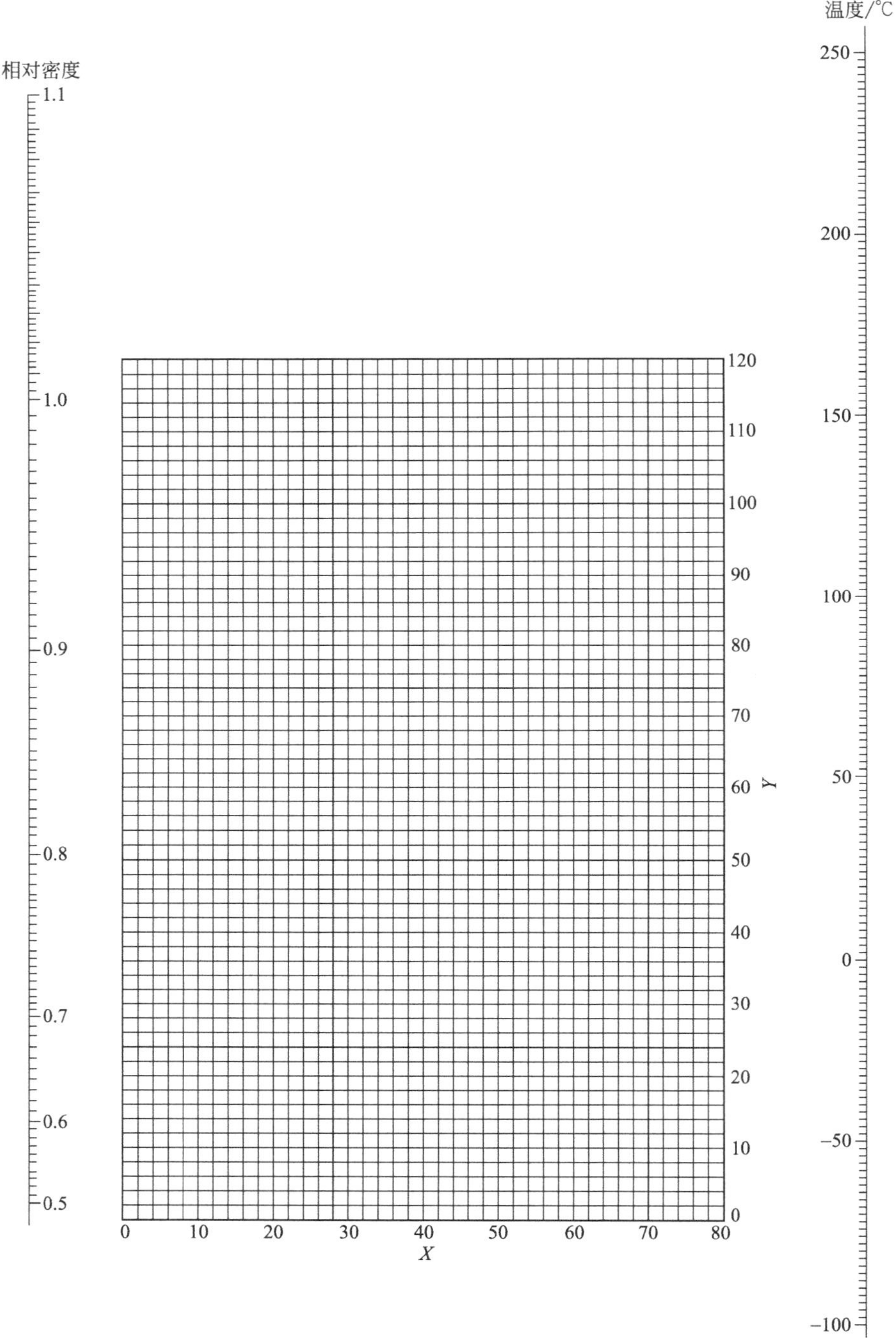

有机液体相对密度共线图的坐标值

有机液体	X	Y	有机液体	X	Y
乙炔	20.8	10.1	甲酸乙酯	37.6	68.4
乙烷	10.8	4.4	甲酸丙酯	33.8	66.7
乙烯	17.0	3.5	丙烷	14.2	12.2
乙醇	24.2	48.6	丙酮	26.1	47.8
乙醚	22.8	35.8	丙醇	23.8	50.8
乙丙醚	20.0	37.0	丙酸	35.0	83.5
乙硫醇	32.0	55.5	丙酸甲酯	36.5	68.3
乙硫醚	25.7	55.3	丙酸乙酯	32.1	63.9
二乙胺	17.8	33.5	戊烷	12.6	22.6
二氧化碳	78.6	45.4	异戊烷	13.5	22.5
异丁烷	13.7	16.5	辛烷	12.7	32.5
丁酸	31.3	78.7	庚烷	12.6	29.8
丁酸甲酯	31.5	65.5	苯	32.7	63.0
异丁酸	31.5	75.9	苯酚	35.7	103.8
丁酸(异)甲酯	33.0	64.1	苯胺	33.5	92.5
十一烷	14.4	39.2	氯苯	41.9	86.7
十二烷	14.3	41.4	癸烷	16.0	38.2
十三烷	15.3	42.4	氨	22.4	24.6
十四烷	15.8	43.3	氯乙烷	42.7	62.4
三乙烷	17.9	37.0	氯甲烷	52.3	62.9
三氯化磷	38.0	22.1	氯苯	41.7	105.0
己烷	13.5	27.0	氰丙烷	20.1	44.6
壬烷	16.2	36.5	氰甲烷	27.8	44.9
六氢吡啶	27.5	60.0	环己烷	19.6	44.0
甲乙醚	25.0	34.4	乙酸	40.6	93.5
甲醇	25.8	49.1	乙酯甲酯	40.1	70.3
甲硫醇	37.3	59.6	乙酸乙酯	35.0	65.0
甲硫醚	31.9	57.4	乙酸丙酯	33.0	65.5
甲醚	27.2	30.1	甲苯	27.0	61.0
甲酸甲酯	46.4	74.6	异戊醇	20.5	52.0

十五、管子规格（摘录）

（一）水、煤气输送钢管（摘自 YB 234—63）

公称直径		外径/mm	壁厚/mm		公称直径		外径/mm	壁厚/mm	
mm	in		普通管	加厚管	mm	in		普通管	加厚管
6	1/8	10	2	2.5	40*	1½	48	3.5	4.25
8	1/4	13.5	2.25	2.75	50	2	60	3.5	4.5
10	3/8	17	2.25	2.75	70*	2½	75.5	3.75	4.5
15*	1/2	21.25	2.75	3.25	80*	3	88.5	4	4.75
20*	3/4	26.75	2.75	3.5	100*	4	114	4	5
25	1	33.5	3.20	4	125*	5	140	4.5	5.5
32*	1¼	42.25	3.25	4	150	6	165	4.5	5.5

注：1. YB 234—63《水、煤气输送管》适用于输送水、煤气及采暖系统和结构零件用的钢管。

2. “*”为常用规格，目前 1/2in、3/4in 供应很少。

3. 依表面情况分镀锌的白铁管和不镀锌的黑铁管；依带螺纹与否分带螺纹的锥形或圆柱形螺纹管与不带螺纹的光滑管；依壁厚分普通钢管和加厚钢管。

4. 无螺纹的黑铁管长度为 4～12m；带螺纹的白铁管长度为 4～9m。

（二）普通无缝钢管

1. 热轧无缝钢管（摘自 YB 231—64）

外径/mm	壁厚/mm		外径/mm	壁厚/mm		外径/mm	壁厚/mm	
	从	到		从	到		从	到
32	2.5	8	102	3.5	28	219	6.0	50
38	2.5	8	108	4.0	28	245	(6.5)	50
45	2.5	10	114	4.0	28	273	(6.5)	50
57	3.0	(13)	121	4.0	30	299	(7.5)	75
60	3.0	14	127	4.0	32	325	(8.0)	75
63.5	3.0	14	133	4.0	32	377	9.0	75
68	3.0	16	140	4.5	36	426	9.0	75
70	3.0	16	152	4.5	36	480	9.0	75
73	3.0	(19)	159	4.5	36	530	9.0	75
76	3.0	(19)	168	5.0	(45)	560	9.0	75
83	3.5	(24)	180	5.0	(45)	600	9.0	75
89	3.5	(24)	194	5.0	(45)	630	9.0	75
95	3.5	(24)	203	6.0	50			

注：1. 壁厚（mm）有 2.5、2.8、3、3.5、4、4.5、5、5.6、6、(6.5)、7、(7.5)、8、(8.5)、9、(9.5)、10、11、12、(13)、14、(15)、16、(17)、18、(19)、20、22、(24)、25、(26)、28、30、32、(34)、(35)、36、(38)、40、(42)、(45)、(48)、50、56、60、63、(65)、70、75。

2. 括号内尺寸不推荐使用。

3. 钢管长度为 4～12.5m。

2. 冷拔（冷轧）无缝钢管（摘自 YB 231—64）

外径/mm	壁厚/mm		外径/mm	壁厚/mm	
	从	到		从	到
6	0.25	1.6	63	1.0	12
8	0.25	2.5	70	1.0	14
10	0.25	3.5	75	1.0	12
16	0.25	5.0	85	1.4	12
20	0.25	6.0	95	1.4	12
25	0.40	7.0	100	1.4	12
28	0.40	7.0	110	1.4	12
32	0.40	8.0	120	(1.5)	12
38	0.40	9.0	130	3.0	12
44.5	1.0	9.0	140	3.0	12
50	1.0	1.2	150	3.0	12
56	1.0	12			

注：1. 壁厚（mm）有 0.25、0.3、0.4、0.5、0.6、0.8、1.0、1.2、1.4、(1.5)、1.6、1.8、2.0、2.2、2.5、2.8、3.0、3.2、3.5、4.0、4.5、5.0、5.5、6.0、6.5、7.0、7.5、8.0、8.5、9.0、9.5、10、12、(13)、14。

2. 钢管长度：壁厚≤1mm，长度为 1.7～7m；

壁厚＞1mm，长度为 1.5～9m。

十六、离心泵规格（摘录）

（一）IS 型单级单吸离心泵性能表（摘录）

型　　号	转速 n/(r/min)	流　　量		扬程 H/m	效率 η/%	效率/kW		必需汽蚀余量 $(NPSH)_r$/m	质量(泵/底座)/kg
		m³/h	L/s			轴功率	电机功率		
IS80-50-250	2900	30 50 60	8.33 13.9 16.7	84 80 75	52 63 64	13.2 17.3 19.2	22	2.5 2.5 3.0	90/100
	1450	15 25 30	4.17 6.94 8.33	21 20 18.8	49 60 61	1.75 2.22 2.52	3	2.5 2.5 3.0	90/64
IS80-50-315	2900	30 50 60	8.33 13.9 16.7	128 125 123	41 54 57	25.5 31.5 35.3	37	2.5 2.5 3.0	125/160
	1450	15 25 30	4.17 6.94 8.33	32.5 32 31.5	39 52 56	3.4 4.19 4.6	5.5	2.5 2.5 3.0	125/66
IS100-80-125	2900	60 100 120	16.7 27.8 33.3	24 20 16.5	67 78 74	5.86 7.00 7.28	11	4.0 4.5 5.0	49/64
	1450	30 50 60	8.33 13.9 16.7	6 5 4	64 75 71	0.77 0.91 0.92	1	2.5 2.5 3.0	49/46
IS100-80-125	2900	60 100 120	16.7 27.8 33.3	36 32 28	70 78 75	8.42 11.2 12.2	15	3.5 4.0 5.0	69/110
	1450	30 50 60	8.33 13.9 16.7	9.2 8.0 6.8	67 75 71	1.12 1.45 1.57	2.2	2.0 2.5 3.5	69/64
IS100-65-200	2900	60 100 120	16.7 27.8 33.3	54 50 47	65 76 77	13.6 17.9 19.9	22	3.0 3.6 4.8	81/110
	1450	30 50 60	8.33 13.9 16.7	13.5 12.5 11.8	60 73 74	1.84 2.33 2.61	4	2.0 2.0 2.5	81/64
IS100-65-250	2900	60 100 120	16.7 27.8 33.3	87 80 74.5	61 72 73	23.4 30.0 33.3	37	3.5 3.8 4.8	90/160
	1450	30 50 60	8.33 13.9 16.7	21.3 20 19	55 68 70	3.16 4.00 4.44	5.5	2.0 2.0 2.5	90/66

（二）Y 型离心油泵性能表

型号	流量/(m^3/h)	扬程/m	转速/(r/min)	功率/kW		效率/%	汽蚀余量/m	泵壳许用应力/Pa	结构形式	备注
				轴	电机					
50Y-60	12.5	60	2950	5.95	11	35	2.3	1570/2550	单级悬臂	泵壳许用应力内的分子表示第Ⅰ类材料相应的许用应力数，分母表示第Ⅱ Ⅲ类材料相应的许用应力数
50Y-60A	11.2	49	2950	4.27	8			1570/2550	单级悬臂	
50Y-60B	9.9	38	2950	2.39	5.5	35		1570/2550	单级悬臂	
50Y-60×2	12.5	120	2950	11.7	15	35	2.3	2158/3138	两级悬臂	
50Y-60×2A	11.7	105	2950	9.55	15			2158/3138	两级悬臂	
50Y-60×2B	10.8	90	2950	7.65				2158/3138	两级悬臂	
50Y-60×2C	9.9	75	2950	5.9	8			2158/3138	两级悬臂	
65Y-60	25	60	2950	7.5	11	55	2.6	1570/2550	单级悬臂	
65Y-60A	22.5	49	2950	5.5	8			1570/2550	单级悬臂	
65Y-60B	19.8	38	2950	3.75	5.5			1570/2550	单级悬臂	
65Y-100	25	100	2950	17.0	32	40	2.6	1570/2550	单级悬臂	
65Y-100A	23	85	2950	13.3	20			1570/2550	单级悬臂	
65Y-100B	21	70	2950	10.0	15			1570/2550	单级悬臂	
65Y-100×2	25	200	2950	34	55	40	2.6	2942/3923	两级悬臂	
65Y-100×2A	23.3	175	2950	27.8	40			2942/3923	两级悬臂	
65Y-100×2B	21.6	150	2950	22.0	32			2942/3923	两级悬臂	
65Y-100×2C	19.8	125	2950	16.8	20			2942/3923	两级悬臂	
80Y-60	50	60	2950	12.8	15	64	3.0	1570/2550	单级悬臂	
80Y-60A	45	49	2950	9.4	11			1570/2550	单级悬臂	
80Y-60B	39.5	38	2950	6.5	8			1570/2550	单级悬臂	
80Y-100	50	100	2950	22.7	32	60	3.0	1961/2942	单级悬臂	
80Y-100A	45	85	2950	18.0	25			1961/2942	单级悬臂	
80Y-100B	39.5	70	2950	12.6	20			1961/2942	单级悬臂	
80Y-100×2	50	200	2950	45.4	75	60	3.0	2942/3923	单级悬臂	
80Y-100×2A	46.6	175	2950	37.0	55	60	3.0	2942/3923	两级悬臂	
80Y-100×2B	43.2	150	2950	29.5	40				两级悬臂	
80Y-100×2C	39.6	125	2950	22.7	32				两级悬臂	

注：与介质接触的且受温度影响的零件，根据介质的性质需要采用不同性质的材料，所以分为三种材料，但泵的结构相同。第Ⅰ类材料不耐腐蚀，操作温度在－20～200℃之间，第Ⅱ类材料不耐硫腐蚀，操作温度在－45～400℃之间，第Ⅲ类材料耐硫腐蚀，操作温度在－45～200℃之间。

十七、无机盐水溶液的沸点（101.33kPa）

水溶液 \ 温度/℃	101	102	103	104	105	107	110	115	120	125	140	160	180	200	220	240	260	280	300	340
	溶液的含量(质量分数)/%																			
$CaCl_2$	5.66	10.31	14.16	17.36	20.00	24.24	29.33	35.68	40.83	45.80	57.89	68.94	75.86							
KOH	4.49	8.51	11.97	14.82	17.01	20.88	25.65	31.97	36.51	40.23	48.05	54.89	60.41	64.91	68.73	72.46	75.76	78.95	81.63	86.63
KCl	8.42	14.31	18.96	23.02	26.57	32.02			(近于 108.5℃)											
K_2CO_3	10.31	18.37	24.24	28.57	32.24	37.69	43.97	50.86	56.04	60.40	66.94		(近于 133.5℃)							
KNO_3	13.19	23.66	32.23	39.20	45.10	54.65	65.34	79.53												
$MgCl_2$	4.67	8.42	11.66	14.31	16.59	20.32	24.41	29.48	33.07	36.02	38.61									
$MgSO_4$	14.31	22.78	28.31	32.23	35.32	42.86			(近于 108℃)											
NaOH	4.12	7.40	10.15	12.51	14.53	18.32	23.08	26.21	33.77	37.58	48.32	60.13	69.97	77.53	84.03	88.89	93.02	95.92	98.47	(近于 314℃)
NaCl	6.19	11.03	14.67	17.69	20.32	25.09	28.92													
$NaNO_3$	8.26	15.61	21.87	27.53	32.43	40.47	49.87	60.94	68.94											
Na_2SO_4	15.26	24.81	30.73	31.83		(近于 103.2℃)														
Na_2CO_3	9.42	17.22	23.72	29.18	33.86															
$CuSO_4$	26.95	39.98	40.83	44.47	45.12			(近于 104.2℃)												
$ZnSO_4$	20.00	31.22	37.89	42.92	46.15															
NH_4NO_3	9.09	16.66	23.08	29.08	34.21	42.53	51.92	63.24	71.26	77.11	87.09	93.20	96.00	97.61	98.84	100				
NH_4Cl	6.10	11.35	15.96	19.80	22.89	28.37	35.98	46.95												
$(NH_4)_2SO_4$	13.34	23.14	30.65	36.71	41.79	49.73	49.77	53.55		(近于 108.2℃)										

注：括号内的温度指饱和溶液的沸点。

十八、4-72 型离心通风机性能参数

产品型号	转速/(r/min)	序号	流量/(m^3/h)	全压/Pa	电动机	
					型号	功率/kW
4-72 № 2.8 A	2900	1	1131～2356	994～606	Y90S-2(B35)	1.5
4-72 № 3.2 A	2900	1	1688～3517	1300～792	Y90L-2(B35)	2.2
	1450	1	844～1758	324～198	Y90S-4(B35)	1.1
4-72 № 3.6 A	2900	1	2664～5268	1578～989	Y100L-2(B35)	3
	1450	1	1332～2634	393～247	Y90S-4(B35)	1.1
4-72 № 4 A	2900	1	4012～7149	2014～1320	Y132S_1-2(B35)	5.5
	1450	1	2006～3709	501～329	Y90S-4(B35)	1.1
4-72 № 4.5 A	2900	1	5712～10562	2554～1673	Y132S_2-2(B35)	7.5
	1450	1	2856～5281	634～416	Y90S-4(B35)	1.1
4-72 № 5 A	2900	1	7728～15455	3187～2019	Y160M_2-2(B35)	15
	1450	1	3864～7728	790～502	Y100L_1-4(B35)	2.2
4-72 № 6 A	1450	1	6677～13353	1139～724	Y112M-4(B35)	4
	960	1	4420～8841	498～317	Y100L-6(B35)	1.5
4-72 № 6 D	1450	1	6677～13353	1139～724	Y112M-4	4
	960	1	4420～8841	498～317	Y100L-6	1.5
4-72 № 8 D	1450	1	15826～29344	2032～1490	Y180M-4	18.5
	960	1	10478～19428	887～651	Y132M_2-6	5.5
	730	1	7968～14773	512～376	Y132M-8	3
4-72 № 10 D	1450	1	40441～56605	3202～2532	Y250M-4	25
	960	1	62775～37476	1395～1104	Y200L_1-6	18.5
	730	1	20360～28497	805～637	Y160L-8	7.5
4-72 № 12 D	960	1	46267～64759	2013～1593	Y280S-6	45
	730	1	35182～49244	1160～919	Y225S-8	18.5
4-72 № 6 C	2240	1	10314～20628	2734～1733	Y160L-4	15
	2000	1	9209～18418	2176～1380	Y160M-4	11
	1800	1	8288～16576	1760～1116	Y132M-4	7.5
	1600	1	7367～14734	1389～881	Y132S-4	5.5
	1250	1	5756～11511	846～537	Y100L_2-4	3
	1120	1	5157～10314	679～431	Y100L_1-4	2.2
	1000	1	4605～9209	541～344	Y100L_1-4	2.2
	900	1	4144～8288	438～278	Y90L-4	1.5
	800	1	3684～7367	346～220	Y90S-4	1.1

续表

产品型号	转速/(r/min)	序号	流量/(m^3/h)	全压/Pa	电动机	
					型　号	功率/kW
4-72 № 8 C	1800	1	19646～25240	3143～3032	Y200L_1-2	30
		2	28105～36427	2920～2302	Y200L_2-2	37
	1600	1	17463～22435	2478～2390	Y180M-2	22
		2	24982～32380	2303～1816	Y200L_1-2	30
	1250	1	13643～25297	1507～1106	Y160M-4	11
	1120	1	12224～15705	1209～1166	Y132M-4	7.5
		2	17487～22666	1124～887	Y160M-4	11
	1000	1	10914～14022	963～929	Y132S-4	5.5
		2	15614～20237	895～707	Y132M-4	7.5
	900	1	9823～12620	779～752	Y112M-4	4
		2	14052～18213	725～572	Y132S-4	5.5
	800	1	8732～16190	615～452	Y100L_2-4	3
	710	1	7749～9956	485～468	Y100L_1-4	2.2
		2	11085～14368	450～356	Y100L_2-4	3
	630	1	6876～12749	381～280	Y100L_1-4	2.2
4-72 № 10 C	1250	1	34863～48797	2373～1877	Y225S-4	37
	1120	1	31237～43722	1902～1505	Y200L-4	30
	1000	1	27890～39038	1514～1199	Y180M-4	18.5
	900	1	25101～35134	1225～970	Y160L-4	15
	800	1	22312～31230	967～766	Y160M-4	11
	710	1	19802～27717	761～603	Y132M-4	7.5
	630	1	17571～24594	599～475	Y132S-4	5.5
	560	1	15618～21861	473～375	Y112M-4	4
	500	1	13945～19519	377～299	Y100L_2-4	3
4-72 № 12 C	1120	1	53978～75552	2746～2172	Y280S-4	75
	1000	1	48195～56739	2185～2070	Y225M-4	45
		2	60397～647457	1969～1729	Y250M-4	55
	900	1	43375～60712	1767～1399	Y250M-6	37
	800	1	38556～45391	1395～1321	Y200L_2-6	22
		2	48317～53966	1257～1104	Y225M-6	30
	710	1	34218～47895	1097～869	Y200L_1-6	18.5
	630	1	30362～42498	863～684	Y180L-6	15
	560	1	26989～29381	682～673	Y160M-6	7.5
		2	31774～37776	646～540	Y160L-6	11

续表

产品型号	转速/(r/min)	序号	流量/(m^3/h)	全压/Pa	电动机	
					型　号	功率/kW
4-72 № 12 C	500	1	24097～33728	543～430	Y160M-6	7.5
	450	1	21687～23610	440～434	$Y132M_1$-6	4
		2	25532～30356	417～348	$Y132M_2$-6	5.5
	400	1	19278～26983	347～275	Y132S-6	3
4-72 № 16 B	900	1	102810～111930	3157～3115	Y315L2-6	132
		2	121040～143910	2990～2497	$Y355M_1$-6	160
	800	1	91392～127920	2489～1969	$Y315L_1$-6	110
	710	1	81110～113520	1957～1549	Y315S-6	75
	630	1	71971～100730	1538～1218	Y280M-6	55
	560	1	63974～89544	1214～961	Y250M-6	37
	500	1	57120～79950	967～766	Y225M-6	30
	450	1	51408～71955	783～620	$Y200L_1$-6	18.5
	400	1	45696～63960	618～490	Y180L-6	15
	355	1	40555～56764	487～386	Y160L-6	11
	315	1	35985～50368	383～303	Y160M-6	7.5
4-72 № 20 B	710	1	158410～221730	3069～2427	JS138-8	245
	630	1	140560～196750	2411～1908	$Y355M_3$-8	160
	560	1	124950～174890	1902～1505	$Y315L_2$-8	110
	500	1	111560～156150	1514～1199	Y315M-8	75
	450	1	100400～140530	1225～970	Y315S-8	55
	400	1	89250～124920	967～766	Y280S-8	37
	355	1	79209～110860	761～603	Y250M-8	30
	315	1	70284～98376	599～475	Y225M-8	22
	280	1	62475～87445	473～375	Y200L-8	15
	250	1	55781～78076	377～299	Y180L-8	11

参考文献

[1] 张宏丽，刘兵，闫志谦．化工单元操作．第2版．北京：化学工业出版社，2010.

[2] 张洪流．流体流动与传热．北京：化学工业出版社，2002.

[3] 周立雪，周波．传质与分离技术．北京：化学工业出版社，2002.

[4] 冷士良，陆清，宋志轩．化工单元操作及设备．北京：化学工业出版社，2007.

[5] 吴红等，周立雪．化工单元过程及操作．北京：化学工业出版社，2008.

[6] 刘爱民等．化工单元操作技术．北京：高等教育出版社，2006.

[7] 张弓．化工原理．北京：化学工业出版社，2005.

[8] 柴诚敬，张国亮．化工流体流动与传热．第2版．北京：化学工业出版社，2007.

[9] 贾绍义．化工传质与分离过程．第2版．北京：化学工业出版社，2007.

[10] 何潮洪．化工原理操作型问题的分析．北京：化学工业出版社，2006.

[11] 周翀等．化工原理800例．北京：国防工业出版社，2007.

[12] 中国石化集团上海工程有限公司．化工工艺设计手册．第4版．北京：化学工业出版社，2009.

[13] 时钧等．化学工程手册．北京：化学工业出版社，2003.

[14] 马江权，冷一欣．化工原理课程设计．第2版．北京：中国石化出版社，2011.

[15] 刘兵．化工单元操作课程设计．北京：化学工业出版社，2010.